AF559432

Afropessimismus

Frank B. Wilderson III

Afropessimismus

Aus dem amerikanischen Englisch
von Jan Wilm

Matthes & Seitz Berlin

Gewidmet Anita Wilkins –
mit Dank für deine Liebe.

Gewidmet Dres. Ida-Lorraine und Frank B. Wilderson jr. –
mit Dank für das Formen meines Geistes.

Gewidmet Assata Shakur und Winnie Mandela –
mit Dank für alles.

INHALT

Teil I 6

1. Zu Halloween wusch ich mein Gesicht 7
2. Saft aus einem Halsknochen 26
3. Hattie McDaniel ist tot 66
4. Strafpark 173

Teil II 222

5. Das Problem mit Menschen 223
6. Bitte Vorsicht am Bahnsteig 269
7. Mario's 296

Epilog: Das neue Jahrhundert 360

Danksagung 396

Anmerkungen 399

Habt den Mut, Wilderson zu lesen!
Nachwort des Übersetzers 405

TEIL I

Ich kam auf die Welt, darum bemüht,
den Sinn der Dinge zu ergründen,
und meine Seele war von dem Wunsch erfüllt,
am Ursprung der Welt zu sein, und dann entdeckte ich mich
als Objekt inmitten anderer Objekte.
Frantz Fanon[1]

Am meisten wert bin ich als Vektor,
durch den andere sich selbst verwirklichen können.
Cecilio M. Cooper[2]

KAPITEL EINS

Zu Halloween wusch ich mein Gesicht

I

Eine psychotische Episode ist kein Picknick, besonders dann, wenn man weiß, dass man sie nicht als Wahnsinn bezeichnen kann, denn Wahnsinn setzt einen Wetterumschwung voraus, eine vorausgegangene Jahreszeit der geistigen Gesundheit.

Ich stöhnte. Schluchzte. Das knisternde Einweglaken, das die Bahre bedeckte, ratschte, wenn ich mich bewegte. Als sie den Raum betraten, setzte ich mich auf. Niemand würde mich fixieren. Allerdings stand ich nicht von der Bahre auf, aus Angst, ihnen einen Grund dafür zu geben, es doch zu tun. Im Fluoreszierlichterglanz waren sie – der Arzt und die Krankenschwester – weiß wie Staub. Die Bahre klapperte von meinem Zittern und Weinen. Sie kamen nicht näher. Sie riefen nicht um Hilfe, weder für sich selbst noch für mich, einen monströsen Aphasiker, der zu schwarz war für ihre Pflege. So, glaubte ich, müssten sie mich sehen. Und mein Drang, sie vor mir selbst zu bewahren, übertraf meinen Wunsch, geheilt zu werden. Doch ich konnte nicht sprechen. Nicht einmal, um ihnen mitzuteilen, dass ich sie vor mir schützen wollte.

Streubomben brachen in meinem Herzen. Ich umklammerte meine Brust und schrie auf. Machten sie darauf einen Schritt zurück? Ist es das Herz?, fragte der Arzt. Ich wollte lachen. Das Komische an einem Mund ist, dass er sich nicht nur öffnen, sondern auch schließen muss, wenn ein Wort gesagt werden soll. Meiner würde sich nicht schließen; ich wusste, wenn er sich schlösse, bekäme ich ihn nicht wieder auf. Die Scharniere meines Kiefers erzeugten Stöhnen oder Heulen, jedoch keine Worte. Ich dachte:

Wie lustig ist das? Ich antwortete ihm mit den Worten eines Vogels, dessen Kehle man aufgeschlitzt hat.

Sie greifen sich ständig an Ihre Brust, sagte er. Spüren Sie einen stechenden Schmerz irgendwo in der Herzgegend? Ich nickte mit dem Kopf. Erzählen Sie mir mehr darüber, sagte er. Doch ich fühlte, wie sich meine Lippen grotesk verzogen; ich wollte nicht wieder anfangen zu schluchzen. Er sagte, ich solle mir Zeit lassen. Die Krankenschwester nickte auf eine ernste Art, als starrte sie einen mopsnasigen Welpen in seinem Käfig an. Ich hatte den Drang, ihren Blick mit einem mopsnasigen Welpenkläffen zu beantworten. Während dieser Drang in mir anwuchs, vertiefte sich ihre Traurigkeit. Mein Bellen und ihre betrübten, geweiteten Augen steuerten auf einen Zusammenstoß zu. *Wauwau! Wauwau! Gib mir ein Leckerli!* In meinem Kopf spürte ich heftige Erschütterungen, und auch mein Zwerchfell war erschüttert, auf ganz andere Weise. Der sehr verehrte Sir Schenkelklopfer erhob sich von meinem Oberkörper und stieß auf Mister Warum-zur-Hölle-bin-ich-überhaupt-am-Leben, der durch meinen tosenden Schädel gekracht und in meiner Kehle gelandet war. Die Traurigkeit sickerte aus den Augen der Krankenschwester. Sie war wieder ganz ihr verschüchtertes Selbst. Die Welpenliebe hatte sich verwandelt in ihr Bedürfnis nach Selbsterhaltung im Angesicht dieser unförmigen schwarzen Masse mit filzigem, ungekämmtem Haar und Feuerwerkskörpern, die aus den Höhlen herausschossen, in denen sich eigentlich die Augen befinden sollten.

Der Arzt saß auf einem Hocker, ein Fuß auf die untere Sprosse gestützt, der andere Fuß auf dem Boden. Die Krankenschwester blieb jedoch stehen. Er massierte eine üppige Augenbraue mit seinem Zeigefinger und wartete. Lachen ist gut, sagte er. Warum erzählen Sie uns nicht, was Sie so amüsiert? Ich wollte sagen: Wäre es in Ordnung, wenn ich bellen würde? Allerdings bemerkte ich, dass ich verrückter wirkte, wenn ich ihn um Erlaubnis zum Bellen bitten würde, als wenn ich Initiative zeigen und, ohne größere Anstalten zu machen, einfach loskläffen würde. Ich stürzte in die Kluft zwischen Lachen und Tränen.

Niemand hatte mich in das Studierendenkrankenhaus gebracht. Ich war auf eigene Faust hierhergekommen. Während ich wimmernd auf der Trage saß und die Angst vor der Welt in den Augen des Arztes und der Krankenschwester fürchtete, konnte ich nur eine ihrer Fragen (Ist jemand bei Ihnen?) durch Kopfschütteln beantworten. Wie sind Sie hergekommen? Wer hat Sie hergebracht? Als Antwort vernarbten die Tränen mein Gesicht. Sind Sie selbst gefahren?, sagte eine der beiden Personen. Ich schüttelte den Kopf. Sie bemerkten die Autoschlüssel in meiner Hand. Sie hatten immer noch nicht meinen Puls oder meinen Blutdruck gemessen. Der Arzt wies mich an, auszuruhen. Er sagte, sie seien gleich wieder zurück.

Als sie fort waren, stachen mir die fluoreszierenden Lichter in die Augen wie Eisdolche, die in den Wintern meiner Kindheit von den Villen heruntergehangen hatten. Ich hatte nicht genügend Vertrauen in meinen Gleichgewichtssinn, um von der Bahre herunterzurutschen und die Lichter auszuschalten. Ich wollte nicht auf dem Bauch liegen und nur dieses knitternde Wegwerflaken zwischen der Vorderseite meines Körpers und einer kalten Matratze haben, die mich mit dem Geräusch eines trockenen Hustens zurechtwies, wann immer ich mich regte. Also blieb ich auf dem Rücken liegen. Schloss ich meine Augen vor dem grellen Licht, explodierten Rosen an meinen Lidern.

War ich heute Morgen gerade beim Rasieren, als ich austickte? Ich trug einen Bart, also nein, es geschah nicht beim Rasieren. Doch ich wusste, es hatte angefangen, als ich in den Spiegel starrte. Ich wusch mir gerade das Gesicht, als die Strophe eines Gedichts in meine Gedanken aufstieg. Es begann mit einem Gefühl von Hitze im Gesicht und mit einem Engegefühl in der Brust. So wie ich mich häufig als Kind gefühlt hatte, wenn ich es morgens nicht ertragen konnte, der Tatsache ins Gesicht zu sehen, einen Tag voller Spott in einer *weißen* Grundschule durchstehen zu müssen, jener Grundschule, die in der Nähe des gesprenkelten Wassers eines langen, mit Weidenbäumen gesäumten Sees lag. Mein Fleisch zitterte, als wäre mein Hemd aus Insekten gemacht, und die Haut an meinem Rücken bewegte sich, wie sie es immer tat, wenn meine Mutter morgens die Tür hinter mir geschlossen hatte. Die Erinnerung an diesen ängstlichen kleinen Jungen, der auf meinen Namen hörte, ächzte in meinen Ohren wie die Echos der Ruderlager über einem ruhigen, menschenleeren Meer. Ich ruderte ans Ufer, wo jeder Kummer meiner Kindheit auf mich wartete.

Ich bin ein Doktorand mittleren Alters, waren die Worte, die ich zu dem Bild gesagt hatte, das der Spiegel zersplittert hatte. Ich. Reiße. Mich. Zusammen. Doch der stechende Schmerz in meiner Brust hatte einfach nicht auf mich gehört. Er wollte sich erinnern und dem Gedicht lauschen, das vor wenigen Augenblicken durch meinen Geist hindurchgeflossen war.

Mir war klar, dass ich hier rausmusste, bevor ich, ganz allein in meinem Badezimmer, an einem Herzinfarkt stürbe. Vom Gehen schien ich beinahe ohnmächtig zu werden. Die Wohnung war klein; nur ein Badezimmer, dann ein Schlafzimmer, eine Küche und ein Wohnzimmer. In jedem Zimmer fand ich etwas, woran ich mich mit der Hand festklammern konnte – die Schranktür, den Herd, die Lehne eines Küchenstuhls, die Reihen an Bücherregalen im Wohnzimmer, die bis zur Eingangstür reichten. Die Eingangstür fiel hinter mir ins Schloss.

Mir wurde schwindelig, als ich jene sieben Stufen hinabblickte, als schaute ich in eine tiefe Schlucht. Der Drang, in Ohnmacht zu fallen, und der Drang, zu erbrechen, bekämpften sich in meinem Körper. Schlechtes Karma, dachte ich hinter meinen tränenfeuchten, verschwommenen Augen. Ich glaubte, ich würde ohnmächtig werden. Mein Honda Civic döste am Bordstein wie eine kleine blaue Eidechse.

Meine Schlüssel schrappten gegen das gusseiserne Geländer, als ich die Treppe hinunterstolperte. *Süßes, sonst gibt's Saures,* dachte ich mit einem Lachen, *wir haben uns das Gesicht gewaschen, und wir stecken in unseren Schuluniformen.* Eine wahnsinnig wütende Bestie rang darum, in einem Guss aus Blut und Galle aus meiner Haut zu fahren. Ich wollte heulen. Eine Handfläche stemmte sich gegen die Fensterscheibe. Eine Hand fummelte an den Schlüsseln herum. »Kann mir jemand helfen?«, schluchzte ich vor mich hin, hoffend, dass mich keine *weiße* Person hören konnte. »Kann mir bitte jemand helfen?«

Während ich nun auf der Bahre lag, erinnerte ich mich an die silbernen Kotzfäden, die sich auf der Motorhaube meines Autos kringelten. Dann, ohne zu wissen, wie oder warum, saß ich in einem Bus, der durch die Innenstadt von Berkeley fuhr. Ich sah dabei zu, wie ich mich selbst durch die Augen der Fahrgäste im Bus sah, während ich zur Seite sackte und leise schluchzte. *Sie sollen sich sicher fühlen*, hatte ich mir gedacht, auch wenn ich mich selbst noch nie so unsicher gefühlt hatte. Ich dachte noch einmal an diesen Moment zurück, als die Krankenschwester und der Arzt zum ersten Mal diese weiße Gruft betraten, in der ich aufgebahrt war. *Sie sollen sich sicher fühlen* – die Hauptregel der internationalen *Negro*-Diplomatie.

Jetzt, allein in der Klinik, blessierten Lichtposaunen meine Augen, und es wurde kalt im Raum. Schloss ich jedoch meine Lider, rauschte eine Kette vergangener Leben durch meinen Schädel wie ein Zug, der über einer Schlucht entgleiste. Jeder einzelne Eisenbahnwagen war ein Waggon aus Zeit. Die Lok war das Jetzt, die Zeit dieses gegenwärtigen Moments auf der Bahre. Anschließend stürzte ein Zeitwaggon herunter, der mein Leben im Apartheid-Südafrika in sich trug, wo Mandelas Versprechen flackerten und erstickten wie die letzten Japser von Straßenlaternen. All das Blutvergießen für eine Flaggen-und-Hymnen-Nation, für den Nebel der Mythologien, und die scharfe Kritik von Mandelas Kumpanen, die die sogenannte Ultralinke tadelte mit Worten wie: »Kameraden, jetzt müsst ihr endlich begreifen, dass ihr euch nicht von euren Prinzipien ernähren könnt.« Der nächste Waggon, der die Felswand hinunterrauschte, waren die 1980er-Jahre: Ein Ersteklasseabteil voller Sorgen und Magengeschwüren. Ich war ein frischgebackener Universitätsabgänger, der glaubte, mit Schmerz könnte man auf dem Börsenparkett handeln, so wie mit allem anderen im Leben auch. Acht Jahre lang, von der Zeit, als ich meinen Universitätsabschluss machte, bis zu der Zeit, als ich nach Südafrika auswanderte, um gegen die Apartheid zu kämpfen, arbeitete ich als Börsenmakler. Der erste Schwarze Börsenhändler von Minnesota, wie mir damals von dem Sales Manager gesagt wurde, der mich stolzgeschwellt einstellte.

2

Jene acht Jahre haben meine Gesundheit fast vollständig ruiniert. Eine meiner Gesichtshälften zuckte und schauderte nach Belieben. Ein Geschwür zerfraß meine Magenschleimhaut. Mein Internist war nicht der erste Mensch, der diese Prognose gestellt hatte. Jasmine, eine Sekretärin in der Hauptverwaltung von Merrill Lynch an der Wall Street, die ich eines Sommers während eines Weiterbildungsmonats kennengelernt hatte, hatte mir ebenfalls gesagt, dass ich in diesem Berufsfeld nichts verloren hätte. Sie hatte recht, und auch ich wusste es damals, doch Geld ist eine enorme Motivation; jetzt bot sich mir die Gelegenheit, all das Geld für meine gesundheitliche Langzeitpflege auszugeben, wenn ich nicht sofort etwas unternahm.

»Sie sind kein Kapitalist«, sagte mir mein Internist. »Sie besitzen nicht den Mut, den man dazu braucht.«

»Ich will Geld. Ich *brauche* Geld.«

»Sie trinken acht Tassen Kaffee am Tag. Ihre Wange flackert wie eine Morselampe. Meinen Sie, dass Sie warten sollen, bis Ihr Geschwür die Größe meines kleinen Fingers hat, ist es das, was Sie machen sollten?«

Ich versuchte, kürzer zu treten, was bedeutete, dass ich weniger Umsatz machte, und bald war mir klar, dass ich kündigen sollte, bevor der Sales Manager mich in Verlegenheit brächte und mich hinausgeleiten würde. Ich trat eine Stelle als Kellner in einem exklusiven Beach Club am See an, der erst Ende der 1960er-Jahre Juden als Mitglieder aufnahm und erst Mitte der 1970er-Jahre sein erstes Schwarzes Mitglied hatte. Die Kundschaft reichte von Dan Aykroyd und Jim Belushi, deren Gefolge das Innere des Ballsaals so zurückgelassen hatte, dass es, gelinde gesagt, renoviert werden musste, bis zu den alten blaublütigen Familien, die 1962 versucht hatten, meine Eltern aus ihrer Nachbarschaft fernzuhalten. Eines Tages ging ich in den Ballsaal und balancierte ein großes Tablett mit neun Caesar-Salaten auf meiner Schulter. Das Tablett geriet ins Wanken und fiel mir fast hinunter, als ich die Gesichter an dem Tisch erblickte, an den ich geschickt worden war. Es waren Kollegen – ehemalige Kollegen – der Firma, bei der ich vor zwei Monaten gekündigt hatte. Langsam wurde ich der Lüge habhaft, die ich ihnen erzählt hatte, als ich damals ging. »Leute, ich bin es leid, fürs Establishment zu schuften. Ich probiere es jetzt als *privater Dealmaker* mit ein bisschen Finanzplanung nebenher.« Nach und nach servierte ich ihnen ihre Salate. Mein Name blubberte aus ihren Mündern: »Frank?« – eine Frage, die in ein Japsen gehüllt war. Ich kündigte auch hier eine Woche später – was keinen Sinn machte, denn sie hatten mich ja gesehen, die Lüge war bloßgelegt worden – und arbeitete dann für weniger Gehalt in einem Kunstmuseum.

Ich arbeitete als Wachmann im Walker Art Center mit seinem Blick über Downtown Minneapolis, und ich leckte meine Wunden von der Zeit im Calhoun Beach Club und meinen acht ethisch bankrotten Jahren als Börsenmakler. In Palästina hatte gerade die Erste Intifada begonnen, und ich hatte einen lieben Freund aus Ramallah, der ebenfalls als Wachmann im Museum angestellt war. Sein Name war Sameer Bishara. Er war Fotograf und studierte an der Kunsthochschule von Minneapolis. Wir teilten die politische Einstellung:

Revolutionär; und das Sternzeichen: Widder. Zwei Menschen, die sich häufig irrten, aber keinen Zweifel kannten. »Wenn wir in einem Flugzeug säßen«, sagte Sameer einmal zu mir, »und wir in der Wüste abstürzten und eine Gruppe aus den Überlebenden gebildet würde, dann hätten einige von ihnen die Aufgabe, Wasser zu finden, andere hätten die Aufgabe, Nahrung und Feuerholz aufzutreiben, und wir bräuchten ein Team, um einen Unterschlupf aus all dem zu bauen, was nach dem Absturz geborgen werden könnte. Aber du, Frank, du wärst derjenige, der sich zurücklehnen und uns Befehle erteilen würde.« Ich habe ihm die Genugtuung, die er bei dieser Spitze empfand, nicht dadurch getrübt, dass ich ihm sagte, er habe mir Charakterzüge zugeschrieben, die geradeso gut auf ihn zuträfen.

Die meisten der Wachleute waren entweder Künstlerinnen oder Schriftsteller oder Studierende. Aber nur Sameer teilte meine Politik des Aufstands. Früh wurden wir Freunde und hielten uns von den andern fern. Ich erzählte ihm von meinen Träumen während der College-Zeit, nach Simbabwe zu gehen und für die ZANU/ZAPU zu kämpfen, oder nach New York, um mich Assata Shakur und der Black Liberation Army, der Schwarzen Befreiungsarmee, anzuschließen. Sameer hatte den Traum, nach Ramallah zurückzukehren, um einen, wie er meinte, bedeutenderen Beitrag zur Intifada zu leisten als die Vorträge, die er vor Liberalen mit wässrigen Augen in Minnesota hielt. Er war 25. Ich war 31. In fünf Jahren würde ich so alt sein, wie Frantz Fanon war, als er im Gewahrsam der CIA verstarb. Als Fanon 1961 starb, war er aus seiner Heimat Martinique geflüchtet, hatte sich De Gaulles Armee angeschlossen und war im Kampf gegen die Nazis verwundet worden. Außerdem hatte er sein praktisches Jahr in Psychiatrie und Medizin absolviert, hatte sich während der algerischen Revolution der Nationalen Befreiungsfront angeschlossen und vier Bücher über Revolution und Psychoanalyse verfasst. Ich hatte fünf Jahre Zeit, um ihn einzuholen – eine Messlatte, die mir mein Dämon der Schande gesetzt hatte. Überheblichkeit bei völliger Niedergeschlagenheit – so lebte ich. Etwas ganz Ähnliches traf auch auf Sameer zu. Was für eine Verschwendung, sagte er mir, Skandinavier und Eistaucher zu fotografieren, während er glaubte, er sollte besser in seiner Heimat sein und Bomben bauen. Wir hatten unterschiedliche Schultern, doch sie trugen das gleiche Kreuz. Davon war ich überzeugt, seit er eines Morgens lächelnd zur Arbeit gekommen war, obwohl sein rechtes Auge leicht geschwollen und geschlossen war.

»Letzte Nacht«, erzählte er mir, »lernte ich mit einem Freund aus Palästina zwei unglaublich schöne Frauen kennen. *Weiße* natürlich«, fügte er flüsternd hinzu, und ich machte mir nicht die Mühe, sein »natürlich« infrage zu stellen, denn ich war mir nicht sicher, dass er falschlag. Dass es selbstverständlich ist, dass »*weiß*« gleichbedeutend ist mit Schönheit – das ist die Botschaft, die man sein ganzes Leben lang aufgezwungen bekommt. Das Gegenteil zu behaupten, ist so, als sagte man, *Es geht nicht ums Geld,* nachdem man übers Ohr gehauen wurde.

Sameer sagte, er und sein Freund hätten sie mit nach Hause nehmen können, wenn nicht drei reiche Kuwaiter in den Salon geschlendert gekommen wären. Als einer der Kuwaiter sich an die Frau ranmachte, mit der sich Sameer gerade unterhielt, sagte Sameer ihm freundlich, er solle zu seinem Tisch zurückgehen.

Der Mann höhnte: »Ihr habt ja nicht mal ein eigenes Land.«

Doch er ging zurück. Im Laufe des Abends schickten die Kuwaiter Champagner an Sameers Tisch. Dann kamen alle drei an den Tisch. Sie boten an, die Frauen zu einer exklusiven Afterparty in ein Penthouse im Vorort von Edina mitzunehmen.

»Nur ihr beide«, sagte der Kuwaiter, den Sameer weggeschickt hatte, zu den Frauen, »nicht diese Staatenlosen.«

Weil die Kuwaiter zu dritt und Sameer und sein Freund zu zweit waren, gingen die Kuwaiter auf Sameers Angebot ein, die »Details« der Afterparty auf dem Parkplatz zu klären.

Die Zähne der Stechuhr durchbohrten Sameers Stechkarte. Ich folgte ihm, als er sich einen der blauen Museumsblazer anzog, die wir alle trugen. Wir gingen zusammen in die Hauptgalerie. Als ich vorausging, um meine Position im Zwischengeschoss einzunehmen, lächelte er und flüsterte: »Wir haben diese Kuwaiter verprügelt, bis wir nicht mehr konnten.«

Es war nicht so sehr, dass die ineinander verkeilten Geweihe ob des Besitzerstolzes zweier verbotener Frauen den Wirbel auf dem Parkplatz ausgelöst hatten – auch wenn das sicher ein Teil davon war. Was ihn so sehr zur Weißglut getrieben hatte, war die Verhöhnung von Sameers Staatenlosigkeit durch die Kuwaiter. Ich meinte, auch ich hätte diesen Verlust erlitten, da ich glaubte, mein Leiden sei dem von Sameer sehr ähnlich. Damals war ich kein Afropessimist.

»Ich hätte sie auch verdroschen«, sagte ich.

Ein hoher, grasbewachsener Hügel grenzte an das Gebäude, in dem das Walker Art Center beherbergt war. Die Anhöhe ist heute verschwunden, sauber abgetragen wie nach einer Wurzelbehandlung, um Platz zu schaffen für ein Restaurant. Als es jedoch noch ein Hügel war, aßen Sameer und ich dort zu Mittag. Im Frühling, wenn die Kälte nachließ und der Himmel sich aufhellte, bot die Kuppe des Hügels einen umfassenden Blick auf die weißen Schwäne, die den See des Loring-Parks abschwammen. Entfernte Autos in den Innenstadtstraßen funkelten paillettengleich in der Sonne. Von diesem Hügel aus konnte man die Kupferkuppel der Basilica of Saint Mary erkennen, die durch geschmolzenen Schnee und strömenden Regen zu einem einzigen blaugrünen Glänzen korrodiert war und mich glauben machte, der Verfall sei das einzig wahre Objekt der Liebe. Auch war der Hügel ein Aussichtspunkt, von dem aus man den sich anbahnenden Tod erkennen würde. Direkt darunter befand sich der Bottleneck, eine Kreuzung, an der drei Straßen zu einer einzigen zusammenliefen, ein Ort, an dem sich einige der schrecklichsten Unfälle ereigneten. Als ich in meinen Zwanzigern Spionageromane las, stellte ich mir den Bottleneck manchmal als einen Abschnitt der deutschen Autobahn vor, auf der John le Carrés unglücklicher

Spion Alec Leamas zwei Kinder in einem Kleinwagen beobachtete, die ihm fröhlich zuwinkten; und er im nächsten Moment sah, wie der Wagen zwischen zwei großen Lastwagen zerquetscht wurde. Dies war der Hügel, auf dem mir Sameer von seinem Cousin erzählte, der in Ramallah getötet worden war – in die Luft gesprengt beim Bau einer Bombe. Doch er war kein Selbstmordattentäter. Es war ein Unfall. Sameer gab sich selbst die Schuld, so wie es Überlebende häufig tun, ganz gleich, wie nah oder wie fern – räumlich oder zeitlich – ihre Toten auch sind. Er hatte überlebt, weil er hier war und nicht dort.

Mein Freund sprach offen, während wir zusahen, wie die Welt unter uns vorbeirauschte, ohne zu uns aufzuschauen und uns ihren Respekt zu zollen. Irgendwann erzählte Sameer davon, wie er an israelischen Grenzposten angehalten und kontrolliert worden war. Er sprach auf eine Weise, für die meine Anwesenheit scheinbar nicht notwendig war. Nie zuvor hatte ich dieses Maß an Konzentration und Distanz an ihm erlebt. Es war in Ordnung. Er trauerte.

»Die beschämende und demütigende Art und Weise, wie die Soldaten ihre Hände über deinen Körper gleiten lassen«, sagte er. Dann fügte er hinzu: »Aber die Scham und die Demütigung ist noch viel schlimmer, wenn der israelische Soldat ein Jude aus Äthiopien ist.« Der Boden unter meinen Füßen brach weg. Der Gedanke, dass mein Platz im Unbewussten der Palästinenser:innen, die für ihre Freiheit kämpfen, der gleiche *unehrenhafte* Platz war, den ich in den Köpfen der Weißen in Amerika und Israel einnahm, ließ mich erschaudern. Ich besaß genügend Geistesgegenwärtigkeit, um ihm zu sagen, dass seine Ansichten merkwürdig waren, wenn man bedachte, dass Palästinenser:innen sich in einem Krieg mit Israelis befanden, und dazu noch mit *weißen* Israelis. Wie kam es, dass die Leute, die sich sein Land aneigneten und seine Verwandten abschlachteten, in seiner Vorstellung irgendwie eine *geringere* Bedrohung darstellten als Schwarze Juden, die so oft Werkzeuge des israelischen Wahnsinns waren und gelegentlich ihre Drecksarbeit verrichteten?

Was, fragte ich mich im Stillen, was an Schwarzen (an *mir*) war es, das uns so ersetzbar machte, dass man uns in den Köpfen der Unterdrücker und Unterdrückten derartig herumwürfeln konnte?

Ich war konfrontiert mit der Erkenntnis, dass palästinensische Aufständische im kollektiven Unbewussten mehr mit dem israelischen Staat und der israelischen Zivilgesellschaft gemeinsam haben als mit Schwarzen. Was sie teilen, ist ein größtenteils unbewusster Konsens, dass *Blackness*, Schwarzsein, ein Raum von Abjektion, von Elendigkeit, ist,[3] der sich beliebig instrumentalisieren lässt. Einmal ist *Blackness* ein entstelltes und entstellendes phobisches Phänomen; dann wieder ist *Blackness* ein empfindungsfähiges Werkzeug,[4] das freimütig eingesetzt wird zu Zwecken und mit Zielen, die wenig mit *Black Liberation*, Schwarzer Befreiung, gemein haben. Da saß ich also und sehnte mich, solidarisch mit der Sehnsucht meines palästinensischen Freundes, nach der vollständigen Wiederherstellung palästinensischer Souveränität; ich trauerte, solidarisch mit der Trauer meines Freundes, über den Verlust seines aufständischen Cousins; ich sehnte mich also nach der historischen und politischen *Erlösung* dessen, was ich für eine verletzte Gemeinschaft von Menschen hielt, der *wir beide angehörten* – bis mein Freund plötzlich ins Unbewusste seines Volkes hinuntergriff und mir einen nassen Turnschuh von unten übers Kinn zog: die erschreckende Erkenntnis, dass ich nicht nur von Anfang an vom Ausgang der geschichtlichen und politischen Erlösung ausgeschlossen bin, sondern dass die Grenzen der Erlösung gleichermaßen von Weißen und Nicht-Weißen kontrolliert werden, *obwohl sie sich gegenseitig die Köpfe einschlagen*.

Es ist sogar noch schlimmer als das. Ich, als Schwarze Person (falls *Person*, *Subjekt*, *Wesen* geeignete Begriffe sind, denn *Mensch* ist es nicht), bin vom Ausgang der gesellschaftlichen und geschichtlichen Erlösung ausgeschlossen und *werde gleichzeitig dafür gebraucht*, dass Erlösung irgendeine Form von Kohärenz erlangen kann. Ohne den Ausdruck einer geteilten Negrophobogenese, die zwischen Israel und Palästina vermittelt, würde die narrative Kohärenz ihres blutigen Konflikts einfach verpuffen. Die Negrophobogenese meines Freundes und seiner palästinensischen Landsleute bildet das Fundament, die Betonplatten, auf denen jedes Gebäude von menschlichem Ausdruck (ob Liebe oder Krieg) errichtet wird. Die erniedrigte Menschheit (Palästinenser:innen) kann von der erhabenen Menschheit (aschkenasische Jüd:innen) gefilzt werden, und die Mauern der Vernunft bleiben stehen (ungeachtet der universellen Würdelosigkeit von unmotivierten Durchsuchungsaktionen). Doch wenn der Soldat stattdessen ein äthiopischer Jude ist …

Meine Brust war von Schmerz durchstoßen. Sameer und ich waren Gegner, nicht weil wir als Freunde ungleich waren, und auch nicht weil unsere politischen Einstellungen unvereinbar waren; sondern weil die Imago des Schwarzen »für alle irgend entstehenden Konflikte verantwortlich ist«.[5] Denn die libidinöse Ökonomie, die die Schwarze Imago als phobogenes* Objekt positioniert, durchtränkt das kollektive Bewusstsein;** ich werde durch sie angeeignet als ein Werkzeug *für* die Sorgen aller Nationen – sogar zweier

* Etwas, das durch Angst hervorgerufen oder verursacht wird.

** Jared Sexton beschreibt libidinöse Ökonomie als »die Ökonomie, oder Distribution und Arrangement, von Begierde und Identifikation (ihre Kondensation und Verschiebung) sowie die komplexe Beziehung zwischen Sexualität und Unbewusstem.« Zweifellos agiert die libidinöse Ökonomie in verschiedenen Ausmaßen und ist so »objektiv« wie die politische Ökonomie. Es ist wichtig zu sehen, dass sie nicht nur in Verbindung steht mit Formen von Anziehung, Zuneigung, Allianz, sondern auch mit Formen von Aggression, Zerstörung und der Gewalt von tödlichem Konsum. Marriott unterstreicht, die libidinöse Ökonomie sei »die gesamte Struktur des psychischen und emotionalen Lebens«, etwas, das die von Gramsci und anderen Marxist:innen beschriebene »Gefühlsstruktur« einbezieht und über sie hinausgeht; sie ist eine »Ausschüttung von Energien, Sorgen, Aufmerksamkeiten, Lüsten, Geschmäckern, Abneigungen und Phobien, die sowohl zu enormer Beweglichkeit als auch hartnäckiger Fixation in der Lage sind.«

Nationen, die sich bekriegen –, jedoch niemals als ein Nutznießer dieser Sorgen.

1988 war ich kein Afropessimist. Mit anderen Worten, ich betrachtete mich selbst als erniedrigten Menschen und betrachtete meine Notlage analog zur Notlage der Palästinenser:innen, der indigenen Einwohner:innen der USA sowie der Arbeiter:innenklasse. Heute weiß ich, diese Analogie war falsch. Ich war die Kontrastfigur zur Menschheit. Die Menschheit blickte auf mich, wenn sie sich über sich selbst im Unklaren war. Mit einem existenziellen Seufzer konnte die Menschheit durch mich sagen: »Wenigstens sind wir nicht er.« Um Saidiya Hartman zu zitieren: »Der Sklave ist weder ein zivilisierter Mensch noch ein freier Arbeiter, sondern vielmehr ausgeschlossen von der Erzählung ›we the people‹, durch die sich die Verbindung zwischen modernem Individuum und Staat vollzieht […]. Die täglichen Praktiken der Versklavten geschehen abgespalten vom Politischen, in Ermangelung der Menschenrechte oder der Sicherheiten des selbstbestimmten Individuums und vielleicht sogar ohne eine ›Person‹ im herkömmlichen Sinne des Begriffes.«[6]

Schwarze Menschen *verkörpern* eine Meta-Aporie des politischen Denkens und Handelns (was etwas anderes ist, als zu sagen, sie sind immer gewillt oder es ist ihnen immer gestattet, diese Meta-Aporie auch auszudrücken).

Die meisten kritischen Denker:innen, die nach 1968 geschrieben haben, verwenden das Wort *Aporie*, um einen Widerspruch innerhalb eines Textes oder eines theoretischen Unterfangens zu bezeichnen. So deutet Jacques Derrida beispielsweise an, eine Aporie kennzeichne »einen Punkt der Unentscheidbarkeit, der jene Stelle markiert, an der ein Text am deutlichsten seine eigene rhetorische Struktur unterläuft oder sich selbst dekonstruiert«.[7] Wenn ich jedoch sage, Schwarze Personen verkörpern eine Meta-Aporie des politischen Denkens und Handelns, so geht die Vorsilbe *Meta-* über das hinaus, was Derrida und der Poststrukturalismus damit meinen – es erhöht den Grad von Abstraktion und damit auch den Einsatz.

In der Epistemologie, einem Teilbereich der Philosophie, der sich mit der Theorie von Wissen beschäftigt, wird die Vorsilbe *Meta-* verwendet für *über (seine eigene Kategorie reflektierend)*. Metadaten sind beispielsweise Daten über Daten (wer sie produziert hat und wann, welches Format die Daten haben und so weiter). In der Linguistik sieht man eine Grammatik als etwas an, das in einer Metasprache ausgedrückt wird, als eine Sprache, die auf einer höheren Stufe der Abstraktion operiert, um die Eigenschaften von einfacher Sprache (anstatt sich selbst) zu beschreiben. Eine Metadiskussion ist eine Diskussion über *Diskussionen* (nicht über ein spezielles Thema *einer* Diskussion, sondern über *Diskussion an sich*). Und in der Informatik mag eine theoretische Softwareprogrammiererin sich mit Metaprogrammierung beschäftigen (das heißt mit dem Schreiben von Programmen, die Programme manipulieren).

Afropessimismus ist also weniger eine Theorie als vielmehr eine *Metatheorie*: ein kritisches Projekt, das *Blackness* als Interpretationslinse verwendet, um die unausgesprochene logische Vorannahme des Marxismus, des Postkolonialismus, der Psychoanalyse und des Feminismus zu hinterfragen, und zwar durch eine streng theoretische Betrachtung ihrer *Eigenschaften und Vorannahmen*, zum Beispiel ihrer Grundlagen, ihrer Methoden, ihrer Form und ihrer Nützlichkeit; und diese Theorie tut dies wiederum auf einer höheren Abstraktionsebene als die Diskurse und Theorien, die sie hinterfragt. Noch einmal: Afropessimismus ist in erster Linie eher eine Metatheorie als eine Theorie. Sie ist pessimistisch, was die Aussagen von Theorien des Liberalismus betrifft, sofern diese Theorien versuchen, Schwarzes Leiden zu erklären, oder sofern sie Schwarzes Leiden mit dem Leiden anderer unterdrückter Lebewesen in Analogie bringen. Der Afropessimismus tut dies, indem er die Meta-Aporien ausgräbt und aufdeckt, die wie Landminen verstreut sind in alledem, was diese Theorien sogenannter universeller Befreiung als Wahrheit erachten.

Wenn, wie der Afropessimismus argumentiert, *Schwarze keine menschlichen Subjekte sind, sondern strukturell unbewegliche Requi-*

siten, Werkzeuge für die Ausführung weißer *und nicht-Schwarzer Fantasien und sadomasochistischer Vergnügungen*, dann bedeutet dies auch, dass auf einer höheren Abstraktionsebene die Ansprüche der allgemeinen Menschlichkeit, denen die oben genannten Theorien anhängen, von einer Meta-Aporie behindert werden: ein Widerspruch, der sich immer dann manifestiert, wenn man sich ernsthaft mit der Struktur von Schwarzem Leiden im Vergleich mit der vermuteten universellen Struktur aller fühlenden Wesen beschäftigt. Auch hier *verkörpern* Schwarze eine Meta-Aporie des politischen Denkens und Handelns – Schwarze sind der Stock in den Speichen.

Schwarze nehmen nicht dieselbe Rolle ein wie politische Subjekte; stattdessen werden unsere Körper und unsere Energien für postkoloniale, migrantische, feministische, LGBTQ-, Transgender- und Arbeiter-Agenden instrumentalisiert. Diese sogenannten Verbündeten werden niemals durch Schwarze Agenden *autorisiert*, die auf den ethischen Dilemmata der Schwarzen selbst basieren. Eine Schwarze radikale Agenda ist für die meisten Linken zutiefst verstörend – man erinnere sich an Bernie Sanders –, denn sie entstammt dem Umstand eines Leidens, für das keine denkbare Strategie der Wiedergutmachung existiert – kein Narrativ sozialer, politischer oder nationaler Erlösung. Diese Krise, nein, diese Katastrophe, diese Erkenntnis, dass ich ein fühlendes Wesen bin, das Worte wie »Sein« oder »Person« nicht zur Selbstbeschreibung verwenden kann, ohne Anführungszeichen oder die hochgezogenen Augenbrauen von jemandem in Hörweite zu riskieren, war paralysierend.

Ich war überzeugt, wenn eine Geschichte der palästinensischen Erlösung erzählbar wäre ..., dann würde ihre Auflösung in der Rückgabe des Landes, einer *räumlichen, kartografischen Erlösung* gipfeln; und wenn eine Geschichte von der Erlösung der Klassen erzählt werden könnte ..., dann würde ihre Auflösung in der Wiederherstellung des Arbeitstages kulminieren, sodass die Arbeit endete, wenn der Mehrwert auf den Müllhaufen der Geschichte verbannt würde, *eine Erlösung des Zeitlichen*; mit anderen Worten: Wenn eine Erzählung von postkolonialer Erlösung und die Erlösung der Arbeiter:innenklassen möglich war, dann müsste es auch ein Narrativ geben, das die Erlösung der Schwarzen erzählte und die Zeit wie den Ort ihrer Unterwerfung zurückerstattete. Ich habe mich geirrt.

Ich hatte nicht tief genug gegraben, um zu erkennen, dass die Schwarzen zwar die zeitliche und räumliche Unterwerfung durch die kartografische Entwurzelung und die Hydraulik des kapitalistischen Arbeitstages erleiden, dass wir aber auch als die Wirte *menschlicher* Parasiten leiden, obwohl diese Menschen selbst die Wirte des parasitären Kapitals und des Kolonialismus sein konnten. Ich hatte mich der Theorie zugewandt (zunächst im kreativen Schreiben und erst viel später als kritischer Theoretiker), auf dass sie mir dabei hilft, die Geschichte von der Befreiung der Schwarzen – der politischen Erlösung der Schwarzen – zu finden und zu erfinden. Was ich stattdessen fand, war, dass Erlösung *als Erzähltechnik* parasitär war und sich zu Zwecken ihrer Kohärenz von mir ernährte. Alles, was in meinem Leben Bedeutung besaß, war unter den Begriffen der »kritischen Theorie« und der »radikalen Politik« rubriziert, und die Parasiten waren das Kapital, der Kolonialismus, das Patriarchat und die Homophobie gewesen. Und nun war mir klar, dass ich den Anschluss verpasst hatte. Meine Parasiten waren *Menschen*, alle *Menschen* – die Habenden wie die Habenichtse. Wenn kritische Theorie und radikale Politik sich von dem Parasitismus befreien wollen, den sie bisher mit den radikalen und progressiven Bewegungen der Linken gemeinsam hatten, das heißt, wenn wir nicht leugnen wollen, sondern uns befassen wollen mit dem Unterschied zwischen *Menschen*, die unter einer »Ökonomie der Verfügbarkeit«[8] leiden, und *Schwarzen*, die einen »sozialen Tod«[9] erleiden, dann müssen wir uns damit auseinandersetzen, wie die Erlösung der Subalternen (eine Erzählung zum Beispiel von palästinensischer *Fülle*, *Verlust* und *Wiederherstellung*) gerade durch die

(Wieder-)Einsetzung eines Gewaltregimes ermöglicht wird, das Schwarze von der Erlösungserzählung ausschließt. Dies erfordert erstens ein Verständnis des Unterschieds zwischen Verlust und Mangel und zweitens ein Verständnis dafür, wie die Erzählung von subalternem Verlust auf den Trümmern Schwarzen Mangels errichtet ist.

Sameer und ich teilten keine universelle postkoloniale Grammatik des Leidens. Sameers Verlust ist greifbar: *Land*. Das Paradigma *seiner* Enteignung entfaltet den Kapitalismus und die Kolonie. Wenn es nicht greifbar ist, so ist es zumindest kohärent, wie beim Verlust von *Arbeitskraft*. Doch wie soll man den Verlust beschreiben, der die Welt ausmacht, wenn alles, was man über diesen Verlust sagen kann, in der Welt verkapselt ist? Wie erzählt man den Verlust des Verlustes? Was ist der »Unterschied zwischen [...] etwas zu retten [...] [und nichts] zu verlieren zu haben«? [10] Sameer zwang mich, der Tiefe meiner Isolation auf eine Art und Weise gegenüberzutreten, die ich hatte vermeiden wollen; eine tiefe Grube, aus der mich weder die postkoloniale Theorie noch der Marxismus oder die Geschlechterpolitik eines unnachgiebigen Feminismus zu retten vermochten.

Warum ist Gewalt gegen Schwarze keine Form von rassistischem Hass, sondern das *Genom* der *menschlichen* Erneuerung; ein therapeutischer Balsam, den das *Menschengeschlecht* zu seiner Selbstvergewisserung und zu seiner Heilung bedarf? Warum muss die Welt diese Gewalt reproduzieren, diesen sozialen Tod, sodass das soziale Leben die Menschen regeneriert und davor bewahrt, die Katastrophen einer psychischen Inkohärenz zu erleiden, sprich eines Mangels? Warum muss die Welt sich von Schwarzem Fleisch ernähren?

3

Als der Arzt und die Krankenschwester zurückkamen, war ich endlich in der Lage zu sprechen. Sie fragten, wie es zu meinem Zusammenbruch gekommen sei. Ich sagte ihnen, es sei der Stress der Graduiertenschule. Der beste Weg, mit einem Verhör klarzukommen, ist, ein wenig Wahrheit in die Lüge einzuweben. Ich konnte ihnen nicht sagen, dass mir plötzlich klar geworden war, was es heißt, ein Afropessimist zu sein; dass mein Zusammenbruch durch einen Durchbruch ausgelöst worden war, bei dem ich endlich verstanden hatte, warum ich zu schwarz war, um gepflegt und umsorgt zu werden. Wie eine Fledermaus, die durch eine Höhle flitzt, suchte mein Geist nach Antworten durch Echoortung. Doch keine Fackel warf ihr Licht auf die Medikamente, die ich einnahm; stattdessen fand ich die vergessenen Zeilen meines Gedichts.

zu Halloween wusch ich mein
Gesicht und zog meine
Schulkleidung an   ging von Tür zu
Tür als Alptraum.

for Halloween I washed my
face and wore my
school clothes   went door to
door as a nightmare.

KAPITEL ZWEI

Saft aus einem Halsknochen

I

Im Alter von elf Jahren lag ich nachts allein im Dunkeln auf dem Fußboden unseres Wohnzimmers und lauschte gregorianischen Gesängen, Tonbandaufnahmen des Chors, in dem meine Mutter sang, des Chors in der Basilica of Saint Mary in der Innenstadt von Minneapolis. Allein im Dunkeln sah ich mich zehn Jahre in der Zukunft, in eine weiße Soutane gehüllt, gerahmt von zwei Ministranten, die mir den kalten steinernen Gang nachfolgten. Die kühle Kathedralenluft war mit einer Spur Weihrauch gewürzt. Im Sommer 1967 war es schwül in Minnesota. Der Sommer der Liebe an der Küste Kaliforniens war im Land der zehntausend Seen eine luftfeuchte, von Moskitos durchschwärmte Jahreszeit. Doch auf dem Boden war es kühl, sodass ich ohne Hemd auf dem Teppich lag und meine Haut den volltönenden Klängen überließ, Kielwasser um Kielwasser aufsteigender Wellen, die ich durchtauchte und mich als Priester imaginierte. *Sanktuarium*.

Im Alter von elf Jahren war ich kein Afropessimist, und meinem Wissen über das, was mir so viel Angst machte, fehlte ein Critical-Race-Vokabular. Doch ich wusste, dass ich Schwarz war; nicht weil der Geruch von Filé-Pulver und Räucherwurst, die in einer angedickten Gumbo-Mehlschwitze köchelten, aus meinem und keinem anderen Haus in der Nachbarschaft aufstieg, sondern weil wir die Einzigen waren, die sie *Negro* nannten. Erst im folgenden Jahr, 1968, als ich zwölf wurde, würde ich zu einem Schwarzen. Im Dunkeln, als ich mit elf Jahren auf dem Boden des Wohnzimmers lag, wusste ich, dass ich ein *Negro* war, nicht aufgrund meiner Kultur, sondern weil diese Tatsache die Quelle meiner Scham war; einer Scham, die in der Nachbarschaft niemand teilte. Die gregorianischen Gesänge zitterten in meiner Brust und weiteten die Dunkelheit zu breiten, kavernenhaften Katakomben aus, die sich durch mich hindurch und aus mir hinaus erstreckten zur anderen Seite hin, zu jener Seite, wo ich mich in der Zukunft sah, einer Zukunft, in der ich von meinen Gemeindemitgliedern verehrt würde, anstatt geschmäht zu werden, wie mich in der ersten Klasse ein kleines Mädchen geschmäht hatte, das meine Hand nicht halten wollte aus Angst, dass der Ruß meiner Haut sie beflecken könnte. Im Klangtunnel meiner Zukunft fielen die Kinder und meine Lehrerinnen und Lehrer vor mir auf die Knie, wenn ich an ihnen vorbeiging, sie standen und knieten auf meinen Befehl hin, sie beichteten mir ihre Sünden, bevor sie des Leibes Christi würdig wurden. *Vergib mir, Vater, denn ich habe gesündigt. Ich wollte seine Hand nicht halten, weil sein Ruß auf mich abfärben würde. Vergib mir, Vater, denn ich habe gesündigt. Ich nannte ihn einen Affen, als er im Sportunterricht das Tau hochkletterte. Vergib mir, Vater, denn ich habe gesündigt. Ich drückte meine Zunge zwischen Zähne und Oberlippe und kratzte mir die Achseln, als er sich herunterhangelte. Vergib mir, Vater, denn wir haben gesündigt. Wir lachten. Vergib mir, Vater, denn wir haben gesündigt. Wir drückten sein Gesicht in den Schnee. Vergib mir, Vater, denn ich habe gesündigt. Ich nannte ihn »Freund« und brachte ihn aufgrund der Neugier meiner Mutter mit nach Hause. Wie fühlt es sich an, fragte sie, ein* Negro *zu sein? Vergib mir, Vater, denn ich habe gesündigt. Ich brachte ihn dazu, sich vor die Klasse zu stellen und uns den Treueschwur auf die Vereinigten Staaten aufzusagen.*

Meine Brust, meine Arme und der cabernetfarbene Teppich saugten ihre Beichten auf wie ein Weizenfeld, das den Klang des Regens wiedergibt. Wenn meine Tanten und Onkel aus New Orleans oder von jenem Ort mit dem süßlich-beißend riechenden Boden vierzig Meilen flussaufwärts von New Orleans zu Besuch kamen, fragten sie mich, ob ich das Licht eingeschaltet haben wollte. Im Süden brüteten Kinder nicht im Dunkeln vor sich hin. Nein, Tante Joyce, ich will die Dunkelheit. Entspannst du dich, Ba-by? Ja, antwortete ich, ich entspanne mich. Was ich wirklich meinte, war, dass ich meine Hymne der Erlösung komponierte.

Ich ruhte mich aus, doch ich entspannte nicht. Entspannung ist ein Zustand, in der Gegenwart zu ein, in Szenen der Gegenwart zu leben. Als Junge lebte ich nur selten in der Gegenwart. Es schmerzte mich zu sehr, in der Gegenwart zu sein. Wenn ich an mich dachte, befand ich mich selbst in der Zukunft. Die Gegenwart war die Buße, das, was ich für meinen Ruß ableisten musste. Ich träumte, eines Tages würde die Gegenwart vorbeigehen. Doch jedes Jahr, das ich erreichte, musste ich feststellen, dass die Gegenwart ihre Koffer längst gepackt und sich auf den Weg zu mir gemacht hatte. Sie wartete mit meinem Zimmerschlüssel in der Lobby auf mich. Noch während ich auf dem Boden unseres Wohnzimmers lag und den Sünder:innen der Gegenwart in ihrer Inkarnation als Bittstellende von morgen die Beichte abnahm, wusste ich an irgendeinem untergründigen Ort hinter den Gesängen, dass die Gegenwart immer auf mich warten würde: Am Ende dieses Sommers wäre die sechste Klasse nicht anders als das langsame, saure Dahintropfen vergangener Jahre; ein weiteres Jahr, in dem ich mich selbst mit den Augen anderer sehen würde: *Unser junger* Negro-*Nachbar. Der Wilderson-Bub. Gepflegter, als man gedacht hätte. Höflich. Kann sich gut ausdrücken. Wohlriechend. Kämpferisch. Kommt in Rechtschreibung nicht mit. Hat den andern in Rechtschreibung was voraus. Kann besser lesen als seine Klassenkameraden. Hinterher mit seinen Mathe-Hausaufgaben. Gräuliche Beine. Gorilla-Lippen. Als Bettnässer bekannt.*

Die gerade vergangene Weihnacht legte mir meine Lehrerin nahe, die fünfte Klasse zu wiederholen. In der vierten Klasse sagten sie, ich sei so klug, dass ich die fünfte Klasse überspringen könnte; allerdings gefiel es meinen Eltern nicht, dass Kinder Klassen überspringen. In der fünften Klasse ging es schließlich los, dass ich ins Bett machte, und mein Verstand war lahmgelegt. Ich konnte oder wollte morgens nicht mehr aufstehen. Ganze Monate vergingen, ohne dass ich ein einziges Mal Hausaufgaben machte. Als ich in jenem Sommer den gregorianischen Gesängen lauschte, staunte ich nicht schlecht, dass ich die fünfte Klasse geschafft hatte. Im März hatte ich meine Lehrerin um all die Hausaufgaben gebeten, die ich nicht abgegeben hatte.

Sie sagte: »Wie wär's mit den Aufgaben von Oktober an?«

In den Osterferien verbarrikadierte ich mich in meinem Zimmer und erledigte die Mathe- und Leseaufgaben von sechs Monaten innerhalb von einer Woche. Im April klatschte ich sie ihr auf den Schreibtisch. Sie korrigierte sie alle, und ich bekam nur Einsen und Zweien. Es dauerte eine Woche, bis sie alles korrigiert hatte, und sie schimpfte mit mir, dass ich ihr das ganze Jahr über solche Angst um mich gemacht hatte. Ich bekam mein Lob auf indirektem Weg.

Wäre ich *weiß* gewesen, hätten mich meine Sportlichkeit und mein Charme beliebt gemacht. Auch hätte ich beliebte Freunde gehabt. Doch meine Freunde stammten aus dem Land der ungeeigneten Spielzeuge. Liam Gundersen fühlte sich genauso bedroht von einem Bären wie von einem Schmetterling. Er hyperventilierte und biss sich in den Arm, wenn jemand die Hand gegen ihn erhob. Sein Vater und seine Mutter kamen aus Norwegen und waren in einem japanischen Internierungslager gefoltert worden, als sie Missionare in China waren. Die Kinder auf dem Spielplatz drehten durch, wenn Liam sich in die Arme biss. Er war der Jüngste von dreizehn Kindern, die alle erwachsen und ausgezogen waren. Seine Brüder hatten ihm Romane von Graham Greene, John le Carré und Ian Fleming im Haus hinterlassen. Liam und ich verbrachten viele Stunden damit, sie auf seinem Dachboden zu lesen. In den drei Jahren von meinem elften bis zu meinem dreizehnten Lebensjahr auf Liams Dachboden verstand ich diese Bücher nicht ganz so gut wie Liam; ebenso wenig konnte ich die Brocken von französischen Wörtern übersetzen, die Graham Greene wie Kleingeld auf seinen Seiten verteilte. Liam allerdings schon. Oskar Nilsens Vater war Chiropraktiker, was mit »Hexendoktor« gleichbedeutend war in der reichen *weißen* Enklave von Kenwood, wo die Eltern leitende Angestellte waren und Bankiers, Architektinnen, Anwälte, Ärztinnen und Staatsmänner wie der Senator und künftige Vizepräsident Walter Mondale sowie Mark Dayton, ein Politiker, dessen Familie die Läden Target und B. Dalton Bookseller gehörten. Dann war da noch Elgar Davenport, der klein und klobig war und die Welt durch lupendicke Brillengläser betrachtete, mit einem linken Auge, das wie verloren umherirrte. Elgar war ein stiller Grund zur Scham für seine Mutter, die blond, schlank und sportlich war und immer vor ihm herging. Elgar hatte rotes Haar und Sommersprossen. Mister Davenport fuhr eine rote Corvette und »spekulierte an der Börse«. Ich glaubte, es wäre cool, wenn mein Vater einen Sportwagen in meiner Farbe kaufen würde; dann aber, so schnell mir der Gedanke in den Sinn gekommen war, erschloss sich mir die Kehrseite. Ich spürte die Kehrseite davon, einen Sportwagen in meiner Farbe zu besitzen, ohne dass ich Worte dafür besaß. Wissen ist häufig weit mehr, als sich in Worten ausdrücken lässt.

Elgar Davenport, Liam Gundersen, Oskar Nilsen und ich spielten Geheimagenten auf dem Gelände einer dunklen Steinvilla gegenüber von unserem Haus. Die Villa hatte einen Aufzug und, wie man mir erzählte, zehn Schlafzimmer, wobei ich in den sechzehn Jahren, die ich gegenüber wohnte, nie in der Villa gewesen war. Sie wechselte ihre Besitzer:innen: einmal eine wohlhabende Familie mit fast so vielen Kindern wie Schlafzimmern (auch wenn sie zu jung waren, um mit mir zu spielen); ein anderes Mal Senator Mark Dayton. Es war der Wohnsitz seiner Familie, wenn sie nicht in Washington waren, und sie lebten dort, bis er Gouverneur wurde und den Gouverneurssitz in St. Paul bezog. Wir spielten Geheimagenten am Ende dieses Grundstücks, weit entfernt vom Hauptgebäude, in der Nähe einer Ein-Zimmer-Remise am Ende der breiten Kiesauffahrt. Die Remise erfüllte ihren Zweck; sie war für die Inszenierung unserer Spionagegeplänkel von entscheidender Bedeutung. Manchmal war sie die sowjetische Botschaft in einer dunklen, bewaldeten Ecke von Washington, D. C. Manchmal war sie eine SMERSH-Division zur Ausbildung von Attentätern, die für den Mord an James Bond trainiert wurden. Unsere Spionagespiele hatten eher etwas von Salvador Dalí als von Ian Fleming. Zum Beispiel säumte ein niedriger Drahtzaun, der den Hinterhof eines kleineren Herrenhauses von der Dayton-Villa trennte, ein Ende des Grundstücks. Wir nannten diesen Drahtzaun die Berliner Mauer, ohne irgendwelche geografischen Korrekturen vorzunehmen, wie etwa die Verlegung des Herrenhauses von Washington, D. C. nach Berlin. Die Surrealisten in uns waren stärker als die kartografischen Realisten.

Wenn wir keine Streichhölzer zogen, waren wir am Ende einfach vier Jungs, die alle CIA-Agenten spielten, ohne einen einzigen Kommunisten. Eines unfreundlichen Tages zogen Elgar und ich die Streichhölzer, die uns zu sowjetischen Spionen machten. Liam und Oskar waren die Guten. Unser Spiel beinhaltete zwei rennende und schreiende einfältige Sowjets und zwei einfältige Amerikaner, die ebenfalls rannten und schrien, während sie versuchten, den niedrigen Drahtzaun der Berliner Mauer zu überwinden und zum Checkpoint Charlie zurückzugelangen, bevor die Sowjets sie erwischten.

Elgar und ich kauerten hinter der Remise am Ende der Kiesauffahrt. Die Amerikaner würden von irgendwo in der Nähe der Remise kommen, doch wir wussten nicht, von welcher Seite des Gebäudes aus sie auftauchen würden. Gewöhnlich war einer der Jungen, die die Guten spielten, der Lockvogel, derjenige, der hinter einem Baum an der Seite der Remise hervorkommen und mit halsbrecherischer Geschwindigkeit zu einer weit entfernten Stelle des Zaunes laufen würde, während der andere Junge wartete, bis beide Sowjets abgezogen wären. Dann würde er versuchen, zu entkommen. Elgar und ich lugten hinter der Remise hervor und warteten auf die beiden amerikanischen Spione. Unsere Daumen und Zeigefinger formten wir zu Ringen und hielten sie als Ferngläser vor unsere Augen.

»Hey«, raunte Elgar mir zu.

»Ja«, flüsterte ich zurück.

»Meine Mom hat mir gesagt, ich soll dich mal fragen, wie du dich als *Negro* fühlst.«

»Keine Ahnung«, sagte ich nicht mehr ganz so leise.

»Warum denn?«

»Ziemlich gut ... schätze ich.«

»Da kommen sie!«

Oskar und Liam hatten sich in Bewegung gesetzt! Wir erwischten Liam, während es Oskar gelang, sich bis zum Checkpoint Charlie im Garten der McDermotts durchzuschlagen.

Das nächste Mal, als ich Elgar sah, teilte er mir mit, dass seiner Mutter meine Antwort nicht gefiel. Ich war besorgt. Ich fragte ihn, ob sie wütend sei. Nein, sagte er. Ich fragte ihn, ob er sich ganz sicher sei. Sicher, ich bin ganz sicher, sagte er, sie will, dass du zu uns zum Mittagessen kommst. Ich sagte, okay, aber ich müsste erst meine Mom fragen.

Celina Davenport war wesentlich größer als ihr Mann, Elgar senior. Sie hatte kein rotes Haar, wie Elgar junior und Elgar senior es hatten. Bevor wir uns zum Mittagessen hinsetzten, nahm sie mich mit ins Wohnzimmer und zeigte mir den Kaminsims mit ihren Tennistrophäen eines Colleges, von dem sie sagte, es sei eines der »Seven Sisters« an der Ostküste, wo keine Jungen studieren dürften. Mit ihrer heiseren Stimme, die nach zahllosen trockenen Martinis klang, sagte sie, dass sie an diesem Ort geradezu die Wände hochgegangen war.

»Elgar weiß, wie ich die Wände hochgehe«, sagte sie und verstrubbelte seine Haare.

Sie führte uns in die Küche. Ich war so verkrampft, dass ich überhaupt hier war, und ich wusste nicht, *warum* ich hier war, sodass ich ihr nur halb zuhörte und so bloß halb verstand, was sie meinte. Doch war mir beigebracht worden, dass man, wenn man nicht weiß, was man zu jemandem sagen soll, anstatt eine unbehagliche Stille aufkommen zu lassen, einfach eine Frage in die Stille stellen solle. Also fragte ich sie, warum sie die Wände hochgehen wollte. Sie sah mich an, als hätte ich sie gefragt, ob zum Abendessen Katzenfutter auf den Tisch komme. Dann lachte sie und rief ihr Dienstmädchen, Mrs. Szymanski, um das Mittagessen zu servieren. Wir aßen in der Küche, Celina Davenport, Elgar und ich. Mrs. Szymanski stellte einen Teller mit Sandwiches auf den Tisch und goss Limonade für Elgar und mich ein. Auch Mrs. Davenport trank Limonade, allerdings mit einem Schlückchen Gin. So verstohlen, wie ich konnte, hob ich eine Seite der Brotscheibe an, um einen Blick darunter zu werfen. Ich war nicht verstohlen genug gewesen.

»Stimmt was nicht mit dem Sandwich, Frankie?«, fragte Mrs. Davenport.

»Der Name gefällt ihm nicht, Mom.«

»Welcher Name gefällt dir, Schätzchen?«

»Frank«, sagte ich und versuchte, nicht so schroff zu klingen wie Elgar.

»Deine Mutter nennt dich Frankie, wenn sie dich bittet, ins Haus zu kommen.« Das erschreckte mich, denn mir war nicht klar gewesen, dass sie meine Mutter überhaupt kannte. Ich wusste, dass meine Mutter ihr *bekannt* war, denn die Davenports hatten eine Petition mit fünfhundert Haushalten unterzeichnet, um uns aus Kenwood fernzuhalten; und die meisten der Nachbarinnen und Nachbarn hatten nie ein Wort mit meiner Mutter gewechselt. Ich sagte nichts.

Sie fragte noch einmal: »Was stimmt nicht mit dem Sandwich … Frank?«

»Nichts, Mrs. Davenport.«

»Nun sag schon. Ich bin nicht beleidigt, wenn du meine Sandwiches nicht magst.« Die Ironie ihrer Aussage entging mir damals, denn es waren nicht *ihre* Sandwiches. Mrs. Szymanski hatte sie zubereitet.

»Ich wollte nur mal sehen, wo das Fleisch ist, damit ich es in die Mitte schieben kann.«

Amüsiert sagte Elgars Mutter: »Es ist ein italienisches Sandwich: Provolone, Spinat und Tomaten und eine Idee Pesto. Man bekommt Blähungen, wenn man bei dieser Hitze Fleisch isst.«

»Meine Mutter sagt das auch«, meinte ich. »Sie macht die auch manchmal.«

»Ach, tut sie das?« Mrs. Davenport nickte und zündete sich eine Pall Mall an. »Quäl dich bitte nicht. Du brauchst es nicht zu essen.«

Das war eine vorübergehende Gnadenfrist vor dem Todesurteil, bis ich mich daran erinnerte, dass meine Mutter mir aufgetragen hatte, ich solle mich von meiner besten Seite zeigen. Ich nahm einen großen Bissen. Eine Übelkeit kitzelte meinen Magen, als ich versuchte zu schlucken. Die Mayonnaise, der gummiartige Käse und die sauren Tomaten, kombiniert mit diesem Hauch von Pesto, kämpften sich in teigigen, halb zerkauten Pfropfen meine Speiseröhre runter.

Dann stellte Celina Davenport die Frage, die Elgar mir an der Remise vor der Berliner Mauer gestellt hatte. Auf einem Stuhl direkt gegenüber von mir nippte sie an ihrer mit Gin gespickten Limonade, nahm einen weiteren Zug an ihrer Zigarette und starrte mir ins Gesicht, während sie auf meine Antwort wartete.

Ich hörte auf zu essen. (»Ich würde nie einen Mann einstellen, der eine Mahlzeit vor dem Essen salzt.« Einer der Grundsätze meines Vaters. »Das bedeutet, dass du nichts Unüberlegtes sagen oder voreilig handeln solltest, Frankie. Wenn du die Antwort nicht weißt, denke nach und nimm dir einen Moment Zeit, um herauszufinden, was gefragt wurde.«) Aufmerksam sah ich mich in dem Raum um. Ihre Spitzenvorhänge, die sich im Wind vor den Küchenfenstern wölbten; ihr polierter grüner Gasherd mit antiken goldenen Knöpfen; ihr Frigidaire-Kühlschrank, der wie der Silver Surfer im Marvel Comic schimmerte, mit einem Eiswürfelbereiter in der Tür und einem Wasserspender, sodass Eis und Wasser ausgegeben werden konnten, ohne dass man das Gerät öffnen musste, etwas, das ich noch nie zuvor gesehen hatte; ihr weißer Tennisrock mit Bügelfalten, ihre weißen Turnschuhe, ihre wohlgeformten Beine und die

Art und Weise, wie sie wartete, ohne zu blinzeln. *Sie starrt mich an wie ein ostdeutscher Grenzsoldat. Die falsche Antwort, und du wirst es nicht zurückschaffen. Sie ist nicht nur eine hübsche Tennislady, und das sind nicht nur hübsche Tennisschuhe; in den Spitzen ihrer Schuhe sind ausfahrbare Messerklingen verborgen, und sie wird dich ins Schienbein treten, wenn du Papas Grundsatz vergisst und etwas Unüberlegtes sagst.*

»Mutter«, sagte Elgar, »ich habe dir schon gesagt, was er gesagt hat.«

»Ich kann dir nicht mal vertrauen, dass du das richtige Wechselgeld nach Hause bringst, Elgar. ›Ziemlich gut. Schätze ich‹? Elgar, *du* redest so. *Sein* Vater ist Pädagoge.«

»Ich hab noch mehr sagen wollen,« entschuldigte ich mich.

»Na sicher wolltest du das. Elgar hat dir nicht die Möglichkeit dazu gegeben.«

Sie wirkte zufrieden. Ich wollte, dass das so bleibt. Jeder Spion weiß, wie man die Wachleute bei Laune hält.

Ich erzählte ihr, es sei nett, ein *Negro* zu sein. Sie stieß einen weiteren schmalen Rauchzyklon aus. Sie guckte nicht gerade erfreut drein. Also sagte ich ihr, dass *Negros* coole Sachen machen dürfen.

»Was zum Beispiel?«, fragte sie aufgeweckter.

Ich war aus der Fassung gebracht, und so erzählte ich ihr vom Masongate Resort am Gull Lake in der Nähe von Brainerd, Minnesota. Ich erzählte, dass unsere Familie und eine ganze Menge anderer *Negro*-Familien dort jeden August eine Woche zusammenkämen zum Angeln, Schwimmen, Boot- und Wasserskifahren. Das Masongate Resort war ihr bekannt, doch irgendetwas von meiner Geschichte passte nicht zu dem, was sie darüber wusste. Sie fragte mich, ob ich das Masongate Resort vielleicht mit einem anderen Ort verwechselte.

Sie stand auf und lehnte sich auf den Tresen, mit dem Rücken zum Fenster. Mit ihrer ersten Zigarette zündete sie sich eine weitere an und schnippte den Stummel der ersten zum Fenster raus.

»Was würde Smokey der Bär denn dazu sagen?«, fragte Elgar alarmiert.

»Irgendwann wird aus dir mal ne richtig gute Ehefrau, Elgar«, sagte sie, schaute während ihrer Worte jedoch zu mir.

Das erste und einzige Mal, dass sie ihre Augen von mir abgewandt hatte, war, als sie ihr Feuerzeug benutzte, um sich ihre erste Zigarette anzustecken. Jetzt löste sie ihren Blick von mir und blies den Rauch zur Seite aus. Als sie mich wieder ansah, war in ihrem Gesicht noch immer kein Anflug von Wärme zu spüren.

Ich log, und sie wusste es. Wir hatten nie im Masongate Resort gewohnt; wir wohnten in den Twilight Loon Cabins, zwei Meilen entfernt von Masongate, am Ufer des Sees mit Sümpfen anstatt Sandstränden. An einem Teil des Sees, wo es keine Schnellboote gab, keine Grand Lodge mit Abendunterhaltung, keine Wassersportarten wie Jetskiing, kein elegantes Restaurant, in dem Amerikanischer Hecht mit Bratkartoffeln serviert wurde. Statt der üppigen, klimatisierten Räume von Masongate gab es in den Twilight Loon Cabins Selbstversorgerhütten mit Fliegengittertüren, von denen die Farbe abblätterte, und die Geräusche, wenn sie geschlossen wurden, erschallten klatschend über den gesamten See. Die Lichter auf dem Gelände lagen so weit auseinander, dass man nachts eine Taschenlampe brauchte, um von einer Hütte zur nächsten zu gelangen. Erst im Jahr zuvor, 1966, hatten die vier *Negro*-Familien begonnen, die Kinder mit nach Masongate zu nehmen, um dort zu Abend zu essen und die dort angebotenen Freizeitmöglichkeiten zu nutzen. Wir wohnten jedoch nicht dort, und irgendetwas sagte mir, dass Mrs. Davenport das wusste. Sie löschte die Glut der neuen Zigarette unter dem Wasserhahn.

»Elgar senior glaubt nicht, dass es die Twins dieses Jahr in die World Series schaffen werden«, sagte sie, als spräche sie mit jemandem, der nicht anwesend war. Sie ließ ein Glas mit Wasser aus dem Hahn volllaufen und trank einen Schluck davon. »Was ist aus seinem Stolz für seine Heimatmannschaft geworden?«

2

Pappige Klümpchen aus Mayonnaise, Tomaten, Käse und blanken Nerven, gut vermengt mit der neuen Erfahrung von Pesto, schwappten mir im Magen herum, während ich von Elgars Haus hügelaufwärts zu meinem Haus eilte. Als ich die hintere Verandatreppe hinaufkam, hörte ich im Radio ein Lied von Dinah Washington. Die grünen S&H-Rabattmarken und ein Sammelbüchlein zum Einkleben lagen auf dem Küchentisch neben einem Lehrbuch über Statistik fürs Psychologiestudium. Mom machte gerade eine Lernpause und klebte Rabattmarken in das Buch ein.

»Und?«, sagte sie.

»Die haben kein Fleisch in ihren Sandwiches.« Mom lachte und drehte das Radio runter.

»Wir sind *in* Minnesota«, sagte sie, »aber wir sind nicht *aus* Minnesota. Bull Connor hätte sich das Geld für seine Kampfhunde sparen können, wenn er das Essen dieser Frau gehabt hätte.«

»Mom?«

»Ja?«

»Ach, nichts.«

»Was ist los?«

»Wie fühlst du dich?«

»Ich *fühle* mich, als sollte ich mit einem Mint Julep auf meiner Veranda stehen und mir kühle Luft zufächern, anstatt mir wegen Statistiken den Kopf zu verrenken oder Rabattmarken abzulecken.«

Ich hatte mich nicht geregt.

»Warum fragst du?« Sie saß auf genau der richtigen Höhe, um mir in die Augen zu schauen.

»Damit ich weiß, was ich das nächste Mal sagen muss.«

»Welches nächste Mal?«

»Das nächste Mal, wenn Mrs. Davenport mich fragt, wie es sich anfühlt, ein *Negro* zu sein.«

»Nein!« In ihrem Gesicht stand ein wütender Wunsch. »Nein,

das hat sie dich *nicht gefragt.*« Sie presste ihre Handflächen auf den Tisch, als wollte sie unmittelbar aufstehen und Mrs. Davenport außer Gefecht setzen. *Und was dann?,* muss sie sich gefragt haben, denn sie blieb sitzen. *Und was dann?*

Sie lernte etwas Wichtiges über *weiße* Nordstaatler:innen der Oberschicht, etwas, das sie vor ihrem Umzug nach Kenwood nicht für möglich gehalten hätte: wie sich ein Krieg stellvertretend durch das Kind einer anderen führen ließ. Sie wusste nun, wie es sich anfühlen musste, von einer Lenkrakete getötet zu werden. Was für eine Frau würde dich mithilfe deines Kindes verletzen? *»Das Gute, das Schöne und das Wahre«*, lautete ein Grundsatz von Du Bois, den meine Mutter sehr schätzte. »Dies müssen unsere Bestrebungen sein. Und alles beginnt damit, wie man Menschen behandelt.« *Dieses Langstrecken-Herumgepfusche mit meinem Verstand, und mein Sohn als deine Lenkrakete*; falls es das war, was sie dachte, als ich nach Hause kam, dann hatte die Celina Davenport tief in ihrem Kopf meine Mom auch daran erinnert, wie sie Elgar und all die Kinder in dieser Nachbarschaft dazu brachte, sich zu Hause zu fühlen, wenn sie bei uns zu Besuch waren; wie sie die Eistüten für die Kinder immer mit einer halben Kugel extra vollschöpfte; wie sie am vierten Juli rote, weiße und blaue Malerhüte für die Kinder bastelte und ihnen die Wunderkerzen anzündete, wenn sie in einer Parade den Hügel hinaufstolzierten. *Aber du verdrehst meinem Sohn den Magen und machst ihm Angst.*

Eines Nachts, als ich älter und kurz davor war, allein zu leben, kam ich spät und leise nach Hause. Mutter war allein im Dunkeln vor einem Kaminfeuer. Vater lag auf dem Sofa ausgestreckt und schlief. Das weiche Glühen im Kamin war das einzige Licht im Raum. Mom steckte Nadeln in kleine Stoffpüppchen und gab ihnen die Namen von zwei ihrer *weißen* Kolleginnen. »Und die hier«, sagte sie lustvoll, als sie die Puppe piekte, »wird zittrig und gelähmt.« Ich lächelte und ging ins Bett, und sie ahnte nicht, dass ich sie gesehen hatte. *Sie ist geistig gesund geblieben*, dachte ich, als ich ins Bett ging. *Nach allem, was sie durchgemacht hat, ist sie geistig gesund geblieben.*

3

Das nächste Mal, als wir auf dem Villengelände gegenüber Geheimagenten spielten, zog ich ein Sowjet-Streichholz.

»*Schon wieder?*«, beschwerte ich mich.

Liam Gundersen war zusammen mit mir sowjetischer Agent; Elgar und Oskar waren beim MI6. Ich erwischte Elgar an der Berliner Mauer und sperrte ihn ins Wachhaus mit den imaginären Mauern aus Luft. Ich rannte am Zaun entlang, um Liam beim Fangen von Oskar behilflich zu sein, bevor Oskar nach Westberlin gelangen konnte. Ich war noch nicht weit gekommen, als ich Elgar schreien hörte.

»Ich bin entkommen!«

Sein kurzer, kräftiger Körper rollte über den Zaun.

Ich schrie zurück: »Du bist gefangen, du musst im Wachhaus bleiben!«

Er schrie: »Du hast mir keine Handschellen angelegt!«

Nun befand er sich hinter dem Zaun und raste durch den Garten der McDermotts, auf dem Weg in den Garten der Tysons. Ich war fuchsteufelswild.

»Bleib stehen, du Arschgesicht!«

Sein rotes Haar wellte sich im Wind. Er drehte sein sommersprossiges Gesicht zu mir um und lachte.

Mein Fuß stieß gegen etwas Festes auf der Erde neben dem Zaun. Es war eine Plastikflasche mit smaragdfarbener Palmolive-Spülseife. Ich bückte mich und hob sie auf. Ihre Schwere in meiner Hand war beträchtlich, denn sie war noch fast voll. Ich umklammerte die Flasche am Hals. Ich fühlte, wie mein Arm nach hinten schwang und sich dann nach vorne schleuderte. Die grüne Flasche drehte sich wirbelnd durch die Luft, bald ein Tomahawk, bald ein Zauberstab, während sie auf die Sonne zuschoss; das Zwölf-Uhr-Mittagslicht stieß durch die grüne Flüssigkeit wie durch ein Prisma, bis die Flasche im Schlund der Sonne verschwand. Um nicht zu erblinden, schloss ich meine Augen.

Plopp! Platsch!

Elgars Knie knickten ein. Er lag mit dem Gesicht nach unten im Garten der McDermotts.

Wir rannten an seine Seite. Grüne Spülseife sickerte aus einem Riss in der Plastikflasche ins Gras. Blut sickerte aus Elgars Schädel. Einer der Bügel seiner lupendicken Brillengläser war aus dem Scharnier gebrochen und lag neben seinem Kopf auf der Erde.

Doch es bedurfte einiger Augenblicke, bis das Wort *Blut* zu mir durchkam. Zuerst sah ich auf der Rückseite seines Schädels eine Haarlocke, ein rotes Haarbüschel, das schief abstand. Dann sah ich es als einen kleinen Wasserstrahl, wie den Wasserstrahl aus dem Trinkbrunnen vor Mrs. Andersons Klassenraum, der so klein war, dass die Lippen den Wasserhahn berührten, wenn man trank.

Liam und Oskar liefen los, um Hilfe zu holen.

Ich stand still, die Sonne starrte auf meinen Nacken, meine Augen starrten auf Elgar hinab, während er blutete. Es wäre falsch zu sagen, dass ich ihn hatte verletzen wollen. Doch jetzt, wo er verletzt war, wollte ich ihm nicht helfen. Ich wusste, dass ich ihm helfen wollen *sollte*; doch das war ein Wissen, dem das Verlangen entzogen war, und es äußerte sich in der zweiten und dritten Person – *du solltest ihm helfen wollen*, oder *der Wilderson-Bub sollte ihm helfen wollen*. Stimmen auf der Hintertreppe und ein wenig abseits von dem, was ich wirklich fühlte.

Das winzige Gluckern von Blut aus der weichen Stelle in seinem Hinterkopf verstummte in Sekundenschnelle, doch ich blieb stehen und wartete auf die Rückkehr des winzigen Geysirs. *Elgar Davenport blutet. Wenn Elgar blutet, blutet auch seine Mutter.* Bis zu diesem Zeitpunkt wirkten die Menschen um mich herum in Kenwood blutleer und unvergänglich.

(Drei Jahre später, im Frühjahr 1970, als wir in Berkeley wohnten, überreichte mir ein Black Panther Frantz Fanons *Die verdammten dieser Erde* während einer Seminarsitzung, die er und andere für Kinder der Mittelstufe veranstalteten. An jenem Abend las ich, was ich konnte, aus dem Kapitel »Von der Gewalt«, worin Fanon über den Moment schreibt, in dem der Algerier den französischen Kolonialherrn bluten sieht, jenen Moment, in dem der Algerier »entdeckt, daß die Haut eines Kolonialherrn nicht mehr wert ist als die Haut eines Eingeborenen. Diese Entdeckung teilt der Welt einen entscheidenden Stoß mit«,[11] und dann stieg mir die Erinnerung an jenen Tag mit Elgar ins Bewusstsein.)

Ich spürte ein Stechen zwischen meinen Beinen. Dasselbe Stechen der Glückseligkeit, das ich nachts fühlte, wenn ich halb wach und halb schlafend ins Bett pinkelte; die Freude der Erlösung, die so lange andauern konnte, bis ich den nassen Fleck wahrnahm.

Als die Sanitäter die Geschichte aufdröselten, sagte einer zum anderen: »Auf der Fontanelle aufgetroffen.«

»Das erklärt die Blutung.« Sein Partner nickte.

Bei drei hievten sie Elgar auf die Trage. Einer von ihnen sagte, Elgar habe Glück gehabt, dass seine Fontanelle nicht so weich war wie die eines Babys, sonst wäre die Verletzung viel ernster gewesen. Elgars Augen waren offen, doch er sagte nichts. Der erste Sanitäter schüttelte den Kopf.

»Wie hoch ist die Wahrscheinlichkeit, dass es so glimpflich verläuft, wenn eine Fontanelle getroffen wird?«

»Eins zu einer Million.«

»Noch nicht mal.«

Als ich sah, wie Mrs. Davenport die Sanitäter anflehte, sie im Krankenwagen mitzunehmen, wusste ich, dass meine Eltern mich verprügeln würden. Doch sie verprügelten mich nicht. Sie waren zu benommen, ihre Arme waren zu schlaff und unbrauchbar, um etwas so Schweres wie einen Gürtel zu heben. Nicht nur, dass ich nicht verprügelt wurde, meine Eltern bestraften mich nicht einmal. Am nächsten Tag waren sie immer noch erschüttert, und doch stritten sie, wie sie mir Elgars Verletzung erklären sollten.

Mein Vater, der Latein konnte und Führungskräften von Unternehmen das Schnelllesen beigebracht hatte, um während seiner

Promotion Geld zu verdienen, sprach mit mir, als wäre ich eine seiner Doktorand:innen.

»Es ist eine Lücke im Schädel, wo die Verknöcherung noch nicht abgeschlossen ist, Frankie, und die natürlichen Nähte noch nicht ausgebildet sind.«

»Die empfindlichste Stelle des Babys«, sagte Mom mit einem Seufzen.

»Gugugaga zu reden wird sein Vokabular nicht verbessern, Ida-Lorraine.« Vater legte die Stirn kraus.

Sie sagte, wir müssten zusammen bei den Davenports vorbeischauen. Doch bevor wir das taten, wollte sie, dass ich ihnen noch einmal erzählte, was sich zugetragen hatte. Sie saßen nebeneinander auf dem Sofa im Wohnzimmer. Ich stand vor ihnen und erzählte ihnen alles ein weiteres Mal. Wie Elgar an der Berliner Mauer geschnappt wurde. Wie Elgar die Regeln gebrochen hatte, als er das Wachhaus verließ. Wie ich nach unten griff und die Spülmittelflasche am Hals zu fassen bekam.

»Und ich warf sie. Nicht *auf* ihn, Mom. Ich habe sie einfach geworfen.«

Mein Vater hatte vor einigen Jahren mit dem Zigarettenrauchen aufgehört. Nun versuchte er, auch noch von der Pfeife wegzukommen. Sie war nicht angezündet. Mit geschlossenem Mund nagte er sanft an ihrem Stiel. Als wäre ich eines der Kinder in der Psychiatrie, die er einst geleitet hatte, sah er mich mit einer Mischung aus Bewunderung und Entsetzen an.

»Zwanzig Meter oder mehr, und du hast seine Fontanelle angeknackst.« Dad musste fast lächeln. Seine Stimme klang merkwürdig, als spräche er über jemanden, der einen Leichtathletikrekord gebrochen hatte.

Ich schaute zu meiner Mutter. »Ich hab das nicht gewollt, Mom.« Dann schluchzte ich.

Sie umarmte mich. »Ich weiß. Ich weiß«, sagte sie. »Du bist ein guter Junge. Ich weiß, wie schlecht du dich gefühlt hast.«

Durch ihre Worte war ich daran erinnert, dass meine ersten Gefühle nichts von Reue besessen hatten. Doch wie konnte ich ihr das sagen und trotzdem ein »guter Junge« bleiben?

Mom machte einen Auflauf mit extra Hackfleisch und extra Käse.

Ich sagte ihr: »Mrs. Davenport macht kein schweres Essen.« Ich sagte es dreimal; und jedes Mal sagte Mom: »Es ist der Gedanke, der zählt.« Mom sagte diese Worte, ohne mich dabei anzusehen. Rückblickend frage ich mich, ob der »Gedanke, der zählt«, mehr mit meinem Verhör durch Mrs. Davenport und weniger mit dem Angriff auf ihren Sohn zu tun hatte, oder ob beides untrennbar miteinander verbunden war. Anstatt dich durch die Woche zu prügeln, habe ich dir ein Essen zubereitet, das dir im Hals stecken bleiben kann. Bon appétit!

Mom und ich gingen den Hügel hinunter zu den Davenports. Elgar war immer noch zur Beobachtung im Krankenhaus, doch Mrs. Davenport sagte, es gehe ihm gut. Ich sagte Mr. und Mrs. Davenport, wie leid es mir tue, was die Wahrheit war. Allerdings gab es noch eine andere Wahrheit, die nicht ausgesprochen werden konnte, nicht einmal meinen Eltern gegenüber. Wohin, fragte ich mich, würde es führen, dieses Duell im Herzensinnern zwischen Bedauern und Begehren?

4

Das darauffolgende Jahr 1968 überlebte ich durch Zitate von Filmstars, Spionageromanen und ab Ende August mit Zitaten des Großen Vorsitzenden Mao. Wie ein Mönch seine Perlen aus Malachit umklammerte ich die Worte anderer. Doch während meines unbeholfenen Taumels durch die *weiße* Grundschule – war es da Stevenson oder Poe oder irgendein anderer Wein-und-Revolver-Schreiber, den ich auswendig gelernt und mit nach Hause zu meiner Mutter gebracht hatte?

»›Bevor ein Mann stirbt, muss er ein Buch schreiben, eine Frau lieben und einen Mann töten.‹«

Sie beäugte mich, als wäre ich ein Paket, das fürs Nachbarhaus bestimmt war. Sie fragte: »Meinst du: ›Was bedeutet das‹?«

»Nein. Ich meine, ist das wahr?« Wir waren allein. Die Fenster im Wohnzimmer waren geöffnet. Die Vorhänge schüttelten sich ganz sanft und weigerten sich zu sagen, warum sie sich abgewendet hatte.

Im Jahr 1968 zerbrach etwas in mir. Ich lag immer noch im Dunkeln auf dem Boden des Wohnzimmers und hörte Musik wie im Sommer davor, als ich elf Jahre alt war. Doch die gregorianischen Gesänge waren durch die Musik und die Stimme von Curtis Mayfield ersetzt worden, die mich drängten, ein »winner« zu sein, ein Gewinner der guten schwarzen Erde, »the good black earth«. Als ich Curtis Mayfield zum ersten Mal singen hörte: »No more tears do we cry / And we have finally dried our eyes«, kamen mir die Tränen. Ich dachte, wenn ich lange und aufmerksam genug zuhörte, würde Curtis Mayfields Stimme klar und fest durch die Nadel des Phonographen hervordrängen und mich vor einer Hölle bewahren, von der die Leute sagten, ich sei gesegnet, sie bewohnen zu dürfen. (»Es gibt Jungs im Getto, die es nicht so gut haben.«)

Als das Jahr begann, belagerte die Tet-Offensive unser Wohnzimmer. Kurz vor Mitternacht knisterte der Raum mit weißem Rauschen, wenn meine Eltern, im Glauben, sie seien allein, an der Stereoanlage drehten und nach einem Radiosignal suchten. Manchmal versteckte ich mich auf der Vordertreppe und versuchte, durch die Sprossen der Brüstung einen Blick auf sie zu erhaschen. Häufig saßen sie auf dem Boden; ich konnte ihre ausgestreckten Beine sehen. Ich wagte es nicht, weiter als bis zum ersten Treppenabsatz zu gehen, aus Angst, entdeckt zu werden, und auf dem ersten Absatz war ich nahe genug, um das Radio hören zu können und auf den Namen meines Onkels unter der Liste der Gefallenen zu warten.

Die Musik endete. Der Moderator kündigte an, dass die Sendezeit bald enden würde; doch zuerst das nächtliche Bulletin aus Vietnam.

»Ein mechanisierter Infanteriekonvoi der Zweiten Brigade, Vierte Infanteriedivision der USA, wurde zwei Meilen nordwestlich von Plei Mrong in der Provinz Kon Tum in einen Hinterhalt gelockt. Sicherheitsleute des Konvois erwiderten das feindliche Feuer, während Hubschrauber der Armee und Artillerie den Angriff unterstützten. Ein UH-1-Hubschrauber wurde von Bodenfeuer getroffen und stürzte über feindlichem Gebiet ab, wobei alle fünf Insassen verwundet wurden.«

Dann folgte die Liste der Namen. An diesem Punkt verstummte das Klingeln der Eiswürfel in der Cola meiner Mutter. Die Knochen meines Vaters dorrten in meinen Knochen. Sie rührten sich nicht. Sie schienen nicht zu atmen. Alles, was am Leben war, war das Radio.

»Dienstag, der 29. August.« Der Sprecher hielt inne. Nahm er einen Schluck Wasser? Ruhte seine rechte Hand auf dem Mikrofon, während seine linke Hand ein Husten kaschierte? »In dieser Woche haben 242 Soldaten im Kampf ihr Leben verloren. Wie jeden Abend beschließen wir diese Sendung mit den Namen derer, die heute gefallen sind, gefolgt von einer Auswahl der Nachrichten, die unsere Zuhörer auf unserem Anrufbeantworter hinterlassen haben. Die Ansichten und Meinungen spiegeln weder die Ansichten und Meinungen des Managements von WGBH noch die Ansichten und Meinungen der Radiosender wider, die diese Sendung ausstrahlen.

Specialist William C. Gearing, 22, East Lansing, Michigan.
Lance Corporal Joseph L. Rhodes, 22, Memphis, Tennessee.
Captain Michael C. Volheim, 20, Hayward, Kalifornien.
Private First Class Craig E. Yates, 18, Sparta, Michigan.
Private First Class Ramon L. Vazquez, 21, Puerto Nuevo, Puerto Rico.
Private First Class Calvin R. Patrick, 18, Houston, Texas.«

Nachdem der Sprecher die Namen verlesen hatte, fuhr seine Stimme auf ihre schlafliedleise Art fort, als würde er die toten Soldaten in den Schlaf sprechen.

»Nun«, sagte er beruhigend, »folgt eine Auswahl Ihrer Stimmen von unserem Muttersender.«

Ein leises Pfeifen ertönte, als er einen Knopf betätigte, um die Nachrichten vom Anrufbeantworter des Senders abzuspielen.

Eine Frau mit dem nasalen Dialekt einer Kohlenstadt dankte dem Sender dafür, dass er ihr zwei Tage, bevor die Marines an ihre Tür klopften, vom Tod ihres Sohnes berichtet hatte. Auf diese Weise brach sie nicht zusammen, als sie vor ihrer Tür standen. Zusammengebrochen war sie bereits, als sie allein war. Ihre Nachbarin am Ende der Straße war auf ihrer Veranda vor den Füßen dieser beiden Marines zusammengebrochen.

»Es ist eine Schande«, sagte sie, »dass sie einen nicht festhalten oder vom Boden aufheben dürfen. Danke, dass Sie mir diese Demütigung erspart haben.«

Ein Mann aus Tulia in Texas forderte den Radiosender auf, die Namen nicht mehr in der Sendung vorzulesen. »Sie unterstützen damit die Antikriegsdemonstranten, die Verräter dieser Nation sind.«

Vor zwei Nächten sagte ein Mädchen aus Seattle, sie habe den Namen von jemandem gehört, der im vergangenen Jahr seinen Abschluss an ihrer Highschool gemacht habe. »Er hat damals den alles entscheidenden Touchdown erzielt, und wir haben das Homecoming-Spiel gewonnen. Wir sind der Meinung, wir sollten die Homecoming-Parade in diesem Jahr absagen und stattdessen eine Mahnwache bei Kerzenlicht abhalten. Bitte beraten Sie uns.«

Eine Frau aus Ohio sagte: »Ich bin eine *weiße* Frau, aber ich frage mich immer, wie viele Schwarze Jungs unter den Namen sind, die Sie jeden Abend vorlesen. Wofür sind sie gestorben? Für Hütten aus Teerpappe, Unterernährung, Erniedrigung und Arbeitslosigkeit? Bitte, kann mir das jemand beantworten?«

Ich hörte das Klackern von Eiswürfeln, als meine Mutter es wagte, wieder an ihrer Cola zu nippen. »Dein Bruder ist am Leben«, sagte sie leise.

Mein Vater sagte: »Ja, ein weiterer Tag Leben.«

Ich hörte, wie sie zusammen das Vaterunser beteten, und ich wusste, dass sie auf Knien waren.

Einer von Vaters Schülern war nach Kanada geflohen, um der Einberufung zu entkommen. Die Kanadier hatten ihn aufgenommen, ohne Fragen zu stellen. Ich fragte mich, ob sie mich aufnehmen würden, ohne Fragen zu stellen, wenn ich vor meinem eigenen Krieg in Kenwood fliehen würde.

Im April wurde ich zwölf Jahre alt, am selben Tag, an dem der Kongress den Fair Housing Act verabschiedete, und sieben Tage nach der Ermordung von Martin Luther King. Ich verfolgte die Unruhen im Fernsehen mit meiner Großmutter zusammen, einer Katholikin aus New Orleans, die eine zweite Klasse unterrichtet und zeitweise mit der Preservation Hall Jazz Band Klavier gespielt hatte. Großmutter Jules liebte jede Art von Sport. Ihr Ehemann »2-2 Jules« (benannt nach seiner Fähigkeit, jedes Mal einen Schlagmann rauszuschlagen, wenn es zwei Bälle und zwei Strikes sein mussten) hatte eine Einladung in die Negro National League abgelehnt und arbeitete anschließend bei der Eisenbahn als Portier und dann, nach Beginn der Großen Depression, als Gipser. Wenn Großmutter Jules in den Norden kam, um uns zu besuchen, verbrachte sie mit mir und meinem Vater viel Zeit damit, Baseball-, Football- und Basketballspiele anzuschauen, anstatt mit meiner Mutter, ihrer Tochter, auch nur ein einziges Mal auf Antiquitätenjagd zu gehen. Sie liebte eingelegte Schweinefüße und ein Bier namens Hamm's, das auf der anderen Seite des Flusses in St. Paul gebraut wurde.

Der Mord an Martin Luther King und die Tet-Offensive veränderten das Verhältnis meiner Familie zum Radio und zum Fernsehen. Meine Eltern lauschten auf den Namen meines Onkels in den nächtlichen Sendungen über die Todesopfer. Meine Großmutter und ich sahen uns die Unruhen an.

Eines Abends schossen ihre Füße vom Sessel hoch und traten beinahe ihr Bier und ihre Schweinefüße vom Klapptisch. Als ich den Tisch festhielt, lachte sie, wie ich sie noch nie zuvor hatte lachen sehen.

»Na, mach schon, mein Junge!«, rief sie.

Ich hatte sie das schon häufiger sagen hören, wann immer Tony Oliva einen Base-Hit machte oder Gale Sayers zum Touchdown anlief. Doch weder Oliva noch Sayers waren jetzt auf dem Bildschirm zu sehen. Ich war von ihrer Freude angesteckt worden und musste ebenfalls laut auflachen. In meiner Brust löste sich ein Knoten, ein Phantomtumor, der seit der ersten Klasse in mir hing. Wir sahen uns die Unruhen an, und meine Großmutter lachte meinen Schmerz davon. Wenn ich gesagt hätte, dass ich in den letzten sechs Jahren die überwiegende Mehrheit der Schülerinnen und Schüler sowie die Hälfte der Lehrerinnen und Lehrer an meiner Schule zutiefst gehasst hatte, hätte ich gelogen; so einfach war es nicht. Allerdings wäre es richtig zu sagen, dass ich mich in ihrer Gegenwart niemals wohlgefühlt hatte; und da ihre Gesichter bei mir waren, selbst wenn ich nicht bei ihnen war, wäre es auch richtig zu sagen, dass ich mich selten, wenn überhaupt, wohlfühlte.

»Na, mach schon, mein Junge!«

Sie sprach nicht mit mir, sondern mit dem Mann auf dem Bildschirm; doch in diesem Moment verschmolzen wir mit diesem Mann auf dem Bildschirm. Und ich fühlte mich geliebt.

Ich wünschte, ich könnte sagen, die Stadt auf der Leinwand war Cleveland, doch es hätte auch Detroit, D. C., Cincinnati, Chicago, Kansas City, Baltimore, Pittsburgh, Trenton, New Jersey oder Wilmington in Delaware sein können. Es hätte allerorts und überall sein können. Es waren keine Brände zu sehen, doch der Rauch bauschte sich über zerstörten Gebäuden. Bremsspuren vernarbten die Straße, wo ein Mann ohne Hemd und mit einem Kopftuch, das um seine Conk-Frisur geschlungen war, einen Einkaufswagen den Boulevard entlangdonnerte. Großmutter Jules lachte, als krachte ihre Brust von Kohlensäure. Ich verstand sofort, dass das Priestertum für mich dahin war. Ich wollte zu einem Plünderer heranwachsen und meine Grandma stolz machen.

Unser Krach rüttelte die gigantischen Spielverderber wach, denen das Haus gehörte. Meine Mutter kam nach unten und sagte ihrer Mutter, sie solle so etwas nicht sagen. Ich sah meine Mutter als Silhouette, das Licht aus dem Esszimmer stand in ihrem Rücken, sie war von den französischen Schiebetüren des Wohnzimmers gerahmt. Sie war anmutig, selbst wenn sie stillstand. Sie und Vater modelten in Modenschauen, die veranstaltet wurden von der Boulé und der Links, zwei der Schwarzen bürgerlichen Gruppen, denen meine Eltern angehörten. Der ganze Raum fiel in Schweigen, wenn die beiden den Laufsteg entlangstolzierten. Moms Freundinnen sagten, sie sehe aus wie Donyale Luna, die 1966 die Welt im Sturm erobert hatte, als sie zur ersten Schwarzen Frau wurde, die das Cover der *Vogue* zierte. Und ich mühte mich ab, zu verstehen, wie das Blut in der hellen Haut und dem schlanken Körper meiner Mutter dasselbe Blut sein konnte, das durch meine Großmutter floss, die klein und dunkel war wie der aus einem Halsknochen gesogene Saft, und die auf dem Dämpferpedal herumstampfte, wenn sie Klavier spielte. Im Alter von 36 Jahren stand meine Mutter auf der Schwelle, eingerahmt von ihrem Vorwurf, und sprach mit ihrer 63-jährigen Mutter, als wären ihre Lebensalter umgekehrt. Meine Großmutter und ich sahen sie an wie zwei Kinder, die beim Schabernack erwischt worden waren. »Sag das nicht, Mutter. Als Nächstes sagt er so was in der Schule. Er ist schon eigenwillig genug.«

Als wir uns wieder dem Fernseher zuwandten, war der Mann mit dem der Conk-Frisur, dem Kopftuch und dem Einkaufswagen verschwunden. Mom ging nach oben, und wir machten weiter unsere Mätzchen.

»Warum sind wir verrückt vor Wut?«, fragte ich meine Großmutter, während wir die Rauchfahnen ansahen, die von den Flachdächern emporstiegen.

»Weil wir keinen Job ham?«, sagte ich mit einem Kichern und schaute vorsichtig auf die französischen Türen, ob dort meine Mutter stünde, um mich für mein *ham* zurechtzuweisen.

»Nein«, antwortete Großmutter, »es geht nicht um Jobs.«

»Weil wir kein warmes Wasser ham?«

»Es geht nicht um Wasser, Kind.«

»Weil wir im Getto leben.«

»Frankie, *du* bist nicht im Getto«, sagte sie leise lachend, »und *du* bist verrückt.« (Woher sie das wusste, war mir ein Rätsel, denn ich kann mich nicht erinnern, ihr jemals erzählt zu haben, was in der Schule vor sich ging).

Dann sagten wir auf drei: »Wir sind wütend auf die Welt!« Oben auf der Treppe hörten wir: »Mutter, *bitte*!«

Es wäre zu weit hergeholt zu sagen, dass meine Großmutter eine Afropessimistin war. Doch Afropessimismus ist keine Kirche, in der man betet, und auch keine Partei, die man wählt oder abwählt. Afropessimismus sind Schwarze in ihrem bestmöglichen Zustand. »Wütend auf die Welt«, das sind Schwarze in ihrem bestmöglichen Zustand. Afropessimismus gibt uns die Freiheit, laut auszusprechen, was wir sonst flüstern oder leugnen würden: dass keine Schwarzen in der Welt leben, dass es aber ebenso wenig eine Welt ohne Schwarze gibt. Die Gewalt, die gegen uns verübt wird, ist keine Form von Diskriminierung; sie ist eine notwendige Gewalt; ein Stärkungsmittel für alle, die nicht Schwarz sind; eine Ansammlung von sadistischen Ritualen und von sadistischer Gefangenschaft, die nur dann über all jene Menschen, die keine Schwarzen sind, kommen könnte, wenn sie dieses oder jenes »Gesetz« brächen. Diese Art von Gewalt kann einem empfindungsfähigen Wesen unter zwei Umständen widerfahren: Eine Person hat das Gesetz gebrochen und ist also angesichts der geltenden Regeln aus der

Reihe getanzt; oder die Person ist ein Sklave, und es sind keinerlei Vorbedingungen erforderlich, damit sich ein Akt der Brutalität vollziehen kann. Es gibt keinen Antagonismus wie den Antagonismus zwischen Schwarzen und der Welt. Dieser Antagonismus ist der Kern dessen, was Orlando Patterson als »sozialen Tod« bezeichnet, in den Worten von David Marriott: *deathliness*,[12] eine Tödlichkeit, eine Todhaftigkeit. Es ist das Wissen und die Erfahrung alltäglicher Ereignisse, in denen die Welt dir sagt, dass du gebraucht wirst als Ziel ihrer Aggressivität und ihrer Erneuerung.

Der Antagonismus zwischen dem postkolonialen Subjekt und dem Siedler (Sand-Creek-Massaker oder palästinensische Nakba) kann – und sollte – nicht mit der Gewalt des sozialen Todes analogisiert werden: mit der Gewalt der Sklaverei, die 1865 nicht endete, aus dem einfachen Grund, weil die Sklaverei 1865 nicht endete. Sklaverei ist eine relationale Dynamik – kein Ereignis und schon gar kein Ort im Raum wie der Süden; genau wie der Kolonialismus eine relationale Dynamik ist – und diese relationale Dynamik kann fortbestehen, auch wenn der Siedler die Regierungsmacht zurückgelassen oder abgetreten hat. Und beide Beziehungen werden durch radikal unterschiedene Gewaltstrukturen gesichert. Der Afropessimismus bietet eine analytische Linse, die als Korrektiv zur logischen Vorannahme des Humanismus wirkt. Er stellt einen theoretischen Apparat zur Verfügung, der es Schwarzen erlaubt, *nicht* durch die List der Analogie belastet zu werden, denn Analogie *mystifiziert* das Leiden der Schwarzen, anstatt es zu klären. Die Analogie mystifiziert die Beziehung der Schwarzen zu anderen People of Color. Der Afropessimismus bemüht sich, diese Mystifizierung aufzulösen – ohne Furcht vor den Klüften und Rissen, die sich während dieses Prozesses ergeben.

Großmutter Jules würde sich im Grabe herumdrehen, wenn sie wüsste, dass ich sie für eine Afropessimistin halte. Sie war eine Katholikin, die keine Beichte ausließ. Als sie jedoch in den Ruhestand ging, wurde ihre Sprache von der List der Analogie befreit, was bedeutete, dass sie getrost sagen konnte, wir seien nicht aus den Gründen wütend, aus denen es Menschen waren, die unter Klassenunterdrückung, Geschlechterdiskriminierung oder Kolonialherrschaft litten. Ihre Wut hatte Erdungsdrähte tief im Inneren der Welt. Wir waren diese Erdungsdrähte der Welt. Wir waren die Zielscheibe von Wut, die sich sonst gegen sich selbst richten müsste. Schwarze Menschen waren der lebendige, atmende Widerspruch des Lebens an sich. Und insofern wir zu alt (wie Großmutter Jules) oder zu jung (wie ich) waren, um zu wissen, was meine Mutter wusste, wiesen wir die List der Analogie zurück und ließen unsere Wut ihre Wahrheit sprechen: Für seine Existenz und für seinen Zusammenhalt ist das Leben der Menschheit vom Tod der Schwarzen abhängig. *Blackness* und *slaveness*, das Schwarzsein und das Sklavesein, die »Sklavigkeit«, sind derartig untrennbar miteinander verschlungen, dass Sklavesein zwar von Schwarzsein getrennt werden kann, Schwarzsein aber niemals als etwas anderes existieren kann denn als Sklavesein. Es gibt keine Welt ohne Schwarze, und doch gibt es keine Schwarzen, die in der Welt sind. Du musstest sehr jung oder sehr alt sein, damit diese Eucharistie deine Lippen berühren konnte.

Ein Schisma keilte sich bald zwischen mich und meine Eltern. Ich hatte mehr Verachtung als Mitleid für sie übrig. Meine Mutter war gerade dabei, ihre Doktorarbeit abzuschließen, und irgendwann während dieser Zeit arbeitete sie als Verwaltungsangestellte für die öffentlichen Schulen von Minneapolis. Mein Vater war Professor und stellvertretender Dekan an der Universität von Minnesota. Sie arbeiteten als Psychologin und Psychologe, die neben ihren wissenschaftlichen Tätigkeiten tagsüber eine private Praxis führten; und sie stürzten sich in Martin Luther Kings Traum von der Rassengleichheit und in Lyndon Johnsons Traum von der »Great Society«, der Großen Gesellschaft. Dies bedeutete, dass sie ihre Fähigkeiten als Stipendienschreibende an Basisinitiativen verliehen und unendlich viele soziale und politische Versammlungen in unserem großen Wohnzimmer veranstalteten, wo ein Flickenteppich von Menschen zusammenkam, die sich sonst vielleicht nie getroffen hätten (Universitätsverwalter, liberale Geschäftsleute, Stadtplanerinnen, Aktivistinnen und Studierende), um in der *Black Community* Berufsausbildungszentren, Outreach-Programme für Native Americans sowie Programme für die psychologische Behandlung mittelloser Menschen ins Leben zu rufen.

Im Jahr 1968, dem Jahr der Verabschiedung des Fair Housing Act, marschierten meine Eltern in Kenwood von Tür zu Tür und verteilten Flugblätter, in denen das Gesetz so erklärt wurde, dass es, wie meine Eltern hofften, keine Bedrohung darstellte und dieselben Leute, die so hart daran gearbeitet hatten, meine Eltern aus Kenwood fernzuhalten, dazu ermutigt wurden, ein oder zwei weitere Schwarze Familien in die Gemeinde aufzunehmen. Meine Eltern veranstalteten mehrere Workshops über faires Wohnen in den Häusern wohlhabender Kenwoodianer und baten sie, die hölzernen Pflöcke mit Schildern für FAIR HOUSING in ihren Rasen zu treiben. Bald wurde klar, dass sich diese Workshops aus *weißen* Frauen zusammensetzte, deren Ehemänner im Büro waren. Die Hausfrauen liebten meinen Vater und tolerierten meine Mutter, auch wenn sie beide wunderschön waren. Dad war über zwei Meter groß. In Marmorfoyers zog er seinen langen Ledermantel aus, unter dem er Manschettenhemden und Anzüge trug, die wie maßgeschneidert aussahen. Er schaute ihnen in die Augen, während er sprach, und sie lächelten ihn an und nickten wie Bettelfrauen. Als meine Mutter an der Reihe war zu sprechen, flaute die Aufmerksamkeit der Frauen ab, und das Geklimper von Mokkatassen und Untersetzern salzte die Luft.

Mutter hatte versucht, sich die Zeiten, so gut es ging, zu eigen zu machen. Zu diesem Zweck hatte sie sich eine Afro-Perücke gekauft und trug sie nun auch. Am Ende jedes Workshops war es Zeit für die große Frage: »Wie viele von Ihnen möchten die Schilder für FAIR HOUSING, die wir im Auto haben, mitnehmen und auf ihrem

Rasen platzieren?« Eine Frau hob die Hand. Um das Thema zu umgehen, fragte sie meinen Vater, ob er jemals als Model gearbeitet habe. Falls nicht, fuhr sie fort, kenne sie einen Mann, der einen Mann kenne, der eine Agentur leite.

Mit einem gepressten Lächeln versuchte Mom, das Gespräch wieder aufs faire Wohnen zu lenken. Eine andere Frau hob die Hand, um zuzustimmen, dass Papa ein so hübsches Model abgäbe. Dann schoss eine weitere Hand hoch, und noch eine weitere Frau fügte hinzu, auch wenn *sie* ja liebend gerne eines der Schilder auf ihrem Rasen aufstellen würde, so wäre ihr Mann sicher dagegen. Mom verließ das Zimmer. Den Model-Vorschlag umgehend, sagte Dad, dass er und Mom gerne für ein Einzelgespräch nach Hause kommen und mit den Ehemännern sprechen könnten. Mom beobachtete sie vom Foyer aus, wo sie auf der untersten Treppenstufe saß. Sie streifte die Perücke von ihrem Kopf ab und legte sie neben sich auf die Stufe.

5

Das Jahr 1968 war auch das Jahr, in dem das American Indian Movement in South Minneapolis gegründet wurde, drei Meilen entfernt von Kenwood.

Über Nacht wurden Fragen der Souveränität der Native Americans und die Forderungen des American Indian Movement zum Teil des Campuslebens an der University of Minnesota. Dad leitete ein Programm in einem Reservat einige Meilen außerhalb der Stadt; es war ein gemeinsames Projekt mit der Stammesregierung. Die Vorstandssitzungen wurden mit städtischen Native Americans, Stammesführern aus dem Reservat und meinem Dad in South Minneapolis abgehalten. Wie bei den Workshops über faires Wohnen durfte ich meine Eltern zu diesen Treffen begleiten. Sofort wurde deutlich, dass die Menschen im Reservat einige der Anforderungen der Universität von Minnesota, die das Projekt finanzierte, nicht erbringen wollten. Aus politischer Sicht hielt ich die institutionellen Interessen meines Vaters für falsch und die Interessen der indigenen Völker für richtig. Ich war der Meinung, die Universität solle ihre Ressourcen den Native Americans zur Verfügung stellen, ohne darauf zu beharren, dass sie Rechenschaft darüber ablegten, wozu sie das Geld verwendeten.

Der Raum war brechend voll. Alle 20 Plätze an dem großen Konferenztisch waren besetzt. Weitere 15 bis 20 der Native Americans standen an der Wand oder saßen auf den breiten Fensterbänken. Spöttische Bemerkungen und Beleidigungen wurden meinem Vater entgegengeschleudert, wenn er zu sprechen versuchte, doch er spöttelte nicht ein einziges Mal zurück. Der Raum war aufgeladen mit Affekten – eine Stimmung, die mehr damit zu tun hatte, dass mein Vater ein Schwarzer war, als damit, dass er ein Vertreter der Universität war. Irgendwann taumelte ein Ureinwohner, mit dem ich mir einen Fensterbanksitz teilte, auf meinen Vater zu.

»Wir wollen nicht, dass uns ein *Nigger-Mann* wie du sagt, was wir zu tun haben!« Aus den gedrängten Gruppen an den Wänden explodierte der Applaus.

Was ich damals nicht verstehen konnte und auch nicht verstehen wollte, war, dass die wohlhabenden *weißen* Hausfrauen in den Workshops für faires Wohnen den gleichen psychischen Raum bevölkerten wie die Native Americans in den unterversorgten Vierteln von South Minneapolis, und dass, obwohl die Frauen, die an den Workshops meiner Eltern teilnahmen, in einem Stadtteil lebten, der von den Straßen, denen das American Indian Movement entwachsen war, so weit entfernt waren wie Atlantis vom Mars. Der Mythos von »Manifest Destiny«, der göttlich verfügten Verbreitung *weißer* amerikanischer Ideologie und somit der Erschließung des indigenen Landes, dieser Mythos, an den jene *weißen* Frauen von Kindheit an gewöhnt worden waren, war ganz gewiss untrennbar mit der Beinahe-Auslöschung des Lebens der Ureinwohnerinnen und Ureinwohner verbunden. Es wäre falsch zu sagen, dass die *weißen* Frauen von Kenwood und der indigene Mann, der auf dem Fensterbrett neben mir saß und meinen Vater »Nigger« nannte, derselben Kirche huldigten. Doch in letzter Instanz wurden ihre beiden Welten von dem Bedürfnis getragen, sich von ein und derselben fremden Verkörperung zu unterscheiden. In den plüschigen Salons von Kenwood nährten die Frauen ihre Negrophilie am Fleisch meines Vaters, während sie meine Mutter verdrängten. In der Versammlungshalle hatten die Native Americans keine Verwendung für meine Eltern: *Egal, ob wir* weiß *und reich sind oder Rot und arm, wir wollen nicht, dass ein* Nigger *uns sagt, was wir zu tun haben.* Die *weißen* Frauen drückten ihre Weigerung, von *Blackness* autorisiert zu werden, durch ihre unbewusste Negrophilie aus (»Haben Sie jemals als Model gearbeitet, Professor Wilderson?«), und diese war verbunden mit der Notwendigkeit, meine Mutter aus der Szene in ihrer Fantasie zu tilgen. Die Native Americans drückten ihre Weigerung durch ihre unbewusste Negrophobie aus (»Wir wollen nicht, dass uns ein *Nigger-Mann* wie du sagt, was wir zu tun haben!«). Sowohl die Kraft des *weißen* als auch des indigenen Affekts sprach aus derselben Kehle, im Chor der libidinösen Ökonomie. Im kollektiven Unbewussten der indigenen Imagination stellte das Gespenst von *Blackness* eine größere Bedrohung dar als die Siedlerinstitution, die einen Schwarzen Professor zur Erledigung ihrer Drecksarbeit bestellt hatte.

Mein Vater sah vom Tisch auf. Er hielt Augenkontakt zu dem Native American, der neben mir saß, während der Raum in seinen Ohren donnerte, doch zeigte er keine Wut; und Schmerz erschien in seinen Augen erst, nachdem sein Blick den meinen traf und in meinen Augen eine Billigung jener lag, die ihn verspotteten. Ein Vater starrte in die höhnischen Augen seines Sohnes. Ich labte mich an seinem Schmerz, denn sein Ruin machte mich zum Mitglied einer Gemeinschaft. Indem ich diesen »Nigger« verhöhnte, verschmolz ich mit dem »Wir«.

Anschließend saßen mein Vater und ich für einige Minuten im Auto. Der Schlüssel steckte in der Zündung. Er sprach nicht mit mir. In der Öffentlichkeit zeigte mein Vater niemals Schmerz oder Zorn, und ich gehörte jetzt genauso zur Öffentlichkeit wie die Native Americans, die ihn aus diesem Raum vertrieben hatten. Ich konnte die Ausdehnung und das Zusammenziehen seiner Brust erkennen. Er atmete lange und gemächlich aus.

»Warum gibt man ihnen nicht einfach, was sie wollen? Es ist ihr Land. Es ist ihr Geld«, sagte ich.

Er seufzte. Er drehte den Schlüssel in der Zündung. Er legte den Gang ein. Ich war zu jung, um zu wissen, dass die Feindseligkeit gegen *Blackness* das Streben nach Souveränität ebenso antreibt wie den Wunsch, die Kolonialherren loszuwerden. Dad war zu benommen, um es mir zu erklären. Die Ureinwohnerinnen und Ureinwohner Amerikas sprachen als Souveräne zu einem, der nicht souverän war. Das wesentliche Problem liegt nicht in dem Wort, mit dem sie meinen Vater bezeichnet hatten, und das bedeutet auch, das wesentliche Problem liegt nicht im Ausleben ihrer feindseligen Gefühle, sondern in der Struktur einer feindseligen Beziehung zwischen Native Americans, die etwas zu retten hatten, und einer Schwarzen Person, die nichts zu verlieren hatte.

Meine Eltern trugen ihre Wut wie Fläschchen Nitroglyzerin, die in Watte gepackt waren, mit sich herum. Im Gegensatz zu mir kannten sie die Folgen der Wut von Schwarzen. Sie wussten Bescheid. Sie unterrichteten die Menschen, die niedergeschossen wurden, und die Studierenden, die nach Kanada flohen, um der Einberufung zu entgehen. Und sie wussten, dass sie selbst vom FBI beobachtet wurden. Ich, der ich nur wenig von dem Amboss wusste, der auf ihnen lastete, dachte, sie seien einfach nur Verräter:innen. Ich glaubte, sie hielten ihre Zunge im Zaum, wenn ihre *weißen* Kolleginnen und Kollegen rassistische Äußerungen machten, weil ihnen die Revolution, die um sie herum toste, gleichgültig war. Nachdem ich jahrelang mit ihnen im Streit gelegen hatte, änderte sich meine

Sicht auf sie langsam, als ich in die Wissenschaft ging und aus erster Hand von dem getroffen wurde, was Jared Sexton bezeichnet als »die verborgene Struktur der Gewalt, die so viele Gewalttaten, ob spektakulär oder alltäglich, untermauert«.[13]

Verstellung war ein Überlebenswerkzeug gewesen, ein Hilfsmittel, das sie verwendeten, um weiterzuleben und Essen auf den Tisch bringen zu können. Sie wussten, dass Schwarze Intellektuelle nur so weit gehen konnten, wie ihre nicht-Schwarzen Gesprächspartnerinnen und Gesprächspartner bereit waren, es sich gefallen zu lassen. Sie wussten auch, dass sie sich der Grenzen dessen bewusst sein mussten, was ihre *weißen* Kolleginnen und Gesprächspartner zu dulden bereit wären, insbesondere wenn diese Gesprächspartnerinnen und Kollegen nicht wussten, wo ihr eigenen Grenzen lagen. Meine Eltern waren genötigt, es stellvertretend für sie zu wissen. »Stelle dir den Schwarzen Mann vor, der du für den *weißen* Mann sein sollst [...], und werde zu ihm (oder spiele vor, dass du zu ihm geworden bist)«,[14] schreibt David Marriott in seiner Abhandlung über das Lynchen. »Unser Unbewusstes [...] wird der Arbeit des Zweifels überlassen, der Wetten und der Gegenwetten. Hier ist kein Platz für das, was der Schwarze Mann will, und ebenso wenig für ein Schwarzes Unbewusstes, getrieben von seinen eigenen Begierden und Aggressionen.«[15]

Ich sah mit an, wie die Welt die Wünsche meiner Eltern einkerkerte, während ich meine Großmutter und ihre gefängnisausbrecherische Rhetorik vergötterte. Schwarzes Begehren ist ein Verbrechen wie Flucht. Amerika brauchte meine Großmutter nicht mehr für die Erziehung, für die Bestätigung oder um eine Frau zu haben, der man die Schuld daran geben konnte, dass die Nation an den Nähten auseinanderging – doch Amerika brauchte meine Mutter noch. »Ich bin eine gezeichnete Frau«, schreibt Hortense Spillers, »doch nicht jeder kennt meinen Namen. ›Peaches‹ und ›Brown Sugar‹, ›Sapphire‹ und ›Earth Mother‹, ›Aunty‹, ›Granny‹, ›God's Holy Fool‹, eine ›Miss Ebony First‹ oder ›Black Woman at the Podium‹: Ich beschreibe einen Punkt verworrener Identitäten, einen Treffpunkt von Belangen und Entbehrungen in der nationalen Schatzkammer des rhetorischen Reichtums. Mein Land braucht mich, und wenn es mich nicht gäbe, müsste man mich erfinden.«[16]

Amerika war fertig mit meiner Großmutter als seiner Erfindung. Es stand ihr frei, sich zurückzulehnen und Amerika zu töten, wenn auch nur in ihren Träumen oder mit mir zusammen, während wir 1968 die Unruhen im Fernsehen verfolgten. Doch Amerika war noch nicht fertig mit meiner Mutter, einer 36-jährigen Schwarzen Frau in ihren besten Jahren. Nur drei Jahre zuvor, im Jahr 1965, hatte Daniel Moynihan die Imago meiner Mutter als Quelle einer destruktiven Ader in der »Getto-Kultur« und in der Schwarzen Familie bezeichnet.* Sie betrat einen Raum nicht als promovierte Frau, sondern als der Hauptgrund, weshalb sich Männer kastriert fühlten – als ein Hindernis, das für Amerika belastender war, als es die *Anti-Blackness* für den Traum des Schwarzen Mannes war, der sich nach einem fernen Horizont sehnte. Meine Freudenausbrüche beim Anblick eines Plünderers würden nur bestätigen, was die Welt bereits über sie wusste. Für Moynihan war ich ein von meiner Mutter geschaffenes Monstrum.

6

In jenem Sommer reisten wir nach Seattle. Ein Sommer für ein Sabbatical meines Vater, ein Sommer zum Forschen für meine Mutter. Nicht ein Tag verging, an dem ich nicht mürrisch war. Als an einem frischen Mittwochabend ein Bischof in den Katechismusunterricht kam und das Gewühl aus zwölf- und dreizehnjährigen Mädchen

* Dies geht zurück auf einen Bericht, der meist als »Daniel-Moynihan-Report« bezeichnet wurde: Daniel Patrick Moynihan, »The Negro Family. The Case For National Action« (1965).

und Jungen bat, sich in dieser Woche von ihrem Taschengeld zu trennen, um es für seine Mission in Afrika zu spenden, hob ich die Hand. Wie in meinen Katechismuskursen in Minneapolis war ich das einzige Schwarze Gesicht im Raum. Schwester Mary Alvin strahlte. Der Bischof nickte in frommer Ermutigung. Ein Nicken, das mir aus sechs Jahren in einem rein *weißen* Gymnasium zu Hause in Minneapolis bestens bekannt war: Schauen Sie, der *Negro*-Bube will etwas sagen. Schauen Sie, wie höflich er seine Hand gehoben hat.

»Haben die Menschen in Afrika Sie gebeten, zu ihnen zu kommen?«, platzte ich heraus.

Der Bischof sah Schwester Mary Alvin an. Dann blickte er mich an.

»Der Heilige Geist bedarf keiner Einladung. Selbstredend muss man Buße tun und das Sakrament der Taufe empfangen.«

Ich sagte dem Bischof, dass ich meine fünfunddreißig Cent gern in ein Snickers verwandeln würde. Aber nächste Woche könnte er mein Taschengeld bekommen, wenn er in der Zwischenzeit nach Afrika fliegen und anschließend mit einem Brief der Menschen in Afrika zurückkommen würde, in dem verbürgt stand, dass sie ihn dort als Missionar bei sich haben wollten.

Die Nachricht über diese Geschehnisse war noch vor mir zu Hause, wo eine Tracht Prügel auf mich wartete.

Jedem war klar, dass ich ein überragender Sportler war, und meine Eltern müssen gedacht haben, dass die schiere Anstrengung von Football und Baseball die Verdrießlichkeit aus meinen Poren herausschwitzen müsste. Auf dem Weg zur University of Washington setzte mich meine Mom in einem Gemeindezentrum ab. Es war eher ein Jungenclub. Ich kann mich nicht daran erinnern, dass meine jüngere Schwester dabei war, und sehe vor meinem geistigen Auge keine Mädchen, wenn sich diese Tage wieder in meiner Erinnerung einstellen. Ich vermute, dass sie und mein Vater geglaubt hatten, es müsse mir guttun, einmal Teil einer Gruppe Schwarzer Männer zu sein. Die Schwarzen Männer in meiner Nachbarschaft wollten mit mir nichts zu tun haben – eigentlich waren es Schwarze Bübchen, doch wenn man nicht gerade in einen Kiefernorthopäden verliebt war, nannte man sie lieber nicht *Bübchen*. Als Teil des »Jungenclubs« kam ich dem nahe, was ich nur im Fernsehen mit meiner Großmutter gesehen hatte. Ich verstand nicht nur, dass »mürrisch« nicht nur ein Persönlichkeitsdefizit von mir allein war, sondern vielmehr ein kollektives Erbe, so wie Wut und heftiges Lachen über all die Dinge, die die meisten Weißen traurig machten; in diesem »Jungenclub« hörte ich zum ersten Mal auch von den Black Panthers. Ich hörte die Vollgasrhetorik über Gedanken, die ich als wortlose Wünsche gehegt hatte, wie zum Beispiel: »I'm three seconds off a honky's ass!« – »Ich werde mir diesen *weißen* Arsch jetzt gleich mal vorknöpfen!«

Als ich diese Worte zum ersten Mal im Gemeindezentrum in Seattle hörte, musste ich laut auflachen. Wie konnte ein Wort so viel Freude bereiten? *Honky* als Wort für einen Weißen! Es amüsierte mich tagelang. *I'm three seconds off a honky's ass!* Ich wusste, dass es meine Eltern nicht amüsieren würde, wenn sie es von meinen Lippen hörten. *Dass ich mir einen* weißen *Arsch vorknöpfen werde*, war nicht, was sie im Sinn hatten, als sie beschlossen, dass Seattle der geeignete Ort war, um junge Schwarze Männer als Vorbilder kennenzulernen. Ich war clever genug, um zu wissen, dass mich dieser Satz für den Rest unseres Sommers in Seattle in ein *weißes* Gemeindezentrum verfrachten könnte. Doch ich konnte nicht anders. Nicht mehr seit dem »Na, mach schon, mein Junge!« von meiner Großmutter war ich derartig von Worten inspiriert gewesen!

Ich ging in die hinterste Ecke unseres Gartens, um all die verschiedenen Arten zu hören, wie ich diese wenigen Worte zum Singen bringen konnte. Ich sang sie tief und warm, mit der Baritonstimme von Barry White. Ich sang sie wie Aretha, die auf R-E-S-P-E-C-T bestand. Ich sang sie wie Eddie Kendricks' Falsett, das Gläser zersingen konnte. Allein im Garten ging ich auf Konfrontationskurs mit dem Honky-Tree und ließ ihn wissen: »Groß heißt nicht gemein. Ich werd mir deinen *weißen* Arsch gleich mal vorknöpfen, du *honky*!«

Mom kam auf die Veranda zum Garten. Ich weiß nicht, wie lange sie dort schon gestanden hatte. Alles, was sie hörte, war das Geräusch meines Lachens. Alles, was sie sah, war, dass ich mit einem Baum redete. Mit ihrer Therapeutinnenstimme fragte sie mich, ob es mir gut gehe. Ja klar, alles bestens, sagte ich. (*Will dem Honky-Bäumchen hier nur ma' bisschen die Rinde vom Leib ziehen, sonst nix.*) Und ich musste mich zusammenreißen, dass mein Bauch nicht vor Lachen platzte. Schön, dich lächeln zu sehen, mein Sohn, rief sie mir zu, bevor sie wieder ins Haus ging.

Es gab auch einen »Honky«, der kein Baum war. Er leitete das größtenteils von Schwarzen besuchte Gemeindezentrum in Seattle. Sein Name war Reg, doch wir nannten ihn nur selten *beim* Namen (außer, wenn wir *mit* ihm sprachen), was ja Sinn machte, da wir nicht *mit* seinem Namen sprachen. Reg hatte die Aura eines kräftigen, aber durchtrainierten und bärtigen Polizisten, den ich mehrere Male sah, als ich später in Südafrika lebte; ein Mann, der in die Schwarzen Spelunken, die sogenannten *Shebeens*, in Soweto ging und den Menschen dort Bier spendierte. Er hatte einige von ihnen gefoltert, und als es vorbei war, hatte er sie dazu gebracht, das Fleisch auf dem Barbecue-Grill zu wenden. Er setzte sich mit ihnen an den Picknicktisch, um ihnen zu zeigen, dass sie die Art und Weise, wie er sie gefoltert hatte, nicht persönlich nehmen brauchten. Reg schob sein Kinn hervor, wenn er sprach, entweder um die Jüngeren wie mich zu loben, oder um die Älteren zu warnen. Ob bewegt oder ruhend, immer schossen kurze, instinktive Atemzüge zwischen seine Worte. Er eilte vom Spielplatz über den Parkplatz und durch die Turnhalle, mit der Kaltblütigkeit eines Mannes, der regiert.

Auf dem Parkplatz unter einem regenlosen Himmel kam es zu einer Auseinandersetzung. Ich befand mich im Gemeindezentrum und spielte Völkerball, als jemand schrie: »Jetzt geht der Scheiß los!« Was war der Scheiß und warum ging er los? Jeder, der zur Tür lief, schien es zu wissen. Nur ich hatte nicht die leiseste Ahnung. Ich kannte – *jeder* kannte – die verschwommenen Umrisse dessen, was passiert war. Die ganze Welt des Gemeindezentrums drehte sich um die Regeln von Reg. Reg entschied, wer die Basketbälle nutzen durfte und wer nicht. Reg entschied über die wöchentlichen Aktivitäten. Reg notierte sich in seinem Buch einen Strafpunkt neben deinem Namen, wenn du aus der Reihe tanztest oder auch nur zu laut sprachst. Drei Strafpunkte, und du bekamst eine Woche lang Gemeindezentrumsverbot. Reg hatte Luke, einem siebenjährigen Jungen, seinen dritten Strafpunkt verpasst. Reg wies Luke an, das Grundstück zu verlassen. Das war mein Wissensstand, als ich nach draußen eilte, denn die beiden waren noch drinnen gewesen, als Reg Luke seine dritte Verwarnung erteilt hatte. Luke hatte sich von Reg zum Parkplatz begleiten lassen. Dann war er allerdings stehen geblieben, als hätte er seine Meinung geändert, und sich umgedreht, um wieder zurück ins Gebäude zu gehen. Regs Hand umklammerte Lukes Ellbogen und führte ihn davon. Eine Menschentraube begann sich, um sie zu formen. Ich bahnte mir einen Weg durch den Schwarm von Halbstarken, die alle wollten, dass Luke Reg in ihrem Namen das Fell über die Ohren zog.

»Fass mich noch einmal an«, hörte ich Luke sagen.

Luke und Reg standen sich direkt gegenüber. Mit Erstaunen sah ich zu, wie Reg näherkam. Reg war ein Mann von mindestens 25 Jahren und sah wie ein Gewichtheber aus, während Luke den Körperbau eines schmächtigen Forwards in einem Highschool-Basketballteam hatte.

Reg sagte: »Die Regeln gelten für alle, selbst für mich.« Worauf Luke sagte: »Fass mich noch einmal an, okay.«

Luke steckte seine Hand in die Tasche. Regs Gesichtsausdruck deutete darauf hin, dass er haargenau wusste, was passieren würde, wenn Lukes Hand wieder hervorkäme, und wie sehr das Ergebnis nicht nur von Luke, sondern von allen anwesenden Jungen herbeigesehnt wurde. Und Reg schien zu wissen, dass sein verzweifelter

Mut niedergemetzelt werden würde, wenn er nur eine einzige falsche Bewegung machte. Einen Augenblick lang starrte Reg uns an, und er kam den Tränen oder einer Entschuldigung näher, als ich es jemals bei ihm gesehen hatte.

Ich war mir bewusst, wie klein ich im Vergleich zu den anderen war, von denen die meisten richtige Teenager waren. Ich musste aufschauen, um zu sehen, wer sprach, als jemand Reg beschimpfte oder Luke sagte, er solle hinmachen. Vögel bombardierten die Sonne, als würde eine Faustvoll Pfeffer in das letzte gesunde Auge Gottes geschleudert. Luke sah aus, als kitzelte er sich mit seiner Hand von der Innenseite seiner Hosentasche am Oberschenkel. Regs Stimme brach, doch er konnte nicht aufhören, die Regeln vorzuleiern. Ich konnte das Klicken von Lukes Springmesser hören, bevor ich seinen kerzengeraden, straffen Glanz sah.

Mom scherzte immer, dass man in dem Teil von New Orleans, wo sie aufgewachsen war, wegen eines Erdnussbuttersandwichs erstochen werden konnte. Obwohl sie lachte, wenn sie es sagte, überzeugte mich das Funkeln in ihren Augen (und das *»ganz genau«* meines Vaters), dass sie wusste, wovon sie sprach. Allerdings hatte ich noch nie eine Messerstecherei gesehen, bei der Blut vergossen wurde. (Das Blut, das ich von Elgar Davenport vergossen hatte, war eine Folge der Windstille und der Gravitation der Erde, keine Folge der Kraft meiner Absichten. Die vorgezeichnete Absicht von Lukes Springmesser hatte kaum Ähnlichkeit mit dem zufälligen Parabelflug einer Seifenflasche, die sich bogenförmig durch die Luft schob, hinunterfiel und Elgars Kopf spaltete).

»Ja, mach nur, fass mich noch mal an.«

Hinter mir sagte jemand: »Der Arsch soll bluten.«

Dann sagte zu meiner Linken jemand: »Der Arsch soll bluten.«

Dann stimmte ein Dritter in die Worte ein wie in eine Hymne.

Reg schüttelte den Kopf, scheinbar mehr im Gebet, als aus Trotz. Er blickte nach oben, doch die Wolken waren in Deckung gegangen.

Ich hörte eine Frauenstimme.

»Nein! Nein! Das kannst du nicht wollen!« Ich kannte diese Stimme. Wenn ich manchmal in der Kirche die Augen schloss, wob sie den reichen Stoff gregorianischer Gesänge und berührte mich in der Kirchenbank. Meine Mutter hatte sich nach vorne durchgekämpft und schob uns alle beiseite wie eine Windböe, die durch hohes Gras ging.

»Das könnt Ihr alle nicht wollen«, sagte sie wieder und wieder.

Sie stellte sich zwischen Reg und Luke, das heißt zwischen Reg und Lukes Klinge.

Aus der Menge fragte jemand: »Wer ist diese Lady?« Und bevor ich mich wieder in die Mitte schlängeln konnte, sagte eine andere Stimme: »Ach, das ist die Mama von Lil' Man.«

Sie sagte Luke, er solle alle ins Gebäude bringen. Zu meinem Erstaunen klappte er sein Springmesser ein und gehorchte ihr. Das war nicht das Schlimmste. Das Schlimmste war, dass sie *mich* auf dem Parkplatz mit dem *Honky* warten ließ, während sie reinging, um mit Luke zu sprechen.

Als sie aus dem Gebäude trat, sagte sie nur ein Wort: »Komm.«

Sie beförderte Reg auf den Vordersitz ihres Wagens. Ich musste mich auf den Rücksitz setzen. Als wir wegfuhren, zuckte Regs Wange. Sein Pony hing schweißverklebt an seiner Stirn. Meine Mutter fragte ihn, in welcher Straße er wohne, und er antwortete ihr. Danach sagte niemand ein weiteres Wort. Wir setzten ihn bei ihm zu Hause ab und fuhren davon, ohne dass ich auf den Vordersitz durfte.

Für den Rest des Sommers verachtete ich sie; und Vater verachtete ich noch viel mehr dafür, dass er sagte, sie habe richtig gehandelt. Heute weiß ich, sie versuchte nicht, Reg zu retten, sie versuchte, uns vor einer beschnitten Zukunft zu retten, die uns sicher gewesen wäre, wenn Reg Blut gelassen hätte.

So wie meine Mutter hatten wir unser ganzes inhaftiertes Leben noch vor uns.

KAPITEL DREI

Hattie McDaniel ist tot

I

Dies ist eine Geschichte, die ich noch nie zuvor erzählt habe. Weder meinem Bruder noch meinen Schwestern. Nicht einmal den Frauen, mit denen ich zusammen war und die ich geheiratet habe. Beinahe 40 Jahre mussten kommen und gehen, ehe ich mich dazu durchringen konnte, zu sagen, was mit Stella, ihrer Tochter Malika und mir geschehen war.

Darauf einzugehen, dachte ich immer, würde mich nur in Verlegenheit bringen und mir das plötzliche Bedürfnis geben, anderswo zu sein, was die natürliche Reaktion auf eine Beichte ist. Noch heute, ich gebe es zu, schäme ich mich für die Geschichte; ich lebe mit der Schande, dass ich fortwollte, als ich meinte, mein Leben könnte in Gefahr sein. Über Jahre habe ich damit gelebt, die Schande verspürt und versucht, sie von mir zu schieben. Es hat Zeiten gegeben, in denen ich versucht habe, darüber zu schreiben, in der Hoffnung, durch diesen Akt der Erinnerung, durch das Niederschreiben der Ereignisse auf Papier, den Druck auf mein Gewissen lindern zu können.

Mut, das schien ich zu glauben, sei bei Revolutionär:innen in begrenzter Menge vorhanden, wie ein Erbe, das man verwahrt, verzinst und von dem man am Tag der Abrechnung zehren kann. Es war eine tröstliche Idee. Einem Dummkopf bot sie Hoffnung und Gnade.

Ich glaubte, dass ich, wenn es Zeit für die Abrechnung wäre, den Herren gegenübertreten würde, wie die Soldatin der Black Liberation Army Assata Shakur den Cops auf der New Jersey Turnpike gegenübertrat, als die State Trooper ihr in die Brust schossen;[*] dass ich mein Ding machen würde, wie Jonathan P. Jackson im Gerichtsgebäude im kalifornischen Marin County sein Ding gemacht hatte. Wenn der Einsatz jemals hoch genug wäre – wenn die Revolution mein Opfer erfordern würde –, würde ich einfach ein heimliches Reservoir an Mut anzapfen, das sich in mir angesammelt hatte, seit ich mit zwölf Jahren Eldridge Cleavers *Soul on Ice* gelesen hatte und meine Lehrerinnen und Lehrer während meiner Junior-Highschool- und Highschool-Zeit die Doppelgängerinnen und Doppelgänger der Angeklagten in politischen Prozessen gewesen waren, wie die Chicago Eight und die Panther 21.[**] Später war Stella eine ebensolche Doppelgängerin. Wir waren fast zehn Jahre zusammen, auch wenn wir nie geheiratet haben. Sie war 38, als wir uns kennenlernten, ich war 22.

Ich glaube, alles begann, als ich Stella zum ersten Mal Ende März 1978 begegnete, nur eine Woche, nachdem mich das Dartmouth College nach Hause geschickt hatte, weil ich Schwarze Studierende in einer Solidaritätskampagne mit jenen Menschen angeführt hatte, die auf dem Campus das Essen kochten, die Toiletten putzten und außerhalb der Stadt lebten. Anscheinend hatten sich einige Studierende aus Verbindungen bei der Verwaltung darüber

* Assata Shakur ist ein Mitglied der Black Liberation Army und wurde 1979 von ebenjener Schwarzen Befreiungsarmee aus dem Gefängnis befreit. Ihr wurde politisches Asyl in Kuba gewährt. Seit ihrer Flucht wurde Shakurs Leben in Liedern, Dokumentarfilmen und verschiedenen literarischen Werken verarbeitet.

** Chicago Eight: Acht Aktivisten gegen den Vietnamkrieg, die angeklagt wurden wegen Verschwörung zur Überschreitung der Staatsgrenzen, um gewalttätige Demonstrationen auf dem Parteitag der Demokraten im August 1968 in Chicago anzuzetteln. Panther 21: 21 Mitglieder des Ortsverbandes der Black Panther Party in Harlem wurden in 156 Fällen der »Verschwörung« angeklagt, U-Bahn- und Polizeistationen, fünf örtliche Kaufhäuser, sechs Eisenbahnlinien und den in der Bronx gelegenen Botanischen Garten sprengen zu wollen. Am 12. Mai 1971 wurden sie von allen 156 Anklagepunkten freigesprochen.

beschwert, dass die Leute vom Appalachian Trail an Gesichtsmissbildungen und anderen körperlichen Verunstaltungen litten, die hervorgerufen worden sein sollten durch das, was einige der Fratboys der Dartmouth-Bruderschaft als Hillbilly-Inzucht bezeichneten. Ihr Beschwerdebrief behauptete, dass der Anblick dieser Leute vom Appalachian Trail, die mit ihnen im selben Raum aßen, den Bruderschaftlern Verdauungsstörungen bereitete.

Die Universitätsverwaltung reagierte darauf mit der Anordnung, dass die Angestellten des Service im Thayer-Speisesaal und die Angestellten in den Gebäuden und auf dem Gelände von diesem Zeitpunkt an nur noch zu Nebenzeiten und in Vorräumen des Speisesaals, die nur für sie bestimmt waren, Mahlzeiten zu sich nehmen dürften. Ich machte Lobbyarbeit unter den fast 300 Schwarzen Studierenden auf dem Campus. Mein Argument war, dass es sich um einen faschistischen Erlass handelte und dass wir nicht tatenlos zusehen dürften. Doch viele andere wiesen darauf hin, dass die Angestellten, die aus den nahe gelegenen Hinterwäldler-Städten wie Lebanon in New Hampshire und Zwei-Läden-und-eine-Bar-Dörfern am Rande der Berge kamen, in denen die Konföderiertenflagge wehte und »Nigger« aus vorbeifahrenden Pickups gerufen wurde, wenn wir uns dort sehen ließen. Einmal hatten wir uns zu dritt auf dem Land verirrt, es war zu einer Zeit, als nicht einmal Dick Tracy GPS hatte. Wir fuhren an Flachdachhäusern vorbei, die wie auf dem Boden verschüttete Streichhölzer neben einer Waldstraße verstreut waren. Jedes vierte oder fünfte Auto war ein Rostskelett mit Schlackensteinen statt Rädern. Ich erschrak ob des fehlenden Hasses in den Augen der Kinder, die uns beim Vorbeifahren anstarrten. Als ich mich auf meinem Sitz umdrehte und zu ihnen zurücksah, starrten sie immer noch, als warteten sie auf Gottes Beistand, um das zu verstehen, was sie gerade gesehen hatten. Am Ende stimmte die Afro-American Society dafür, eine Kampagne des zivilen Ungehorsams zu starten, mit deren Hilfe die Universitätsverwaltung gezwungen werden sollte, ihren Erlass aufzuheben. Im Zuge der

Kampagne wurde ich verhaftet und kam ins Gefängnis. Vor dem Gerichtsgebäude in Hanover, New Hampshire, wartete ein Dekan der Uni auf mich. Er überreichte mir ein zweiseitiges, einzeiliges Anklageblatt. Ich teilte ihm mit, die Stadt habe alle Anklagepunkte fallen gelassen. Er beschwor mich, den Brief zu lesen. »Ihre Probleme mit der Stadt haben gerade ein Ende genommen. Ihre Probleme mit dem Dartmouth College haben gerade erst begonnen.«

Zwei Jahre zuvor hatte mich das FBI nach Trinidad verfolgt. Wie die meisten Geheimdienstakten ist auch meine von Schwärzungen durchsetzt, wie Löcher von Schrotkugeln, die in die Flanke eines Rehs gerissen sind. Der Name des Agenten oder der Agentin, die mich im Winter 1976, dem Winter meines zweiten Jahres am Dartmouth College, nach Trinidad verfolgt hatten, war geschwärzt. Auch schien er oder sie nicht daran interessiert zu sein, was der nicht ganz 20-jährige junge Mann studierte, den er oder sie beschattete. An der University of the West Indies studierte er das Theater der Karibik. Er führte Feldforschung über die Rada durch, eine Gruppe von Loa (Geistwesen), die in Trinidads Inkarnation der westafrikanischen Voodoo-Religion von Bedeutung sind. Als Drittes arbeitete er im Rahmen seines freien Studiums an einer Hausarbeit über ein Thema seiner Wahl: seine Erfahrungen als teilnehmender Beobachter der Kommunistischen Partei in Trinidad. In der FBI-Akte fand nichts von alledem irgendeine Erwähnung.

> Während seines Aufenthalts in Trinidad stand Wilderson in Kontakt mit einem Mitglied des Trinidad and Tobago Puerto Rican Solidarity Committee, und diesem Individuum versprach er zu versuchen, für diese Organisation Kontakte in den Vereinigten Staaten herzustellen, um sie mit Fachliteratur zu versorgen und den Versuch zu unternehmen, finanzielle Hilfe zu beschaffen.
>
> Angeblich behauptete Wilderson, Mitglied einer nicht genauer bezeichneten revolutionären Gruppe in den Vereinigten

> Staaten zu sein. Er wurde am 11. April 1956 in den Vereinigten Staaten geboren, ist Student am Dartmouth College, besitzt die U.S.-Passnummer F2316717, seine Postanschrift lautet Hinman, Box 3983, Dartmouth College, Hanover, New Hampshire, 03755.[17]

Dieser Bericht wurde vom »LEGAT, CARACAS«, dem juristischen Attaché in Venezuela, an Clarence M. Kelley (Hoovers Nachfolger als Direktor des FBI) übersendet. Laut offizieller Propaganda »arbeitet der juristische Attaché des FBI mit den Strafverfolgungs- und Sicherheitsbehörden seines Gastlandes zusammen, um Ermittlungen zu koordinieren, die für beide Länder von Interesse sind. Die Rolle der juristischen Attachés besteht in erster Linie aus Koordination, da sie keine ausländischen Geheimdienst- oder Spionageabwehruntersuchungen durchführen«.[18] Es wird keine Erklärung dafür gegeben, warum der LEGAT des FBI in Venezuela geheimdienstliche Informanten in Trinidad beschäftigte, um einen amerikanischen Studenten auszuspionieren; oder worin die gemeinsame Operation der USA und dem Gastland (Trinidad oder Venezuela?) eigentlich bestand. Der Bericht beginnt mit den Worten: »Die vertrauliche Quelle im Ausland, die in dem Memorandum erwähnt wird, lautet«. Die dann folgende Schwärzung ist beinahe zwei Zeilen lang. Es wird also mehr als nur ein Name verschwiegen. Es geht weiter: »[Schwärzung] bat darum, informiert zu werden, falls WILDERSON in der Vergangenheit wegen politisch extremistischer Aktivitäten in den Vereinigten Staaten auffiel.« Dann heißt es: »Das FBI und die Bostoner Außenstelle werden um Mitteilung gebeten, ob WILDERSON bereits früher in Zusammenhang mit Geheimdienstaktivitäten aufgefallen ist.«

Jedoch ist dies *nicht* die Geschichte, die ich niemals erzählen konnte. Diese Geschichte werde ich gleich erzählen, allerdings verkompliziert der FBI-Bericht sie. Er klittert die Kausalzusammenhänge, die mir geholfen hatten, mir über die Gewalt im Klaren zu werden, der Stella und ich vier Jahre nach meiner Rückkehr aus

Trinidad ausgesetzt waren; zwei Jahre, nachdem ich des Dartmouth Colleges verwiesen worden war, weil ich eine Kampagne des zivilen Ungehorsams im Namen von Angestellten geleitet hatte, die *weiße* und – nach Ansicht unserer Schwarzen und einsamen Studierendengehirne – reuelose Rassisten waren.

Einsicht in die FBI-Akte erhielt ich, als ich mitten in der Arbeit an diesem Kapitel steckte. Die Akte zersplitterte jede kausale Logik der Ereignisse, die meine Hand erzittern lassen, wenn ich diese Worte mit meinem Stift aufs Papier kratze. Bevor die Akte bei mir eintraf, dachte ich, dass ich endlich den Verlauf der Ereigniskette nachvollziehen könnte, die Stella und mich und Malika, ihre kleine Tochter, aus unserem Zuhause vertrieben haben; es waren Ereignisse, die uns keine andere Wahl ließen, als Malika zu ihrer eigenen Sicherheit zu Verwandten zu schicken; Ereignisse, die Stella und mich zur Flucht aus dem Bundesstaat Minnesota bewogen, als uns die Bekannten und die Zufluchtsorte ausgingen. Die FBI-Akte kam, als ich endlich fest davon überzeugt war, dass das, was uns zugestoßen war, in Verbindung stand mit Stellas Vergangenheit und nicht mit unserer gemeinsamen. Sogar in dem Einbruch in mein Studioappartement durch zwei *weiße* Männer, die hinter nichts Wertvollem her gewesen waren, sah ich einen Kollateralschaden von Stellas Prozess, den sie gegen die Regierung führte.

2

In einem Monat werde ich 24, und gerade habe ich das Auto meiner Eltern gestohlen. Mom und Dad sind in Moskau oder in Peking, oder vielleicht sind sie auch in Bremen oder Belize: eine zweimonatige Studienreise, auf der sie die Fallstricke sowjetischer psychiatrischer Kliniken untersuchen; drei Wochen Beratung mit chinesischen Sonderschulverwaltungen; eine Studie der Ford-Stiftung zur deutschen Stadterneuerung; oder eine Rettungsmission amerikanischer Studierender, die zu viel gekifft haben und in Belize ins Gefängnis geworfen wurden – ich weiß es nicht, weil ich nicht mehr bei ihnen wohne. Mein 14-jähriger Bruder hatte mich mit den genauen Informationen versorgt, doch alles, was bei mir angekommen war, war die Tatsache, dass ihr Auto in der Garage herumstand. Zwei Jahre zuvor, im März 1978, wurde ich, wie schon erwähnt, vom Dartmouth College geschmissen, weil ich einen Akt zivilen Ungehorsams initiiert hatte. Es war das Ende des Winterquartals in meinem Abschlussjahr, und ich brauchte noch drei Seminare, um graduieren zu können. Für Stella und alle anderen, die danach fragten, trug ich die »unbefristete Suspendierung vom Dartmouth College« wie die Ehrenmedaille einer Schlacht. Doch keiner konnte ahnen, wie sehr ich geweint hatte, als ich im Greyhound Bus zurück nach Minneapolis hockte. Bevor ich den Saal des Tribunals verließ mit meinem rosa Zettel, der mir eine Frist von 48 Stunden gewährte, um meinen Schlafsaal zu räumen und Hanover zu verlassen, räumte der Vorsitzende des Komitees, ein Dekan, ein, dass die Strafe hart sei – doch, so erklärte er, ein Team von Psycholog:innen habe mich seit meiner Ankunft in Dartmouth begutachtet. Diese Phantome der Therapie, denen ich nie begegnet war, waren zu dem Schluss gekommen, dass ich vier Jahre Zeit gehabt hatte, »mir den *esprit de corps* einer Ivy-League-Institution einzuschärfen« – die genauen Worte des Dekans und zweifellos auch die Worte des psychologischen Teams. Vier Jahre lang hatte ich mich in psychiatrischer Behandlung befunden, ohne jemals meinen Therapeut:innen zu begegnen. Darin waren sie eins mit der Person vom FBI, die mich bis nach Trinidad verfolgt und Boston und Caracas über mich informiert hatte; Tag und Nacht wachten Engel über mich.

3

Stella hatte sich verwandelt von der Frau, die sie neun Jahre zuvor gewesen war, als ich sie vor der Armory, der Militärausbildungshalle auf dem Campus der University of Minnesota, sah. Ich war fast 15, sie war seit drei Monaten 31 gewesen. Es war März 1971, derselbe Monat desselben Jahrs, in dem der Einbruch in die FBI-Außenstelle in Media, Pennsylvania, geschah, in dessen Folge bald das Geheimprogramm des FBI COINTELPRO auffliegen würde.* An jenem Morgen wurde William Calley für das Massaker an fast 500 vietnamesischen Zivilistinnen und Zivilisten durch die Kompanie C in einem Dorf namens Mỹ Lai verurteilt. Das Massaker war alles, was Stella im Kopf hatte, als sie vor einem Bus stand und ängstlichen Rekruten erzählte, dass sie einarmig aus dem Krieg in Vietnam zurückkehren würden. Richard Nixon meldete sich mit beschwichtigenden Worten im Radio: »Die amerikanischen Truppen befinden sich nun in einer defensiven Position … Die offensiven Search-and-

* Im März 1971 brachen Antikriegsdemonstrant:innen in eine FBI-Außenstelle in Media im Bundestaat Pennsylvania ein. »Unter der ungeheuren Sammlung von Geheimdokumenten, die von der Gruppe entwendet wurden, befanden sich Geheimnisse über eine generelle Überwachungsaktion durch das FBI von Friedens- und Bürgerrechtsbewegungen, über die Desinformationstaktikten und Täuschungstechniken, die das FBI einsetzte, um Protestierende zum Schweigen zu bringen, und sogar über einen von Agenten initiierten Versuch, Martin Luther King zum Selbstmord zu verleiten.« (Ed Pilkington, »Burglars in 1971 FBI Office Break-In Come Forward After 43 Years«, *The Guardian*, 7. Januar 2014). Nach den Worten des FBI »hatte das FBI im Jahr 1965 COINTELPRO (Counterintelligence Program) ins Leben gerufen, um die Aktivitäten der Communist Party USA zu stören. In den 1960ern wurde das Programm ausgeweitet, um auch Mitglieder einer Reihe anderer domestischer Vereinigungen zu untersuchen, zum Beispiel […] die Black Panther Party.« (»The Vault«, {vault.fbi.gov/cointel-pro}, abgerufen am 20. März 2019.)

Destroy-Aktivitäten werden nun von den Südvietnamesen unternommen.« Die Bombardierung Kambodschas war noch im Gange, und ich war ein Ladendieb in Dinkytown, keine zwei Blocks vom Campus der University of Minnesota entfernt.

Die Kaltfront war schnell zusammengeschmolzen, und die Temperaturen stiegen von rund zehn auf über 20 Grad an. Kein Eis und kein Schneematsch bekleckerten die Gehwege. Mein Freund Robert Stevenson Stone und ich mopsten Rockalben und verhökerten sie zu Schleuderpreisen an die Hippies. Auf dem trockenen Asphalt war es ein Kinderspiel, den Kassierern aus Dinkytown davonzulaufen.

Die *E Pluribus Funk*-Alben von Grand Funk Railroad waren, wie ich mich erinnere, vollkommen rund und mit einer silberähnlichen Folie überzogen, sodass sie einer großen Münze ähnelten. Auf der Rückseite des Album-Covers war ein Bild des Shea Stadions zu sehen – zur Feier, dass Grand Funk Railroad den einstigen Besucherrekord eines Beatles-Konzerts gebrochen hatten, weil das Stadion fürs Grand-Funk-Konzert in nur 72 Stunden ausverkauft war.

Ich habe drei der Alben aus einem Plattenladen in Dinkytown gestohlen, der sich in der Nähe eines Cafés befand, wo früher Bob Dylan aufgetreten war. Dinkytown war keine Stadt und nicht mal ein Stadtteil und bestand stattdessen einfach aus zwei Blöcken mit Geschäften und Restaurants am Rande der Universität. Unsere Highschool hatte zwei Gebäude, eines an jedem Ende von Dinkytown. Hinter dem Haupttor der Uni befand sich die Pike Hall, die für die Kinder der Professoren als Laborschule der Universität diente. Am anderen Ende von Dinkytown befand sich ein fantasieloses Backsteingebäude – die Marshall Public High School für *weiße* Arbeiterkinder. 1968 fusionierten die beiden Schulen im Rahmen eines sozialen Experiments, das zum großen Teil aus Mitteln von Lyndon B. Johnsons Great-Society-Initiativen finanziert wurde. Die Kinder der liberalen Bürokrat:innen wurden dazu gebracht, sich unter die Kinder von Getreidemühlen- und Eisenbahnarbeitern zu mischen, und um dem Experiment demografische Integrität zu verleihen, wurden Native Americans von der South Side und Schwarze von der North Side der Stadt mit Busen angefahren, um die Schule zu besuchen – etwa vier Prozent Native Americans beziehungsweise neun oder zehn Prozent Schwarze.

Ich spazierte durch Dinkytown auf meinem Weg in den Plattenladen, wo die Fünffingerrabatte auf mich warteten, und hielt mein Gesicht triumphierend der ersten richtigen Sonnenwärme entgegen.

Bob Stone war lulatschlang und schlaksig wie ein Al Green auf Stelzen. Wir waren gleich groß gewesen, als wir in die neunte Klasse kamen, doch über die Weihnachtsferien wuchs er wie eine Pflanze im Zeitraffer. Ich war neidisch auf seine Größe, also sagte ich mir, ich besäße etwas Besseres, eine Collegejacke mit Goldstreifen und Filzsternen, die meine drei Sportarten bezeichneten – Football, Skispringen und Leichtathletik –, alles Sportarten, die Bob nicht beherrschte, weil er zwar laufen konnte, aber nicht athletisch war. Ich sagte Bob, er solle nur *E Pluribus Funk*-Platten klauen. Er sagte, mit einigen Hendrix-LPs könnten wir mehr Geld machen. »*Band of Gypsies* kriegst du nicht unters Hemd«, wandte ich ein. Doch Bob wollte nicht hören. Wir wären beinahe aufgeflogen wegen ihm.

Wir betraten den Plattenladen immer getrennt voneinander, und jeder von uns hatte sein eigenes Ablenkungsprogramm parat. Die Angestellten blickten immer auf und sahen mein Schwarzes Gesicht. Ich musste sie nicht anschauen, um zu spüren, wie sich ihre Augen auf mein Gesicht und mein Haar konzentrierten. Einen Augenblick später konnte ich fühlen, wie sich ihre Blicke gelassen auf meiner Collegejacke niederließen. *Der Sport hält ihn aus Schwierigkeiten raus*. Bob hatte weniger Glück als ich. Er lebte in der Sozialwohnungssiedlung, und er trieb keinen Sport. Ich hingegen lebte in einer Villa und hatte eine eigene Sportart für jede Jahreszeit. Bob hatte also keine Collegejacke, und der Anorak, den seine Mutter seit der siebten Klasse nicht mehr erneuert hatte, sah aus wie ein T-Shirt aus Nylon.

Er betrat als Erster den Laden. Normalerweise kam ich als Zweiter rein. Durchs Fenster von der Straße aus beobachtete ich den Angestellten, der wiederum jeden Schritt von Bob beobachtete. Wenn ich reinkam, konzentrierte der Angestellte sich auf mich. In dem Augenblick, in dem er entscheiden musste, ob ich ein guter Schwarzer oder einfach bloß ein Schwarzer war, zog Bob sein Spiel ab und schob sich ein oder zwei Alben unter den Anorak. Ich sah Stella zum ersten Mal am selben Tag, an dem Bob vom Drehbuch abwich und von Grand Funk Railroad zu Jimi Hendrix überging.

Wir waren fünf oder sechs Minuten im Laden gewesen. Der Verkäufer wandte sich wieder seinem *Ramparts* zu, dem damaligen linken Counter-culture-Magazin, und schaute ein- oder zweimal auf, um Bob, der ihm den Rücken zukehrte, zu beobachten, wie er am hinteren Ende des Ladens eine Kiste mit Alben befingerte. Ich hatte drei *E Pluribus Funk*-Alben an meine Rippen geschmiegt und hatte noch Platz für zwei weitere. Ich ging zum Tresen, um Zig-Zag-Zigarettenpapier zu kaufen, in der Hoffnung, dass Bob sich aus dem Staub machen könnte, während ich zahlte. Das Kerlchen an der Kasse war allerdings ein Multitasker. Mit einem Auge zählte er mein Wechselgeld und schaute mir mit dem anderen über die Schulter.

Ohne die spitzen Brüste, die durch Bobs Anorak stachen und die er nicht gehabt hatte, als er den Laden betrat, wäre alles ein Klacks gewesen. »Behalt mal den Tresen im Auge!«, sagte der Mann zu mir, als er Bob aus dem Laden und den Block entlang in Richtung Campus jagte.

Der lang- und flachshaarige Kassierer kam kurzatmig und verschwitzt in den Laden zurück, seine Wangen hatten die Farbe von Flamingos.

»Kennst du den?«

Ich schüttelte den Kopf.

»Klauen is jetz' nich grad hip, mein Bruder. Wir sind ein Stamm, Mann«, sagte der Kassierer zu mir. Und er dankte mir, dass ich die Kasse im Auge behalten hatte.

Bob und ich trafen uns sechs Häuserblocks entfernt vor der Armory des Reserveoffiziersausbildungskorps auf dem Campus wieder, einer sandsteinernen Festung, die gerahmt war von Bollwerken, welche den Türmen auf einem Schachbrett ähnelten. Drei gecharterte Busse waren in südöstlicher Richtung auf der University Avenue vor der Armory geparkt. Fünf *weiße* Männer und drei *weiße* Frauen saßen auf der Straße, mit dem Rücken zur Stoßstange des ersten Busses. Sie rauchten Zigaretten. Sie streckten zwei Finger in die Luft. Eine Menschenmenge versammelte sich an den Seiten der Busse. Bob sagte, wir sollten unsere Beute verkaufen, bevor die Cops zum Aufmöbeln anrückten. »Hol dir ihre Kohle, Mann, bevor sie denen die Köpfe einschlagen.« Kohlenmonoxid stotterte aus dem leisen Auspuffrohr eines stehenden Busses. Eine Reihe von Eingeweihten kam die Stufen der Armory heruntergelaufen, und die Menge der Demonstrierenden begann, unter einem lachsfarbenen Himmel zu skandieren. Man konnte sie kaum übersehen – Stella. Unter den Demonstrierenden befanden sich nicht viele Schwarze Männer, und sie war die einzige Schwarze Frau. Sie stand unten vor den Stufen, nicht weit von den Bussen entfernt. Die Rekruten waren jetzt alle die Treppe heruntergekommen. Bob und ich gingen die Treppenstufen rauf und schauten nach unten. Es war der perfekte Ort für den Fall, dass die Bullen mit ihren Schlagstöcken herumwedelten. Sie würden den Protestierenden in den Bussen die Köpfe einschlagen, nicht unsere, solange wir hier oben blieben. »*Hell, no, we won't go, we won't fight for Texaco!*«, schrie die Menge. Stella nicht. Sie sprach mit jedem Rekruten einzeln, während diese in ihren Bus stiegen. Sie fragte die Rekruten, ob sie einen geliebten Menschen hätten, den sie im Falle ihres Todes kontaktieren könne. Einem anderen sagte sie: »Die Menschen, die du dort drüben tötest, wirst du nie wieder aus dem Kopf bekommen.« Ein leichter Wind durchraschelte die Bäume; ein Paar große Bose-901-Lautsprecher im Fenster des Verbindungshauses auf der anderen Straßenseite spielte »The Weight (Take a Load off, Fannie)«. Die Stimme des

Leadsängers war so hoch wie eine lüsterne Wildkatze, so hart wie ein Südstaaten-Prediger, so erschöpft wie ein Rebellensoldat, der zurückkam nach Turkey Scratch in Arkansas; wie ein armer Farmer bei Tagesende. Der Musikdrachen pfiff über die Menge der Demonstrierenden und die Reihe junger, leerer Gesichter, die wie im Gänsemarsch in den Bussen verschwanden. Stella schob ihnen ein *Life*-Foto von Lieutenant Calley unter die Nase, als sie an ihr vorbeikamen. Ich dachte, sie sei unverwundbar.

»Du bist besser als das«, sagte sie ihnen.

Ein Sergeant riss Stella das Foto aus der Hand. Er zerriss es in kleine Fetzen. »Das musst du denen sagen«, meinte Stella und zeigte auf die Männer, die aus dem Fenster schauten.

»Dreh dich um und sag ihnen, dass sie mit voller geistiger Gesundheit zurückkommen werden – und mit ihren Armen und ihren Beinen.«

Bob stand neben mir auf der obersten Stufe der Armory. Es fiel ihm auf, wie sehr ich sie bewunderte.

»Die ist viel zu viel Frau für dich«, sagte Bob.

»Das kannste laut sagen.«

»Und guck dir nur an, was für eine Show die abzieht für diese Hippies.«

»Das sind keine Hippies. Die sind von den Students for a Democratic Society, Mann. Ein paar von unseren Lehrern sind hier.« Unsere Schule war eine Laborschule; ein Gebäude befand sich auf dem Campus und das andere Gebäude auf der anderen Seite von Dinkytown. Einige unserer Lehrer:innen strebten Doktortitel in Pädagogik an. »Die New Left und die Hippies sind politisch ganz unterschiedlich drauf. *Liest* du überhaupt die *Ramparts*-Magazine, die ich dir gebe?«

»Für mich sind das alles nur ungewaschene Weiße. Und sie macht das alles nur für die.«

Ich zog die drei Alben unter meiner Jacke hervor und sagte: »*Wir* machen das hier für die ungewaschenen Weißen, oder?«

»Wir werden aber bezahlt. Sie wird benutzt.«

»Der Krieg ist keine Rassenfrage. Er ist eine Klassenfrage. Er geht uns alle was an.«

»Ich sag ja nur, dass ich die Art von Frau kenne.«

»Welche Art ist das denn?«

»Die Art, die auf *weiße* Typen steht. Nicht, dass dir das irgendwas ausmachen würde; so wie du aufgewachsen bist.«

»Wie bin ich *aufgewachsen*?«

»Ach, vergiss es, Frank.«

»Nein, komm, sag mal. Und was meinst du jetzt: Ist sie zu viel Frau für mich, oder sind wir beide die gleiche Art von Oreo?«

»Bleib bei dem, was du kennst, Frank. Vielleicht lässt sie dich ja abends Bäuerchen machen, bevor du schlafen gehst.«

Wie es der Zufall wollte, arbeitete Stella während meiner Schul- und Collegezeit als Krankenschwester, bis sie sich das Rückgrat brach. Die Verletzung heilte nie gut genug aus, damit sie wieder in ihren Beruf als Krankenschwester zurückkehren konnte, und so ging sie als Verwaltungsangestellte an die Pädagogische Hochschule, wo mein Vater während des Vietnamkriegs Dekan war. Sie kümmerte sich um die Unterbringung und Absolventenangelegenheiten jener Studierenden, die als Lehrerinnen und Lehrer an der experimentellen (»Labor-«)Highschool auf dem Campus arbeiteten, auf die auch Bob und ich gingen. 1978 allerdings, als wir ein Paar wurden, arbeitete sie als Hilfskraft für Grundschullehrer:innen und bezog nebenbei Sozialhilfe, um einige Löcher zu stopfen.

Nach diesem ersten Treffen (oder besser gesagt, nach der ersten *Sichtung*) vor der Armory würden sieben Jahre vergehen, bis wir uns wieder begegneten. Und diese sieben Jahre, vom Alter von 15 bis zum Alter von 22 Jahren, waren in meinen Gedanken länger als jene sieben Jahre, die sie von 31 bis 38 mit Reisen verbrachte; das heißt, für Stella waren in diesen sieben Jahren weniger Zeit und weniger Erinnerungen vergangen als für mich. Ich hatte es von der neunten Klasse bis zum Ende meines Abschlussjahrs am College geschafft.

Im Gegensatz zu mir war sie in jenen Jahren zwar gewachsen, aber nicht aufgewachsen. Als sie mich schließlich in einer Zweigstelle der Bibliothek in der Nähe ihres Hauses wiedersah – ich trug ausgeblichene Khakihosen, die ich in Frye-Stiefel gesteckt hatte, auf dem leeren Stuhl neben mir war ein Trenchcoat aus Armeebeständen drapiert und mein Haar war in straffen Linien von Cornrows über meine Kopfhaut gelegt –, da erkannte sie mich sofort wieder. Allerdings wusste ich nicht, wo ich diese schöne Frau mit ihrer großäugigen Tochter schon einmal gesehen hatte. Am nächsten Tag trampte ich von Minneapolis nach Columbus, Ohio. Nach einem Monat kam ich nach Minneapolis zurück und machte mich auf die Suche nach ihr. Am Ende des Sommers waren wir verliebt.

Wir backten Soufflés in ihrer großen gusseisernen Pfanne. Abends, nach dem Abendessen, wenn ihre Tochter Malika zu Bett gegangen war, saßen wir auf ihrer Veranda und sahen zu, wie sich die Sonne rötete, und ich las ihr aus einem Roman vor, an dem ich gerade schrieb, oder sie brachte mir bei, Miles zuzuhören. »Die langen Pausen zwischen den Noten«, sagte Stella leise zur Musik. »Miles hat die Stille zu einem Teil seiner Musik gemacht. Kleine Bündel voll stummer Intention«, sagte sie. Bei ihr fühlte ich mich wohl genug, um ihr meine Anfängerprosa vorzulesen. Während sie zuhörte, schloss sie die Augen.

»So viel Leid ist in deiner Stimme«, sagte sie. »Du bist der Fürst der Finsternis«, sagte sie. »Du bist an einem Mittwoch geboren. Habe ich recht?«

Zwei silbergraue Strahlen ätzen sich vorn über ihr Naturhaar wie flache Blitzfunken, die von ihren Augen hochschossen. Die Leute drehten sich nach ihr um, wenn sie einen Raum betrat; und ich fühlte ein Aufschwellen von Männlichkeit, wenn sie von ihr zu mir herüberblickten. Ja, ganz richtig, Leute, sie ist mit *mir* hier. Aus der Ferne hielten die Leute auf dem Campus sie für Angela Davis, und wie durch Osmose fühlte ich mich geehrt. Und wenn die Fata Morgana zerflossen war, tranken sie noch von ihrer einzigartigen

Schönheit, denn selbst in flachen Ledersandalen war sie für eine Frau sehr groß; sie puderte sich nicht das Gesicht und schminkte nicht ihre Lippen. Ihre makellose Haut verdankte sie der Tatsache, dass sie sich von Bioprodukten ernährte, lange bevor das modisch wurde, und dass sie niemals Zucker anrührte. Als ich zum ersten Mal diese beiden Blitze in ihrem Haar sah, dachte ich, sie könnte die ganze Welt umstürzen. Einige Leute nannten sie eine Unruhestifterin. Ich sah eine Schwarze Frau, die für sich selbst eintrat – und für alle anderen, die missbraucht wurden.

Wenn sie auf ihrem Verandastuhl saß und Leute beobachtete, die über den Hof des Gebäudekomplexes, in dem sie wohnte, kamen und gingen, »rauchte« Stella eine Maiskolbenpfeife, ohne sie jemals anzuzünden, so wie es mein Vater getan hatte, als ich noch ein Kind war. Und die Pfeife sah genauso aus wie jene, die ich meine Urgroßmutter rauchen gesehen hatte, bei meiner einzigen Begegnung mit ihr, als ich zwölf Jahre alt gewesen war. Tatsächlich hatte Stella die gleiche Kerbe am Nasenrücken, die ich bei Grandma Harper sehe, wenn ich sie mir in Erinnerung rufe. Diese Kerbe meißelte den Blick beider Frauen zu etwas Besonderem. Einmal nahm Stella ihre Querflöte mit, als wir Frank Wess spielen sahen, lange nachdem er Count Basies Band verlassen hatte. Der Club war klein, und die Hälfte der Leute hatte keine Ohren für die Musik; als die Band eine Pause machte, nahm Stella mich mit auf die Bühne und stellte mich ihm vor. Dann nahm sie ihre Flöte hervor, und Wess improvisierte ein oder zwei Takte lang mit ihr. Unter keinen Umständen würde ich jemals wieder zurück nach Dartmouth gehen.

Sie sah, wie sehr es mich deprimierte, von der Schule verwiesen worden zu sein. Je stärker meine Pose der vermeintlichen Gleichgültigkeit war, desto stärkeren seismischen Schwankungen war meine Stimmung unterworfen. Ich konnte mich mit Malika und Stella in einem Raum befinden und vielleicht fünf Minuten lang kein Wort sagen, obwohl die Worte in meinem Kopf kreischten, laut wie Nebelhörner. Stella war nicht nur Krankenschwester, sondern auch autodidaktische Ernährungsberaterin. Sie war die erste Person, die mir erklärte, wie Krebs durch eine spezielle Ernährung geheilt werden könnte (etwas, das man, wie ich Jahre später lernte, die Gerson-Therapie nannte). Sie und Malika aßen kaum rotes Fleisch und nur sehr wenig Geflügel. Ich kann mich an keine einzige frittierte Mahlzeit erinnern, und Orte wie McDonalds, White Castle und Burger King (wo ich in Dinkytown gearbeitet hatte, als ich Stella zum ersten Mal sah) waren tabu. Als wir 1978 zusammenkamen, aß ich eine Menge Schokoriegel. Ich fühlte mich unwohl, wenn sie mich beobachtete und mit einem Schulterzucken sagte: »Dein Begräbnis.« Als ich schließlich bei ihr einzog, riss sie mir einmal ein Snickers aus der Hand und sagte: »Mal sehen, womit diese Verbrecher dich vergiften«, und dabei verwandelte sie das dreisibilbige Wort für Verbrecher, *criminals*, in ein zweisilbiges, *crimnals*. Dann sah ich ihr verdrossen zu, wie sie all die nicht verwertbaren Chemikalien vorlas, die in den Riegel gesteckt worden waren – von der Firma Mars Incorporated, einem Unternehmen, das ich selbst als junger Kommunist als einen Freund betrachtete, der mich lediglich in den Genuss von fabelhaftem Nougat mit Karamell und Erdnüssen, ummantelt von köstlicher Milchschokolade, kommen lassen wollte. Ich hätte niemals daran gedacht, die Inhaltsstoffe zu studieren, noch wäre es mir in den Kopf gekommen, sie seien »Gift«. Doch Stella bestand darauf, dass der Maissirup mit hohem Fruchtzuckergehalt und die künstlichen Aromastoffe ganz wesentlich zu meinen Stimmungsschwankungen und Depressionen beitrugen. Am Neujahrstag 1979 ging ich auf Stellas Abmachung ein: Sechs Wochen lang sollte ich auf meine Mars-Riegel, meine Snickers-Riegel und meine 3-Musketeers-Riegel verzichten. Auch hatte sie sich vorgenommen, aus mir einen Etiketten-Detektiv im Supermarkt zu machen; darunter verstand sie, dass wir zuerst die Etiketten von allem, was wir einkaufen wollten, gründlich lesen würden, von Getreide bis Ketchup. Die Produkte mit mehr als sieben Gramm raffiniertem Zucker oder irgendeinem Anteil an Maissirup mit hohem

Fruchtzuckergehalt ließen wir einfach liegen. Wenn sich der Nebel nach sechs Wochen nicht aus meinem Gehirn gelüftet hätte, wenn die Stimmungsschwankungen weitergingen wie bisher, dann dürfte ich zu meinen alten, rücksichtslosen Gewohnheiten zurückkehren. Natürlich gewann Stella die Wette. Ich erlangte eine Art geistige Klarheit, die ich in meinen zwei Jahrzehnten und ein paar Zerquetschten auf diesem Planeten nicht gekannt hatte. Dann fragte ich mich, wie ich wohl den Sturm in der Kenwood-Grundschule überstanden hätte, wenn ich als Kind über die Wirkung von Zucker informiert gewesen wäre. Es war nicht nur Abstinenz, die Stella mir abverlangte. In diesen sechs Wochen lasen wir William Duftys *Sugar Blues*, ein Buch, in dem die These vertreten wird, dass Zucker einst das Kokain der westlichen Welt gewesen sei und noch immer so malad und süchtig mache wie Nikotin.

Im Winter bereiteten wir Kochkaffee in einem Topf mit Wasser und vier Esslöffeln fein gemahlenen Bohnen zu, die auf der Oberfläche schwammen. Wenn wir uns am Tisch unterhielten und nicht aufpassten, ließen wir den Kaffee beinahe aufkochen. Er durfte nur *beinahe* kochen, damit seine reichhaltigen Röstaromen nicht bitter wurden. In jenem Jahr, als ich mich dazu entschied, nie wieder nach Dartmouth zurückzukehren, wohnten wir fünf Blocks vom Campus entfernt. Der Krieg in Vietnam war drei Jahre zuvor beendet worden, und der Campus sah nicht im Geringsten aus wie der Ort, den ich aus meiner Highschool-Zeit kannte. Als Saigon 1975 fiel, verdünnte sich die Atmosphäre der rechtschaffenen Empörung, die die Luft verdickt hatte. Mich machte es melancholisch, Stella machte es gewissermaßen zu einer Ausrangierten. Verschwunden waren die leuchtenden Barrikaden, die die Arterie der Washington Avenue durchtrennt hatten, die die Universität mit der Innenstadt verband. Verschwunden waren die Stimmen mit ihrem Katalog an Forderungen, die aus den besetzten Fenstern der Morrill Hall strömten. Verschwunden waren die Vorträge, die aus dem Fenster geworfen wurden, als Lehrveranstaltungen durch »antiimperialistische«

Teach-Ins besetzt wurden. All das war ein flüchtiger Moment, in dem die Welt neu gestaltet wurde und Stella unangekündigt vorbeischauen und aufstehen und Beifall erhalten konnte, noch bevor sie überhaupt den Mund aufgemacht hatte. Doch dieser Moment gehörte der Vergangenheit an. Die *weiße* Linke hatte sie ausgeraubt, während sie ihr das Gesicht schleckte. »Ein, zwei, drei Mini-Vietnams«, sagte sie mit einem Lachen. »Es ging nicht um Vietnam. Es ging um den ganzen Scheiß, den sie hier zu Hause noch nicht hinbekommen, geregelt hatten. Jetzt wollen sie nach Hause gehen. Das kannst du in diesem Land nur tun, wenn du *weiß* bist. Dann kannst du zu einer Touristin in deinem eigenen Film werden.« Stella hatte nicht unrecht. Flüchtlinge des Weather Underground stellten sich sogar selbst der Polizei und kamen zu unerhörten Verständigungen mit Staatsanwälten, während Angehörige der Black Liberation Army immer noch verfolgt und gefoltert wurden, wenn man sie festnahm. In einem verschlafenen New Yorker Bezirk begingen Weather-Underground-Flüchtlinge den ungünstigen Fehler, zu versuchen, sich an einem Freitagnachmittag zu stellen; man sagte ihnen, sie sollten am Montag wiederkommen. »Stell dir nur vor«, sagte Stella, »wenn das du und ich wären, die uns ergeben wollten. Freitag wäre doch *scheißegal*. Sie würden länger bleiben, nicht um uns zu verhaften, sondern um uns zu verprügeln; und sie wären so vertieft in ihre Freude, wenn sie fertig wären, dass sie vergessen hätten, Überstunden gemacht zu haben.«

Eines Abends im Bett sagte ich, dass die beiden Silberstreifen in ihrem Haar wunderschön seien, bemerkte aber, dass eine Frau Ende 30 zu jung sei, um graue Haare zu haben. Ist dir was zugestoßen, fragte ich sie, irgendwas Traumatisches? Ich wollte, dass sie mir auf eine Weise vertraut, wie ich ihr vertraute.

»Stress«, sagte sie. Dann drehte sie sich weg und schlief ein.

Stella brachte mir die Werke von Toni Morrison und Alice Walker näher. Gemeinsam entdeckten wir Fuentes, Amado und García Márquez. Und obwohl sie fast eine Generation älter als ich und im

Süden aufgewachsen war, während ich im Süden geboren, jedoch im nördlichen Minnesota aufgewachsen war, teilten wir eine Art, in unseren Körpern zu sein, es lagen die gleichen Tonalitäten in unseren Stimmen, wenn wir mit unseren *weißen* Freund:innen zusammen waren. Wir wussten beide, wie man ihnen den Eindruck vermittelte, sich wie zu Hause fühlen. Unsere Worte waren mühelos und wohl gewählt. Sie ließen uns wissen (wenn auch nicht mit Worten), dass sie sich bei uns authentisch fühlten; dass sie sich von nun an selbst ernst nähmen. Der Jazz war immer unaufdringlich, wenn sie uns besuchen kamen. Mit unseren Schwarzen Freundinnen und Freunden diskutierten wir darüber, welche besorgniserregenden Belastungen Weiße sein können. Doch diese Dualität hatte ihre Grenzen. Unseren *weißen* Bekannten das Gefühl zu geben, sich in unserer Gegenwart sicher zu fühlen, ließ sie glauben, dass wir uns irgendwie so entwickelt hätten, wie es die Schwarzen, die sie in den 1960er-Jahren die Städte niederbrennen gesehen hatten, es nicht getan hatten.

Von 1978 bis zur Flucht aus unserer Wohnung im Frühjahr 1980 schleppten wir mit unseren *weißen* Bekannten Kisten mit Äpfeln und Bioprodukten in den Wedge, die erste Coop der Stadt, mit ihren unfertigen Böden und ihren flippig-bunten Kästen voller Haferflocken, Chiasamen, rohen Mandeln und großen Mengen steingemahlener Hirse. Sie fühlten sich bei uns zu Hause heimisch, ein Willkommensgefühl, das sie in der Schwarzen Nachbarschaft auf der Near North Side der Stadt nie verspüren konnten (selbst wenn es ihnen entgegengebracht wurde). Unsere Wohnung war das Erdgeschoss einer Doppelhaushälfte in der Mitte eines Hofes und einer Einfahrt, die umgeben war von einem Hufeisen hölzerner, baufälliger Stadthauswohnungen fünf Blocks vom Campus entfernt. Eine Campusgemeinschaft gibt einem das Gefühl, dass dort nichts Katastrophales passieren kann; als ob die wirkliche Welt erst an der Campusgrenze begönne. Keine Arbeiter:innen mit ihren Lunchboxen, die müde aus dem Bus steigen, keine Buick Electras, die auf dem Boulevard im Halteverbot stehen, keine großen Hüte und langen Mäntel, die in Nachtclubs im Keller über einen Arm geschlungen werden, kein Ausbruch von Lärm auf der Straße, der einem das Herz anhält. Der Besuch bei uns war für ihre Nerven weniger belastend, als Schnickschnack aus weit entfernten Orten in ihre Regale zu stellen. Und sie gingen mit dem Gefühl, in Selma mitmarschiert zu sein oder während der Unruhen im Norden der Stadt Ziegelsteine geworfen zu haben.

Allerdings war das nicht genug für Josephine, die sich in einem Labor der Universität mit Kernfusion und Atommüll beschäftigte. Ich habe längst vergessen, ob sie in der Forschung tätig war oder als Technikerin arbeitete. Diese Amnesie hat mich fast vierzig Jahre lang bei Verstand gehalten.

Sie lebte in der Wohnung über uns. Bevor ich in Erscheinung trat, hatten Josephine und Stella einige Schwierigkeiten miteinander – vor allem betraf das ihre Meinungsverschiedenheiten, was die Ethik und Sicherheit der Atomkraft betraf. Der Unfall in Three Mile Island war am 28. März 1979 passiert, weniger als sechs Monate, nachdem ich zu einem Teil von Stellas und somit auch von Josephines Leben geworden war. Doch ihre hitzigen Debatten über dieses Thema und selbst die Art und Weise, wie sich Stellas Routinen veränderten, als wir zu Geliebten wurden, waren nicht die eigentliche Ursache für die Kernschmelze zwischen diesen beiden Frauen. Stella war es einfach leid, Hattie McDaniel zu Josephines Vivien Leigh zu spielen. »Ich habe sie während ihrer gescheiterten Beziehungen aufgepeppelt; dabei interessierte es sie scheinbar überhaupt nicht, was ich gerade durchmachte.« Josephine schien der Auffassung zu sein, dass der untere Teil des Hauses nichts als eine Erweiterung des oberen Teils war, in dem sie wohnte. Es waren nicht die ungeplanten Besuche, die Stella (und mich) nervten, sondern die Verletzung, die Josephine empfand, als Stella sie bat, anzuklopfen, bevor sie die Wohnung betrat, oder zuerst anzurufen, wenn »Frank hier ist«. Wenn sie solche Worte hörte, konnte man seine Uhr nach der

Sonnenuhr ihres Gesichts stellen: Schuldgefühle. Ressentiment. Aggression.

Malika, Stella und ich waren gerade im hinteren Teil der Wohnung und aßen am Küchentisch zu Abend. Wir hörten, wie sich die Haustür öffnete und schloss. Josephine erschien auf der Schwelle zur Küche mit einem Strohkorb voller Fliederzweige. Sie hatte sie im Innenhof gepflückt, nur für uns. In ihrem Kopf entschädigte das Blumengeschenk dafür, dass sie unsere Privatsphäre verletzt hatte. Wenn ich jedoch darauf zurückblicke, sehe ich in der Art und Weise, wie Josephine Stella behandelte, nur eine Ausweitung des Vorrechts des Herren und der Herrin. Es gibt eine Szene in dem Film *12 Years a Slave*, in der der Herr Edwin Epps in die Hütte der versklavten Personen hineinstürmt, während sie im Bett liegen. Er tanzt in der Mitte ihrer Schlafkabine und befiehlt ihnen, aufzustehen und mit ihm im Herrnhaus zu feiern. Ich habe 40 Jahre gebraucht, um zu verstehen, dass weder er noch Josephine irgendjemandes Privatsphäre verletzt hatten. Die Hütte, in der sie schliefen, gehörte genauso ihm, wie ihm ihr Fleisch gehörte. Das Gewaltregime, das sie zu seinem Eigentum und zu den Prothesen seiner Begierde machte, verhinderten es vollständig, sein Verhalten als Verletzung anzusehen. Ich hatte unrecht, zu glauben, dass Josephine etwas falsch gemacht hatte.

Zu einem bestimmten Zeitpunkt in der Geschichte hatten die versklavten Personen an der Ostküste der USA an die Elastizität von Ansammlung und Austauschbarkeit geglaubt; mit anderen Worten: Versklavte Personen an der Ostküste der USA waren *keine* Afropessimist:innen, denn sie betrachteten sich selbst nicht in erster Linie als Objekte der Gefangenschaft; stattdessen sahen sie sich als Subjekte einer Hyperausbeutung und, so wie ich und Stella im Jahr 1980, bildeten sie sich im späten 18. und 19. Jahrhundert womöglich ein, dass ihre Behausung auch ihr Zuhause war – und nicht bloß das ewige Zuhause von Josephine und ihrer »Rasse«. Es stand ihnen ein traumatisches Erwachen bevor, als von 1808 an die Bewegung der Plantagenkultur nach Westen [nach Georgia, Alabama, Mississippi und Louisiana] – ob sie nun von einzelnen Besitzern, die ihre Sklav:innen begleiteten, oder von professionellen Sklavenhändlern vorangetrieben wurde – diese Gesellschaft zerstörte, Hunderttausende ihrem Geburtsort entriss und die Zurückgebliebenen traumatisierte. Familien und bisweilen ganze Gemeinschaften lösten sich unter dem Druck dieser zweiten großen Migration auf.[19]

Kurzum, Josephine handelte an dem Tag, an dem sie während des Abendessens bei uns hereingestürmt kam, in *libidinöser* Hinsicht ganz im Rahmen ihrer »Rechte«.

Stella dankte Josephine für die Blumen mit gerade so viel Gelassenheit, wie sie aufbringen konnte, und sagte, sie sollten sich doch morgen auf einen Kaffee treffen.

Malika sagte: »Ich dachte, du und Frank habt morgen zu tun, Mom.« Stella blickte ihre Tochter an, als wollte sie sagen: Lass uns das nicht jetzt ausdiskutieren. Josephine war nicht in der Stimmung für Zurückhaltung. Tatsächlich nagte Stellas Ausgeglichenheit mehr an Josephines, als wenn sie im Dreieck gesprungen wäre.

»Warum denn plötzlich Kaffee?«, fragte Josephine.

»Um über ein paar Grenzen zu sprechen.«

»Ich dachte, du wärst Feministin«, sagte sie zu Stella, als sie sich zum Gehen abwendete.

Fast vierzig Jahre lang habe ich mich gefragt, wie sich diese Szene zwischen Josephine und Stella in Malikas zwölfjährigem Kopf abgespielt haben musste. Wir, Stella und ich, waren nicht immer die besten Eltern. Wir haben uns nie Zeit genommen, um nach einer angespannten Konfrontation mit jemandem wie Josephine mit Malika darüber zu sprechen. Das stimmt nicht ganz. Stella hat ihrer Tochter immer die dem Rassismus zugrunde liegende Natur erklärt, die monströse Gewalt, die sich in der Banalität von Mikroaggressionen verbirgt. Allein – und das bedauere ich von ganzem Herzen –, wir haben sie niemals gefragt, wie sie dieses Spektakel emotional verarbeitete. Wir wussten nicht, wie ihre Verletzungen aussahen, so wie ich als kleiner Junge keine Ahnung hatte, wie die Worte von Frau Davenport mich später beeinflussen würden.

Natürlich war die Tatsache, dass ich nur elf Jahre älter als Malika war, nicht gerade förderlich für unsere Beziehung. Es fiel uns beiden nicht leicht, uns aneinander anzupassen. Bei mehr als einer Gelegenheit sagte sie mir: »Du bist nicht mein Vater.« Als junges Mädchen hatte sie mit vielem zu kämpfen. Ihr biologischer Vater war Jude, und obwohl er sie emotional und finanziell im Stich gelassen zu haben schien und obwohl seine Familie ihn verleugnet und enterbt hatte (bis er sich von Stella scheiden ließ), trug Malika das Zusammenspiel von Dilemmata mit sich herum, das *mixed-race* Kinder bis ins Erwachsenenalter zu belasten scheint – die Angst, in die Dunkelheit ihrer Schwarzen Seite abzugleiten, ohne je zum Licht der *weißen* Erlösung emporzukommen. Und ich für meinen Teil hasste die Tatsache, dass sie mit dieser Krise geboren worden war und ich nicht; eine Krise, in der ich als dunkelhäutiger Mensch ohne *weiße* Züge das leibhaftige Bild der Hölle war, in die sie hinuntersteigen könnte.

Stella erzählte mir, wie hart sie daran gearbeitet hatte, ihrer Tochter das Wissen von unserer Kultur zu vermitteln, von den Peitschenhieben, die wir über uns ergehen lassen mussten, um jene Rechte zu erlangen, von denen die meisten Menschen nicht einmal wissen, dass sie sie haben. Aber das entgleitet mir, sagte sie schluchzend, je länger ich hierbleibe, desto mehr entgleitet es mir.

Im Laufe der Zeit fielen mir weitere Dinge auf: Wie ihre Atmung sich beschleunigte, als verspürte sie ein plötzliches Engegefühl in der Brust, wenn sie von Urban Risers sprach, einem von Lyndon B. Johnsons Great-Society-Programmen, und von der Klage, die sie gegen die Institution eingereicht hatte. Sie sagte, sie sei im Besitz von Beweisen der Veruntreuung, juristische Dokumente und Tonbänder von Vorstandssitzungen, die sie selbst aufgezeichnet habe.

»Willst du damit sagen, dass die Regierung oder jemand bei HEW* von all dem wussten?«, sagte ich zu Stella.

Ich hatte es als Frage gemeint. Sie nahm es als Herausforderung an. »Du kannst meinen Anwalt Noam Davidov fragen«, sagte sie, »wenn du mir nicht glaubst.«

»Du sagst das, als wärst du es gewohnt, dass man dir nicht glaubt.«

»Ich bin eine *Schwarze* Frau. Hinter welchem Mond hast du denn die ganze Zeit gelebt?«

Noam Davidov besuchte uns zu Hause und sagte, dass er ihr nach jahrelangem Ringen mit der Regierung einen Gerichtstermin verschafft habe, am 13. November 1980 – was zu diesem Zeitpunkt in weniger als einem Jahr war. Außerdem sagte er, dass er nicht über die Mittel verfüge – ich erinnere mich ganz genau an das Wort »Mittel«, das er verwendete –, um seine Hilfe anzubieten. Dann sah er mich an: »Auch Ihnen nicht – bis wir vor Gericht sind.« Er meinte nicht »Hilfe«, er meinte »Schutz«; und mit »Mittel« schien er sich auf den Schutz zu beziehen. In jenem Moment begriff ich die Wucht von Stellas Klage. Die Vorstandsmitglieder von Urban Risers, die sie beschuldigte, und vielleicht sogar Leute in der Regierung, die für die Vorstandsmitglieder Strippen zogen oder wegschauten, konnten es sich nicht leisten, dass die Aufzeichnungen und Dokumente, die Stella angehäuft hatte, an die Öffentlichkeit gelangten.

Noams Haar war lockig wie das von Abbie Hoffman. Er war ein Anwalt für die Belange von Graswurzelbewegungen; es war klar, dass er mit seinem braunen Kord, seiner locker sitzenden Krawatte und seinem steingewaschenen Kriegsrückkehrer-Regenmantel weit mehr Anerkennung als Geld verdiente.

* Health, Education and Welfare (Gesundheit, Bildung und Wohlfahrt) war von 1953 bis 1979 auf Kabinettsebene eine Abteilung der Regierung der Vereinigten Staaten.

In den frühen 1970er-Jahren arbeitete Noam Davidov mit dem radikalen Anwalt William Kunstler sowie mit Mark Lane und einer Gruppe von Forschenden zusammen, um die Angeklagten des American Indian Movement (AIM) im Wounded-Knee-Prozess zu vertreten.* Ich kannte Stella damals noch nicht, doch Stella und Noam waren ein Paar, und an jedem Prozesstag des Verfahrens saß Stella im Gerichtssaal. An der Haustür richtete sie den Kragen seines schäbigen Regenmantels. Und da begann sich in meinem Hinterkopf eine dumpfe, metallische Eifersucht zu sammeln. Sie und Noam teilten eine Geschichte, die gewürzt war mit Erfolgen, so wie das Urteil zugunsten der Angeklagten Native Americans, zu dessen erfolgreichem Ausgang Noam beigetragen hatte. Sie und ich hatten überhaupt keine Geschichte; und die Geschichte, die wir gerade schufen, entfaltete sich, wie ich befürchtete – eine Angst, die bis heute auf mir lastet –, als eine Geschichte, die ich niemals erzählen wollen würde. Ich wünschte, ich wäre in die Küche gegangen oder hätte meinen Kopf zum Husten weggedreht – ich wünschte, ich könnte in der Zeit zurückreisen und eine zufällige Ablenkung orchestrieren, nur um nicht mitansehen zu müssen, wie ihre Finger seinen Kragen glätteten. Ich wollte, dass er ging, doch ebenso sehr wollte ich, dass er blieb. Ich glaubte, dass er, nicht ich, das Recht hatte, ihr zu sagen, dass sie den Vergleich annehmen und nicht vor Gericht ziehen sollte. So sehr mir das Herz auch schmerzte, sie derartig unangestrengt miteinander sprechen zu sehen, selbst wenn sie nicht einer Meinung waren, so sehr ich auch wollte, dass diese Szene vorüber war, so klar war mir währenddessen auch: Wenn jemand Stellas Meinung ändern konnte, dann war das Noam, nicht ich.

Er machte deutlich, dass die Regierung sich außergerichtlich mit Stella einigen würde. Noam war absolut sicher, dass Stella 100.000 Dollar erhalten würde. Sie müsste alle Bänder der gehei-

* Rechtsanwalt Mark Lane schloss sich 1974 dem Rechtsteam von Kunstler an.

men Aufnahmen, die sie als Angestellte von Urban Risers aufgezeichnet hatte, aushändigen. Sie müsste Finanzdokumente, die sie fotokopiert hatte, um Korruption zu beweisen, sowie die geheimen Tonaufnahmen herausgeben, die sie von Urban Risers-Vorstandssitzungen gemacht hatte und die Kapalei Kenyatta, den Direktor von Urban Risers, oder Angestellte der Bundesregierung, mit denen Kapalei Kenyatta zusammengearbeitet hatte, in irgendeiner Weise belasten könnten. All diese Materialien würden versiegelt werden.

»Da ist noch eine Sache. Du musst eine Verschwiegenheitserklärung unterschreiben und einwilligen, nicht über den Fall zu sprechen. Niemals«, betonte er. »Wenn du darüber sprichst, nachdem sie dich bezahlt haben, Stella, dann werden sie dich jagen.«

»Was, wenn ich mich nicht außergerichtlich einige?«

»Dann bist du nächstes Jahr im November, eine Woche nach den Präsidentschaftswahlen [von 1980], dran. Als dein Anwalt muss ich dir raten–«

Stella machte sich darüber lustig.

»Ich habe *Jahre* gewartet; da kann ich auch noch elf Monate warten.«

»Nimm dir ein paar Tage Zeit, um alles zu überdenken.«

»Du würdest dich nicht mit ihnen einigen, wenn du an meiner Stelle wärst, oder? Du hast dich nie mit der Regierung geeinigt.«

»Ich war nie der Prozessführer. Und ich bin keine alleinerziehende Mutter mit finanziellen Schwierigkeiten.«

»Sag doch einfach ›Sozialhilfe‹, Noam, das hat weniger Silben.«

»Hast du all die Menschen vergessen, die während der Wounded-Knee-Affäre durch einen Regierungsbevollmächtigten ermordet wurden?« Dann wandte sich Noam zu mir. »Was denken Sie darüber?«

»Du hast meine Frage nicht beantwortet«, warf Stella ein, bevor ich etwas sagen konnte.

»Mit so viel Geld kann man neu anfangen!«

»Sagte er und beantwortete die Frage immer noch nicht«, erwiderte Stella.

»Ein Prozess könnte die Verbindung von Kapalei Kenyatta zu Regierungsbeamten aufdecken, die es sich nicht leisten können, mit jemandem wie ihm in Verbindung gebracht zu werden. Falls du es ins Gericht schaffst–«

»*Falls* ich es ins Gericht schaffe?«

Ich habe diese beiden alten Liebenden über den Tod sprechen sehen, als wären sie Heldin und Held eines alten Film Noirs, die ihre Optionen im Kampf gegen den Mob abwägen. Als das Gespräch jedoch zu Ende ging und Stella den Vergleich noch immer ablehnte, wusste ich, dies war kein Film, und ich war kein Zuschauer.

»Wenn ich mich außergerichtlich einige«, sagte Stella, als Noam seine Teetasse auf den Wohnzimmertisch stellte und sich im Sessel ganz leicht nach vorn bewegte, »werde ich nie erfahren, wer hinter alledem steckt. Wenn es überhaupt in die Zeitungen kommt (und im Grunde sagst du mir ja, dass das nicht passieren wird, weil sie sich mit Geld mein Schweigen erkaufen), dann würden sie es aufgrund der bisherigen Beweise nur als ein weiteres Beispiel für die Art von Gangstertum und zwielichtigen Geschäften bezeichnen, die Leute mit dem Getto in Nord-Minneapolis in Verbindung bringen, aber nicht mit 3M in Maplewood, den regionalen Banken in der Innenstadt oder mit den verschiedenen Unternehmen von Pillsbury. Die Regierung wird mit einer weißen Weste davonkommen. Hunderttausend Dollar ist gar nichts für die, wenn sie damit um Anklagen auf höherer Ebene herumkommen.«

Noam stand auf und sagte, er habe verstanden. Stella sei schon immer eine Kämpferin gewesen, und er habe auch nicht erwartet, dass sie die außergerichtliche Einigung akzeptieren würde. Als ich die beiden beobachtete und ihnen zuhörte, hatte ich das Gefühl, ich wäre elf Jahre alt, säße mit anderen Kindern an einem Klapptisch an Thanksgiving und würde Fragmente dessen auffangen, was die Erwachsenen an dem langen, alten Holztisch in der Mitte des

Raumes sagten. Noam nahm seine alte Lederaktentasche, sammelte die Papiere vom Couchtisch und steckte sie in die Tasche.

»Da steckt mehr dahinter, als man auf den ersten Blick sieht«, sagte er, als er sich seinen Regenmantel überzog. Der Mantel saß schief. Ein Ende seines Kragens war nach innen gefaltet, und er hatte es nicht bemerkt. Sie erhob sich und zupfte das Kragenende frei. Es war ein Akt von Zärtlichkeit und Freude und – wie ich zu Gott hoffte – keine Geste des Begehrens.

»Ach, Noam.« Sie kicherte, als sie sein Revers mit ihrer Handfläche tätschelte. In den letzten neunzig Minuten hatte ich darauf gewartet, dass sich eine Intimität zwischen ihnen einstellte. Er lächelte zurück. *Das haben sie schon hundertmal getan*, dachte ich. Ich beobachtete, wie sie ihn auf der Treppe beobachtete.

Obwohl ich viele Nächte im unteren Stockwerk des Doppelhauses verbrachte, wo Stella mit Malika wohnte, hatte ich immer noch meine eigene Wohnung, als Noam bei Stella vorbeikam. Es war im November 1979. Am Ende des Jahres würde ich Sozialhilfe beziehen. In Wahrheit war der November 1979 die Zeit, in der Stella und ich unsere Revolution sterben sahen. Es war der Monat, in dem wir uns über die Nachricht freuten, dass Assata Shakur von der Black Liberation Army aus einem Hochsicherheitsgefängnis befreit worden war. Es war der Monat, in dem der Ku-Klux-Klan auf Schwarze Demonstrierende in Greensboro, North Carolina, schoss und sie tötete: Sie fuhren einfach auf die Streikpostenkette zu, stiegen aus dem Wagen und erschossen sie aus nächster Nähe. November war der Monat, in dem wir es in den Nachrichten sahen. Die Klan-Männer öffnete ihren Kofferraum. Sie holten ihre Waffen hervor. Sie rannten zehn Meter auf die Demonstrierenden zu. Sie eröffneten das Feuer. Fünf blieben tot auf dem Boden liegen. In jenem Monat hatten Stella und ich keine Ahnung, dass Assata den Rest ihres Lebens im Exil in Kuba verbringen müsste. Wir hatten keine Ahnung, dass der Film, den wir sahen, nicht ausreichen würde, um die Angreifer zu verurteilen; und wir hatten keine Ahnung, dass wir im März des kommenden Jahres im Auto meiner Eltern schlafen würden.

Einige Tage nach Noams Besuch – Tage voller Schweigen, während Stella über das nachdachte, was er gesagt hatte – rief sie einen Mann namens Jamal an. Sie sagte ihm, sie benötige Schutz. An seinem Ende der Leitung herrschte drei endlose Sekunden lang Stille.

»Schutz vor wem?«, fragte Jamal sie.

»Vor dem System«, sagte sie.

Ende 1979 war die Zahl der Menschen, die Stella kannte, die »das System« hören konnten, ohne eine Augenbraue hochzuziehen, deutlich gesunken. Doch Jamal pflegte zu sagen: Nur weil du nicht paranoid bist, heißt das nicht, dass sie nicht hinter dir her sind. 1968, als er und Stella und verdammt noch mal fast alle, die sie kannten, an eine Revolution glaubten, hatte sich Jamal gegen das System gestellt und einen Zehnjahresaufenthalt im Stillwater-Gefängnis von Bayport, Minnesota, hinter sich gebracht. Er war keiner, der eine Augenbraue lüpfen würde, wenn jemand »das System« erwähnte.

Als Folge von Stellas Anruf schauten Jamal und ein ungeheuer wortkarger Bruder eines Abends, als ich nicht da war, bei Stella vorbei. Jamal sagte: Lasst uns ein paar Hamburger essen gehen, während er zur Deckenlampe und zum Telefon deutete, bevor er mit dem Zeigefinger seine Lippen verschloss. Stella stellte sich die Burgerkette White Castle als einen Tempel vor, in dem Satan dich mit Natrium und Transfetten tötete, doch dies war nicht der Moment, darauf zu bestehen, sich mit Jamal hinzusetzen und frühere Ausgaben des Magazins *Prevention* zu studieren.

Im Diner-Booth des White-Castle-Restaurants an der 36. Avenue, Ecke East Lake Street sah Stellas Tochter (der niemals irgendetwas entging) zu, wie der ruhige Bruder sich im Restaurant umsah und dann Jamal zunickte. Malika sah, wie Jamal seinen Hamburger auspackte und ihn auf seinen Schoß legte.

Anschließend holte er etwas aus seiner Tasche und schlug es in das Hamburgerpapier ein, das er anschließend Stella reichte. Später, am selben Abend, erzählte mir Malika, dass sie in der Nacht aufgestanden sei, um auf die Toilette zu gehen, und ihre Mutter gesehen habe, wie sie auf dem Bett gesessen habe mit einer automatischen Handfeuerwaffe und einem Magazin mit Kugeln in den Händen. Sie sah mit an, wie ihre Mutter das Magazin einrasten ließ, die Waffe in ein Wachstuch einwickelte und im Schrank tief hinter den Schuhen versteckte.

Damals fuhr ich noch kein Taxi. Ich fing erst damit an, als ich bei Stella einzog. Ich arbeitete immer noch als Kellner im Williams Café, doch eines Abends war wenig Betrieb im Restaurant, und ich wurde früher nach Hause geschickt. Mein Studio befand sich im Erdgeschoss eines alten Sandsteinhauses sechs Blocks vom Lake of the Isles entfernt. Der Schlüssel funktionierte, doch die Tür zu meinem Studio war von innen verkettet. *Wie hatte ich* das *denn gemacht?*, dachte ich als Selbstvorwurf. Ich brauchte einen Moment, bis ich verstand, dass ich das ganz gewiss nicht hatte tun können. Jemand anderes war dafür verantwortlich. Dieser jemand war drinnen! Ich sprintete den Flur entlang. Ich stürzte durch die Vordertür nach draußen und rannte dorthin, wo ich mein Wohnungsfenster sehen konnte. Das Licht der Gasse zeigte das Wohnungsinnere in Silhouetten. Ein Bein krümmte sich aus dem Fenster meines Studio-Appartements, dann folgte sein Oberkörper, dann das andere Bein. Er stolperte und fiel beinahe hin, bevor er losrannte. Dann glitt der andere mit der Anmut eines Stabhochspringers heraus, der es gerade so über die Stange schaffte. Sein langes Haar wallte im schwachen gelben Licht auf und ab. Wie ein Idiot verfolgte ich sie den halben Weg durch die Gasse. Wie ein noch größerer Idiot rief ich die Polizei. Sie kamen, und obwohl das Murphybett in der Wand verstaut war, blieb nur wenig Platz mit einem dicken Polizisten neben Waschbecken und Herd und mir und seinem Partner in der Mitte des Raumes. Hatten Sie dieses Bündel Bargeld bei sich, oder haben Sie es hier liegen lassen, als Sie zur Arbeit gegangen sind?, fragte derjenige am Waschbecken und deutete auf das Geld im Geschirrtrockner (Trinkgeld, das ich achtlos am Waschbecken liegen ließ, bis sich eine Gelegenheit fände, zur Bank zu gehen). Ich sagte, ich hätte es dort hingelegt. Haben Sie diese Mirandakamera hier liegen lassen, als Sie ins Restaurant gingen? Ich nickte.

Der Polizist am Waschbecken zählte. »Achtzig, fünfundachtzig, neunzig, fünfundneunzig Dollar in bar. Eine Kamera im Wert von was, zweihundert Dollar? Zeug im Wert von dreihundert Dollar, einfach so hier rumliegen lassen? Sie sagen, jemand–«

»Zwei Personen.«

»Sie sagen, zwei Personen sind hier eingestiegen, haben die Tür von innen angekettet und dann, was dann, eine Runde Bridge gespielt, ne Tasse Kaffee getrunken? Sie verstehen, wie das für uns aussieht.«

»Ich habe ein Recht auf Privatsphäre. Das haben sie mir gestohlen.«

Sie sahen mich an, als hätte ich gesagt, dass ich ein Recht auf Gürtelrose hätte.

Meine Bücher waren aus meinem Bücherregal genommen und auf dem Boden in ordentliche Reihen aufgestellt worden. Der Koffer meiner Schreibmaschine war offen und Seiten aus einem Roman, an dem ich gerade schrieb, waren auf dem Schreibtisch ausgebreitet worden.

»Wer immer das getan hat, kannte meinen Kalender. Sie glaubten, sie hätten Zeit.«

»Zeit für was?«

»Das werden Sie nicht rausfinden, wenn Sie nicht ermitteln.«

Der Cop am Waschbecken nickte. »Ermitteln. Schon klar.« Dann bückte er sich und hob zwei Bücher vom Boden auf. »I. F. Stone, *The Killings at Kent State. How Murder Went Unpunished*; Karl Marx, *Das Kommunistische Manifest*.« Er legte beide Bücher wieder ordentlich zurück auf den Boden.

»Wozu lesen Sie dieses Zeug?«

Wenig überraschend zog ich bald zu Stella und Malika – und zu einer Waffe im Schrank, mit der wir nicht umgehen konnten.

4

Wir waren nach dem Sex wieder eingeschlafen, als wir hörten, wie jemand Stellas Wohnung betrat. Wir waren nackt unter den Laken. Es war halb zehn Uhr morgens. Einen Moment lang dachte ich: *Das passiert jetzt nicht wirklich*. Heute wird mir klar, was mir einen solchen Schrecken einjagte und wofür ich zum damaligen Zeitpunkt keine Worte hatte. In Gedanken blitzte ein Bild auf, wie uns die Kehlen durchgeschnitten werden: *Das ist kein Raubüberfall; sie wollen gehört werden; sie wollen, dass wir wissen, sie sind hier.* Ich sprang aus dem Bett. Meine Füße klatschten auf dem Holzboden auf. Ich öffnete den Schrank, in dem Stella die Waffe aufbewahrte, die Jamal ihr gegeben hatte. Stella war nicht beunruhigt. Sie sagte mir, dass es Malika sei, die vorhin zur Schule gegangen war. »Sie muss was vergessen haben.« Die Haustür und das Wohnzimmer waren direkt neben Stellas Schlafzimmer. Als sie ihre Kleider überstreifte, rief sie durch die Tür: »Was hast du vergessen, Malika?« Es gab keine Antwort. Ein Stuhl schleifte über den Boden. Auch ich begann, mich anzuziehen, doch mit einer Handbewegung gab Stella mir zu verstehen, im Schlafzimmer zu bleiben. »Lass mich mit ihr reden, bevor du rauskommst.« Die Stimme, die Stella im Wohnzimmer ansprach, gehörte nicht Malika.

»Bist du dieses Muster nicht leid, Stella, dass du mich jedes Mal, wenn du jemand Neues findest, abservierst?«

Es war *Josephine*. Ich konnte es nicht fassen. Nach dem, was Stella ihr erst neulich über Grenzen erzählt hatte, besaß diese Frau die Nerven, die Wohnung zu betreten – *schon wieder* –, ohne anzuklopfen!

»Verschwinde!«, hörte ich Stella sagen.

»Er ist so alt wie deine *Tochter*!«

Ich öffnete rechtzeitig die Schlafzimmertür, um zu sehen, wie Stella Josephine packte und zur Tür riss.

»Hattie McDaniel ist tot. Du bist hier nicht mehr willkommen.«

Dann waren sie draußen auf der Veranda. Josephine wehrte sich nicht, doch sie ließ sich auch nicht einschüchtern.

Ich blieb hinter der Fliegengittertür und wusste nicht, was meine Rolle war oder sein sollte. Stella sagte zu Josephine: »Du hast dir falsche Vorstellungen gemacht. Ich bin nicht zu deiner Belustigung hier; und dass du Atomphysikerin an der Uni von Minnesota bist, macht dich nicht zu Scarlett O'Hara.«

»Wir waren immer füreinander da, Stella.«

Stella stieß ein schrilles Lachen aus. »So heißt das bei dir, ›füreinander da sein‹? Du bist wie ein Parasit – nein, eine Psychopathin bist du. Du benimmst dich, als wäre ich dein Besitz.« Bei dem Wort »Psychopathin« wurde Josephines Gesicht rot vor Wut. Seit fast vierzig Jahren kommt dieser Ausdruck auf ihrem Gesicht in Intervallen, die sich meiner Kontrolle entziehen, wie ein Bumerang aus dem hintersten Eckchen meines Gehirns zu mir zurück. Zuletzt habe ich ihn im Kino gesehen. Der Film war *12 Years a Slave*, und eine Frau im Film namens Mary Epps schaut zuerst ihren Mann an und dann die Konkubine ihres Mannes, eine Sklavin namens Patsey – Mary Epps hatte die gleichen wilden Augen und den gleichen dünnen Mund wie Josephine. Im Film verlangt sie, dass ihr Mann Patsey verkauft. Doch Edwin Epps entgegnet ihr, dass er sich eher von ihr scheiden lassen würde, als Patsey zu verkaufen. All dies findet um Mitternacht im Salon statt. Edwin Epps hat die Sklavinnen und Sklaven seiner Familie gezwungen, aus dem Bett aufzustehen (auch wenn sie in ein paar Stunden auf den Feldern arbeiten müssen), um im Salon für ihn zu musizieren und zu tanzen. Was an dieser Szene aufschlussreich ist, ist die Art und Weise, wie Patsey sowohl für Edwin als auch für Mary ein Objekt, nicht aber ein Subjekt darstellt.

»Verkauf sie!«, fordert Mary.

Die Sklav:innen haben aufgehört zu tanzen. Sie befinden sich alle im selben Raum mit dem Ehepaar, dessen Besitz sie sind, doch sie sind Objekte der Diskussion, sie nehmen nicht an ihr Teil, selbst

Patsey nicht. Keiner von beiden wendet sich jemals an Patsey mit den Worten (von Edwin): Hast du eine Meinung zu diesem Unsinn?; oder mit den Worten (von Mary): Wie konntest du nur so tief sinken, dass du mir meinen Mann stiehlst? Patsey besitzt genügend Überlebensfähigkeiten, um zu schweigen. Doch hält das Mary Epps nicht davon ab, ihr mit einer großen Whiskeykaraffe aus Kristall das Auge einzuschlagen, als Edwin Epps sich weigert, sie zu verkaufen. Edwin seinerseits seufzt lediglich auf, als Patsey, die rücklings auf dem Boden liegt und ihre Hände aufs Auge drückt, von zwei der anderen Sklaven weggeschleppt wird. Er schreit sie an; er befiehlt Solomon und den anderen Fiedlern, weiterzuspielen; er schreit die anderen an, etwas Fröhlichkeit an den Tag zu legen und zu tanzen; er sagt: »Ich lass mir die Laune nicht verderben.«

Ich glaube nicht, dass Josephine wütend war, weil sie gerade als Psychopathin bezeichnet worden war. Ich glaube, sie war wütend, weil Stella es gewagt hatte, etwas zu sagen. Josephines Sklavin hatte gesprochen. Punkt. Das hatte weniger mit dem eigentlichen Wort zu tun, das Stella benutzt hatte (»Psychopathin«), als vielmehr mit der Tatsache, dass ein Gegenstand, der nur gedacht war zum Vergnügen am Besitz, dass dieser Gegenstand seinen Blick auf ein menschliches Subjekt gerichtet hatte. Stella war aus der Reihe getanzt.* Jahrelang hatte Stella Josephines besitzergreifende Anwesenheit auf diplomatische Weise ertragen. Mit anderen Worten: Josephine hatte sich frei und unverblümt über *Stellas* Verhalten geäußert, während Stella niemals dasselbe über Josephines Verhalten getan hatte. Es war dieselbe Pavane, die Schwarze Frauen seit Jahrhunderten mit Weißen tanzten, in der nur die *weiße* Frau die Regeln brechen und die Schwarze Frau in ihre Gewalt bringen konnte. Josephine war jetzt rasend.

* Wir werden später erkennen, dass dies nicht dasselbe ist wie eine nicht-Schwarze unterworfene Person, die die Regeln oder den Vertrag ihrer Herrschaft bricht.

Sie leierte eine Liste von Namen runter, sechs von Stellas früheren Liebhabern: ein berühmter Saxofonist, der in Minneapolis groß geworden war und nun in Chicago gut zu tun hatte; ein All-Star-Linebacker, der gerade in die NFL-Hall-of-Fame aufgenommen worden war; Noam Davidov, der Bürgerrechtsanwalt, der während des Wounded-Knee-Prozesses in den Nachrichten gewesen war; ihr Ex-Mann Uri, dem Stella geholfen hatte, sich als Fotograf der Gegenkultur einen Namen zu machen; ein berühmter Maler; und natürlich der Mann namens Jamal, der sich, so Josephine, nicht entscheiden konnte, ob er ein Revolutionär oder ein Heroinjunkie sein sollte. Stella schubste sie. Josephine verzog keine Miene, als sie die Treppe auf der Veranda hinunterstolperte und sagte: »Jetzt bist du da drin und fickst ein Pflegekind. Wenn ich eine Psychopathin bin, dann bist du eine Pädophile.«

Stella sagte zu Josephine, sie solle nicht noch einmal versuchen, ohne anzuklopfen die Wohnung zu betreten, oder Stella werde es als Einbruch betrachten. In den umliegenden Wohnungen hatten einige Leute die beiden Frauen bemerkt, die in der Kiesauffahrt standen. Josephine erhob ihre Stimme, sodass alle sie hören konnten, und sagte: »Drohst du mir? Erst greifst du mich an, jetzt drohst du mir.«

Der Hausverwalter des Komplexes war draußen und tüftelte an seiner 1976er-Harley-Davidson herum. Bis jetzt war es mir gelungen, ihm aus dem Weg zu gehen. Sein Haar war bis zu den Schultern runtergezottelt, doch vorne war er praktisch kahl. Er trug eine schwarze Lederjacke mit Zeichen und Insignien, die mir nichts sagten, doch er hatte Freunde mit Motorrädern und den gleichen Lederjacken mit den gleichen Abzeichen, die mir die Knie schlottern ließen, wenn ihre Maschinen vor unseren Fenstern donnerten. Sein Name, so erfuhr ich, war Cody, und ich sah ihn häufig in Begleitung von Bikern. Tag und Nacht trug er eine Sonnenbrille; und an seinem Gürtel hing eine Lederscheide mit einem Messer, das aus einer Eisenbahnschwelle geschmiedet worden war.

Josephine und Cody waren nie befreundet gewesen. Josephine sagte einmal zu Stella, er sehe aus »wie ein Vergewaltiger«. Und obwohl Josephine und Cody altersmäßig nicht so weit auseinander waren, hatte Josephine mit ihren kurz geschnittenen Haaren, ihrer übergroßen Handtasche, ihren Holzschuhen und ihren schwarzen Strumpfhosen und unförmigen Tuniken keine Ähnlichkeit mit den Frauen, die ich auf dem Soziussitz seines Motorrads gesehen hatte. Doch die Bindung, die sie an diesem Tag auf dem Hof gegen Stella eingingen, entstand spontan und mit der Leichtfertigkeit von Telepathie. Codys Füße trugen ihn an Josephines Seite.

»Wir wollen hier im Innenhof keine Drohungen«, sagte er zu Stella. Ich ging in die Küche. Ich erinnere mich, dass ich eine der Schubladen öffnete. In der oberen Schublade war das Geschirr. In der mittleren Schublade befanden sich Suppenkellen und Küchenmesser. In der unteren Schublade befanden sich Schraubenzieher, Hämmer, und Nägel.

Ich rannte die Stufen der Veranda hinunter und an Stellas Seite. Sie hatte die beiden gerade als »xenophob« bezeichnet. All deine hochtrabenden Worte, und dabei lebst du immer noch von Sozialhilfe, sagte Josephine hinter ihrem Bikerprinzen. Bis zu diesem Moment hatte ich 23 Jahre auf dem Planeten unter der falschen Annahme gelebt, dass meine größte Angst die Angst vor dem Tod sei. Jetzt allerdings, als ich die gotischen Muster des Todes auf Codys Jacke und den Kopf eines Schienennagels sah, aus dem jemand ein Messer geschmiedet hatte, wusste ich, dass ich mich vor etwas viel Schlimmerem als dem Tod fürchtete. Einige Menschen aus den anderen Wohnungen wagten sich nun näher heran. Sie fragten Cody und Josephine, was los sei. Da fiel es mir ein: Das, was ich noch nie zuvor in Worte fassen konnte. Ich fürchtete einen bedeutungslosen Tod. Einen Tod ohne eine Geschichte, ohne eine Kette von Ereignissen, die für diejenigen, die mich überleben, einen Sinn ergäbe, eine klare und logische Abfolge von Geschehnissen, die jeder lesen und nach Abschluss die Augen von der Seite heben und sagen könnte: Ich verstehe, warum er gestorben ist.

»Alles unter Kontrolle«, sagte Cody den Menschen um uns herum. Dann zu Stella: »Sie sollten reingehen.«

»Sie sollten Stella in Ruhe lassen«, sagte ich. Meine Handfläche war ein Ölteppich; der Hammer oder das Messer, nach dem ich in der Küche gegriffen hatte, rutschte mir immer wieder weg.

Ich erinnere mich nicht mehr, wie diese Konfrontation zu Ende ging. Ich sehe vor mir, wie wir vier alle Worte wechselten und dann anscheinend auseinandergingen. Ich sehe Josephine weggehen, während sie Cody auf ein Bier in ihre Wohnung einlädt. Sie hatte bisher nie gewagt, auch nur ein Wort mit ihm zu wechseln. Ich sehe mich und Stella die Stufen der Veranda hinaufsteigen. Ich sehe, was folgte, denn damit endete es noch nicht.

Was sich zwischen Stella und Josephine abspielte, lässt sich nicht auf einen Streit zwischen Nachbarinnen reduzieren. Der Antagonismus zwischen den beiden war bereits ausgemacht, bevor die beiden sich überhaupt begegnet waren. Mit anderen Worten, die Würfel waren vor Hunderten von Jahren auf der Plantage gefallen. Die Tatsache, dass Josephine diesen Antagonismus nicht bewusst wahrnahm, schmälert ihn nicht. Wenn man von der Kraft des eigenen Unbewussten getrieben wird, spielt man seine Rolle in Wahrheit mit einem tieferen Gefühl der Verpflichtung, um das Gefüge der despotischen Gewalt aufrechtzuerhalten, in das man von Anfang an eingenäht worden war. Stella war jedoch eine Studentin von *racial antagonisms*. Ihr scheinbares Vergessen der Unversöhnlichkeit zwischen ihrer Position in der Welt und derer von Josephine war nicht so sehr das Ergebnis unbewusster Verleugnung, sondern, wie ich sagen würde, eher ein taktisches Manöver des Verstandes – ein Manöver, das sie seit Jahren ausgeformt hatte, um den Moment, in dem sie und Josephine nun angekommen waren, aufzuschieben, wenn nicht gar zu vermeiden: den Moment, in dem der Antagonismus sich eine Bühne schaffte, auf der er unter freiem Himmel ausgetragen werden konnte.

Mit einem Wort, Stella hatte jahrelang versucht, ihr Unbehagen und ihre Bedenken gegenüber Josephines Verhalten als *weiße* Person auf Josephines Engagement für die Kernenergie zu übertragen. Sie wollte den Konflikt rationalisieren, indem sie sich auf den Widerspruch zwischen Josephines liberaler Politik und ihrem reaktionären Engagement für die Kernfusion einschoss. Für einen Schwarzen Menschen ist dies weitaus unkomplizierter zu handhaben als das nächtliche Grübeln über die Art und Weise, wie meine Nachbarin im Obergeschoss meine Herrin ist und ich ihre Sklavin bin. Wenn das der Fall ist, besteht keine Hoffnung auf ein Erlösungsnarrativ. Doch dies war eine Funktion von Stellas aktiver intellektueller Arbeit; ein Psychospiel, das sie mit sich selbst am Laufen hatte, nicht nur, um ihr kühnes Bewusstsein für das Machtungleichgewicht zwischen Josephine und sich selbst in ferne und finstere Ecken zu verdrängen, sondern auch, um die Rituale des Terrors und des Gewaltregimes zu verdunkeln, die es *weißen* Frauen erlaubten, in Stellas Gesicht das zu sehen, was sie sehen wollten. *Man kann sein Leben lang als Spiegel einer* weißen *Frau leben*, sagte Stella einmal zu mir. Sie war das Hilfsmittel für Josephines Erneuerung und Selbstbewusstsein. Was passiert, wenn ein Werkzeug Widerworte gibt, wenn der Spiegel sich selbst zerschmettert?

Es schien, als konnten keine vier Tage vergehen, ohne dass Stella ihr Recht auf Privatsphäre einfordern musste. Jedes Mal schien Josephine sich zu verhärten – es umgab sie nun ein Chitinpanzer. Als Stella Josephine xenophob nannte, sah Josephine aus, als sei ihr eins mit einem ekligen Turnschuh übergezogen worden. Es waren drei oder vier Personen aus der Nachbarschaft im Hof. Auch sie hörten es. Sie blieben stehen. Niemand sprach ein Wort. Josephine schien die Führung verloren zu haben, die sie für gewöhnlich so mühelos zur Schau stellte. Die ganze Tortur dauerte dreißig Sekunden, doch es wirkte wie eine drei Jahre lange Wurzelbehandlung. Schließlich sagte Josephine: »Ich weiß nicht, was das Wort bedeutet«, und die Wissenschaftlerin war von der Sozialhilfemutter niedergezwungen worden. Wenn es nur das und nur das allein gewesen wäre. Josephine schien zu zittern. Sie stand vollkommen still. Sie zuckte nicht mit der Wimper. Doch jeder konnte den Riss erkennen, den ein Erdbeben der Schande durch ihren Stolz getrieben hatte. Stella ließ Josephine leiden, zwang sie, nach dem Hauch eines Lächelns auf ihrem Mund zu suchen.

»Schlags mal nach«, sagte Stella.

Auf einer Plantage hätte Stella an Ort und Stelle für ihre Unverschämtheit bezahlt, und zwar in Fleisch und Blut. Josephine hätte sie in der Mitte des Hofes auspeitschen lassen. Doch dies war der Winter 1979/1980, und es war Minnesota, nicht Mississippi, und Minnesota war schließlich das Land der Progressiven. Eine öffentliche Auspeitschung hätte Josephine und ihre liberale Auffassung von Ethik in Verlegenheit gebracht. Und doch, anstatt Stella aus dem Weg zu gehen und uns in Frieden leben zu lassen, tat Josephine alles in ihrer Macht, um jene Bedingungen, die garantiert zu ihrer Demütigung führen würden, in Szene zu setzen, sie *zu veranlassen und zuzulassen*. Ja, sie war eine Masochistin; doch war auch sie es, die für die masochistische Begegnung verantwortlich war.

»Hattie McDaniel ist tot«, hatte Stella versichert. Sie hatte gesagt, sie habe es satt, Josephines Werkzeug zu sein oder, wie sie es nannte, »eine Bühnenrequisite für die ganze kranke Scheiße, die in ihrem Kopf vor sich geht« – diese Worte indexierten das Gewaltregime, auf das ich zuvor angespielt habe, ein Gewaltregime, über das Josephine als *weiße* Person verfügen konnte, ganz gleich, ob sie es jemals tat oder nicht.

Jahrzehntelang habe ich zu verstehen versucht, warum Josephine (und später ihre beiden männlichen Komplizen, Cody und ein anderer Mann, dem ich noch nie zuvor begegnet war) ihre Befriedigung aus unserem Fleisch zogen; wie es dazu kam, dass unsere einzige Möglichkeit darin bestand, nach oben zu gehen und ihre Tür aufzubrechen, um herauszufinden, warum unsere Haut so brannte, oder aus unserem Haus zu flüchten, für immer zu verschwinden, eine Nachricht in ihren Briefkasten zu werfen: »Wir geben auf. Du hast gewonnen.«

Wir wären nicht die erste Schwarze Familie gewesen, die aus der Stadt vertrieben wurde. 1921 wurde in Tulsa im Bundestaat Oklahoma die Black Wall Street bis auf die Grundmauern niedergebrannt, 35 Menschen wurden massakriert, 800 kamen ins Krankenhaus, Schwarze Geschäfte wurden aus der Luft bombardiert. Und »Picknick Lynching« ist kein Oxymoron, sondern eine Mischung aus Vergnügen und psychischer Erneuerung.

Als Stella sagte: »Hattie McDaniel ist tot« taufte sie sich selbst zu Josephines Sklavin. Im Süden würde eine solche Benennung vielleicht nicht zu Stellas Gunsten taugen. Wäre Josephine eine Südstaatlerin gewesen, wäre sie vielleicht gegen Schande immun gewesen; und sie wäre vielleicht nicht Stellas »Freundin« gewesen. Josephine jedoch betrachtete sich selbst nicht als Südstaatlerin; sie sah sich als aufgeklärte Nordstaatlerin. Welche waschechte Frau aus dem Land der Baumwolle würde Clogs und REI-Jacken tragen und sich dafür entscheiden, eine Meile vom Campus entfernt in einem baufälligen Wohnblock zu hausen, in dem Studierende Wange an Wange mit ein paar graubärtigen Relikten der Neuen Linken wohnten, Bohemiens mittleren Alters zusammen mit ein paar jungen, geheiligten Yuppies, die es auf billige Unterkünfte abgesehen hatten und versuchten, genügend Geld anzusparen, um den Fluss zu überqueren und in die Innenstadt zu ziehen? Die »Courts«, wie unser Komplex genannt wurde, erschienen nicht wie der Süden vor dem Bürgerkrieg. Und doch wird auf eine merkwürdige Weise jede einzelne Szene in Amerika auf einer Vorkriegsbühne gespielt. Allerdings kann es im Norden einige Zeit dauern, bis die Schauspieler:innen ihren Text gelernt haben und in der Lage sind, ihre Rollen zu verkörpern. Josephine wusste nicht, wie sie gecastet worden war; die Rollen, die sie und Stella so lange gespielt hatten, waren allein in ihrem Unbewussten leserlich, bis zu dem Moment, als Stella sagte: »Hattie McDaniel ist tot.« Das Leuchten der Wiedererkennung flammte in Josephines Augen auf. Der Schrecken von Lynchmorden, Peitschenhieben, Verstümmelungen und das gewaltsame Verschlingen des afrikanischen Kontinents durch ihre Leute enthüllte sich als ihr Geburtsrecht. Ein Erbe, um das sie nicht zu bitten brauchte.

Die Spannung zwischen Josephine und Stella (und später zwischen Cody und mir) eskalierte zu Gewalt, einer Gewalt, die sich nur schwer in eine Erzählung ummünzen lässt, weil Gewalt in einer Erzählung eine Erklärung, einen Auslöser, ein Möglichkeitsmoment besitzen muss, das ihr einen Sinn verleiht. Doch Gewalt gegen Schwarze kooperiert nicht mit einem Narrativ. Die Erklärung entrinnt den Rändern der Agierenden. Sie ist immun gegen rationales Denken und logische Vorhersagen. Sie ist eine Kraft, vor der es kein Entkommen gibt. Sie ist regenfest gegen Tadel, denn sie kommt als Durchsetzung daher, auf die hinterher das Gesetz folgt. Wenn Gewalt das Gesetz *ist* und nicht die Wirkung seiner Durchsetzung, dann bringt sie die Regeln der Erzählung in eine Krise; denn wir haben es mit einer Situation zu tun, die sich der Nacherzählung widersetzt, aus dem einfachen Grund, dass das Kausalprinzip des Narrativs, der Geist in der Maschine, den wir die kausale Logik (oder das »Weil-Prinzip«) einer Geschichte nennen, nicht vorhanden ist. Auf diese Weise wird eine Schwarze Geschichte verhext. Es gibt keinen Geist in der Maschine; der Grund für die Gewalt liegt jenseits des Fassungsvermögens von Vernunft. Das hat nichts »universelles«; daher besteht die einzige Möglichkeit, diese Gewalt verständlich zu machen, darin, all jene Teile auszusparen, die nur von einer anderen Schwarzen Person hingenommen werden können, und selbst dann nur mit Vorsicht.

Was wäre, wenn Sie zu einer Rasse von Menschen mit einer Privatarmee unter dem Kommando Ihrer Fantasien gehörten? Die Vernunft müsste gegen Ihr Gewaltregime in den Krieg ziehen, bis die Situation reif dafür wäre, dass Sie die Fantasien, die Sie auf die Welt projiziert haben, überdenken. Stellen Sie sich die Ressourcen einer gewalttätigen Struktur vor, die in der Lage ist, die Launen einer ganzen Rasse zum Ausdruck zu bringen. Sklavenerzählungen haben versucht, diese Gewalt zu imaginieren, doch haben sie sich in entscheidenden Momenten auch abgewendet; in Momenten, in denen klar wird, dass die Geschichte ohne eine kausale Logik in sich zusammenfallen könnte. In solchen Fällen besteht die Lösung darin, die unbequemen Wahrheiten zu leugnen und mit der Erzählung fortzufahren. Auf diese Weise gelingt es Nordstaatler:innen, untereinander »klarzukommen«. Wir lebten im nördlichsten Bundesstaat am Mississippi, wo man Menschen beim Namen nennen (Josephine, Stella, Frank, Cody), während man gleichzeitig ihre Positionen innerhalb eines Gewaltregimes (Herr, Sklave) verleugnen muss, um die *racial harmony* zu wahren. Doch tausend Meilen Luftlinie südlich, auf dem Abschnitt des Mississippis zwischen Baton Rouge und New Orleans, wurden die Antagonismen routinemäßig unter freiem Himmel inszeniert.

Würde man Mary Epps fragen, warum sie Patseys Auge mit einer Whiskeykaraffe einschlug oder warum sie Edwin Epps dazu anstachelte, Patsey dermaßen mit der Peitsche zu schlagen, dass die Sklavin beinahe daran stürbe, was er schließlich auch tat, würde selbst sie versuchen, einen Grund dafür zu finden – Patsey hat meinen Mann verführt –, der in dem Moment in sich zusammenfiele, in dem man ihr zu verstehen gäbe, dass Patsey ohne Zustimmung lebte, das heißt ohne das Recht, Edwin und Mary den Zugang zu ihrem Körper zu gewähren oder zu verweigern. Als Sklavin hat Patsey kein Recht auf eine Zuflucht, weder sexuell noch anderweitig. Auch Edwin Epps könnte sich genötigt fühlen, der sinnlosen Verstümmelung einen Sinn zu verleihen: Ich habe Patsey ausgepeitscht, weil sie mich betrogen hat; ich glaube, sie hat mit Solomon geschlafen und die Plantage ohne meine Erlaubnis verlassen. Es wäre keine bewusste Lüge. Doch ähnlich wie Josephine, die den Kern ihrer Beziehung zu Stella erst dann erfassen konnte, als Stella sagte: »Hattie McDaniel ist tot«, hätte Edwin Epps das Schlüsselwort vergessen, das er sprach, wann immer er seine Sklav:innen brutal behandelte: »Vergnügen«.

»Ich empfinde Vergnügen.« Sowohl Solomon Northups Autobiografie als auch der Film, den Steve McQueen daraus gemacht hat, sind beunruhigt durch die Art und Weise, wie das Vergnügen der Gesellschaft sich mit der Gewalt gegen Schwarze überschneidet. Sie halten uns diese Tatsache vor Augen, nur um ihre Tiefe zu verleugnen. Josephine, mit ihrem Jahresabonnement der Zeitschrift *Ms.*, ihren kleinen Spenden an den Sierra Club, ihren handfesten Clogs und ihrem grünen CARTER-MONDALE-Stoßstangenaufkleber (A TESTED AND TRUSTWORTHY TEAM), war die Zuschauerin, die der Film im Sinne hatte, als er das Bedürfnis verspürte, zu lügen. Doch Josephine war auch eine moderne Doppelgängerin, eine Mischung aus Mary Epps und Edwin Epps.

Der Film versucht, die Peitschenhiebe, die eine Schwarze Frau erhält, in rationalen Erklärungen von Eifersucht und Übertretung zu verankern. Mit anderen Worten, das Narrativ verlangt von uns zu glauben, dass der Hauptgrund für so viel Verstümmelung des Fleisches von einer unangemessenen Handlung abhängig ist, einer Übertretung, die sich benennen lässt. Es wird uns erzählt, dass Mary Epps, die Frau eines skrupellosen Plantagenbesitzers, Patsey, eine schöne (natürlich sind nur die »schönen« erwünscht) und produktive Sklavin, geschlagen und verkauft haben will, weil ihr Mann nachts aus dem Herrenhaus schleicht, um Patsey zu vergewaltigen (eine Tat, die er selbst zweifellos eher als amourös denn als gewalttätig betrachtet). Es wird uns erzählt, dass Solomons Rücken mit einem Paddel und einer Peitsche so sehr malträtiert wird, dass die Haut aufreißt, weil er nicht diszipliniert werden konnte oder weil er (wie andere Sklav:innen) nicht sein Pensum an Baumwolle für den Tag gepflückt hat. Eifersucht und Übertretung beruhigen das Publikum, befreien es von dem Schrecken, diese Gewalt als ein *Vergnügen* ohne

Zweck ansehen zu müssen – wie ein Akt der Liebe oder ein Liedchen, das man im Herzen trägt, oder wie wenn man unbeobachtet auf der Straße herumhüpft – all die Dinge, die menschliches Leben erträglich machen, ohne im Hauptbuch der Existenz verzeichnet zu sein. Was wäre, wenn Gewalt gegen Schwarze zu den Dingen gezählt werden könnte, die aus dem Leben *Leben* machen, ohne dabei als Gewinn oder Verlust registriert zu werden? Was, wenn Eifersucht und Übertretung Tricks sind, Verschleierungen, hinter denen sich die wahren Gründe für die Gewalt verstecken? Wenn diese Gewalt nicht in eine Möglichkeitskette eingefügt ist, wie kann sie dann in eine Geschichte passen? Wie kann es uns gelingen, ein vorlogisches Phänomen wie die Gewalt gegen Schwarze zu erklären?

»Ich empfinde Vergnügen.«

Mit anderen Worten, die Peitschenhiebe sind ein Quell der Lebenskraft: wie ein Lied oder guter Sex ohne Zeugungsziel. »Jouissance« ist das Wort, das sich anbietet. Ein französisches Wort, das Genuss bedeutet, sowohl in Bezug auf Rechte und Eigentum als auch auf den sexuellen Orgasmus. (Letzteres ist eine Bedeutung, die dem englischen Wort »enjoyment« für Vergnügen teilweise fehlt.) Jouissance zwingt das Subjekt permanent zum Versuch, die seinem Genuss auferlegten Verbote zu überschreiten, über das Lustprinzip hinauszugehen. Jouissance ist eines der Kernkonzepte der Psychoanalyse. Doch bis zum Werk der kritischen Theoretiker David Marriott, Jared Sexton und der kritischen Theoretikerin Saidiya Hartman – also bis zur Entführung der Psychoanalyse durch den Afropessimismus – hatten die Anhänger:innen von Lacan und Freud die Verbindung zwischen der Jouissance und dem als sozialer Tod bekannten Gewaltregime nicht hergestellt. Diese Gegenüberstellung findet leider auf einem Abstraktionsniveau statt, das die Erzählung und die Logik des Narrativs übersteigt. Im Gegensatz zur Gewalt gegen die Arbeiterklasse, die eine ökonomische Ordnung sichert, oder zur Gewalt gegen nicht-Schwarze Frauen, die eine patriarchalische Ordnung sichert, oder zur Gewalt gegen Native

Americans, die eine koloniale Ordnung sichert, sichert die Jouissance, die die Gewalt der *Anti-Blackness* darstellt, die Ordnung des Lebens selbst; Sadismus im Dienste der Lebensverlängerung.

Eine Sache, die diesen Sadismus auf eine lebensbejahende und gemeinschaftliche Weise strähnt (im Gegensatz zu einer destruktiven und individuellen), ist die Tatsache, dass es sich um eine Familienangelegenheit handelt. In seinem Buch erinnert Solomon Northup an Episoden von Patseys Bestrafungen mithilfe von Details, die entscheidend sind, im Film jedoch fehlen. »Mistress [Mary] Epps«, schreibt er, »stand *mit ihren Kindern* auf der Veranda und beobachtete das Schauspiel mit einer Miene herzloser *Befriedigung*.«[20]

Die Szene, die Solomon Northup von Mary Epps auf der Veranda stehend zeichnet, erinnert an die Träumereien von Mary Boykin Chesnut, der meistzitierten Chronistin des amerikanischen Bürgerkrieges, die schrieb: »Unsere Männer leben alle in einem Haus mit ihren Frauen und Konkubinen, und die Mulatten, die man in jeder Familie sieht, ähneln exakt den weißen Kindern [...]. Alle Zeit scheinen sie sich für Muster zu halten, für Vorbilder von Ehemännern und Vätern.«[21] Im Bereich des Bewusstseins ist Mary Chesnut über die zügellose Befriedigung, die *weiße* männliche Sklavenhalter aus Schwarzen Frauen schöpfen, genauso empört, wie Mary Epps es ist (ebenfalls in ihrem Bewusstsein). Doch Solomon Northups psychoanalytische Arbeit indexiert, wie diese *herzlose Befriedigung* im Bereich des Unbewussten die Währung von Männern wie Edwin Epps *sowie ihren Frauen* darstellt, auch wenn die Ersteren ihre Befriedigung in der Öffentlichkeit ausleben können. Wie ihr Ehemann empfindet auch Mary Epps »Vergnügen«; außerdem ist sie mit ihren Kindern zusammen, die ebenfalls Vergnügen verspüren. Diese Verallgemeinerung von Befriedigung und Vergnügen, die durch grundlose Gewalt gegen Schwarzes Fleisch gestützt wird, geht vom konventionellen Sadismus zwischen Sexualpartner:innen über in eine Familienzusammenkunft von Erwachsenen und Kindern jeden Alters – wie der Sohn der Eppses, ein Junge von zehn oder zwölf

Jahren, der sein Pony zu den Baumwollfeldern reitet und von dem es heißt: »Unterschiedslos bringt er bei solchen Gelegenheiten das Rohleder nieder und treibt die Sklaven unter Zurufen und gelegentlichen Flüchen an«.[22] Es wäre falsch, zu glauben, dass das *Antreiben der Sklav:innen* durch den Jungen der Gewalt Sinn und Lesbarkeit verleiht – das tut es nicht. Wie jedes andere Kind ist der Junge mit Spielen beschäftigt. Er empfindet Vergnügen. Jedes Mal, wenn er auf seinem kleinen Pony auf die Felder reitet, zwingt er einen alten Mann namens Onkel Abram zu seiner Jubeltruppe, seinem Chor zu werden, zu »lach[en] und ihn als handfesten Burschen zu loben«.[23]

Ohne direkt darauf einzugehen, deutet Northups Buch an, warum diese Generalisierung des Sadismus – von Brutalität als konstituierendes Element der Familienzusammengehörigkeit – nicht als etwas verstanden werden kann, das durch Übertretungen ausgelöst wird. Sadismus ist so allgegenwärtig wie die Luft, die man atmet. »Selten verging ein Tag, ohne dass einer oder mehrere Arbeiter ausgepeitscht wurden. [...] Es ist die volle, unverblümte Wahrheit, wenn ich sage: Während der gesamten Zeit der Baumwollernte auf Epps' Plantage waren das Knallen der Peitsche und die Schreie der Sklaven von der Dämmerung bis zur Schlafenszeit fast jeden Tag zu hören.«[24] Patsey und Solomon lebten – ganz im Gegensatz zu Stella und mir – an einem Ort und zu einer Zeit, zu der sich die Zivilgesellschaft und die Menschen weder dafür schämen noch darüber verlegen werden mussten. Eintausend Meilen flussaufwärts und 126 Jahre später war Josephine über dieses Erbe schockiert, auch wenn es nicht lange dauerte, bis sie sich davon erholte – und es annahm.

Obwohl die Struktur von Stellas »Leben« (oder besser gesagt, das Paradigma des sozialen Todes, denn die Anführungszeichen sind hier ganz zentral) nicht mit der Struktur von Josephines Leben (oder dem Paradigma des sozialen Lebens) in Einklang gebracht werden kann, besteht sehr wohl ein Zusammenhang. Allerdings ist diese Verbindung parasitär und pervers – ungeachtet dessen, was die gesellschaftlich tote Schwarze Person (das heißt Stella und

Patsey) oder der gesellschaftlich lebende Mensch (das heißt Josephine oder Mary Epps) über ihre »Beziehung« *sagen* könnten. Die Verbindung ist parasitär, da es nicht möglich ist, *weiße* und nicht-Schwarze Subjektivitäten mit der Fähigkeit zu Selbsterkenntnis und intersubjektiver Gemeinschaft anzureichern, ohne Gewalt gegen Schwarze, das heißt ohne die Gewalt des sozialen Todes, mitzudenken. Mit anderen Worten: Weiße und ihre »Juniorpartner:innen« sind auf Gewalt gegen Schwarze angewiesen, um zu wissen, dass sie am Leben sind.* Wenn Hattie McDaniel wirklich sterben würde, wie Stella verkündete, käme dies dem Tod des Wirts eines Parasiten gleich. Das ist es, was den sozialen Tod zu etwas macht, das surrealer ist als das Ende des Atmens. Er ist, mit den Worten von David Marriott, eine *deathliness*, eine Tödlichkeit, eine Todhaftigkeit, die das Leben durchtränkt, keine Einbalsamierung; er ist eine Ressource für die menschliche Erneuerung.[1]

Aus vielen Gründen hat er perverse Züge: Einer davon ist die Tatsache, dass mit dem Reifen der Zivilgesellschaft (von 1853 bis Dezember 1979, als mit Josephine alles den Bach runterging) – und historisch gesehen bewegen wir uns von den offensichtlichen Technologien der Besitzsklaverei zum allgemeinen Wahlrecht, zum Menschenrechtsdiskurs und zum Konzept des universellen Zugangs zur Zivilgesellschaft – die Gewalt gegen Schwarze, die für die Ausarbeitung und Aufrechterhaltung von *weißer* (und nicht-

* Juniorpartner:innen sind Personen, die Menschen, aber keine *weißen* Heteromänner sind. Zum Beispiel People of Color und *weiße* Frauen, die das Angriffsziel von White Supremacy beziehungsweise dem Patriarchat darstellen und gleichzeitig die Agentinnen und Nutznießer einer *Anti-Blackness* sind. Zu dieser Kategorie gehören auch LGBTQ-Personen, die keine Schwarzen sind, sowie indigene Gemeinschaften. Sie sind »Partner«, weil – wie im Falle *weißer* Heteromänner – die *Anti-Blackness* das Genom ihrer paradigmatischen Positionen darstellt und weil sie unter einer kausalen Gewalt leiden, jedoch nicht unter der willkürlichen oder nackten Gewalt des sozialen Todes.

Schwarzer) Subjektivität notwendig ist, verdrängt wird und für die bewusste (im Gegensatz zur unbewussten) Rede zunehmend unerreichbar wird. (»Ich beurteile Menschen nach ihrem Charakter«, wie Dr. King sagte, »und nicht nach ihrer Hautfarbe«; oder das oftmals gehörte: »Am Ende des Tages sind wir alle Amerikaner und wir sitzen im selben Boot« – und anderes derartiges Blabla des Bewusstseins.) Doch der Prunk von nacktem und unterwürfigem Schwarzen Fleisch, der Pomp von blutenden Rücken und Gesäßen, von Peitschennarben, von Amputationen und Gesichtern, die hinter Pferdetrensen verschlossen wurden – all das zeugt von der Rolle, die der Sadismus für die Ausformung der *weißen* Subjektivität spielt, und *12 Years a Slave* macht dies auf der Leinwand sichtbar, obwohl dieser Sadismus in der Erzählung sowohl des Films als auch in der weiteren Zivilgesellschaft verdrängt wird.

Es ist verlockend und gewöhnlich, den Sadismus von Mary und Edwin Epps auf eine individuelle Psychopathologie zu reduzieren. Auch könnte man meinen, Edwin Epps gehöre zu einer Gruppe außergewöhnlich sadistischer Menschen, die in einer außergewöhnlich sadistischen Zeit und an einem außergewöhnlich sadistischen Ort lebten. Doch der Film, und in noch größerem Maße die Autobiografie, *sieht* (nicht: *erzählt*) Sadismus – die sexuelle Perversion, bei der Befriedigung dadurch erlangt wird, dass man einem Liebesobjekt körperlichen oder seelischen Schmerz zufügt – nicht als individuelle Pathologie einer Handvoll Menschen, sondern als einen allgemeinen Zustand; allgemein in dem Sinne, dass Vergnügen als konstituierendes Element des Gemeinschaftslebens nicht von der Gewalt gegen Schwarze losgelöst werden kann.

Konventionell kann das *Objekt* des Sadismus schon morgen zum *Subjekt* des Sadismus werden. Doch der Sadismus, der in den Spektakeln in *12 Years a Slave* dargestellt wird und der die Gesellschaft des frühen 19. Jahrhunderts ausmachte, ist nicht von einer solchen Gegenseitigkeit durchzogen. Die versklavten Personen des sozialen Todes können nicht die Plätze tauschen und Edwin Epps oder seine ebenso grausame Frau zu den Liebesobjekten ihres kollektiven Sadismus machen. Falls sie dies im Privaten taten (wenn Patsey zum Beispiel Edwin oder Mary in einer privaten Schlafzimmerbegegnung schlug), dann deshalb, weil eine solche Umkehrung veranlasst und gestattet war – mit anderen Worten, der Herr nutzte sein Vorrecht und seine Macht, um ein anderes Spiel zu spielen, eines, in dem er leidet, da das Leiden seine Fantasie beflügelt und da seine Fantasien im Gegensatz zu versklavten Personen einen »objektiven Wert«[25] besitzen. Die Veränderungen, die nach dem Bürgerkrieg, bis in die Zeiten von Bürgerrechtsbewegung, Black Power und von der amerikanischen Wahl eines Schwarzen Präsidenten einsetzen, sind lediglich Veränderungen der Großwetterlage. Trotz der Tatsache, dass sich der Sadismus nicht mehr so offen abspielt wie im Jahr 1840, hat sich im Wesentlichen nichts geändert.

5

Josephine und Cody sowie ein weiterer Mann, den ich noch nie zuvor gesehen hatte, trugen Kisten und Kästen den Weg neben dem Haus entlang. Wir hörten, wie sie durch die Seitentür und die Treppe rauf zu Josephines Wohnung gingen. Wir hörten, wie das, was auch immer sich in diesen Kisten befand, herumklimperte. Doch es fing bereits davor an.

Nach unserem Zusammenstoß im Hof rief ich Cody einmal, um eine Rohrleitung reparieren zu lassen. Ich befand mich in der Küche. Stella war in ihrem Schlafzimmer im vorderen Teil der Wohnung. Malika war hinten in ihrem Zimmer. Cody klopfte nicht an. Er klingelte nicht. Plötzlich stand er hinter mir in der Küche. Ich sagte ihm, er müsse sich umdrehen, zurück auf die Veranda gehen, die Tür hinter sich schließen, klingeln und warten, bis ich käme, um ihn hereinzulassen. Er muss dort gestanden und mich nicht länger als 15 Sekunden angesehen haben, doch ich war mir sicher, dass ich um 15 Jahre gealtert war. Ich weiß nicht, was ihn dazu bewogen hatte, doch er tat es. Er sah nicht so wütend aus wie Josephine. Er hatte den Blick eines Mannes, der zurückschlägt, wenn er es für richtig hält. Die Zeit bis dahin verging langsam, tropfend und zäh. Er und Josephine verbrachten nun mehr Zeit miteinander, und das nicht nur oben in ihrer Wohnung, sondern auch im Keller unter unserer Wohnung. Manchmal konnten wir sie lachen hören. Kurz darauf zischten die Heizkörper unaufhörlich, wenn auch immer nur nachts. Als wir uns bei Cody darüber beschwerten, ging er in den Keller, um sie zu reparieren, und er schaute oben in Josephines Wohnung vorbei. In der Nacht gab der Heizkörper laute Schläge von sich – kein Zischen mehr. Die Rohre ratterten und rasselten manchmal für ein oder zwei Minuten, dann hörten sie auf, nur um eine, zwei, drei Stunden später wieder loszulegen.

Irgendwann darauf sahen wir Cody und Josephine mit einem anderen Mann, den ich noch nie zuvor gesehen hatte, jenen Weg neben dem Haus mit ihren Kisten und Kästen entlangschlurfen. Wir lauschten, und unsere Augen gingen hin und wieder zur Decke, wo wir das dumpfe Trampeln von weit mehr Füßen hören konnten, als wir es von dort oben gewohnt waren. Ein oder zwei Tage später folgte das gedämpfte Klirren des Metalls – es war ein Krach, der jenen Geräuschen ähnelte (und sich doch von den Geräuschen unterschied), die sie im Keller gemacht hatten, bevor unsere Heizkörper durchdrehten.

Es dauerte nicht lange, bis wir zuerst Hitze, dann ein Stechen und dann ein leichtes Brennen auf der Haut wahrnahmen.

Wir nannten es nicht Verbrennungen. Was über unsere gegenseitigen Beschwerden hinausging, hatten wir nicht größer bedacht und uns keinen ärztlichen Rat gesucht, bis aus dem Juckreiz ein leicht versengtes Gefühl geworden war. Am intensivsten schien es in der Nacht. Ein Allgemeinmediziner sagte uns, dass wir einen Spezialisten aufsuchen müssten, und die Besten auf diesem Gebiet, so meinte er, hätten ihre Praxen auf der anderen Seite des Flusses im University of Minnesota Medical Center. Ich rief dort an. Man teilte mir mit, dass es vorerst keine Termine gebe. Ich sagte: »Es ist dringend. Mein Name ist Frank B. Wilderson III; mein Vater ist Vizepräsident für studentische Angelegenheiten. Meine Partnerin und mir wurde von unserem Hausarzt gesagt, dass wir von jemandem in Ihrer Abteilung untersucht werden sollten.« Wir bekamen einen Termin in der darauffolgenden Woche.

Dr. Vivian Zhou hatte ein volles, attraktives Gesicht, doch ihr Lächeln strahlte kaum mehr Wärme aus als die Sterne. Sie hätte Pässe an einem Grenzübergang stempeln können. Sie untersuchte uns getrennt voneinander, nahm uns dann in ihr Besprechungszimmer mit und schloss die Tür. Soweit ich mich erinnere, fragte sie uns, was wir beruflich machten. Sie glaubte, wir seien bei unserer Arbeit radioaktiver Strahlung ausgesetzt, und deutete an, dass es Sicherheitsvorschriften des Arbeitsministeriums gebe, gegen die verstoßen worden sei.

»Wir sind bei der Arbeit keiner Strahlung ausgesetzt«, sagte Stella.

Dr. Zhou spielte darauf an, dass Stella aus Angst vor Vergeltungsmaßnahmen am Arbeitsplatz oder – schlimmer noch – aufgrund einer unangebrachten Loyalität gegenüber ihrem Arbeitgeber gelogen habe. Sie legte uns nahe, dass Stella und ich die moralische Verpflichtung hätten, radioaktiven Abfall oder Instrumentenmissbrauch unverzüglich zu melden, wenn nicht um unseretwegen, dann zum Schutz unserer Kolleginnen und Kollegen sowie der Öffentlichkeit.

»Die Frau, die über uns lebt, hat uns das angetan«, sagte Stella.

Dr. Zhou legte ihren Stift beiseite. Ich konnte sehen, wie sich die Zahnräder anderer Erklärungen in ihrem Kopf drehten. Ich wollte dem Ganzen ein Ende setzen, bevor wir beide in der Psychiatrie landeten.

»All das war eine Tortur. Sie sehen ja, dass wir nicht ganz beieinander sind«, sagte ich und fügte hinzu, dass wir Zeit brauchten, um nach Hause zu gehen und nachzudenken.

»Ich verstehe nicht«, sagte Dr. Zhou. »Es ist eine einfache Frage. Wie sind Sie der Strahlung ausgesetzt worden?«

»Die Einzelheiten verwirren uns ein wenig«, sagte ich.

»Ich bin nicht verwirrt«, sagte Stella.

»Es gibt alle Anzeichen dafür, dass Sie beide radioaktivem Material ausgesetzt waren. Es ist mir unklar, warum sich Narbengewebe in Ihrer Leistengegend und warum es sich auf Ihrer Hüfte befindet. Wir müssen Antworten haben.«

»Ich habe Ihnen gesagt, warum. Er schläft auf dem Rücken. Ich schlafe auf der Seite. Es kommt aus Josephines Wohnung im oberen Stockwerk. Sie arbeitet in einem Labor hier an der Uni. Sie hat Zugang zu–«

»Selbst wenn sie in einem Labor arbeitet, ist es ihr nicht erlaubt, dieses Material zu nehmen–«

Stella unterbrach sie: »Glauben Sie, dass wir lügen?«

»Wir gehen nach Hause«, sagte ich, »und versuchen, uns über die verwirrenden Details etwas Klarheit zu verschaffen–«

»Was soll das, Frank?« Stella war erbost. »Hast du Angst, dass wir den Ruf Deines Vaters beschmutzen?«

»Warum sollte Ihre Nachbarin etwas Derartiges tun?«, fragte Dr. Zhou.

»Sie haben nicht gelebt«, sagte Stella. »Aus den japanischen Internierungslagern haben Sie nichts gelernt.« (Stella war sich bewusst, dass Zhou Chinesin und keine Japanerin war, doch als Kind während des Zweiten Weltkrieges hatte Stella gesehen, dass das Wort *Gefahr* wie ein Klettverschluss häufiger an einer Farbe, *Gelb*, klebte als an einer bestimmten Ethnie.) An der Tür sagte Stella: »Frank fährt nebenberuflich Taxi für Blue & White. Ich arbeite in Teilzeit als Hilfskraft am Marcy-Gymnasium. Wir beziehen beide Sozialhilfe. Toben Sie sich also an unseren Chefs aus. Bestimmt finden Sie radioaktive Isotope auf dem Sitz des Taxis, das er fährt.«

6

Unsere Wohnung liegt auf der anderen Seite des Campus, auf der anderen Seite des Krankenhauses. Wir überqueren den Campus, gehen größtenteils schweigend nebeneinander her und fürchten uns, dass jedes Wort, das wir zueinander sagen würden, wie ein Feuerstein auf unsere rohen Nerven schlagen könnte. Ich erzähle ihr nicht, wie ich mich gleich dort drüben, auf den Stufen der Armory, in sie verliebt habe, als sie einer Busladung von Rekruten sagte, sie sollten nicht nach Vietnam gehen. Wir gehen vorbei an der Burton Hall, wo sie einst mit meinem Vater zusammenarbeitete. Sie sagt nicht, wie süß ich war, als mein Rektor mich ins Büro meines Vaters schickte, weil ich den Unterricht schwänzte oder in der Schultoilette Gras rauchte. Als wir durch die Hauptpforte und über die Straße nach Dinkytown gehen, erzähle ich ihr nicht die Geschichten jener Tage, als Bob und ich auf den Straßen zusammen Pferde stehlen gingen.

In Dr. Zhous Büro hatte Stella gesagt: »Was soll das, Frank? Hast du Angst, dass wir den Ruf Deines Vaters beschmutzen?«, und damit hatte sie ihren Finger an den Puls des Wunsches gelegt, der in meinem Herzen schlug, des Wunsches, etwas Besonderes zu sein. In meinem Unbewussten wollte ich mich an ein Element des Weißseins oder der Menschlichkeit (da Dr. Zhou nicht *weiß* war) klammern, das mich von anderen Schwarzen unterscheiden würde. Doch dieser Wunsch war größer, als Stella oder ich damals vermuteten. Ein unbewusster Wunsch, dass das Ansehen meines Vaters (das so unecht war wie das Ansehen, das Solomon durch seine Fähigkeiten als Ingenieur und seine Talente als Musiker gewonnen zu haben glaubte) durch Osmose in meinen innersten Kern sickern möge. Ich hatte seinen Namen ins Spiel gebracht, um uns den Termin zu verschaffen. Ich würde seinen Namen in den kommenden Wochen und Monaten ins Spiel bringen, um uns auch andere Türen zu öffnen. Diese Art des Denkens ist universell. Was jedoch *nicht* universell ist, was Schwarzen und Schwarzen allein eigen ist, ist ein tiefergehender Wunsch, der durch eine tiefergehende Struktur der Unterdrückung ausgelöst wird. Wenn du zum ersten Mal in deinem Leben die Intuition hast, dass du in einem vorlogischen Gewaltsumpf lebst, in einer Art von Gewalt, die ebenso legitim ist, wenn sie von »normalen« Bürgerinnen wie Josephine ausgeübt wird, wie wenn sie von staatlich sanktionierten Hütern des Gesetzes ausgeübt wird, und dass die Position und das Ansehen deines Vaters ebenso wenig der Schlüssel zu einem Zufluchtsort sind wie die Position und das Ansehen eines Schwarzen Waisenkindes, dann hast du zwei Möglichkeiten: Blicke unerschrocken in den Abgrund, während er unerschrocken in dich blickt, oder lasse es an der Schwarzen Person in deiner Umgebung aus, die dich nicht deiner Fantasie überlässt, wirklich am Leben zu sein. Alles, um nicht der Tatsache ins Auge blicken zu müssen, dass dein Eindruck von Vorhandensein nicht mehr ist als eine »geliehene Institutionalität«.*

Diese Dynamik, dieses inner-Schwarze Wirrwarr, ist im 20. und 21. Jahrhundert schwieriger erkennbar, aufgrund der einfachen Tatsache, dass die Personae der Herrschaftsklasse nicht mehr allein in bösen *weißen* Männern und bösen *weißen* Frauen verfestigt sind, die auf einer echten Plantage echte Peitschen schwingen.

Die Herren und Herrinnen sind über das gesamte Spektrum von nicht-Schwarzen Menschen verstreut worden. Dr. Zhou ist ebenso eine Herrin wie Edwin und Mary Epps, die Antagonistin und der Antagonist in *12 Years a Slave*. In Wahrheit hat das 20. Jahrhundert die Eppses durch ein Prisma gestreut – sie sind nicht nur Menschen, sondern Ideen. Es sind Ideen und Persönlichkeiten, gegen die ein junger Schwarzer Mann aus der Mittelschicht wie ich bewusst gekämpft hatte – und zwar bis zum Rausschmiss vom College –, während ich tief in meinem Unterbewusstsein ein loyaler Bittsteller gewesen war, dem nicht nur die Gefühle des Herren, sondern auch die Stabilität der Welt des Herren wichtiger waren als

* Jared Sexton in einem privaten Gespräch am 22. November 2007.

mein eigenes Leiden und das Leiden von Stella. Es ist schwer, ein Sklave zu sein und das Gefühl zu haben, dass man seines Leidens als Sklave würdig, wirklich würdig ist.

127 Jahre vor Josephine, vor Cody, vor Urban Risers und vor Dr. Zhou wäre der Riss zwischen Stella und mir klarer erkennbar gewesen. Wir wären nicht in symptomatischer Stille nach Hause getrottet; unser Streit hätte sich unter freiem Himmel abgespielt. Manchmal warf Stella mir ihr Selbstverständnis als Wesen aus einer besonderen, quasi-Schwarzen Dimension an den Kopf, so wie ich ihr den Status meines Vaters und meine Dartmouth-Herkunft an den Kopf warf. Sie ließ mich wissen, welche Kompetenz die *weißen* Männer, mit denen sie zusammen gewesen war, und der Jude, den sie geheiratet hatte, aufgebracht hatten; sie hielt sie als Paradebeispiele hoch, die ich niemals verkörpern noch verstehen könnte. Die meisten Schwarzen Paare streiten auf diese Weise, indem sie sich Weiße und Nicht-Schwarze an den Kopf werfen. Nein, es ist subtiler als das. Die Kugeln sind nicht die Weißen oder Nicht-Schwarzen selbst, sondern die Atmosphäre von Eingliederung und Anerkennung in einer Welt jenseits der Plantage. Wir laden unsere Gewehre mit tödlich Ungreifbarem und schießen direkt ins Herz. Wer Sklavenerzählungen des 19. Jahrhunderts für Berichte über die Vergangenheit hält, schenkt all dem keine Beachtung. Solch eine Person wird die Analyse des Afropessimismus erleben, als würde sie ausgeraubt, anstatt aufgeklärt zu werden; der Grund liegt darin, dass sie nicht in der Lage ist, sich eine Plantage im Hier und Jetzt vorzustellen.

Doch der Afropessimismus geht von der umfassenden und ikonoklastischen Behauptung aus, dass *Blackness,* dass Schwarzsein mit Sklaverei zusammenfällt: *Blackness ist* der soziale Tod; das heißt, dass es nie einen früheren Metamoment der Fülle, niemals ein Gleichgewicht gegeben hat; Niemals einen Moment des sozialen Lebens. *Blackness* als paradigmatische Position (und nicht als eine Reihe kultureller Praktiken anthropologischer Ausstaffierungen) wird durch Sklaverei ausgearbeitet. Der Erzählbogen der versklavten Person, die *Schwarz* ist (im Gegensatz zu Orlando Pattersons generischen Versklavten, die jeder Ethnie angehören können), ist *überhaupt kein Bogen*, sondern eine flache Linie, was Hortense Spillers »historische Starre«[26] nennt: Eine gerade Linie, die sich vom Ungleichgewicht zu einem Moment in der Erzählung eines falschen Gleichgewichts hinbewegt, zu einem wiederhergestellten und/oder neu artikulierten Ungleichgewicht.

Diese Art von Veränderung, die transformative Verheißung eines Erzählbogens, gehört den *weißen* Männern und ihren Juniorpartner:innen in der Zivilgesellschaft (nicht-Schwarze Eingewanderte, *weiße* und nicht-Schwarze Menschen, die queer sind, und nicht-Schwarze Frauen), *allerdings nur im Verhältnis zueinander*. Mit transformativem Vermögen meine ich, dass Nicht-Staatsbürger (im juristischen und libidinösen Sinne des Wortes – wobei »juristisch« zum Beispiel lateinamerikanische undokumentierte Eingewanderte sind und »libidinös« jeder sein kann – von einer dokumentierten eingewanderten Person of Color über einen Schwulen bis hin zu einer nicht-Schwarzen Frau) durch Anstrengung zu Staatsbürgerinnen und Staatsbürgern werden können, weil sie immer noch Menschen sind; sie sind lediglich unterdrückt und daher nicht völlig bevollmächtigt. Doch ihre transformative Fähigkeit rührt *nicht* von ihren positiven Eigenschaften her, sondern von der Tatsache, dass sie keine Schwarzen sind, dass sie keine versklavten Personen sind.

Diese bevollmächtigten und nicht ganz bevollmächtigten Bürger:innen durchlaufen *innergemeinschaftliche* Erzählbögen der Transformation; doch was die Schwarzen betrifft, ruft das kollektive Unbewusste der nicht gänzlich bevollmächtigten Menschen die Schwarzen als Requisiten auf, die sie als notwendige Werkzeuge einsetzen, um ihre psychische und soziale Transformation zu veranlassen und die Kohärenz ihrer eigenen menschlichen Subjektivität zu gewährleisten.

Nichtsdestoweniger, die versklavte Person ist ein fühlendes Wesen. Daher ist eine Existenz ohne transformative Verheißung, die die Erzählung menschlichen Subjekten anbietet, für die versklavte Person eine Lektion, die sehr schmerzhaft zu lernen und noch schmerzhafter zu akzeptieren ist. Ich möchte nicht andeuten, dass Schwarze sich mit der Unausweichlichkeit des sozialen Todes abfinden sollten – er *ist* unausweichlich in dem Sinne, dass man in den sozialen Tod hineingeboren wird, wie man in ein Geschlecht oder eine Klasse hineingeboren wird; allerdings wird er auch durch die Gewalt und die Imagination anderer fühlender Wesen konstruiert. Daher kann der soziale Tod wie Klasse und Geschlecht, die ebenfalls *Konstrukte* und keine göttlichen Bestimmungen sind, zerschlagen werden. Doch der erste Schritt zur Zerschlagung besteht darin, die eigene Position anzunehmen (*anzunehmen, nicht zu zelebrieren oder zu verleugnen*), und dann das Schiff oder die Plantage in ihrer vergangenen und gegenwärtigen Inkarnation von innen heraus auszubrennen. Gleichwohl, als Schwarze sind wir oft psychisch unfähig und unwillig, diese Position anzunehmen. Das ist so verständlich, wie es unmöglich ist.

Ich verhielt mich ganz ähnlich, als ich Stella kennenlernte. Stella war skeptisch hinsichtlich der Bereitschaft des FBI, uns dabei behilflich zu sein, die Aggressionsstränge zu entwirren, die auf uns zukamen (angefangen bei der Gewalt von Josephine und Cody bis hin zur Gewalt derer, die nicht wollten, dass Stella ihre Beweise gegen Urban Risers vor Gericht bringt). Wenn ich zurückblicke, wird mir klar, dass ich glaubte, mein Vater genösse in der Gesellschaft Ansehen, dass seine Position in mehreren Vorständen und seine Vizepräsidentschaft an der Universität uns beiden in irgendeiner Weise mit einer menschlichen Fähigkeit ausstattete, mit der Fähigkeit, als etwas anderes als Schwarz anerkannt und integriert zu werden. Ich hatte keine Ahnung, dass das FBI mich vier Jahre lang verfolgt hatte, dass eine Akte über mich existierte; noch dämmerte es mir, dass Stellas Aktivismus für den sozialen Wandel, insbesondere ihr ziviler Ungehorsam gegen den Krieg und ihre Fülle von Freund:innen in der Gegenkultur und von revolutionären Bekanntschaften, dagegensprach, dass wir Hilfe bekämen. Doch sind dies nicht einmal die wesentlichen Gründe, warum ich skeptisch hätte sein sollen: Wenn das FBI Schwarze Schriftstellerinnen und Schriftsteller seit 1919 verfolgt hat, wenn das FBI kontinuierlich seine Liste Schwarzer Schriftstellerinnen und Schriftsteller aktualisiert und revidiert hat, die zur präventiven Inhaftierung (in Konzentrationslagern?) vorgesehen sind,[*] wenn das FBI, wie jede Strafverfolgungsbehörde der USA, von Natur aus anti-Schwarz ist,[27] wo verläuft dann die Trennlinie zwischen Gefängnis und Zuhause?

7

Nun haben Stella und ich die ganze Breite des Campus zurückgelegt, von Dr. Zhous Büro nach Dinkytown, ohne unser Schweigen zu brechen, aus Furcht, jedes Wort, das wir einander zu sagen hätten, könnte wie Feuersteine auf unsere rohen Nerven schlagen. Ich wollte ihr die Stufen der Armory zeigen, wo sie einer Busladung von Rekruten sagte, sie sollten nicht nach Vietnam gehen, genau die Stelle, an der ich mich als 15-jähriger Junge in sie verliebt hatte. Falls sie auf Burton Hall deuten wollte, wo sie mit meinem Vater im Dekanat gearbeitet hatte, und sagen wollte, wie süß ich damals war, als mich mein Rektor in das Büro meines Vaters schickte, weil ich den Unterricht schwänzte oder Gras rauchte, dann ging auch sie stattdessen schweigend weiter und ließ den Moment verstreichen. Wir überqueren die Straße nach Dinkytown; ich sage kein Wort über meinen besten Freund Bob und die Pferde, die wir auf diesen Straßen gestohlen haben.

Unsere Wohnung ist in Sicht, als Stella endlich etwas sagt. Neben uns an einer Ampel drückt ein Ehepaar seine Erleichterung

* William J. Maxwell, *F. B. Eyes. How J. Edgar Hoover's Ghostreaders Framed African American Literature*, Princeton, NJ, 2015.

darüber aus, dass Teddy Kennedy Jimmy Carter in den Vorwahlen der Demokraten in Massachusetts geschlagen hat. Wir brauchen einen Kennedy, sagt die Frau, als die Ampel ihr WALK-Licht blinkt, damit wir Ronald Reagan schlagen können. Wir lassen sie an uns vorbeigehen. *Dann* spricht Stella.

»Wir werden Malika an einen sicheren Ort schicken«, sagt sie.

8

ERSTER TAG

Zwei Wochen, nachdem wir Malika weggeschickt haben

Das Auto, das ich aus der Garage meiner Eltern gestohlen habe, ist ein farngrüner Kombi mit Holzimitatplatten und dreizehn Aufklebern aus den Nationalparks, die wir als Kind besucht haben. Stella und ich haben nicht mehr als hundert Dollar bei uns – und natürlich unsere Lebensmittelmarken. Wir tragen seit zwei Tagen dieselbe Kleidung, denn wir mussten darin schlafen; und wir haben Malika weggeschickt, in der Hoffnung, sie wäre in Sicherheit. Wir werden sie zurückholen, wenn wir uns selbst sicher fühlen. Allerdings sieht »wenn« mehr und mehr aus nach »falls«. Wir haben unsere Wohnung verlassen, ohne daran zu denken, Jamals Waffe mitzunehmen. Dumm. Dumm.

Während Stella und ich auf der Suche nach einem Platz zum Schlafen durch die Straßen von Minneapolis streifen, stelle ich mir vor, wie Malika hört, dass ihre Mutter und ich auf der Hennepin Avenue niedergeschossen wurden. Malika ist bei ihrem Vater Uri in Idaho. Es gäbe niemanden, der ihr unseren Tod erklären könnte. Mehr als einmal möchte ich glauben, dass ich immer für Stella da sei; dass ich jeder Gewalt, die auf uns zukommt, tapfer und offen begegnen würde, ohne einen Gedanken an persönlichen Verlust oder Diskreditierung.

9

ZWEITER TAG

Es ist unsere zweite Nacht im Wohnzimmer von Stellas Freundin, einer Weißen namens Olivia. Stella hat Olivia elf Jahre zuvor getroffen, im Jahr 1969, auf einer Antikriegsdemonstration, doch angefreundet haben sich die beiden erst später, als sie Krankenschwestern auf der Frühchenstation des Hennepin County Medical Center gewesen sind. Es ist Olivias Appartement, doch ihr Mann Chase tut so, als wäre es seines. Gott sei Dank ist es das nicht. Wir wären längst verschwunden, wenn es seines wäre. Er leitet ein Restaurant und kann nicht die Late-Night-Show mit Johnny Carson schauen, wenn er nach Hause kommt, weil wir auf seinem Platz kampieren. Seine Fingerspitzen sind vom Zigarettenrauchen vergilbt, und seine Kleidung weist Spuren von Bratfett auf.

Ich weiß nicht, ob sie denken, dass wir schlafen, oder ob sie nicht wissen, dass die Küchentür nur angelehnt ist. Als Krankenschwester ist Olivia geschult, mit beruhigender Stimme zu sprechen; sie versteht es, Kummer in Baumwolle einzuwickeln. Chase ist allerdings ein spezieller Fall. Ich glaube, er will, dass wir ihre Diskussion hören.

»Olivia, erzähl mir keinen Scheiß, dass in Stellas Wohnung Reparaturen durchgeführt werden. Stellas Bumsbübchen scheißt sich vor Angst gleich in die Hose. Das kannst du in seinem Gesicht sehen. Er will weg.«

Meine Bettwäsche besteht aus einem Zottelteppich, einigen Decken und einem Kissen auf dem Boden neben dem Sofa. Stella ist auf dem Sofa untergebracht. Ich schaue nicht zu ihr auf, als Chase sagt: »Er will weg«, und mein Kiefer verkrampft sich, wenn er mich als »Bumsbübchen« bezeichnet. Seit zwei Jahren frage ich mich, ob Stellas Freunde so über mich denken. Ein Teil von mir wollte, dass sie es aussprechen, so wie Chase es jetzt getan hat.

Dass sie dem Ganzen eine Form geben. Dass sie es zu dem machen, was ich bin.

Olivia sagt ihm, dass sie die Einzelheiten nicht kennt und dass er Stella nicht glauben würde, wenn Stella ihm die Wahrheit sagen würde.

»Da hast du recht. Ich würde ihr nicht glauben. Sie hat dich und diese Freaks aus Dinkytown seit Jahren hinters Licht geführt. Ihr habt alle gedacht, die ist Angela Davis. Die ist keine Angela Davis. Du bist nicht länger die Olivia aus der Vorstadt, die ein bisschen Nervenkitzel sucht; und der Krieg ist seit fünf Jahren vorbei.«

»Für Schwarze ist der Krieg nicht vorbei«, sagt Olivia.

»Schwarze? Wie der Typ, der dich sieben Jahre lang verprügelt hat?«

»Gib mir eine Zahl, Chase.«

»Eine Zahl für was?«

»Für die die Anzahl der Jahre, die du mich noch weiter bestrafen wirst.«

»*Er* hat dich geschlagen, aber *ich* bin derjenige, der dich bestraft?«

»Du bestrafst mich dafür, dass ich mit Sonjas Vater geschlafen habe; du bestrafst Sonja dafür, dass sie *mixed* ist. Verklag mich, Chase, weil ich keine Rassistin bin.«

»Verklag du mich doch, weil ich *selbst* denken kann. Und zum Preis fürs Loch in einem Donut sage ich dir gleich noch was: Bevor alles vorbei ist, wird ihr Freund sich aus dem Staub machen.«

Nach zwei Nächten verlassen wir Olivias Appartement. Wir sagen nicht, warum, und sie fragen auch nicht. Wir fahren 20 Meilen nach Süden in den Vorort Edina.

10

DRITTER TAG

8:30 Uhr morgens

Wir sitzen geduckt auf dem Vordersitz des Kombis. Wir parken an der Straße, jedoch nahe genug, um einen Blick auf die Haustür werfen zu können. Als der Wirtschaftsprüfer aus seiner Einfahrt fährt, lassen wir den Wagen stehen, schleichen ums Haus herum, wo sie uns reinlässt, und schlüpfen in den Keller. Es ist kalt hier unten in diesem Steinkeller, wo eine andere *weiße* Frau, die Stella von früher kennt, mit ihrem Wirtschaftsprüferehemann lebt. Doch wir können hier nur tagsüber schlafen. (Als wir von Haus zu Haus zogen und nie alles – und manchmal auch gar nichts – von unserer Geschichte preisgaben, fiel mir auf, dass wir nie in eines der Häuser von Schwarzen Frauen oder Männern gingen, mit denen Stella befreundet war. Stella sagte, dass einige von ihnen härtere Zeiten durchmachten als wir; und dass auch sie entweder unter Beobachtung stünden oder stehen könnten, wenn wir vor ihrer Tür erscheinen würden.) Auf Strandstühlchen pennen wir neben der Waschmaschine und dem Trockner, ohne unsere Mäntel auszuziehen. Um vier Uhr nachmittags kommt Stellas Freundin herunter, um uns zu wecken. Wir müssen gehen, bevor der Wirtschaftsprüfer nach Hause kommt.

22:30 Uhr

Wir kurven durch die Straßen der Twin Cities und warten auf den Morgen, wenn wir wieder etwas schlafen können. Wir haben bereits herausgefunden, wo all die Diners sind, die bis spätnachts geöffnet haben.

VIERTER TAG

9:00 Uhr morgens

Heute Morgen werden wir an der Hintertür aufgehalten. Stellas Freundin sagt, eine Nachbarin habe uns bemerkt. Sie sei tot, wenn diese Frau ihrem Mann davon erzählte. Es tue ihr leid, aber wir könnten nicht reinkommen.

23:59 Uhr

Im März kann es hier um Mitternacht kälter sein als in weiten Teilen des winterlichen Alaskas. Wir schlafen im Kombi auf der windstillen Seite des Footballstadions der Golden Gophers. Wir schlafen in Schichten, damit derjenige, der wach ist, die Hitze regulieren und ab und zu das Fenster einen Spalt weit öffnen kann. Wenn wir zu lange bleiben, werden wir von den Bullen schikaniert.

FÜNFTER TAG

3:00 Uhr morgens im Stadtzentrum von Minneapolis

Um drei Uhr morgens überqueren wir den Mississippi und machen uns auf den Weg durch Downtown. Die Straßen sind ausgestorben. Die Ampeln blinken sinnlos durch die leere Nacht. Stella fragt mich, ob wir verfolgt werden. Wir riechen nach einer seifenlosen Woche.

II

Chase hatte recht. Sie ist keine Angela Davis, auch wenn die Leute etwas anderes geglaubt hatten, wenn sie sie aus der Ferne sahen. Doch Angela Davis hätte mehr Menschen, auf die sie sich verlassen könnte, wenn sie in Stellas Schuhen steckte. Im schwachen Licht des Wagens meiner Eltern denke ich, wie wunderschön sie ist, trotz der Linien auf ihrer Stirn, die ich nicht bemerkt hatte, bis ihr Anwalt Noam Davidov kam und sagte, dass ihr Gerichtstermin in weniger als einem Jahr bevorstehe.

Die Klage, die Stella gegen Urban Risers eingereicht hatte, ein Programm der Regierung zur Armutsbekämpfung, das in der Lyndon-B.-Johnson-Ära entstanden war, wird im November vor Gericht gebracht. Seit Noam Davidov Stella besuchte, um uns das Datum ihrer Gerichtsverhandlung gegen Urban Risers und damit »vielleicht« auch gegen Personen in der Regierung mitzuteilen – Personen, deren Identität bekannt werden könnte, falls Mitglieder aus dem Urban-Risers-Vorstand vor Gericht aussagten –, seitdem war unser Leben völlig aus der Spur geraten. Letzte Woche besuchten wir Imani Price, eine Frau, die einst eine wichtige Akteurin in der Black Community in der Gegend von Near North war. Vielleicht könnte sie uns sagen, wer es auf uns abgesehen hat.

Als ich Imani zum ersten Mal traf, war ich sieben oder acht Jahre alt. Sie war eine von etwa dreißig Personen, Studierende der Universität, Organisatorinnen und Organisatoren der Black Community und Universitätsprofessorinnen und -professoren, die sich im Wohnzimmer meiner Eltern trafen. Meine Eltern hatten mir *Negro*-Geschichtsbilderbücher geschenkt, und ich erkannte Imani sofort. »Sind Sie Harriet Tubman?«, fragte ich sie. Alle im Wohnzimmer lachten. Ich fühlte mich klein und schämte mich. Sie streichelte meine Wange und sagte: »Baby, das ist das Schönste, was jemals ein Mann zu mir gesagt hat.«

Sie und Darnell Price, ihr Ehemann, waren zusammen mit Stella im Vorstand von Urban Risers. Wenn ich mich recht erinnere, sagte Stella, Imani sei unschuldig, doch wer wisse schon, welche Beweise der Prozess über ihren Mann enthüllen würde? Der Hauptangeklagte war ein Mann namens Kapalei Kenyatta, ein Preller in Daschiki-Hemden, der, so die Gerüchteküche, mit Darnell (und vermutlich auch mit Imani) an anderen Armutsprogrammen als Urban Risers zusammengearbeitet hatte, wo Geld von oben abgeschöpft wurde und für alles Mögliche verwendet worden war – vom Füllen der eigenen Taschen über Drogengeschäfte und Prostitution, bis hin zu Immobiliengeschäften, wie der Bau eines der beiden größten Häuser in Kenwood, ein fürstliches Gebäude, das einem kleinen schottischen Château mit einem massiven Turm aus großen, einzeln handvermauerten Steinen ähnelte. In diesem schottischen Château im Herzen von Kenwood lebte sie, Imani. Sie und Darnell hatten sich getrennt, nachdem er sie das letzte Mal geschlagen hatte. Darnell hatte zugestimmt, ihr dieses großartige Haus zu schenken, wenn sie, wie ich vermutete, zustimmte, gegen ihn keine Anzeige wegen seiner letzten Episode häuslicher Gewalt zu erstatten.

An der Vorderfassade des Gebäudes erhob sich ein großer Steinturm, dessen Spitze mit Wehrgängen verziert war. Im Schottland des 16. Jahrhundert hätte es in einem Turm wie diesem Getreidevorräte für den Winter und womöglich Waffen zur Abwehr einer englischen Invasion gegeben; doch in der Enklave von Kenwood war das Erdgeschoss dieses Turms ein feudales Arbeitszimmer, in dem Stella und ich von Imani empfangen wurden. Mein Elternhaus war nicht mal zwei Blocks entfernt. Viele Jahre lang war das Viertel durch den Highway 394 von Nord-Minneapolis abgeschnitten gewesen, wo sich Urban Risers befand und was von den Leuten der Stadt als Getto bezeichnet wurde. Wie Imani Price sich ein Haus in Kenwood leisten konnte – sie war damit die vierte Schwarze Hausbesitzerin in Kenwood, seit meine Eltern 1962 die Barriere durchbrochen hatten –, war für mich damals bei unserer Ankunft nicht nachvollziehbar. In meiner Jugend hatten wir dieses Anwesen als Schloss bezeichnet und geglaubt, hier müsse es spuken. Imani sagte, »die Stiftung«, die sie zusammen mit Darnell gegründet hatte, habe das Haus finanziert. Es war Teil des Vermögens ihrer gemeinnützigen Organisation. Doch das beantwortete meine Frage noch nicht: Woher hatten zwei arme Schwarze, die immer von der Hand in den Mund gelebt hatten und keine Herkunft besaßen, die das Kenwood-Komitee gutheißen konnte – woher hatten sie das Geld, die Mittel und die Möglichkeiten, den Eisernen Vorhang von Kenwood zu durchbrechen? Das Kenwood-Komitee hatte 500 Haushalte zusammengetrommelt, um meine Eltern aus der Nachbarschaft fernzuhalten. Das Komitee hatte sich sogar acht Jahre später gesträubt, als ein prominenter Schwarzer Architekt zu seiner Familie zog. Sie hatten versucht, den wohlhabenden professionellen Footballspieler Alan Page davon abzuhalten, ein modernes Haus in Kenwood zu bauen (obwohl Frank Lloyd Wright dort unter großem Beifall ein modernes Haus gebaut hatte).* Sie hatten einem Schwarzen Chirurgen die kalte Schulter gezeigt, der eine Villa kaufte, die fast so groß war wie das schottische Château von Imani und Gabe. Wie um alles in der Welt konnten sie es zulassen, dass eine Frau, deren Mann in dieser Stadt einen Namen als Schwarzer Radikaler und zwielichtiger Intrigant hatte, das zweitbeste Herrenhaus in der bewaldeten Enklave am westlichen Rand von Minneapolis kaufte?

Imani Price zog nach Kenwood mit einem *weißen* Typen aus Nord-Minneapolis, der gerne rumhing und zwanzig Jahre jünger war als sie, mindestens. Das war Gabe, und er gab mir das Gefühl, minderwertig zu sein; allerdings nicht durch etwas, das er sagte oder tat, denn er sagte oder tat so gut wie gar nichts. Er stand hinter Imani wie die Leibgarde der Queen im Buckingham Palace, als Imani an ihrem Schreibtisch saß und Stella zuhörte, wie sie ihr unsere Geschichte erzählte. Es waren keine Worte oder Taten, durch die ich mich klein fühlte, es war sein Körper. Der sehnige, muskulöse Körper eines Football-Tight-End; ein Körper, der auf eine Weise Nahrung zu sich nahm, wie ich vor fünf Jahren an den Tischen beim Football-Training im Dartmouth College gespachtelt hatte, was sich 1975 wie vor einer Ewigkeit anfühlte; ein Körper, der die Zeit und das Geld besaß, im Fitnessstudio zu trainieren, so wie ich

* Alan Page war nicht nur bei den Minnesota Vikings, er war auch Anwalt und würde eines Tages Richter am Obersten Gerichtshof von Minnesota werden.

einst trainiert hatte. In den vergangenen zwei Jahren hatte ich viel Muskulatur verloren und hatte keinen Zugang mehr zu derselben Art von Nahrungsmitteln wie früher. Es tat meinem Ego nicht gut, einen Körper zu beneiden, der für mich nicht mehr infrage kam. Es verletzte meinen Stolz, arm zu sein.

Stella erzählte Imani von der Waffe, die ein Bruder aus Nord-Minneapolis namens Jamal, den beide kannten, Stella zum Schutz überlassen hatte; von dem Klicken in der Telefonleitung, das begann, nachdem Stellas Anwalt Noam das Haus verlassen hatte; wie unser Telefon manipuliert wurde und wie wir Anrufe bekamen, bei denen niemand etwas sagte, wenn wir abnahmen; von dem Einbruch in meiner Wohnung, der an den Daniel-Ellsberg-Einbruch erinnerte; und wie wir befürchteten, dass uns jemand verfolgte. Ich wollte nicht, dass Stella Imani mehr als das anvertraute. Ich traute Imani nicht, nicht ganz, auch wenn ich wusste, dass sie ein Opfer von häuslicher Gewalt war und deshalb keine Loyalität mehr für Darnell besaß – der ein Kumpel von Kapalei Kenyatta war; sie hatten ganz ähnliche Leichen im Keller. Ebenso wenig kannte ich diesen *weißen* Typen, der hinter Imani stand, als Imani in ihrem Bürostuhl mit der hohen Rückenlehne hinter einem Mahagonischreibtisch saß, der auch als Laufsteg durchgegangen wäre.

Stella wollte meine Warnung nicht beherzigen. Bevor wir hineingegangen waren, und während wir noch vor der Remise etwas entfernt vom Hauptgebäude parkten, hatte ich zu ihr gesagt, sie solle Imani nicht alles erzählen. Imani und Darnell hätten sich mit staatlicher Überwachung befasst, hatte sie mir gesagt, ihre Telefone würden permanent angezapft, und einmal seien sie nach Hause gekommen und hätten ihr Haus verwüstet vorgefunden, genau wie du, Frank, an jenem Abend, als du heimkamst und feststellen musstest, dass deine Wohnung von innen verschlossen war, als zwei Männer aus deinem Fenster kletterten und davonliefen. Aber sie wurden nie aus ihrem Zuhause vertrieben, hielt ich dagegen; Imani wird fragen, warum wir unsere Wohnung verlassen mussten. Und selbst wenn sie dir glaubt, sagte ich, warum sollte sie uns die Wahrheit sagen?

Warum sollte sie uns die Wahrheit sagen? Stella hatte mir erzählt, dass Darnell Imani beim letzten Mal, als er sie schlug, den Arm gebrochen hatte.

»Sie lebt jetzt mit einem Weißen zusammen«, hatte Stella gesagt, »einem Typen in deinem Alter. Er hat Darnell Price einen so harten Schlag versetzt, dass er rückwärts über einen Stuhl geflogen ist.«

»Deshalb brauchst du einen jüngeren Mann«, sagte Imani später am selben Tag, als wir in den beiden Plüschstühlen vor ihrem Schreibtisch saßen. Sie nahm Gabes Hand. Sie zwinkerte Stella zu, als hätten sie den gleichen Preis gewonnen. »Junge Männer wissen, wie man eine Frau behandelt.«

Imani berichtete uns ausführlich und unaufgefordert über die letzten Male, die Darnell sie geschlagen hatte. Stella antwortete mit einer eigenen Geschichte, wie Uri Shapiro, ihr jüdischer Ex-Mann, der Vater ihres Kindes, sie unter den Achseln gepackt und in die Luft gehoben hatte. Er stieß sie mit dem Rücken gegen eine Fensterglasscheibe. Er wollte Stella nicht verletzen. Er hatte keine Ahnung, dass das Fenster zerbrechen würde, doch es zerbrach. Glasscherben fielen herab wie Dolche in einer Eishöhle. Einer der Glasdolche durchbohrte ihren Zeh. Im Gegensatz zu Darnell hatte Uri nicht beabsichtigt, Stella zu verletzen. Er war krank vor Kummer.

Eines Abends hatte ich mich nach der Narbe an ihrem Oberarm erkundigt. Sie nannte sie einen »Arbeitsunfall«. Nachdem wir miteinander geschlafen hatten, streichelte ich die Narbe und fragte sie nach den Einzelheiten. Sie schmiegte ihren Kopf an meinen Hals. Sie lachte, ohne zu mir aufzusehen. Sie sagte: »Das war Bow Wow, der Hund.« Dann schüttelte sich vor Lachen ihr ganzer Körper an meinem. Ich verstand den Witz nicht; auch glaubte ich, sie würde nie aufhören, zu lachen. Ich legte meine Finger unter ihr Kinn, doch sie wollte ihr Gesicht nicht heben, um mir in die Augen zu sehen. Sie bellte; sie gab mehrere Male ein kleines Welpenbellen von sich. »Bow Wow, der Hund«, sagte sie und war wieder in ihrem Lachen abgetaucht. Ihr Lachen war nicht ansteckend. Es war kein glückliches Lachen.

Zuerst ärgerte ich mich darüber, dass sie mir in den neunzehn Monaten, die wir zusammen waren, nie etwas davon gesagt hatte, nun aber Imani Price davon erzählte, die nicht einmal danach gefragt hatte. Heute ist es mir peinlich, was ich damals empfand. Sie waren zwei Frauen, die sich wie Freundinnen darüber unterhielten, was zwei Männer ihnen angetan hatten. Die beiden Männer in dem Raum waren für diesen Austausch ebenso relevant wie zwei beliebige Dekorationsgegenstände. Oder vielleicht hatten sie ja durchaus auch mit Gabe und mit mir gesprochen. Vielleicht wollten sie uns damit sagen, dass sie wussten, tief in uns beiden liege ein Uri oder ein Darnell, der nur darauf warte, sie zu verprügeln. Vielleicht sagten sie damit gerade: Haltet nicht zu viel von euch selbst. Doch wenn dies die Wahrheit war, dann war es eine zweitrangige Wahrheit. Von primärer Bedeutung war die Art und Weise, wie Imani und Stella sich ihre Geschichten erzählten, als wären Gabe und ich überhaupt nicht anwesend, und wie sie sich somit gegenseitig als Schwarze Frauen anerkannten, deren Fleisch die Schauplätze willkürlicher Gewalttaten war – multiethnische Gewalt im Fall von Stellas Misshandlung durch Uri und häusliche Gewalt im Fall von Imani und Darnell. Es war, als sagten sie: Da niemand unserem Leiden als Schwarze Frauen zuhört, da es kein Paradigma von Erkennen und Entschädigen gibt, werden wir füreinander die fehlenden Ohren der Welt sein.

Als Imani hörte, was zwischen Stella und Uri geschehen war, schien sie in der Zeit zurückgehen und Stella vor der Wunde beschützen zu wollen, die ihr Ex-Mann ihr zugefügt hatte. Ich habe mich häufig gefragt, ob sich Imani auch geöffnet und Stella erzählt hätte, was sie über die Intrigen bei Urban Risers wusste, wenn dieser Austausch zwischen diesen beiden Frauen nicht stattgefunden hätte. Als wollte sie sagen: Ich kann dich nicht vor den Narben der Vergangenheit bewahren, doch ich kann etwas Licht auf die Narben werfen, die dir noch bevorstehen.

Als Stella Imani und Gabe unsere Geschichte erzählte und an der Stelle aufhörte, an der ich sie bat, aufzuhören, war ich erleichtert. Gabe schien zufrieden, doch Imani war es nicht. Sie stellte die Frage, von der Stella mir gesagt hatte, Imani werde sie stellen.

»Warum habt Ihr Euer Duplex verlassen?«, sagte Imani.

Stella atmete tief ein und ließ die Luft langsam wieder aus ihrem Körper entweichen. Sie sah Gabe an.

»Er ist in Ordnung«, sagte Imani. »Er weiß alles über Urban Risers. Ich würde es ihm sowieso sagen, sobald ihr weg seid. Außerdem hat er mir das Leben gerettet.«

»Imani«, sagte Stella, »es wird sich verrückt anhören.«

»Nein, mein Kind, nicht für mich.«

»Ich finde, es klingt verrückt, wenn ich es mir in meinem Kopf vorsage.«

»Dann sprich. Jetzt kannst du es loswerden.«

»Diese Bestie hat so viele Gliedmaßen.«

»Das macht sie zu einer Bestie, mein Kind.«

Als Stella sprach, legte ich meine Hände in den Schoß, faltete sie und drückte sie so fest zusammen, dass sie mir beinahe schmerzten. Sie sagte Folgendes: »Die *weiße* Frau, die über uns wohnt, hat uns vergiftet. Wir konnten es beweisen, aber einer nach dem anderen zögerten die Leute, die uns beim Sammeln der Beweise geholfen haben, einschließlich eines Privatdetektivs, den wir mit Geld anheuerten, das sich Frank von seinen Eltern geliehen hatte. Am Ende war keiner von ihnen bereit, auszusagen. Am Ende sind sie alle eingebrochen – und all das ist passiert, nachdem Noam uns die Nachricht des Gerichtstermins mitteilte und nachdem wir zum FBI gingen, um anzuzeigen, was mit uns gemacht worden war – nicht nur was Josephine betraf, die Frau im Obergeschoss, sondern mit allem anderen, wie dem Einbruch in Franks Wohnung. Wir wissen nicht, was das alles zu bedeuten hat.«

Zum ersten Mal an diesem Nachmittag lachte Imani.

»Ihr seid am Arsch«, sagte sie. »Das ist es, was das zu bedeuten hat, mein Kind.«

Stella lachte nicht, und auch ich lachte nicht, und nicht mal Gabe lachte. Stella hatte eine Frage an Imani. Stella sagte, es sei unsere einzige Hoffnung, die beiden U.S.-Marshals zu finden, mit denen Stella vor fast acht Jahren gesprochen habe, als sie das Thema Korruption zur Sprache gebracht habe. Die beiden wirkten ziemlich sachlich, sagte sie. Sie wollte nicht ohne Vorwarnung zu den U.S.-Marshals gehen, so wie wir in die Innenstadt zum FBI gegangen waren. Sie wollte *speziell* diese beiden Personen aufsuchen, da sie Stella gegenüber in der Vergangenheit so entgegenkommend gewesen waren.

»Imani«, flehte Stella, »würdest du für uns Kontakt mit den beiden aufnehmen und ihnen sagen, dass wir uns mit ihnen treffen wollen?«

Imani schüttelte den Kopf.

»Liebling«, sagte sie, »lass die Finger davon. Kapalei Kenyatta hatte die beiden U.S.-Marshals in der Hand. Sie hatten ihn in der Hand. Die haben sich gegenseitig die Schwänze gestreichelt. Die Marshals haben dir was vorgemacht. Was glaubst du, warum es so lange gedauert hat, bis du einen Gerichtstermin bekommen hast?«

12

FÜNFTER TAG

3:10 Uhr morgens in der Innenstadt von Minneapolis

Ich hätte die Ampel an der Third und Hennepin noch schaffen können, und ich hätte sie auch geschafft, wenn ich nicht hätte umdrehen müssen. Stella schläft, und eine scharfe Linkskurve würde sie aufwecken. Hier ist die Zentralbibliothek von Minneapolis. Tagsüber ist sie reines Grafit, Glitzer und Glas. Heute Abend ist sie eine Festung, wie etwas aus den Trailern des zweiten Teils von *Star Wars*, der für Mai angekündigt ist. Es ist eine Ewigkeit her, dass Stella, Malika und ich diese Bibliothek zu unserem zweiten Zuhause machten. Stella brachte Malika bei, das Dewey-Dezimalsystem zu verwenden, und sie sahen sich Puppenspiele an und gingen zur Kinderlesestunde. Wir lasen dort. Ich schrieb dort. Stella lernte dort Sprachen und lieh Partituren aus. Für drei Menschen, die weder Geld noch Mittel für Freizeit haben, lebt es sich recht gut in der Bibliothek. Es kommt mir wie ein anderes Zeitalter vor, seit wir dieses Leben abgestreift und Malika in Sicherheit gebracht haben. Es scheint wie ein Leben, das jemand anderem gehörte.

3:10:37 Uhr morgens

In meinem Rückspiegel wird ein Auto immer größer. Es rast auf uns zu. Die Ampel steht noch immer auf Rot. Wenn es nicht anhält, wird es uns von hinten rammen. Stella hat es nicht gesehen, weil sie schläft.

3:10:38 Uhr morgens

Warum kann ich meinen Fuß nicht von der Bremse nehmen und das Gaspedal durchtreten? Ich kann nicht schreien. Ich sehe Stella mit einer Halskrause vor mir. Ich kann mich selbst sehen, wie ich in einen Rollstuhl gekauert bin. Ich spüre eine Enge in meiner Brust, doch ich rühre mich immer noch nicht.

Kurz bevor es uns von hinten rammt, schert das Auto aus. Es hält neben uns an. Zwei schlanke Gesichter grinsen anzüglich zu uns herüber. Der Fahrer lässt den Motor aufheulen. Es ist ein aufgemotzter Datsun 240Z. Erneut knurrt der Motor. Es sind Teenager in Collegejacken, keine Männer. Sie wollen wissen, ob wir mit ihnen ein Wettrennen über die Hennepin machen wollen.

Die Ampel wird zwei Mal grün, bevor mein Zittern vergeht und ich weiterfahren kann.

3:20 Uhr morgens

Ich fahre auf der Hennepin Avenue durch die ganze Innenstadt und bleibe noch auf ihr, als sie an der Basilica of Saint Mary, wo sich die Kirchenbank meiner Eltern befindet, Richtung Uptown führt.

An der Ecke der Franklin Avenue ist der Liquor Store, geschlossen und dunkel. Ich muss beinahe lächeln in diesen Nächten, wenn ich daran denke, wie Dad kurz vor Ladenschluss mit diesem farngrünen und holzvertäfelten Kombi, den wir nun gestohlen haben, auf den Parkplatz fuhr. Unter dem Neonschild des Liquor Store ließ er mich mit laufendem Motor im Auto sitzen. Hans Knudsen, der Nachtschicht hatte, mochte meinen Vater gern, was nach Ladenschluss sehr hilfreich war. »Die Gophers lagen ein Field-Goal zurück«, würde Dad vielleicht als Entschuldigung und Erklärung sagen, und Hans, der womöglich gerade den Schlüssel im Innenschloss umgedrehte, würde lächeln und sagen, dass er wisse, wie's laufe, während er die Tür aufschließen und Dad hineinlassen würde.

Stella wacht auf und schaltet das Radio aus.

»Wir sind nicht verheiratet«, sagt sie. »Du musst dir das nicht antun.«

Sie möchte, dass ich sage, ich werde bis zum Schluss bleiben, wie auch immer der Schluss geartet sein mag. Vielleicht will sie mir sagen, auch sie habe Angst, doch sie möchte für uns beide tapfer bleiben.

3:26:00 Uhr morgens

Es beginnt zu nieseln, als wir am Lowry Hill Liquor Store vorbeikommen. Regentropfen perlen an der Scheibe ab und flüstern unter den Reifen. Ich schalte das Radio wieder ein. Das weltschmerzende Tenorsaxofon von Gene Ammons verdunkelt eine Ballade, die ich Stella auf ihrer Flöte spielen hörte. Sie hat mir den Text beigebracht.

Doch ist dies keine Nacht zum Singen. Ohne die menschliche Stimme fahren wir weiter. Das traurigste unter den Instrumenten.

»Wo sollen wir hin?«, fragt sie mich.

Ich sage, ich wisse es nicht. Wir sind alle ihre Bekannten durchgegangen. Die meisten meiner Bekannten sind auf dem College. Einige leben zu Hause bei ihren Eltern. Doch wir können kaum mit unserer Geschichte und all ihren Puzzleteilen bei ihnen aufkreuzen. Wer nicht zu Hause oder auf dem College ist, ist tot. Während ich in Dartmouth war, wurde Bob Stone ins Gefängnis gesteckt. In den vier Jahren, die ich weg war, haben wir uns nicht geschrieben, nicht einmal während des Jahres, das er hinter Gittern verbrachte. Gerüchten zufolge wurde er drinnen vergewaltigt. Alles, was ich sicher weiß, ist, dass er, als man ihn freiließ, dorthin ging, wo die Züge den Fluss überqueren, und sich auf die Eisenbahnschienen legte.

»Sie werden mich noch weit mehr hassen«, sagt Stella (und ich weiß, dass sie mit »sie« meine Eltern meint), »wenn sie aus Moskau zurückkommen und rausfinden, dass du ihr Auto genommen hast.«

»Sie hassen dich nicht, und sie werden es nicht herausfinden.«

»Dein Vater sagte, ihm gefiel meine Maiskolbenpfeife, als ich in seinem Büro an der Uni arbeitete. Sie war wie die, die seine Großmutter rauchte.«

»Hast du mir erzählt.«

»Sie stand neben ihm. Sie hat nichts gesagt.« Ich wusste, dass Stella meine Mutter meinte. »Sie muss mich hassen, jetzt, wo wir zusammen sind.«

»Warum sollte sie dich hassen? Weil meinem Vater deine Pfeife gefallen hat?«

»Ich bin mir sicher, dass sie sich fragt, was mit dir nicht stimmt. Ich bin nicht die erste alte Frau, mit der du zusammen bist.«

»Vierzig ist nicht alt.«

»Ich bin alt genug, um deine Mutter zu sein.«

»Dann wärst du sechzehn gewesen.« Das ist meine Art zu sagen: Mich kotzt deine Negativität an. Ich habe es satt, in den Häusern

Fremder aufzukreuzen, mit Geschichten über unsere Verfolgung, über Kapalei Kenyatta und seine Handlanger, über Josephine, die unsere Wohnung mit Strahlung verseucht hat, über das FBI und die U.S.-Marshals und wer sonst noch was dagegen hat, dass *du*, okay, *du*, Stella, nicht *ich*, die Korruption in irgendeinem verpimpten Armutsprogramm auffliegen lässt, das sowieso niemanden interessiert. Ich will zurück nach Dartmouth. Und jetzt genug über meine Mutter. Doch nichts dergleichen sage ich. Stella tut so, als hätte sie nichts von dem gehört, was ich gedacht habe.

»Wenn ich sie wäre, würde ich mich bedroht fühlen. All die älteren Frauen, mit denen du zusammen warst.«

Ich klammere mich fester ans Lenkrad. Mein Blick ist in die Finsternis gerichtet.

Eine Freundin meiner Mutter, eine Frau, mit der sie in New Orleans auf dem College war, verließ manchmal die Cocktailparty-Gesellschaft meiner Eltern, um nach oben zu kommen und mich abends ins Bett zu bringen, als ich neun Jahre alt war. Ihr Name war Leontyne Dupré. Ihr Vater war ein »Lebemann« unten in New Orleans; und obwohl ich nie genau wusste, was man darunter verstand, konnte ich am Lachen meiner Eltern, wenn sie es sagten, ablesen, dass dies kein Zustand war, den man anstreben sollte. Leontyne Dupré saß auf meiner Bettkante, während ich dalag; sie balancierte meinen Globus auf ihren Knien und staunte darüber, wie ich auf diesem Globus die Topografie und das Klima ferner Orte erklären konnte, die ich eines Tages bereisen würde. Als ich in meinem letzten Jahr an der Highschool war, kamen Leontyne und ich ins Geschäft und verkauften zusammen Amway-Produkte. Einmal verwandelten wir das riesige Wohnzimmer meiner Eltern in ein Theater mit Klappstühlen, in dem fünfzig Personen – vom Präsidenten und Vizepräsidenten der örtlichen Bank bis hin zu Leuten, die meine Eltern meine »kleinen Ganovenfreunde« aus dem Schwarzen Teil der Stadt nannten –, zusammen in demselben schwitzigen Raum hockten und einem großen Tier aus der Amway-

Zentrale in Michigan lauschten, wie er seinen Pitch für ein Schneeballsystem herunterleierte. Meine Eltern kehrten einen Tag früher als geplant von einem ihrer Europaaufenthalte zurück und platzten geradewegs in das Aufgebot rein. Ich meine, danach hatte meine Mutter nie wieder auch nur ein Wort mit ihrer Freundin Leontyne gewechselt.

Dann war da die Rada-Priesterin in Trinidad. Es war erst fünf Jahre her, ich war gerade im zweiten Studienjahr und war für ein Auslandssemester dort. Ich glaubte, meine Mutter würde sich freuen, denn sie stammte aus New Orleans, wo in der Vergangenheit Voodoo, wenn auch nur bruchstückhaft, von Verwandten in unserer Familie praktiziert wurde. Doch alles, worauf sie sich einschoss, war das Alter der Frau. Ich könnte Stella diese Geschichte erzählen, um die Stimmung zwischen uns aufzuhellen. Doch ich habe den Willen nicht, ihr entgegenzukommen.

3:29 Uhr morgens

Auf der Hennepin, Ecke 24th Street sehe ich vor mir das Uptown Diner. Als ich in der Highschool in der Unterstufe war, hieß es Embers, und ich half dort als Kellner aus und flirtete mit richtig erwachsenen Frauen. Als ich das schmutzige Geschirr von den Tischen abräumte, probierte ich verkitschte Anmachsprüche aus (»Sucht ihr Ladies nach einer Begleitung zur After Party?«) wie ein Hochstapler, der mit Blüten bezahlt. Eines Abends flog mein Bluff auf und eine Pan-Am-Stewardess (man nannte sie damals noch nicht Flugbegleiterinnen) nahm mich mit heim und fickte mir die Seele aus dem Leib.

»Ich habe einen langen Layover in Malaysia«, sagte die Stewardess vor Sonnenaufgang. »Du kannst mein Auto nehmen.« Es war ein Pontiac Trans-Am mit einem Turbomotor. Es kam mehr als einmal vor. Einmal kam ich mit ihrem Wagen um sechs Uhr morgens nach Hause. Ich saß am elterlichen Küchentisch und roch noch immer nach Sex. Meine Mutter, die dieses Auto schon ein- oder zweimal gesehen hatte und wusste, dass kein Mädchen an meiner Highschool es mir geschenkt haben konnte, kam in ihrem Bademantel runter und beäugte mich skeptisch.

»Hat sie diesmal Geld verlangt, oder war es umsonst?« Ich kann Stella diese Geschichte erzählen und ihr das Gefühl geben, dass ich, komme, was wolle, immer auf ihrer Seite sein werde. Doch ich fahre schweigend weiter, mit zusammengebissen Zähnen, ein unausstehlicher Typ.

3:31 Uhr morgens

Jetzt dämmert mir plötzlich, dass wir unsere Wohnung verlassen haben, ohne Jamals Waffe einzustecken. Ein feiner Regen überfilmt die Windschutzscheibe. Die Straßen sind menschenleer. Und ich habe kein Bedürfnis, klar zu sehen. Farbige Lichtstrahlen von Straßenlaternen zersplittern die Scheibe. Stella sagt, ich solle die Scheibenwischer einschalten.

Mehr als alles andere will ich wieder zur Uni. Mehr als alles andere hasse ich mich für dieses Gefühl. Ich denke immer wieder an die erwachsenen Männer, mit denen Stella zusammen war und denen ich nicht das Wasser reichen kann. Nicht ein Einziger von ihnen würde ziellos durch die Nacht kurven, um Josephine und den Leuten zu entkommen, die einem Urban-Risers-Prozess entgehen wollen. Männer wie Carl Eller, ein All-Star-Verteidiger, oder ihr Ex-Mann Uri, ein jüdischer Biker und Drogendealer, der sie und die Tochter, die sie zusammen haben, im Stich gelassen hat. Männer, die Stellas Leben geformt haben, als ich noch ein Kind gewesen bin.

»Wie willst du meine Tochter beschützen?«, fragte Uri mich, als wir nach dem Besuch bei Dr. Zhou mit ihm telefonierten. Er kannte die Antwort darauf selbst. Er hatte zuvor mit Stella gesprochen. Ich brauchte keine Standpauke von ihm. Ich hätte meinen Kopf schütteln sollen, als sie mir das Telefon reichte.

Ich fühlte mich wie ein entlaufener Sklave, der den Fluss überquert und seine Familie auf der anderen Seite zurückgelassen hatte, wo sie ganz allein den Bluthunden überlassen waren. »Wie willst du meine Tochter beschützen?«, sagte Uri von einer Hütte aus, die irgendwo in den Bergen lag. *Uri, fick dich und dein Pferd, auf dem du angeritten kommst.*

Ich sagte: »Was willst du von mir? Soll ich mir eine Pistole besorgen, nach oben gehen und Josephines Tür eintreten?«

Uri schwieg. In jenem Moment glaubte ich, ich hätte gewonnen. *Hats dir die Sprache verschlagen, Weißbrot?*

Doch dann sagte Uri: »Du hast keine *Waffe*?« Vor meinem geistigen Auge schüttelte er den Kopf. »Mein Gott! Gib mir noch mal Stella.«

In den nächsten zwei Wochen baten wir ein paar Bekannte, eine Nacht in unserer Wohnung zu verbringen. Wir wollten wissen, ob sie das gleiche Hitzegefühl auf ihrer Haut verspürten, das wir für die Ursache unserer Verbrennungen hielten, doch wir ließen sie nicht wissen, was Dr. Zhou gesagt hatte. Wir formulierten es in Bezug auf den Lärm und den Krach, den Josephine und Cody nachts aus irgendeinem Grund in den Heizkörpern erzeugten. Sie schliefen auf dem Sofa in unserem Wohnzimmer. Am Morgen erzählten sie uns, dass sie ein seltsames Gefühl auf ihrer Haut verspürten. Einer von ihnen war ein Konzertpianist, dessen Tastsinn und Gehör so fein waren wie der Geruchssinn von Bären, die die Angst in einem menschlichen Körper aus fünf Meilen Entfernung wittern können. Er sagte, er habe geträumt, dass er in Flammen stehe. Er ging auf die Toilette und wusch sich das Gesicht mit kaltem Wasser. Beim Frühstück erzählten wir unseren Bekannten, was Dr. Zhou zu uns gesagt hatte.

Sie sagten, sie würden zu gegebener Zeit vor Gericht aussagen. Olivia, deren Partner Chase bald nichts mehr mit uns zu tun haben wollte, war derart besorgt um unsere Sicherheit, dass sie rollenweise Alufolie und einen Eimer mit dünnen Nägeln anschleppte. Sie stand auf einer Leiter und nagelte breite Folienbahnen an die Decke. Als sie von der Leiter herunterkam, war sie zufrieden. »Jetzt bist du nicht der Einzige«, sagte sie zu mir, »dem die Eier verbrennen. So lassen sie sich mit ihren eigenen Giftwaffen schlagen.«

Doch all das war mir nicht gut genug. Also ging ich mit einer ehrlichen Lüge zu meinen Eltern. Ich erzählte ihnen, ich bräuchte Geld, um wieder einen festen Tritt im Leben zu finden. Ich war kurz davor, ihnen zu sagen, dass ich nach Dartmouth zurückkehren wolle, verkniff es mir aber. Mit dem Geld in der Tasche nahmen Stella und ich den Bus in den Vorort St. Louis Park. Am nächsten Tag kam der von uns beauftragte Privatdetektiv bei uns vorbei. Bis heute kann ich noch immer das schnelle Klicken hören, das wie Maschinengewehrfeuer klackerte, und dazu die Art und Weise, wie Stella keuchte – teils aus Entsetzen, teils aus Bestätigung –, als wir ihn beobachteten, wie er den Zauberstab seines Geigerzählers durch unser Schlafzimmer und das Wohnzimmer schwenkte. Heute, beim Schreiben, spüre ich noch immer das Entsetzen, das wir damals empfanden, jedoch ist das Gefühl der Bestätigung, das Stella und ich damals teilten, gänzlich verschwunden. Heute, beim Schreiben, wünsche ich mir, dass seine Maschine überhaupt keine Geräusche von sich gegeben hätte. Er versprach uns, einen Bericht anzufertigen, den wir der Polizei vorlegen könnten.

Wir dachten, wir hätten, was wir brauchten, um zu den Behörden zu gehen: Ein *weißer* Detektiv wollte uns seinen Geigerzählerbericht zur Verfügung stellen; unsere Bekannten würden dem Gericht von dem Versengungsgefühl auf ihrer Haut berichten, das sie verspürt hatten. Und dann war da noch Dr. Zhou. Also wurden wir in der Innenstadt beim FBI und bei Tony Bouza vorstellig, dem frischgebackenen Polizeichef, der als Reformer der Minnesota Democratic Farmer Labor Party und nicht als Freund seiner Polizeiangestellten bekannt war.

Im Konferenzraum der FBI-Außenstelle befanden sich drei Angestellte der Behörde. Eine Agentin, eine *weiße* Frau, stellte sämtliche Fragen. Es wäre falsch, zu sagen, dass wir auf Wolke sieben schwebten, als wir vom FBI durch die Straßen der Innenstadt zu

Tony Bouzas Büro spazierten, doch es ist richtig, zu sagen, dass wir stolz waren auf uns selbst und dass wir – von der Klage gegen Urban Risers einmal abgesehen – Hoffnung in das System setzten.

Stella hatte der Agentin ruhig und akribisch erklärt, warum dies eine Bundesangelegenheit sei. Josephine müsse gegen einige Bundesgesetze verstoßen haben, indem sie gefährliches Material von ihrem Arbeitsplatz mit nach Hause genommen habe. Das war der erste Grund. Um den zweiten Grund zu erklären, erzählte Stella der Agentin von den Umständen ihrer Klage gegen Urban Risers – und von all den seltsamen Formen der kleineren Belästigungen, die wir erlitten hatten, seit Noam Davidov letzten Herbst in unserer Wohnung vorbeigeschaut hatte. Wenn Josephine von zwielichtigen Gestalten rekrutiert worden war, die nicht wollten, dass Stellas geheime Aufzeichnungen über die Vorstandssitzungen von Urban Risers und die heimlichen Kopien von Rechnungen und anderen Dokumenten veröffentlicht würden, und so die Veruntreuung und geheimen Absprachen mit Regierungsmitgliedern bewiesen werden könnten, dann war dies mehr als eine Polizeiangelegenheit – es war etwas, das vom FBI untersucht werden sollte, um zwischen März und November unsere Sicherheit zu gewährleisten.

Wenn dies ein Roman wäre, würde ich ihn so schreiben, dass Frank und Stella ein bisschen mehr gesunden Menschenverstand hätten. Sie würden weniger voreilig handeln. Sie wüssten es besser, als so unverblümt naiv zu glauben, dass eine Bundesbehörde ihnen dabei behilflich wäre, die Büchse der Pandora zu öffnen und infolgedessen Anklageerhebungen gegen eine unbekannte Anzahl an Personen in einer anderen Bundesbehörde zu riskieren, nur damit zwei Schwarze lange genug am Leben blieben, um einen großen Vergleich zu erzielen, und ihre Kolleg:innen ins Gefängnis zu stecken. Es würde keinen erzählerischen Sinn ergeben. Doch dies war kein Roman, und wir waren müde und zermürbt und berstend vor Hoffnung.

Es verging eine Woche ohne einen Anruf, nicht einmal der Privatdetektiv meldete sich. Wir gingen erneut zum FBI. Dieses Mal waren sie feindselig. Die *weiße* Frau schrie mich sogar an, als ich sie bat, mir mitzuteilen, welche Ermittlungen sie denn eingeleitet habe, um unseren Aussagen nachzugehen. Sie informierte uns, dass wir das Gebäude verlassen müssten. Es lag Koketterie in ihrer Stimme, als sie sagte: »Der einzige Grund, warum wir Ihnen überhaupt zugehört haben, war wegen Ihres Vaters und seiner Stellung« – sie warf ihren Arm in Richtung Mississippi – »an der Universität!«

Als wir Tony Bouza zum zweiten Mal aufsuchten, ließ er uns von seiner Sekretärin ausrichten, dass er unterwegs sei. Wir dankten ihr und sagten, wir würden es nächste Woche wieder versuchen. Stattdessen saßen wir mindestens eine Stunde lang auf einer glatten Holzbank im Flur vor seinem Büro. Wir sahen, wie er am Ende des Flures durch die Tür in den Empfangsbereich kam. Er hatte zwei oder drei Schritte in unsere Richtung gemacht, bevor er uns erkannte. Er drehte sich um und ging zügig in die andere Richtung davon. Wir rannten ihm, so schnell wir konnten, hinterher. Das Gesicht des Reformers war wild vor Wut, als er uns sagte, wir sollten ihn in Ruhe lassen.

Nach und nach teilten uns all unsere Bekannten mit, dass es ihnen leidtue. Es tue ihnen leid, doch sie könnten uns nicht helfen. Sie hatten alle ein schlechtes Gewissen, weil sie schlappmachten, und wir nahmen es ihnen nicht übel – nicht bewusst. Ich meine, dass Olivia sich vielleicht am schlechtesten gefühlt hat. Wenn wir irgendetwas bräuchten, sagte sie – *ganz gleich was*, abgesehen von ihrer Aussage –, dann wäre sie für uns da. Der Konzertpianist war gerade fürs Medizinstudium angenommen worden. Er sagte mir, sein Vater habe ihm gegenüber erwähnt, er solle nichts mit mir oder mit Stella und ihrer Klage zu tun haben. Ich fragte ihn, wann genau sein Vater ihn gewarnt habe.

Sein Blick verriet mir, dass er nicht verstand, wovon ich sprach. Hat dein Vater das aus heiterem Himmel angesprochen, präzisierte ich, *bevor* du ihm von der Nacht erzähltest, die du auf unserem Sofa verbracht hast, oder hat er dir diesen Rat gegeben, *nachdem* du ihm von der Übernachtung erzählt hast? Er gab mir keine Antwort. Das musste er auch nicht. Ich bat ihn – ich flehte ihn an –, mit seinem Vater sprechen zu dürfen. Jemand müsse ihn informiert haben, erklärte ich. Irgendjemand müsse mit ihm gesprochen haben. Doch er erhob lediglich beide Hände vor seiner Brust, schüttelte den Kopf und ging weg.

Ich brauchte eine Stunde, um mit dem Bus nach St. Louis Park zu fahren, wo ich das Büro des Privatdetektivs aufsuchte. Wie Bouzas Sekretärin log mir auch die Sekretärin des Privatdetektivs ins Gesicht. Er ist seit Längerem an einem Fall in North Dakota dran; wenn er zurückkommt, wird er Sie als Erstes anrufen. Wir waren im zweiten Stock eines bescheidenen Bürogebäudes. Hinter ihr befand sich ein großer Erker. Ich sah ihn über den Parkplatz huschen. Ich sagte ihr, sie solle sich umdrehen. Ich nannte sie eine Lügnerin und lief los. Ich nahm zwei oder drei Stufen auf einmal. Ich weiß, dass er mich hörte, als ich quer über den Parkplatz rannte und ihm nachrief, er solle stehen bleiben. Fünf, vielleicht zehn Meter entfernt trafen sich unsere Blicke in seinem Seitenspiegel. Und er fuhr davon.

Mehrere Nächte lang hielt der Lärm in den Heizkörper sowie das brennende Gefühl auf unserer Haut an. Stella rief zum dritten oder vierten Mal, seit dies begonnen hatte, den Hausverwalter an. Der Mietvertrag war auf Stella ausgestellt. Sie sagte mir, man habe sie informiert, dass Cody gesagt habe, wir lögen; dass Stella Josephine körperlich angegriffen habe; dass wir die störenden Elemente der Siedlung seien und dass dort eine Person wohne (ich), die dort nichts zu suchen habe – Übersetzung: *Vielleicht müssen wir Ihre Miete erhöhen*. Die Hydraulik der bekannten und unbekannten Kräfte war zu heftig geworden – wir konnten sie nicht mehr ertragen.

Ich stahl den farngrünen Kombi meiner Eltern mit der künstlichen Holvertäfelung und den dreizehn Aufklebern der Nationalparks. Stella und ich sorgten dafür, dass Cody beobachten konnte, wie wir die Wohnung verließen. Und sicher hat Josephine uns von ihrem Fenster im Obergeschoss aus zugesehen.

Es ist ein einziger Dunst – die Gesichter all der Menschen, die uns aufgenommen haben. Ich staunte darüber, wie Stella erhobenen Hauptes die Leute fragte, ob wir bei ihnen unterkommen könnten. Sie löste ein, was sie ihnen über die Jahre in Form von Zeit und Hilfestellung geliehen hatte. Eine junge *weiße* Frau sagte, dass sie vor zehn Jahren als Studentin an der Universität mehr von Stella gelernt habe als von irgendjemandem unter den Lehrenden. Stella schien alles zu sein, was diese Weißen von ihr verlangten – ein Quell der Seelennahrung; die Hattie McDaniel ihrer Vivien Leigh. Ich schämte mich jedes Mal, wenn wir vors Haus von jemandem aus ihrer Vergangenheit fuhren und sie ihnen zu futtern gab, was sie hören mussten, damit wir bleiben konnten; doch sie sprach mit ihnen, als wäre der Zugang zu ihren Häusern ihr Geburtsrecht – und in gewisser Hinsicht war es das auch wirklich. Allerdings passierte immer irgendetwas – ein Elternteil der jungen Radikalen, die Stella gepflegt hatte, wollte uns vielleicht nicht mehr dort haben, oder unsere Anwesenheit brachte irgendjemandes Lebensplanung durcheinander –, und wir mussten abziehen.

Ein paar Nächte, bevor wir bei Olivia und Chase landeten, hatten wir beide einen Heurekamoment. Josephine und Cody, so mutmaßten wir, mussten glauben, wir wären endgültig ausgezogen. Wenn wir den Kombi meiner Eltern an der Universität parken und spätnachts sechs Blocks zu Fuß gehen würden, könnten wir uns vielleicht wieder in die Wohnung schleichen und in unserem eigenen Bett schlafen. Wir glaubten, wenn wir darauf achteten, nicht die Toilettenspülung zu betätigen, bis wir sicher waren, dass Josephine zur Arbeit gegangen und Cody nicht da war, wenn wir nachts Taschenlampen benutzen und die Jalousien geschlossen hielten, könnten wir vielleicht ein paar Nächte ohne Vorankündigung und ohne Verbrennungen bleiben (vorausgesetzt, sie glaubten, wir wären weg, und sie hätten alles, was sie gegen uns verwendet hatten, bevor wir Malika wegschickten und das Gelände das erste Mal räumten, ein für alle Mal beseitigt).

40 Jahre später spüre ich noch immer eine Enge in der Brust und spüre einen Phantomschmerz auf meiner Haut in der Leistengegend, wenn ich an jenen Morgen denke, an dem wir in unserem eigenen Bett durch das Geräusch von Reifen aufwachten, die über den Kies im Hof knisterten. Wir schauten durch die Jalousien nach draußen. Der Wagen kam uns nicht bekannt vor. Er war makelloser als jedes andere Auto, das normalerweise in die Siedlung kam. Die Frau vom FBI stieg aus. Ich war überwältigt von einem Freudenrausch. *Gerechtigkeit*, dachte ich, *endlich werden wir Gerechtigkeit erfahren*. Als sie auf das Haus zuging, drehte sie jedoch zur Seite ab. Wir hörten die abgedämpften Spitzen ihrer Absätze auf Josephines Stufen. Für dreißig Minuten oder noch länger waren sie dort oben. Dann das gleiche abgedämpfte Geräusch herabsteigender Schuhe, allerdings war das Geräusch diesmal doppelt so laut. Die beiden standen draußen neben dem Auto und unterhielten sich in aller Freundschaft. Als sie sich wie alte Freundinnen die Hände schüttelten, wussten wir, dass wir wieder losziehen müssten.

13

3:37 Uhr. Uptown Minneapolis

Stella sagt, sie kenne einen ehemaligen Weatherman. »Wir können bei ihm unterkommen.« Die Weathermen (und Weatherwomen) hatten nicht nur sichere Unterkünfte für die Black Liberation Army gefunden, sondern sie hatten auch gefälschte Führerscheine angefertigt und Waffen in Geschäften gekauft, in denen Schwarze nichts erwerben durften, ohne dass sie auf eine Liste gesetzt wurden mit dem Vermerk »überwachen«.

Als der Krieg endete, waren sie der abscheulichen Isolation eines Lebens auf der Flucht überdrüssig geworden. Sie vermissten ihre Mütter und Väter und ihre Bekannten, doch mehr als alles andere kamen sie zu der Erkenntnis, dass sie keine Schwarzen waren: Sie waren keine genealogisch Isolierten, keine versklavten Personen, deren relationaler Status ihnen vom Tag ihrer Geburt an verweigert worden war. Sie hatten sich für dieses Leben des bewaffneten Widerstands gegen den Staat entschieden. Im September 1979 schickte Jalil Muntaqim, ein Black Panther, der zum Soldaten der Black Liberation Army geworden war, aus dem Gefängnis ein Kommuniqué, in dem er zum Ausdruck brachte, welchen Verrat er der Art von *weißen* Revolutionär:innen vorwarf, die Stella und ich im Begriff waren, zu treffen:

> Ab 1973–75 […] hatten euro-amerikanische revolutionäre Kräfte der Black Liberation Army sinnvolle Materialien und politische Unterstützung verweigert. Daher besaß die Black Liberation Army im Jahr 1974 keinen systemischen politischen Unterstützungsapparat; logistisch und strukturell war sie über das ganze Land verstreut, ohne die Mittel, ihre Kampfeinheiten zu vereinen; von den euro-amerikanischen revolutionären Streitkräften waren sie aufgegeben worden; und von den staatlichen reaktionären Kräften – COINTELPRO (FBI, CIA und die örtlichen Polizeibehörden) – wurden sie ohne Unterlass verfolgt.[28]

An der 26. Straße, Ecke Hennepin parke ich in der Nähe einer Telefonzelle. Das Mondlicht glitzert auf der regenglatten Straße. Ich frage sie, warum sie ihren Weatherman nicht schon früher erwähnt habe. Sie sagt, er könne immer noch unter Beobachtung stehen. Hinter uns sind keine Autos, und soweit ich sehen kann, befindet sich von hier bis zur 28. Straße, wo die Hennepin Avenue sich als kleine Brücke über die Eisenbahnschienen buckelt, auch niemand vor uns.

»Woher sollen wir wissen, ob er nicht immer noch abgehört wird?«

»Wir werden es nicht erfahren«, sagt sie. »Es sei denn, sie wollen, dass wir es erfahren. Und das könnte schlimmer sein, als es nicht zu erfahren.«

An der südwestlichen Ecke der 26. Straße und Hennepin bin ich wieder acht Jahre alt, in der Hand zwei knittrige Dollarscheine für einen Bucket Kentucky Fried Chicken. Meine Mutter wartet im Auto. Dies ist der einzige KFC mit Eleganz, sagt meine Mutter, der Einzige, der untergebracht ist in der hervorstehenden Ecke eines stilvollen viktorianischen Wohnkomplexes, der an das dreieckige Flatiron Building in New York erinnert. Die Tür befindet sich in der spitzen Ecke des Gebäudes und über dem Eingang dreht sich ein riesiger rot-weiß gestreifter Eimer, den das Gesicht des Colonels ziert.

Das ist die Erinnerung, die mir durch den Kopf schwebt, als ich Stella dabei zusehe, wie sie das Telefon mit Münzen füttert. Wie sehr ich es geliebt habe, Essen für meine Mutter zu kaufen. Ich habe es geliebt, unter dem riesigen, wie eine Zuckerstange gestreiften Hühnereimer, der auf einer Stange oberhalb der Tür rotierte, in den KFC zu springen. Nachts träumte ich jedoch, dass der gestreifte Eimer mir auf den Kopf fiele und meinen Schädel zertrümmerte. Ich machte ins Bett und wachte hungrig auf.

Es regnet jetzt heftiger. Stella hängt den Hörer in der Telefonzelle ein. Sie schiebt die Tür auf und sprintet zum Auto. Ich beuge mich vor und öffne ihre Tür.

»Wie viel hast du ihm erzählt?«, frage ich.

»Ich habe ihm gesagt, dass ich alles erkläre, wenn wir da sind.«

Ich flehe sie an, ihm nichts von Josephine zu erzählen. »Und sag ihm nicht, dass wir die FBI-Agentin, die uns helfen sollte, dabei beobachtet haben, wie sie zu Josephine in die Wohnung ging.«

»Er kann schon damit umgehen«, sagt sie. Sie erzählt mir, dass er schon Schlimmeres gesehen und von Schlimmerem gehört habe.

Ich mache mich bereit. Ich konzentriere mich auf meinen Atem, wie die Luft in meine Nasenlöcher und wieder hinausfließt. Reden ist Silber, Schweigen ist Gold. Doch Stella kann meine Gedanken lesen.

»Es stehen mehr als 100.000 Dollar auf dem Spiel in diesem Fall, der die Stadtverwaltungen wegen Korruption zu Fall bringen wird«, sagt sie. »Wir könnten jetzt in Spanien oder Marokko sein. Ich wäre nicht auf Sozialhilfe angewiesen. Wenn es mir nur ums Geld ginge, wäre Malika jetzt hier bei uns.«

3:51 Uhr morgens

Im Rückspiegel nähert sich uns eine dunkle Form. Doch wir sind noch beim Streiten, und in meinem Kopf finde ich keine Worte für diese herannahende Form.

Im Spiegel krallen jetzt Lichtkatzen nach uns. Ich gebe Gas.

»Fahr nicht so schnell!«, warnt mich Stella.

»Er klebt an mir!«

»Fahr langsamer, die Straßen sind nass.«

Ich fahre langsamer, wie sie sagt, doch er fährt noch dichter an unsere Stoßstange heran und blendet uns noch mehr mit seinem Fernlicht. Ich fahre schneller, und sie sagt: »Du bringst uns noch um.«

3:51:30 Uhr morgens

Ich wechsle die Spur von rechts nach links, und für ein paar Sekunden schält sich der Wagen hinter uns leicht aus der unförmigen dunklen Masse heraus und wird als Fahrzeug in einem Leichentuch aus Licht sichtbar. Ich wusste, dass es kein Streifenwagen ist; kein rotierendes Blaulicht, das über die Breite der Motorhaube läuft, kein PROTECT AND SERVE-Schriftzug, der auf die Seiten lackiert ist. Auch sieht der Wagen nicht wie ein Zivilfahrzeug der Polizei aus. Die Seiten des Wagens sind mit Mosaiken aus Ruß und Salz besprenkelt, was auf eine fehlende institutionelle Pflege hindeutet: keine Garage, keine Schar von Männern, die für Reinigung und Instandhaltung zum Dienst gezwungen werden, wie es der Fall wäre, wenn der Wagen den Bullen gehörte. Dieses Auto wird von jemandem gefahren, der keine Liste seiner Opfer führt. Ich drücke aufs Gas, obwohl ich weiß, dass ich nicht die Nerven habe, mit der Geschwindigkeit zu fahren, die wir brauchen, um davonzukommen.

Er ist direkt hinter uns.

3:51:45 Uhr morgens

Ich habe keine Halluzinationen. Er ist so nah an uns dran, dass er uns von hinten rammen wird, wenn ich anhalte oder langsamer werde. Plötzlich wird mir klar, warum Stella sich nicht außergerichtlich einigen will. Sie will das Gesicht oder die Gesichter jener Kraft sehen, die hinter den Qualen steckt, die sie während und nach (und auf seltsame Weise auch schon vor) ihrer Tortur mit Urban Risers erlitten hat. Sie will sie ins Freie locken. Heute Abend will ich dasselbe: *wissen*, wer es ist; das Gesicht sehen, das hinter uns her ist. Ich packe das Lenkrad wie seine Kehle.

»Scheiß auf den ganzen Mist.« Ich reiße das Lenkrad nach rechts herum.

»Nein, Frank.« Doch alles, was ich höre, ist, was ich will.

Wir schlingern auf die rechte Spur, dann trete ich auf die Bremse. Stellas Körper schwingt wie ein Sandsack vor und zurück, und das Auto, das hinter uns war, schlingert auf der linken Spur an uns vorüber. Jetzt fährt er vor uns davon. *Nein, das machst du nicht*, denke ich. *Ich muss dein Gesicht sehen.* Mit 50 Meilen pro Stunde rasen wir diese nasse Stadtstraße entlang.

Plötzlich wird er langsamer; als wollte er eingeholt werden. *Verdammte Scheiße – wir haben Jamals Waffe nicht.*

3:51:47 Uhr morgens

Ich drehe mich zu meiner Linken und sehe, dass er allein im Wagen ist. In meinem Kopf hämmert die Wut, weil er mich nicht anschauen will. Nach dem zu urteilen, was ich erkennen kann, sieht er anders aus, als ich erwartet habe. Seit dem Tag, an dem Noam Davidov die Nachricht überbracht hat, wann Stellas Prozesstermin anstehe und dass er sie, obwohl er ihr Anwalt sei, in den Monaten bis zu ihrem Gerichtstermin nicht beschützen könne, seit diesem Tag habe ich sehr oft an dieses Phantom gedacht. J. Edgar Hoover ist seit acht Jahren tot;* trotzdem glaubte ich, wenn man uns eines Tages schnappen würde, dann wäre ein Hoover-Typ dafür verantwortlich, ein Mann in Zivil, flanellgrau gekleidet, mit einem rosafarbenen bartlosen Gesicht; ein geschniegeltes und gestriegeltes Schweinchen. Jetzt sieht er überhaupt nicht mehr so aus. Sein auf- und niederwellendes Haar erinnert mich an jenen Abend, als zwei Männer aus meinem Appartement stiegen und die Gasse entlang davonrannten. Ich frage mich, ob es derselbe Mann ist? Ich will sein Gesicht sehen.

Dreimal schaue ich ihn an und dann schnell zurück auf die Straße, um keine Ampel und niemanden zu überfahren, obwohl um diese Zeit niemand auf der Straße zu sein scheint. Sein Haar wellt sich bis zu den Schultern hinunter. Sein Profil erinnert mich an Uriah Heep, den knochigen Schurken aus *David Copperfield*, dessen Fassade der Demut sich als ebenso leer erweist wie sein Gewissen; ein Mann, dessen Hände immer feucht sind. Und wie Uriah Heep tut er so, als wären Stella und ich überhaupt nicht da. Er fährt die Straße entlang, während wir beide neben ihm her rasen, und er schaut nicht zu mir rüber; genauso wenig, wie ich Stella ansehe, obwohl sie brüllt und mir befiehlt, die Sache auf sich beruhen zu lassen. Ich schreie ihn an, als glaubte ich, dass er mich hinter seinem und meinem Fenster hören könne. Ich drehe das Lenkrad nach links und zwinge ihn, auf die Gegenfahrbahn auszuweichen. *Ja, das hast du verdammt noch mal gemerkt.* Er schwenkt zurück in seine Spur. Wie Stoffpuppen werden wir im Wageninnern herumgeworfen, als ich von ihm abdrehe und der rechte Vorderreifen

* Hoover war der erste Direktor des FBI und starb am 2. Mai 1972. In Dinkytown konnte man am Tag nach seinem Tod Batik-T-Shirts mit der Aufschrift »J. Edgar Hoover is alive and well in hell« kaufen.

über einen Bordstein schießt, und als ich ihn diesmal ansehe, hält er eine Waffe in der Hand.

3:56 Uhr morgens

Ein Mond schwimmt aus einer Wolke heraus. Er gießt zerbrochenes Glas auf die Oberfläche des Sees. Der Motor brummt, während der Kombi auf dem Lake of the Isles-Parkway im Leerlauf steht. Stella sagt: »Was zur Hölle ist nur in dich gefahren, dass du einen Weißen mit einer Waffe verfolgst?« Sie dreht ihren Kopf, um den Schmerz in ihrem Nacken zu lindern. Meine Schläfen hämmern. Mir ist schwindelig, und mir ist schlecht. Ich weiß, von all den Autos auf dieser Welt darf ich auf keinen Fall in diesem Auto kotzen, doch meine Hände lassen das Lenkrad nicht los. Das geräumige Haus, in dem ich aufgewachsen bin, liegt drei Blocks nördlich und sechs Blocks den Hügel hinauf von diesem Parkplatz am See entfernt. Auf der anderen Seite des Sees gibt es ein Loch in der Nacht, wo eine steinerne Kirche steht, leer wie eine Zahnlücke, und ein Loch, in das sich meine Schule in die Finsternis geritzt hat.

Es ist seltsam, was einem durch den Kopf schwirrt in den Momenten, nachdem man beinahe umgekommen ist. Sieben Jahre sind vergangen seit dem letzten Spaziergang, den mein Vater und ich um diesen See herum unternommen haben. Es war Sommer. Ein Hauch von Algen durchblühte die Brise. Ich war 17 und die Welt war ganz neu, weil ich neu war in ihr. Ich wurde von den Dartmouth-Footballtrainern umworben, obwohl ich noch ein Junior in der Highschool war. Dad und ich waren nur ein paar Schritte von dem Parkplatz entfernt, wo Stella und ich nun parken. Wir standen an einer Weide am Wasser. Ich sagte ihm, dass ich nach Berkeley gehen würde, ich sagte, ich müsse näher an der Revolution sein. *Nicht auf meine Kosten*, sagte er. Da sahen wir Walter »Fritz« Mondale, der von Lonnie, seinem Rough Collie, zu uns gezerrt wurde.

Lonnie zog an der Leine, während wir uns im dünnen Schatten der Weide unterhielten.* Senator Mondale trug Slipper, und die Arme seines Pullovers waren über seine Schultern gelegt und um seinen Hals gekreuzt. Er hatte müde Augen, die seinem Gesicht eine stille Freundlichkeit verliehen, was über seine Positionen zum Vietnamkrieg hinwegtäuschte. Mondale fragte meinen Vater, ob er für das Repräsentantenhaus kandidieren würde. Es war wahrscheinlich nicht das erste Mal, dass Vater von einer hochrangigen Standesperson gebeten wurde, für ein öffentliches Amt zu kandidieren, und es war auch nicht das erste Mal, dass er sagte, wie sehr er sich durch ein solches Angebot geehrt fühle, dies jedoch ablehnen müsse. Er wollte seinen Job als Professor und Dekan nicht aufgeben. Außerdem war er nicht sicher, ob Kenwoods republikanischer Amtsinhaber geschlagen werden könnte. Am Bordstein des Parkway drehte sich Mondale um und sagte: »Was hast du nach Dartmouth vor, mein Sohn?« (*Fürs Erste, Herr Kriegsverbrecher, ich gehe nicht nach Dartmouth.*) Ich zuckte mit den Schultern. Ich lächelte. Ich sagte zu Mondale, dass vier Jahre eine lange Zeit seien, dass ich nicht einmal wüsste, was ich als Hauptfach studieren wolle. Danke, sagte mein Vater, als der Senator außer Reichweite war.

»Antworte mir«, sagt Stella zum zweiten Mal. Sie reibt sich den Nacken, und sie könnte ein Schleudertrauma haben. »Sitz nicht einfach so da, als würdest du mich nicht hören, Frank!«

Der Geschmack von Kotze steigt in meiner Speiseröhre auf und vermischt sich mit dem widerlichen Geruch meines Körpers. Ein Geruch, den ich bisher nur in einer U-Bahn in New York gerochen habe, als sich die Türen öffneten und ein Mann, der auf der Straße lebte, einstieg. Seine Hose sah aus, als wäre sie in Öl getränkt und von der Sonne steifgetrocknet worden. *Was*, fragte ich mich, als er den Haltegriff umklammerte und direkt durch uns hindurchblickte, *ist die Geschichte hinter dieser Art von Geruch?* Galle schnürt mir

* Dem Hund war nach Gassi zumute, nicht nach Geschwätz.

die Kehle zu. Ich öffne die Tür. Ich kippe um und erbreche mich über Senator Mondales Schuhe, eine gelbe Gischt, die für mich nach Mittagessensfleisch und der Fäkalfäule eines Sumpfes riecht.

4:00 Uhr morgens

»Chase hat mich gleich durchschaut«, sage ich. »Nachdem Josephine uns verjagt hatte, dachte ich darüber nach, zu gehen. Wir wissen nicht mal, mit was oder wem wir es zu tun haben. Mein Gehirn und mein Magen wollen explodieren.«

Stella hält mich, während ich weine. Ich habe das Gefühl, dass ich aus meiner Haut fahren will, denn ich bin der Mann, und ich denke, dass sie diejenige ist, die weinen sollte; dass ich sie trösten sollte. Ich würde aufblicken und sie küssen, doch ich habe einen Pferdeatem.

»Wenn man ein Kind hat, lernt man, seine Angst zu verbergen.« Vielleicht hat sie gespürt, wie ich in ihrer Umarmung zusammenzucke, denn sie fügt schnell hinzu: »Ich sage nicht, dass du ein Kind bist. Du bist nicht gegangen.« Sie küsst mich auf die Stirn. Ich sage, es tue mir leid, dass mein Ausraster ihr Schmerzen im Nacken und in den Schultern verursacht habe. Ich setze mich auf und beginne, sie zu massieren, doch sie sagt, wir sollten weiterfahren.

4:45 Uhr. Im Seward-Viertel

Wie winzige Toupets zieren Spitzendeckchen den Kaminsims, auf dem gerahmte Familienfotos ausgestellt sind: Schlitten fahren im Theodore Worth Park; ein sommerliches Picknick nahe der Konzertmuschel am Lake Harriet. Nur keine Schwarz-Weiß-Szenen aus den Tagen des Zorns;* kein Porträt von Ho Chi Minh; kein Echo

* Empört über den Vietnamkrieg und den Rassismus in den USA marschierten während der sogenannten Tage des Zorns, der Days of Rage, Hunderte von Weathermen, Bleirohre schwingend und Footballhelme tragend, durch ein gehobenes Chicagoer Einkaufsviertel. Vom 8. bis zum 11. Oktober 1969 zerstörten sie geparkte Autos, zertrümmerten Schaufenster und lieferten sich Nahkämpfe mit der Polizei.

meiner Erwartungen. Stella hatte gesagt, er sei ein Weatherman gewesen, doch dies schien kaum das Zuhause von jemandem zu sein, der in der Innenstadt von Chicago Straßenkämpfe gegen die Polizei geführt oder das US-Kapitol bombardiert hat; und der Mann selbst verbreitet eher die Atmosphäre eines Therapeuten als die eines Menschen, der seinen Körper in die Räder und Zahnräder der System-Maschinerie geworfen hat, als diese Maschinerie widerwärtig wurde und ihn im Innersten krank machte.

»Wie ich sehe, schwingst du nicht deine Freak-Flagge«, sagt sie. Damit meint sie: Du hast dir den Bart rasiert und die Haare geschnitten. Stella und ich setzen uns zögerlich hin.

»Ich brauchte einen Job«, sagt er ernsthaft und ironiefrei, und er ignoriert die Enttäuschung in Stellas Stimme. »Also bin ich zur Menschheit übergelaufen.«

Er fragt uns, was uns um vier Uhr morgens zu seinem Haus bringe. Ich wünschte, er würde uns etwas zu essen anbieten. Doch er serviert uns nur Tee mit Honig.

Erzähl ihm von deiner Klage gegen Urban Risers. Erzähl ihm von dem Klicken in unserer Telefonleitung. Erzähl ihm, warum Jamal dir eine Waffe gegeben hat. Erzähl ihm von dem Einbruch in meine Wohnung, wie meine Bücher mit neurotischer Ordnung auf dem Boden aufgereiht worden waren, wie meine maschinengeschriebenen Seiten sorgfältig verstreut wurden und nicht ein einziger Cent gestohlen wurde. Erzähl ihm, dass Imani Price behauptet, Kapalei Kenyatta und die U.S.-Marshals hätten sich gegenseitig in der Hand. Erzähl ihm, dass du dir den Hals verletzt hast, als ich auf dem nassen Asphalt der Hennepin ausgewichen bin und mit einem Mann Jäger und Gejagter spielte, der mich wütend machte, weil er mich nicht anschauen wollte; wie mich einmal ein Straßenköter mit mehr Verständnis ansah, als er seinen Kopf von seinen Essensresten hob; wie wir mitten auf der Straße einen U-Turn machten und er uns aus irgendeinem unbekannten Grund entkommen ließ. Aber bitte, Stella, bitte erzähl ihm nichts von Josephine.

Stella hört nicht auf meine Gedanken. Sie erzählt ihm die Geschichte vom Anfang bis zu diesem Moment.

5:30 Uhr morgens

Er fragt sie, ob es sonst noch etwas gebe, und sie schüttelt den Kopf. Er bringt die Teetassen in die Küche. Als er zurückkommt, fragt er sie, was sie von ihm wolle. Lachsfarbenes Licht strömt durch die Falten seiner Jalousien. Wir hören das Summen und Surren von dickbärtigen Bürsten die Straßen säubern. Die Welt erwacht. Dann sagt er uns, dass es ihm leidtue, aber wir könnten nicht bleiben. Ich bin wütend. Ich sage Stella, dass ich ihr doch gesagt hätte, er würde uns nicht glauben. Stella fragt ihn, ob das stimme. Er versucht zu sagen, dass es drei Möglichkeiten gebe, als ich aufstehe, um zu gehen. Doch wenn die Frage ist, ob ich glaube, dass das FBI Josephine rekrutiert hat, um euch zu vergiften? Dann ist das zwar eine von den drei Möglichkeiten. Doch es ist keine, die ich für die Wahrheit halte. Komm schon, sage ich zu Stella, ich habe genug gehört.

14

Mein Vater und ich haben kaum miteinander gesprochen, seit ich vor zwei Jahren vom College geflogen bin, und ich ihm gesagte habe, dass ich nicht mehr zurückgehen werde. So viel zu einem Sitz im Repräsentantenhaus. Mom und Dad sind überzeugte Anhänger der Demokratischen Partei, und ihr ältester Sohn ist Kommunist. Das Leben ist nicht leicht für die beiden.

Es ist jetzt April. Beinahe vergessen sind die Regenschleier des März. Ich bin gerade 24 geworden. Letzten Monat habe ich das Auto meiner Eltern gestohlen, als sie in Moskau oder Peking waren, oder vielleicht war es auch Bremen oder Belize: eine zweimonatige Tour, bei der sie die Fallstricke sowjetischer psychiatrischer Kliniken untersuchten, drei Wochen Beratung von chinesischen Sonderschulverwaltungen, eine Studie der Ford-Stiftung über die deutsche Stadterneuerung oder eine Rettungsmission amerikanischer Studierender, die zu viel Dope rauchten und in Belize ins Gefängnis geworfen wurden – ich habe keine Ahnung, weil ich nicht mehr bei ihnen wohne.

Dad kontaktierte mich und fragte, ob wir uns an der Hennepin Avenue im Uptown Diner treffen könnten. Sein schienbeinlanger schwarzer Ledermantel ließ ihn aussehen wie Shaft, mit Pfeife statt Pistole.* Ich trug einen Navy-Mantel und hatte mein Haar unter meinem Käppchen zu Cornrows geflochten. Er scherte sich nicht um die Abendkarte und bestellte ein Bier. Er kam nicht zur Sache. Doch er wusste, dass Stella und ich sein Auto genommen hatten, vielleicht hatte er sogar unseren Geruch darin bemerkt und wusste, dass wir dort geschlafen hatten. Als ich weder bestätigte noch dementierte, was er sagte, wechselte er das Thema.

Er sagte mir, das Geiseldrama im Iran dauere nun schon seit mehr als hundert Tagen an. Er sagte, es sei schlecht für die Wiederwahl von Jimmy Carter (1980). Er erinnerte mich daran, wie wichtig es sei, wählen zu gehen; damit meinte er, wie wichtig es sei, für Jimmy Carter und Walter Mondale zu stimmen, um einen Wahlsieg von Reagan/Bush zu verhindern. Ich hätte ihm beinahe gesagt, dass ich für den Ayatollah Khomeini stimmen würde, da er und die iranischen Studierenden in den ersten Tagen der Besetzung im Herbst zuvor das gesamte Schwarze Botschaftspersonal sowie alle Frauen freigelassen hätten. Doch mein Vater und ich waren uns in den letzten zwei Jahren fremd geworden, und Sarkasmus ist die letzte Zuflucht der Schwachen; und obschon die Verbrennungen an meinen Innenschenkeln aufgehört hatten, zu stechen, und nur noch ein leichtes, heißes Jucken zurückgeblieben war, wollte ich, dass er mich in den Arm nimmt. Ich wollte, dass er mich weinen lässt.

* John Shaft war ein Schwarzer Privatdetektiv, im Originalfilm von 1971 gespielt von Richard Roundtree, bei dem Gordon Parks Regie führte.

Ich war angespannt. Ich dachte, er wolle mich treffen, um mir von Angesicht zu Angesicht zu sagen, dass ich Stella verlassen solle. Sie war, wie er wusste, 16 Jahre älter als ich und hatte ein Kind, das halb so alt war wie ich. Ich dachte, Dad komme, um mir einen Vortrag über die Fallstricke zu halten, die es mit sich bringe, wenn man zu einer Sozialhilfeempfängerin und ihrem multiethnischen Kind in ein gemachtes Nest eintrete. Doch er zeigte nie Unzufriedenheit mit einer meiner Partnerinnen, und außerdem mochte er Stella, denn sie hatten am College of Education der Universität zusammengearbeitet. Ich wich nicht aus, als er weiter über die Wahlen sprach; als er mich jedoch fragte, wann ich wieder nach Dartmouth zurückgehen und meinen Abschluss machen wolle, schob ich meinen Stuhl vom Tisch zurück. Er hob die Hände. Vergiss Dartmouth, gab er auf, ich muss dir was erzählen.

Er sagte, er teile sich eine Bank in der Basilica of Saint Mary mit dem Regionaldirektor des FBI, Special Agent Lindberg. Während er sprach, war sein Gesicht vor Sorge zerfurcht. Als Dad und Mom letzten Sonntag aus der Kirche gingen »hat mich Special Agent Lindberg nach der Messe zur Seite genommen«. Dies ist der Moment, in dem mir mein Gedächtnis einen Streich spielt. Manchmal erinnere ich mich daran, dass mein Vater erzählte, Lindberg habe ihm gesagt, er möge mir und Stella doch mitteilen, wir sollten »das sein lassen«. Manchmal sehe ich uns an dem Tisch im Diner sitzen und er spricht dies wortwörtlich aus: »Special Agent Lindberg teilt eine Bank mit mir. Er sagte mir, dass du in sein Büro gekommen bist und mit seinen Leuten gesprochen hast.« Wenn ich mich so daran erinnere, kommen die Worte »das sein lassen« nicht über Vaters Lippen und werden stattdessen von seinen Augen ausgedrückt.

Dad fragte mich nicht, was dieses »das« war, was ich und Stella sein lassen sollten; ich fragte nicht, wie Lindberg »das« erklärt hatte oder ob er es überhaupt erklärt hatte. Wenn ich jetzt daran zurückdenke, erinnere ich mich an eine Szene lange vor der Zeit von Diners und Kombis – aus der Zeit, als wir noch Leibeigene waren. Es ist eine Szene aus dem Film *12 Years a Slave*. Solomon Northup, der Sklave, der 1853 seine Lebensgeschichte niederschrieb, die Grundlage für den Film war, hängt von einem Seil um seinen Hals an einem Baum. Seine Zehenspitzen berühren gerade den Boden. Sie sind das Einzige, was ihn am Leben hält. Von der Veranda des Herrenhauses aus richtet der Aufseher eine Schrotflinte auf ihn und schaut auf ihn hinab. Nach und nach öffnen sich die Türen der Sklavenhütten, während die Sklav:innen ihren täglichen Tätigkeiten nachgehen. Niemand sieht Solomon an. Niemand fragt, was dieses »das« war, was ihn an diesen Baum gebracht hat. Sie pflegen lediglich ihre bescheidenen Gärtchen und bereiten ihre bescheidenen Mahlzeiten zu. Sie wissen, wie töricht es ist, den Aufseher um eine Erklärung zu bitten. Sie wissen, dass es einem Selbstmord gleichkäme, Salomon zu befreien. Sie wissen, wie sie unbemerkt bleiben können. Hätte man mich mit 24 gefragt, ob ich oder Dad an diesem Baum hingen, hätte ich gesagt: Ich. Doch heute weiß ich, dass wir alle dort hängen: Solomon, Stella, ich, Malika, meine Mutter und mein Vater und all die Leute, die an diesem schwülen Tag an der Bayou aus ihren Hütten kamen und nichts gesehen hatten; und Special Agent Lindberg stand auf der Veranda und schaute auf uns herab.

Wir gingen gemeinsam aus dem Uptown Diner. Als ich die Tür eines Taxis von Blue & White öffnete, das ich fuhr, um mir etwas dazuzuverdienen, umarmte er mich, bis ich spürte, dass sein Leben in meinem zu erwachen begann. In seinen um mich geschlossenen Armen hätte ich beinahe angefangen, zu weinen. »Du bist unser ältestes Kind«, sagte er mit einer Stimme, die ich kaum wiedererkannte. »Bitte ruf deine Mutter an. Wir lieben dich.«

Ich hätte auf der Hennepin geradewegs nach Norden fahren sollen, durch die Innenstadt, hätte den Mississippi nach Südost-Minneapolis überqueren sollen, wo ich mit Stella und Malika gelebt hatte, bis wir Malika in Sicherheit brachten. Stattdessen fuhr ich drei Blocks Richtung Westen und parkte am Ufer des Lake of the Isles. Gerade begann der Abend. Ein Mann und eine Frau in einem

Kanu paddelten durch die Seerosenfelder zum Ufer, wo eine Weide, die ich seit meinem sechsten Lebensjahr kannte, ihren Bart ins Wasser tunkte. Nun versank die Sonne hinter steinernen Villen, die entlang des Lake of the Isles Parkway schlummerten. Sie glichen Bunkern, die nach dem Krieg aufgegeben worden waren. Ein Seetaucher gurrte. In der Grundschule hatte ich Bantam-Hockey gespielt, als der See zugefroren war bis rüber zur Insel, wo sich nun ein Seetaucher zwischen dem Schilf versteckte. Ich war bloß sechs Blocks von meinem Elternhaus entfernt, doch nun erschien es mir wie ein fremdes Land.

Ich bin sicher, dass Special Agent Lindberg ein frommer Mann war; das waren die meisten Leute, die in der Kirchenbank meiner Eltern saßen. Doch die Qualitäten seines Charakters stehen nicht zur Debatte, und das sollten sie auch nicht, wenn wir Lindbergs paradigmatische Position im Vergleich zur Position der Schwarzen verstehen wollen. Weniger als neun Jahre waren vergangen, seit eine Gruppe von Antikriegsaktivist:innen am 8. März 1971 in die FBI-Außenstelle in Media, Pennsylvania, einbrach, sich alle Dokumente schnappte, die greifbar waren, und auf diese Weise das Labyrinth der Gewalt entlarvte, das J. Edgar Hoover geschaffen hatte.

Dank der investigativen Nachforschungen von William Maxwell wissen wir sehr viel über dieses gewalttätige Labyrinth, das »unsere Freiheit schützt«. Maxwells *F. B. Eyes. How J. Edgar Hoover's Ghostreaders Framed African American Literature* zeigte erstmals, dass das größte afroamerikanische literaturwissenschaftliche Institut nicht auf einem Universitätscampus existiert, sondern Teil des Federal Bureau of Investigation ist. Zum hundertsten Mal jährte sich 2019 das Bestehen dieser Abteilung innerhalb des FBI, deren Special Agents die Lyrik, Belletristik und Sachliteratur Schwarzer Schreibender des Landes lesen und analysieren. Doch diese Literatur-/Ermittlungsabteilung ist nicht nur ein Think Tank des FBI. Hundert Jahre lang hat sie ihre heimlichen Krallen in das Leben Schwarzer Schriftstellerinnen und Schriftsteller getrieben. In den USA wie in anderen Ländern hat sie sie schikaniert, indem sie ihre Namen auf eine Liste der »gefährlichsten« – also *einflussreichsten* – Schwarzen Schriftsteller und Schriftstellerinnen gesetzt oder davon gestrichen hat, um sie im Falle weitreichender Unruhen in der Black Community zusammenzutreiben und in einem Internierungslager einzukerkern. Diese FBI-Division hat sogar Literaturzeitschriften ins Leben gerufen, um Spezialagenten dabei zu helfen, neue Schwarze Literatur aufstrebender Schwarzer Schreibender »abzufangen« – das FBI bewahrt sehr viele unveröffentlichte Manuskripte Schwarzer Schreibender in seinen Akten auf und behält ihre Autorinnen und Autoren ebenso im Auge wie etablierte Schriftstellerinnen und Schriftsteller.*

Hier erkennen wir also die Auswirkungen der libidinösen Ökonomie (die phobische Vorstellung, dass Schwarze eine Bedrohung für die Stabilität darstellen und immer dargestellt haben), verbunden mit der strukturellen Gewalt des Staates, der Abteilung für afroamerikanische Literatur des FBI, die 1919 ins Leben gerufen wurde, als J. Edgar Hoover ein Gedicht des Harlem-Renaissance-Lyrikers Claude McKay las. Das Gedicht »If We Must Die« ist eine Antwort auf die *race riots* gegen Schwarze im ersten Jahrzehnt des 20. Jahrhunderts. Als Verbrechensbekämpfer hätte Hoover strategischer gehandelt, wenn er nicht McKay dafür verteufelt hätte, dass er ein Gedicht über Selbstverteidigung geschrieben hat, sondern wenn er eine Abteilung für *weiße* amerikanische Literatur eingerichtet hätte, damit er und seine Special Agents den gewalttätigen Puls der *weißen* Zivilgesellschaft hätten nehmen können; denn die Unruhen, auf die sich McKay in seinem Gedicht bezog, bestanden in der Gewalt von Lynchmobs, die über die Black Community herfielen. Das FBI-Beispiel der literarischen Einkerkerung kann uns dabei behilflich sein, die generellere Einkerkerung der Schwarzen zu reimaginieren; nicht als einen Ort in Raum und Zeit (das ist

* Nach Maxwells *F. B. Eyes*.

nur eine Iteration von Einkerkerung), sondern als ein Paradigma der *permanenten und anhaltenden* Beschränkung, in dem Nicht-Schwarze (das, was der Afropessimismus als Menschen bezeichnet) ein- und ausgehen, aber in dem Schwarze sie bei ihrer Ankunft begrüßen und sich auch wieder von ihnen verabschieden, wenn die Nicht-Schwarzen von der Geschichte befreit werden, während die Schwarzen weiterhin zurückbleiben und der nächsten provisorischen Runde unglücklicher Seelen harren müssen. »Es gibt kein goldenes Zeitalter für Schwarze vor dem Gesetz. Strukturelle Verwundbarkeit für Aneignung, fortwährende und unfreiwillige Verletzlichkeit [...] sind als die paradigmatischen Bedingungen der Schwarzen Existenz in Amerika zu verstehen, die bestimmenden Merkmale der *Anti-Blackness* der Neuen Welt. [...] Die polizeiliche Verfolgung von Schwarzen während der Kolonialzeit und während der Zeit vor dem Bürgerkrieg war [...] das Vorrecht jedes Weißen (sie konnten die Rolle annehmen oder ablehnen) und wurde erst später professionalisiert, als das moderne Gefängnissystem aus der Asche der *Reconstruction* aufstieg.«[29] Dies wirft das nächste Rätsel auf – eines, das es Schwarzen unmöglich macht, zu erkennen, wo die Gewalt des Staates endet und die Gewalt der *weißen* Nachbarinnen und Nachbarn beginnt.

Dies war das Rätsel, das mich und Stella aus unserem Haus vertrieben hatte.

15

HANOVER, NEW HAMPSHIRE. MAI 1980.

Die Studierenden, die Professor:innen und sogar die Dekane des College-Ausschusses »Standing and Conduct«, einem Komitee für Ansehen und Verhalten, waren nicht dieselben wie diejenigen, die mich vor zwei Jahren rausgeschmissen und mir gesagt hatten, ich solle mir eine Anstellung in irgendeinem Unternehmen suchen oder bei der Armee anheuern, bevor ich meine Rückkehr beantrage. Ich hatte meinen Afro zurechtgestutzt und mir den Bart rasiert, und um meinen Hals trug ich eine blaue Krawatte anstelle einer eleganten Schlinge.

Ein Dekan fragt mich, wie ich meine letzten zwei Jahre verbracht habe. Wie die Fenster der Abteile eines Zuges, der auf dem Nebengleis an mir vorbeirauscht, sehe ich die Antworten an mir vorbeiflimmern.

(Ich bin im Schneesturm von Minneapolis nach Columbus, Ohio, getrampt. Ich rauchte Haschisch mit einem verwundeten Green Beret, der mich am St. Croix River aufgelesen hatte; seine beiden Arme waren mit Schusswunden tätowiert, von den Handgelenken bis rauf zu den Schultern, wo die Splitterschutzweste die streuenden Kugeln abgefangen hatte, die während der Tet-Offensive seine Brust getroffen hatten. Ich schlief in einem Obdachlosenheim und arbeitete als Tagelöhner. In Columbus arbeitete ich als Müllmann. Ich hatte meinen elften LSD-Trip; ein Eichhörnchen in einem Park ließ eine Eichel aus seiner Schnauze fallen, nur um mir zu sagen: Jesus rettet. Ich weiß, dass Jesus rettet, sagte ich ungeduldig, aber wo zum Teufel kauft er ein? Das Eichhörnchen sprang aus einer Tüte; es wurde ganz hochschnäuzig und sagte mir, solche Details dürfe es keinesfalls preisgeben. Ich kam von meinem Trip runter und ging drei Monate, nachdem Sie mich rausgeschmissen hatten, nach Minneapolis zurück. Ein Vier-Abend-Gig als Stand-up-Comedian in einer Country-und-Western-Kneipe. Sie wollten Redd Foxx, der, wie sich herausstellte, bei Malcolm X angefangen hatte, bevor er zum Mainstream wurde, doch von mir bekamen sie Lenny Bruce. Ich überstand die Woche nicht. Ein oder zwei Monate lang arbeitete ich für Prince – als Türsteher in seinem Nachtclub in einem leer stehenden Greyhound-Busbahnhof in der Innenstadt von Minneapolis, nur einen Block von der Hennepin Avenue entfernt. Mitten im Club wurde ich von zwei stockbesoffenen *weißen* Typen und einer Frau zusammengeschlagen. Der College-Ausschuss »Standing and Conduct« sollte allerdings berücksichtigen, dass ich mich eine Minute lang auf den Beinen hielt – mindestens; dann haben meine Hände und Knie schlappgemacht. Waren es Stroboskoplichter oder Sterne, die in meinen Augen explodierten, als die Frau mir mit einem Becher oder einer Bierflasche auf den Hinterkopf schlug? Sie ritt auf meinem Rücken wie auf einem Ochsen, und aus ihrem süßen Blondchen-Mund regneten alle möglichen »Nigger« über meinem Kopf nieder, während die Männer mir in die Rippen traten. Ich verdiente nicht schlecht als Kellner. Doch das war nicht von Dauer, und ich kann nicht sagen, warum. Oder doch, ich kann sagen, warum, aber wenn ich es Ihnen erzählen würde, müssten Sie auch den Rest hören: Wie ich mich in Stella verliebt habe; wie wir von Geistern verfolgt wurden.) Der Zug rauscht vorbei und nimmt seine Fenster unbeschreiblicher Szenen mit.

Vor dem Dekan rücke ich mit der anderen Wahrheit raus.

»Als freiberuflicher Journalist habe ich für verschiedene Zeitungen der Twin Cities gearbeitet; ich habe als Forscher für die Urban League gearbeitet; ich habe PR für die Legal Aid Society of Minneapolis gemacht und studierte zwei Quartale lang Dickens und Hardy an der University of Minnesota.«

Während ich spreche, liest der Dekan sich meine aktualisierte Akte durch. Beim Lesen sagt er: »Zwischen verschiedenen Anstellungen bestehen einige Lücken, die nicht erläutert werden – und über Ihre letzten drei Monate wissen wir rein gar nichts.«

16

Auf der anderen Seite des Dartmouth Green befinden sich die Reed Hall, die Wentworth Hall und die Fayerweather Hall, die langen weißen Kolonialgebäude mit ihren vergitterten Fenstern, an deren Seiten Fensterläden wie Flügel hängen, gestrichen in Braunschweiger Grün. Ich muss lächeln, wenn ich mich an meine erste Nacht in meinem Fayerweather-Schlafsaal vor sechs Jahren, im Jahr 1974, erinnere, und ich frage mich, wer dieser frischgebackene junge Mann war, der damals an die Decke starrte, als er im Bett lag und abhauen wollte. Jetzt gehen Studierende und Alumni in grünen Pullovern mit einem weißem D die sonnige Hauptstraße auf und ab, als ob ihnen nichts auf der Welt gefährlich werden könnte. Es liegt ein Duft von Kiefernnadeln in der Luft, Nadelbäume vermummen die Berge rund um die Stadt Hanover. Die Leute hier sagen, dass es seit Wochen nicht mehr so warm war. Das Gras auf dem College Green ist trocken.

In einer eichenvertäfelten Telefonzelle im Hopkins Center füttere ich den Münzschlitz mit Vierteldollar-Stücken. Zwei Jahre sind vergangen. Lange genug, dass ich vergessen habe, warum ich von dieser Telefonzelle aus irgendwann aufhörte, zu Hause anzurufen. Die Telefonzelle steht an dritter Stelle in der Reihe der Telefonhäuschen. Hier ist ein Graffito mit den Worten: *Der Nigger ist der lebende Beweis dafür, dass der Indianer den Büffel gefickt hat.* Doch meine Vierteldollar-Münzen wurden angenommen, ihr Telefon klingelt, und ich bin heute viel zu glücklich, um mich verletzen zu lassen.

»Stella, sie haben mich wieder reingelassen!«

»Wow ... das ist großartig. Das ist toll. Aber wie?«

»Sie waren sich nicht über die Anklagepunkte im Klaren. Am Ende schaute sich der Dekan die letzten Zeilen meines Urteils von 1978 an und sagte: ›Hier heißt es, um wieder aufgenommen zu werden, müssen Sie zeigen, dass sie den *esprit de corps* einer Ivy-League-Institution verinnerlicht haben. Wir fragen Sie also: Haben Sie in den vergangenen zwei Jahren den *esprit de corps* einer Ivy-League-Institution verinnerlicht?‹ Als ob es mehr als eine Antwort gäbe! Jeder im Ausschuss nickte, als ich antwortete; und das war es. Ich schaue mich jetzt nach Appartements um. Ich komme, sagen wir, am Samstag zu dir, dann fahren wir zusammen her und lassen Malika holen. Bald bin ich Ivy-League-Absolvent. Ich suche mir einen klasse Job und unterstütze dich, damit du deinen Bachelor machen kannst.«

»Nach dem Prozess werde ich mein eigenes Geld für die Uni haben. Im November kommen wir doch für den Prozess zurück, oder?«

»Na ja, klar.«

»Versprochen?«

»Wir gehen zusammen mit Noam zum Gericht und mit ihm gemeinsam raus. Wir sind nur für ein paar Tage in Minneapolis.«

»Es könnte schon länger dauern.«

»Okay, Stella, es dauert so lange, wie es eben dauert.«

17

Es gibt ein Foto von Stella, das ich mit meiner Mirandakamera in Marokko aufgenommen habe. Wir waren auf einem Kai in Tanger, als wir gerade an Bord des Tragflügelbootes nach Gibraltar übersetzen wollten. Das Foto wurde vier Jahre nach jener Nacht auf der Hennepin Avenue aufgenommen. Der Felsen von Gibraltar, Spanien und ein blaues, dunstiges Meer verzieren die Landschaft hinter ihr. Zu Hause, in der Dunkelkammer, spürte ich ein Beben der Trauer, als ich sah, wie abgetragen ihr Lächeln auf diesem Foto war. Ich musste daran denken, wie sie aussah, als wir das Haus ihres Weatherman-Bekannten verließen und im Uptown Diner saßen und darüber berieten, wie es weitergehen sollte, in einem Raum gespickt mit Schlaflosen und einem Rendezvous von Fremden am Tresen bei der Kaffeemaschine. Urlaubsfotos sollten einen nicht an diese Art von Vergangenheit erinnern. Ich blieb in der Dunkelkammer und blendete ein Foto von farbigen Laternen darüber, das ich auf der Außenterrasse eines chinesischen Restaurants in Torremolinos gemacht hatte, um das Auge von dieser Nacht auf der Hennepin Avenue wegzulenken.

18

Bevor wir die Wohnung des ehemaligen Weathermans verließen, hatte er versucht, uns so gut er konnte zu erklären, warum wir nicht bleiben könnten.

»Ich will nicht glauben, dass meine Leute im Kern böse sind«, hatte er uns gesagt.

Dann meinte er, als der Vietnamkrieg endete und der Weather Underground sich zu zersplittern begonnen habe, seien einige Leute, die weiterkämpfen wollten, nach Süden gegangen und hätten den Ku-Klux-Klan infiltriert. Lange Zeit hatte er versucht, die Geschichten zu vergessen, die einer von ihnen bei seiner Rückkehr mitgebracht hatte. Er sagte, dass der Fantasie dort unten keine Grenzen gesetzt seien, was die Gewalttaten gegen Schwarze angehe. Sie kriegen Migräne, sagte sein Freund, ein gemeinschaftlicher Druck lastet auf ihren Gehirnen, wenn sie längere Zeit niemanden zum Töten oder Verbrennen haben.

»Stella, ich kann gegen die Kriegsmaschinerie kämpfen, aber dagegen kann ich nicht kämpfen«, sagte er. »Die U.S.-Marshals werden nicht zulassen, dass du diese Bänder und Rechnungen im Gericht vorlegst.«

Der Ex-Weatherman sagte, selbst wenn sich die U.S.-Marshals nicht für Kapalei Kenyatta eingesetzt hatten, so müsse es doch irgendeine Behörde gewesen sein.

»Das FBI macht mir Angst, aber das ist nur Angst«, gab er zu. »Leute wie Josephine *entsetzen* mich. Es ist, als blickte ich in das Gesicht meiner Mutter – oder in mein eigenes. Ich bin entsetzt über die Intimität. Diese FBI-Agentin hatte Josephine vielleicht nur einen Routinebesuch abgestattet; es geht nicht um die Fakten. Die Sache ist, dass wir hier im Norden sind, aber es geht hier genauso zu wie im Süden.« Womit er meinte, dass man nicht sagen könne, wo die Menschen enden und die Schweine beginnen würden im Spiegelsaal, den Stella und ich passierten. Dann lachte er zum ersten Mal an diesem Morgen, doch war dies kein Lachen, das ihm Erleichterung brachte.

»Die Schweine und meine Mutter, oder eigentlich die Schweine und ich–« Er unterbrach sich und sagte anschließend: »Du kennst mich, Stella, ich war in den Schützengräben, als ich glaubte, dass das einen Sinn hätte, aber ich kann nicht gegen eine Armee von Geistern ankämpfen. Weil ich dir glaube, bitte ich dich, zu gehen.«

KAPITEL VIER

Strafpark

1

Kopenhagen ist eine Stadt ohne Duft. Anders als in Berlin mit seinen Gerüchen von Bratwurst und Bier, Schawarma-Spießen und starkem Kaffee kann man in Kopenhagen nie sicher sein, ob man saubere Luft oder Böen von biologischem Handdesinfektionsmittel einatmet. Fairerweise muss man sagen, dass Kopenhagens Mangel an urbaner Patina, selbst im Stadtzentrum, nicht der einzige Grund dafür war, dass ich meinte, meine Vorträge über Peter Watkins' bilderstürmenden Film *Strafpark* von 1971 würden in Berlin viel besser ankommen als in Dänemark, »dem glücklichsten Land der Welt«.

Ich war für einen Vortrag auf eine Konferenz in Berlin eingeladen worden. Da meine Flugreise nach Berlin einen Umstieg in Kopenhagen erforderte, plante ich, zwei Tage dort zu verbringen und dann per Wagen, Zug und Fähre über die Ostsee von Kopenhagen nach Berlin zu fahren, um die Konferenz am fünfzigsten Jubiläum zum Pariser Mai zu besuchen. Für mich war das Jahr 1968 ein Wendepunkt (ich wurde zwölf Jahre alt und trat im selben Jahr aus der römisch-katholischen Kirche aus), und so war ich begeistert, als ich Jahre später die Einladung erhielt, bei einem Symposium über Kunst und Revolution von 1968 zu sprechen, das auf dem Berliner Campus einer wohlhabenden amerikanischen Universität veranstaltet wurde.

Ich hatte vor, zwei Clips aus *Strafpark* in einem Workshop für dänische Aktivist:innen zu zeigen – dieselben beiden Filmausschnitte, die ich auf der Konferenz in Berlin zeigen und besprechen wollte. Die meisten Menschen unter 60 haben überhaupt noch nie von Peter Watkins gehört. (Und das mag durchaus auch für die meisten Menschen über 60 zutreffen, die damals nicht »Teil der Bewegung« waren.)

Strafpark bietet einen beunruhigenden Blick auf die Reaktionen gegen den linken Aktivismus, die sich infolge von Ereignissen wie der Democratic National Convention von 1968 in Chicago und dem Kent-State-Massaker ergaben. Der Plot ist folgendermaßen: Es ist die Geschichte von Nixons schweigender Mehrheit, die über junge Menschen zu Gericht sitzt, die (teils friedlich, teils gewaltsam) für das Ende des Krieges in Vietnam und für soziale Gerechtigkeit zu Hause kämpfen. Die Geschichte oszilliert zwischen der Inszenierung eines Notstandstribunals (das über das Schicksal der Aktivistinnen und Aktivisten der Strafeinheit 638 entscheidet) und Szenen in der Wüste, wo die verurteilten Mitglieder der Strafeinheit 637 die »Alternative« angeboten bekommen, in drei Tagen 53 Meilen zu Fuß zu gehen – mit Minimalvorräten an Wasser oder Nahrung und bei 43 Grad Hitze. Es wird ihnen mitgeteilt, wenn es ihnen gelänge, eine in der Wüste aufgestellte US-amerikanische Flagge in der ihnen zugewiesenen Zeit zu erreichen, dann seien sie frei.

In einem »normalen« Gerichtssaal würde nichts weiter als das Summen einer Klimaanlage, das Schlurfen der Füße auf dem Weg zu den Sitzen und vielleicht hier und da ein Räuspern die Geräuschkulisse vervollständigen. Doch in der Anhörung des Tribunals in *Strafpark* bieten die Stoffwände des Wüstenzeltes, in dem die Verhandlung stattfindet, den Angeklagten keinen Schutz vor der Invasion der Umgebungsgeräusche. Sie können den Knall von Kampfjets hören, die die Schallmauer über der Wüste durchbrechen und sie an die Napalmattacken und Bombenangriffe erinnern, die ähnliche Flugzeuge über Vietnam und Kambodscha flogen. Die Angeklagten des Tribunals, wie Charles Robbins (Stan Armsted) und Nancy Jane Smith (Katherine Quittner), können gelegentlich auch Schüsse vernehmen, die uns daran erinnern, dass die Nationalgarde, die LAPD und die Sheriffs des L. A. County draußen in der Wüste warten, um Jagd auf die Mitglieder der Strafeinheit 637 zu machen, und dass die Mitglieder der Strafeinheit 638, die einer nach dem anderen verhört werden, in Kürze zu ihnen stoßen werden.

2

Nach der Hälfte des Films tritt Nancy Jane Smith durch einen Schlitz in das Zelt, in dem das Tribunal auf sie wartet. Sie ist mit Handschellen gefesselt und wird auf beiden Seiten jeweils von einem Sheriff flankiert. Sie reicht ihnen nur bis zu den Schultern. In Peter Watkins' britischem Voiceover wird sie den Zuschauenden vorgestellt als »Nancy Jane Smith, populäre Sängerin und Komponistin«. Die Handschellen verbleiben an ihren Handgelenken, und während wir hören, wie der Vorsitzende des Tribunals zusammen mit dem Verteidiger bestätigt, dass Nancy Jane Smith sich selbst verteidigen will, setzen die Sheriffs sie auf einen Bürostuhl aus Holz, der dem Tribunal zugewandt ist, und sie ketten ihre Knöchel an die Stuhlbeine. Sobald Nancy Jane Smith an den Stuhl gefesselt ist und das Verfahren beginnt, schneiden wir zur Strafeinheit 637 in der Wüste. Die Jugendlichen dort leiden unter starkem Durst, Dehydrierung und einer Reihe körperlicher Beschwerden, da sie tagsüber enormen Temperaturen und nachts extremer Kälte ausgesetzt sind.

Während die Verhandlung an Intensität gewinnt, intensivieren sich auch Nancy Jane Smiths konfrontative Antworten an das Tribunal. Die Szene endet damit, dass Nancy Jane Smith das Tribunal anschreit – »Wie viele junge Leute haben Sie zur Schlachtbank geführt?« –, während Mitglieder des Tribunals zurückschreien und sie beschuldigen, ihre Lieder seien es gewesen, die Jugendliche dazu angestiftet hätten, auf den Straßen zu kämpfen (und schließlich von diesem Tribunal verurteilt zu werden), während die Sheriffs den Stuhl, auf dem sie sitzt, in die Luft heben und sie aus dem Zelt tragen.

Das Verhör von Charles Robbins beginnt damit, dass er auf demselben Stuhl sitzt, auf dem auch Nancy Jane Smith saß. Er ist ebenfalls in Handschellen gelegt worden, und seine Beine sind ebenfalls an die Stuhlbeine gekettet. Doch im Gegensatz zur Anhörung von Nancy Jane Smith beginnt Robbins Verhör nicht damit, dass Mitglieder des Tribunals ihn nach seinen politischen Überzeugungen befragen (geschweige denn nach seinem familiären Hintergrund oder seinem Moralkodex). Das Verhör beginnt damit, dass der Vorsitzende des Tribunals die Größe und politische Bedeutung der Black People's Army, der im Film genannten Volksarmee, herabwürdigt.

Es wird zwischen dem Schauplatz von Robbins' Verhör und den Mitgliedern der Strafeinheit 637 in der Wüste hin- und hergeschnitten. An einem Punkt der Parallelmontage befinden wir uns in einer Szene, in der eine Schwarze Frau und ein *weißer* Mann einen westdeutschen Tontechniker als Geisel nehmen. Der leitende Officer setzt ein Präzisionsgewehr (mithilfe eines Zielfernrohrs) an und erschießt den *weißen* Radikalen, wodurch der westdeutsche Tontechniker befreit wird. Die gesamte Polizei jagt die einzelne Schwarze Frau mehrere Meter weit; sie schießen ihr mehrfach in den Rücken und feuern dann noch sechs weitere Male auf sie, während sie mit dem Gesicht nach unten im Sand liegt. In der Zwischenzeit wird meilenweit entfernt, im Wüstenzelt des Tribunals, das Verhör des Schwarzen Revolutionärs Charles Robbins fortgesetzt. Der Film beinhaltet umfangreiches Filmmaterial von seinem sowie anderen Verhören an einem geheimen Ort irgendwo in der Wüste östlich von Los Angeles: Ein Gerichtssaal in einem Zelt – eine Situation, die durch das McCarran-Gesetz zur inneren Sicherheit von 1950 vollkommen legalisiert wurde.[30] Das McCarran-Gesetz ermächtigte den Präsidenten (damals Truman), während eines Notstands (definiert als Invasion, Kriegserklärung oder Aufstand zur Unterstützung eines ausländischen Feindes) Personen, die der Spionage oder Sabotage verdächtigt werden, festzunehmen und zu inhaftieren.

Zwischen dem Sommer von 1968, als ich zwölf Jahre alt war, bis zum Jahr 1974, als ich aufs College ging, waren meine Lehrerinnen und Lehrer die jungen, heldenhaften Frauen und Männer, die die Rollen der Frauen und Männer hätten spielen können, die in *Strafpark* in Handschellen gelegt, erschossen und getötet wurden. Nachdem ich die ersten sechs Schuljahre an der Kenwood-Grundschule verbracht hatte, die nach der rein *weißen* Enklave am westlichen Rand von Minneapolis benannt war, wurde ich im Sommer nach der sechsten Klasse in Seattle völlig unerwartet in ein Paralleluniversum gestoßen. Ich traf viele Doppelgängerinnen und Doppelgänger von Robbins, Smith und der namenlosen Schwarzen Frau, die einen deutschen Tontechniker als Geisel nahm und die allesamt in *Strafpark* ermordet wurden.

Nancy Jane Smith war 21. Die namenlose Schwarze Frau kann kaum älter gewesen sein. Charles Robbins war 25 Jahre alt und bereits Mitglied der Black People's Army (einer Untergrundorganisation, deren Name und Guerilla-Philosophie der Black Liberation Army von Assata Shakur ähnlich oder sogar mit ihr identisch war).

Als der Sommer '68 endete, verließ meine Familie Seattle wieder und kehrte nach Minneapolis zurück, nach Kenwood, wo ich die siebte Klasse begann und abschloss. In der achten Klasse zogen wir erneut weg, diesmal für ein ganzes Schuljahr – ein einjähriges Sabbatjahr für meinen Vater und eine Chance für meine Mutter, für ihre Französischprüfung zu lernen und ihre Dissertation fertigzuschreiben. Wir lebten in den Brewster-Douglass Housing Projects in Detroit, keine zwei Jahre nach den Unruhen und den Morden im Algiers Motel;* wir waren in Chicago, als Fred Hampton in seinem

* »Am 26. Juli 1967, dem dritten Tag der heftigsten Unruhen im 20. Jahrhunderts, befahl die Detroiter Polizei fünf [unbewaffneten] Schwarzen Teenagern und zwei *weißen* Frauen, sich in einem Flur des Algiers Motel mit ausgestreckten Armen und Beinen an eine Wand zu stellen. [...] Sie entkleideten die Frauen und brachten die Männer einzeln in ein Motelzimmer, um sie zu verhören. Eine Reihe von Schüssen fiel. Schließlich waren Pollard, Temple und Cooper [drei der Schwarzen Teenager] getötet worden.« (DeNeen L. Brown, »Detroit and the Police Brutality that Left Three Black Teens Dead at the Algiers Motel«, *Washington Post*, 4. August 2017, {washingtonpost.com/news/retropolis/wp/2017/08/04/detroit-and-the-police-brutality-that-leth-three-

Bett erschossen wurde;* und wir wohnten in der Nähe des Campus im kalifornischen Berkeley, als Nixon Kambodscha bombardierte und es zu den Massakern in Kent State und Jackson State kam.**

Auf dieser Reise durchs Land traf ich eine Doppelgängerin der namenlosen Schwarzen Frau, die Peter Watkins in *Strafpark* während ihrer Flucht interviewt hatte. In ihrem Versteck vor dem L. A. County Sheriff's Department, der Nationalgarde und der Polizei in einer Felsspalte umklammert sie ein Gewehr, das sie einem von ihr und ihrem Kameraden getöteten Polizisten abgenommen hat. Sie ist außer Atem vom Laufen. Sie weiß, dass das Aufgebot immer näher kommt.

Sie sagt zu Peter Watkins und seiner Filmcrew: »Es ist wie ein Spiel, das sie mit uns spielen. Entweder gewinnst du, oder du stirbst.«

black-teens-dead-at-the-algiers-motel/?utm_term=.8ab9eb9edea7}, abgerufen am 21. Juni 2019.)

* »Fred Hampton [war] der stellvertretende Vorsitzende der Black Panther Ortsgruppe von Illinois. Während einer frühmorgendlichen Polizeirazzia der Räume der Black Panther Party in 2337 W. Monroe Street am 4. Dezember 1969 eröffneten zwölf Offiziere das Feuer und töteten den 21-jährigen Hampton und Mark Clark, den Leiter der Außenstelle von Peoria, Illinois.« (Dwayne Mack, »Fred Hampton (1948–1969)«, *Black Past*, 16. April 2008, {blackpast.org/african-american-history/hampton-fred-1948-1969/}, abgerufen am 21. Juni 2019.)

** Das Jackson State Massaker ereignete sich am 15. Mai 1970 am Jackson State College (der heutigen Jackson State University) in Jackson, Mississippi. Um Mitternacht des 14. Mai eröffnete eine Gruppe von Polizisten und Bundespolizisten das Feuer auf eine Gruppe Studierender; zwei Personen verloren ihr Leben, zwölf wurden verletzt. Das Jackson State Massaker ereignete sich nur elf Tage nach dem weit bekannteren Kent State Massaker an der Universität in Kent, Ohio. (Samuel Momodu, »The Jackson State Killings, 1970«, *Black Past*, 9. September 2017, {blackpast.org/african-american-history/events-african-american-history/jackson-state-killings-1970/}, abgerufen am 21. Juni 2019.)

Dann folgt Filmmaterial von ihr, wie sie über das flache Wüstengelände unterhalb des Ortes sprintet, an dem die Befragung aufgezeichnet wurde. Die LAPD, das Sheriff-Department und die Nationalgarde machen Jagd auf sie. Aus dem Off sagt einer von ihnen: »Holt euch die Schlampe«, und dann, von einem Hügel über ihr, schießt ihr einer von ihnen in den Rücken. Sie liegt mit dem Gesicht nach unten im Staub, doch sie schießen und schießen weiter.

Ihre Doppelgängerin traf ich in Chicago, im selben Monat, in dem Fred Hampton ermordet wurde. Sie war eine der Black Panthers, die die kugeldurchsiebte Wohnung, in der er ermordet wurde, für die Öffentlichkeit zugänglich machte. Vier Monate später verließen meine Familie und ich Chicago und zogen nach Berkeley, wo ich sie wiedersah. In Berkeley konnte ich nie sagen, welcher politischen Richtung sie angehörte, doch ich wusste, dass ihr Traum die Revolution war. Ich war 13 beziehungsweise 14, als wir befreundet waren, und sie war mindestens 20. Sie arbeitete in einem Fish-and-Chips-Laden auf der Telegraph Avenue, auf halbem Weg zwischen meiner Schule und der Uni. Ich wollte, dass sie mich heiratet, bevor meine Eltern mich nach dem Ende des Schuljahres zurück nach Deadsville (Minneapolis) zerren würden. Die Tatsache, dass ich eine Trittleiter gebraucht hätte, um ihr das Treueversprechen und einen Kuss zu geben, schmälerte meinen Wunsch nicht im Geringsten. Ihre Haut glänzte wie Marmor. Wir lachten und unterhielten uns an langen Frühlingsnachmittagen. Manchmal brachte ich die neueste Ausgabe von *Ramparts* mit ins Fast-Food-Restaurant, und sie verbrachte ihre Pause mit mir. Wir sprachen über die Geschichten in der Zeitschrift. Ich versuchte, sie zu beeindrucken, indem ich bemerkenswerte Passagen aus Artikeln über den Prozess gegen die Chicago Eight, Demonstrationen in Lateinamerika während Nelson Rockefellers Erkundungsmission für Nixon oder den musikalischen Absturz von Jefferson Airplane las.

Es kam mir nie in den Sinn, dass eine Frau, die für Bürgerrechte kämpfte und sechs Jahre älter war als ich, vielleicht keinen kleinen 13-jährigen Buben als Gesprächspartner oder Möchtegern-Lover brauchte; dass sie vielleicht durchaus in der Lage war, selbst auf die relevanten Abschnitte in *Ramparts* zu stoßen; und dass sie vielleicht sogar die Zeitschrift gelesen hatte, bevor ich in ihr Leben gehüpft und gegrinst kam. Wenn dennoch ganz selten derartige Gedanken in mir sprossen, schaute ich in den Spiegel, legte meine Hand ans Kinn und nickte: »Alter ist doch nichts als ne Zahl.« Das würde ich ihr eines Tages sagen, dachte ich, nur vielleicht noch nicht gleich morgen. Anstatt ihr tatsächlich zu sagen, wie bezaubert ich von ihr war, fantasierte ich mir vor meinem Schlafzimmerspiegel eine Zukunft mit ihr zurecht. Ihr Name war Bernadette. Als ich über sie fantasierte, verlieh ich ihr in diesem Fish-and-Chips-Laden auf der Telegraph Avenue Verbindungen zum Untergrund, die sie nie erwähnt hatte. Das Impressum der Black-Panther-Zeitung verwies immer auf jemanden ohne Namen. Eines Tages nach der Schule erzählte mir ein Bruder in einer Außenstelle der Panthers, dass diese namenlose Person auf dem Impressum im Untergrund arbeite; sie oder er stelle die Verbindung zu den geheimen Zellen dar, die in seinen Worten »offensiv-defensiv« agierten. Ich gab dieser Person den Namen Shirley, und ich stellte mir vor, dass sie Bernadettes Cousine war; und dass Bernadette und ich auf der Reise, die wir nach unserer Hochzeit unternähmen, Geld und Unterstützung für Shirley und die »offensiv-defensiven« Operationen von Shirleys Untergrundzelle der Black Liberation Army sammeln würden. In meiner Träumerei kamen Bernadette und ich auch zu all den Orten, die ich durch meinen Vater und meine Mutter kennengelernt hatte – die Universität von Washington, die Universität von Chicago, die UC Berkeley, die Wayne State University und die Universität von Minnesota –, um die Parole der Black Panthers zu skandieren: »Is it Nation Time?«

Ich trage eine Poser-Sonnenbrille und eine schwarze Lederjacke, bin eine Kreuzung aus dem jungen Bobby Seale und »Linc« Hayes aus der Fernsehserie *The Mod Squad*. Bernadette trägt einen schwarzen Minirock, Kreolen, und ihr Afro ist breit und voll aufgeblasen. Sechs Mikrofone stehen wie ein Strauß stählerner Tulpen auf dem Podium in der Studentenunion. Wenn ich nach einer Aussage zum Nachdruck mit der Faust aufs Pult schlage, zittern die Stahltulpen, und die Rückkopplung durchbohrt den Zuschauerraum. Niemand hat Platz genommen, seit ich meine Faust erhoben und gewarnt habe: »Wenn ihr keinen Ärger wollt, lasst eure dreckigen *weißen* Hände von unseren schönen Schwarzen Frauen!« Ich sehe ein wunderschönes Meer Schwarzer brüllender Gesichter, und viele Journalistinnen und Journalisten in verblichenen Regenmänteln schauen ehrfürchtig zur Bühne auf. Am äußersten Rand der Bühne schlagen Conga-Spieler:innen Rhythmen mit ihren schwieligen Handflächen.

Jetzt steht Bernadette neben mir auf. Ich gehe nach rechts, und sie lehnt sich zum Mikrofon vor. Sie erzählt ihnen, dass sie hier ist, um Grüße von ihrer Cousine aus dem revolutionären Untergrund zu überbringen.

»Ihr Name ist Shirley Jones! *Mein* Name ist Bernadette Jones. Das stimmt, Shirley Jones ist meine Cousine. Jetzt lauft los und bringt *diese* Nachricht unter die Leute!«, ruft sie der Presse unter sich zu. »Die Bullenschweine sagen, meine Cousine ist auf der Flucht. Aber wollt ihr hören, was los ist?«

Sperlingsstimmen verziehen die Luft mit: »Wir wollen! Wir wollen!«

»Gut, dann schnallt euch an. Shirley Jones ist nicht auf der Flucht; sie schlägt die Bullensäue in die Flucht! *Die* sind auf der Flucht. Ich schwör's euch.«

Ich stehe neben ihr, applaudiere und rufe »Ich schwör's euch« ins Gelärm. Bernadette hebt ihre Hand. Der Saal wird langsam still.

»Öffnet eure Fenster«, sagt Bernadette zu ihnen. »Ganz recht, öffnet eure Fenster und hört die Bullensäue quietschen! Shirley Jones haut ganz bestimmt nicht ab; und sie schickt mich und meinen Mann Frank, um euch zu sagen, dass sie *genau hier* ist, versteht ihr, genau hier in Babylon. Shirley Jones ist in *mir*. Shirley Jones ist in meinem Mann hier. Shirley Jones ... okay, okay, wartet mal, ich habe nicht viel Zeit.«

Bernadette wischt sich mit dem Taschentuch, das ich ihr reiche, den Schweiß von der Stirn.

»Shirley Jones steckt in *jeder und jedem Einzelnen von euch wunderschönen Schwarzen Schwestern und Brüdern.*«

Sie wartet wieder darauf, dass sie so ruhig wie möglich werden. Sie lehnt sich so dicht an das Mikrofon heran, dass die Rückkoppelung ihre Worte fast unverständlich macht.

»Lauft alle los und sagt den Ferkelchen, dass sie jetzt am besten ihre Cornflakes essen sollten.« Sie späht auf die Presse hinab. »Ihr müsst gut essen, damit ihr gesund bleibt.« Die Reporter sind sich nicht sicher, ob sie scherzt, obwohl der Saal am Kochen ist. Dann sagt sie zur Menge: »Geht zurück nach Hause. Ladet ein paar Knarren durch. Putzt ein paar Gewehre. *Und blast die Sau weg, wenn sie aus dem Sack gesprungen kommt!*«

Der Raum erzittert wie durch ein kleines Beben.

»Noch was, Leute, noch was. Wartet. Wartet. Noch was. Mein Mann Frank, genau hier, mein Ehemann. Dieser Mann hier neben mir.« Eine junge Frau aus der ersten Reihe schreit: »Ein feines Stück!« Bernadette hält inne. Sie lächelt noch, aber sie hält inne. »Okay, okay, okay, meine Schwester, hör mir zu, okay? Eine Putze wie dich blase ich noch schneller weg als einen Cop.« Das ganze Zimmer bricht in Gelächter aus.

»Mein Mann will euch jetzt mal ein bisschen was über die Proteste während der Spring Offensive vorkauen; und darüber, was wir tun müssen, wenn es ernst wird.«

Jetzt schiebe ich mich zurück zum Podium und beginne wieder zu sprechen. Aber ohne Fehl verpuffte mein Tagtraum jedes Mal, wenn meine »Frau« Bernadette mich zurück ans Mikrofon rief.

Zu jener Zeit, im Frühjahr 1970, lernte ich auch Nancy Jane Smith kennen. Im Gegensatz zu Bernadette gibt es jedoch kein Filmmaterial von ihrer Ermordung in *Strafpark*. Doch man kann davon ausgehen, dass die Polizei oder die Nationalgardisten sie getötet haben. In dem Film weiß Nancy Jane Smith, dass sie in Kürze getötet wird; das sind ihre Worte vor dem Tribunal, während sie in Handschellen ihre Aussage macht. Nancy Jane Smith könnte Mitglied bei den Students for a Democratic Society gewesen sein, auch wenn die Dokumente des Tribunals nicht darauf hindeuten.*

Als ich eine Doppelgängerin von Nancy Jane Smith kennenlernte, unterrichtete sie Sozialkunde an der Willard Junior High School in Berkeley, auf der Telegraph Avenue, eine halbe Meile von der UC Berkeley und dem Fish-and-Chips-Laden, in dem Bernadette Jones arbeitete. Sie hatte braunes rückenlanges Haar, und ihre Ohrringe waren zwei blaue Federn, die an Steckern befestigt waren. Eines Tages stand Nancy vor der Klasse, in ihrem üblichen Minirock und ihrer üblichen Bäuerinnenbluse. Sie fragte, ob wir die Symbiose zwischen der »*weißen* Frau« und dem »amerikanischen Imperialismus« verstünden. Zuerst erklärte sie *Symbiose*: eine gegenseitig vorteilhafte Beziehung zwischen verschiedenen Personen oder Gruppen. Dann legte sie auf dem tragbaren Dansette-Plattenspieler auf ihrem Tisch eine Single auf. Hard-Rock-Licks einer einsamen Gitarre leiteten ein Lied ein, das wir alle kannten – es war gerade im März veröffentlicht worden. Dann begann Burton Cummings, der Leadsänger der Guess Who, »American Woman« zu singen. Als das Lied zu Ende war, hob sie den Tonarm an und legte ihn zurück. Für den Rest der Stunde dröselte sie mithilfe des Songtextes die Symbiose zwischen der *weißen* Frau und dem amerikanischen Imperialismus auf.

|

* Students for a Democratic Society war eine Studierendenorganisation der USA, die Mitte der 1960er-Jahre ihre Blütezeit erlebte und für ihren Aktivismus gegen den Vietnamkrieg bekannt war. Die Taktiken der Gruppe beinhalteten die Besetzung von Verwaltungsgebäuden von Universitäten und Colleges im ganzen Land.

3

Wenn Nancy Jane Smith das Tribunalszelt betritt, werden die gestellten Fragen über ethische Dilemmata, die sich durch affiliative Konflikte ergeben (zum Beispiel Klassenkampf), herunterkorrigiert zu Fragen über moralische Dilemmata, die sich durch filiative Ängste ergeben (zum Beispiel das richtige Verhalten junger Frauen, die Zukunft der *weißen* Reproduktion und eine allgemeine Sorge um den Status der Kernfamilie).*

Smiths Verhör unterliegt einer konstanten Hydraulik, die durch die Auswahl der Themen, die Äußerung der Bedenken, die emotionale Gewichtung und die Betonung von Fragen zum Sexualverhalten anstelle von Fragen zur institutionellen Macht sowie durch die Hauptbeschäftigung des Tribunals mit mentaler Hygiene, Kindererziehung und anständiger versus unanständiger Sprache die Abstraktionsskala des Verhörs von der politischen auf die persönliche Ebene nach unten drückt.

* Filiation (filiativ): Jede Gemeinschaft, in die man hineingeboren wird – Nation, Religion, Ethnie, Familie. Affiliation (affiliativ): Eine freiwillige Zugehörigkeit, eine Gemeinschaft, für die man sich entscheidet. In *Die Welt, der Text und der Kritiker* beschreibt Edward Said Affiliation als »Übergang von einer verfehlten Idee oder Möglichkeit der Filiation zu einer Art Ersatzordnung, in der Männer und Frauen in eine neue Art von Beziehung zueinander treten, die ich zwar Affiliation genannt habe, die aber auch ein neues System ist, sei es eine Partei, eine Institution, eine Kultur, eine Überzeugung oder gar eine Weltanschauung. [...] Während also eine filiative Beziehung durch natürliche Bindungen und natürliche Formen von Autorität – einschließlich Gehorsam, Furcht, Liebe, Respekt und instinktiver Konflikte – aufrechterhalten wurde, so verwandelt die neue, affiliative Beziehung diese Bindungen offenbar in transpersonale Formen – Korporationsgeist, Konsens, Kollegialität, Berufsethos, Klasse und die Hegemonie einer herrschenden Kultur. Filiation gehört zur Natur und zum ›Leben‹, während Affiliation ausschließlich Kultur und Gesellschaft zuzurechnen ist.« (Edward Said, *Die Welt, der Text und der Kritiker*, Frankfurt am Main 1983, S. 31 f.)

Eine ethische Bewertung von Richard Nixons Kriegsmaschinerie, der wirtschaftlichen Disparität des Kapitals, des Komplexes der Gefängnis-Industrie sowie von Sexismus und Patriarchat als Manifestationen institutioneller Macht (und nicht bloß zwischenmenschlicher Praktiken) wird zugunsten der Fixierung der Tribunalmitglieder auf die moralische Hygiene einer jungen *weißen* Frau gemieden. Die ethische Beurteilung wird durch die Hydraulik des moralischen Urteils verdrängt. *Bedauerlicherweise ist diese Vorliebe fürs Persönliche anstatt fürs Politische und für Moral anstatt Ethik genauso Nancy Jane Smiths Anliegen wie das Anliegen des Tribunals.*

Die Verhandlung beginnt damit, dass der Gewerkschaftsfunktionär (und Mitglied der Musterungsbehörde), ein konservativer Chicano, Nancy Jane Smith bittet, ein wenig über sich selbst zu erzählen. Das »Selbst«, über das sie etwas erfahren wollen, ist nicht in ihrer affiliativen Entscheidungen, also ihrer politischen Zugehörigkeit, begründet, sondern in der filiativen Welt, in die sie hineingeboren wurde und in der sie kein Mitspracherecht besaß, nämlich die Welt einer wohlhabenden *weißen* Familie.

Er sagt: »Sie kommen doch aus einer reichen Familie. Ich nehme mal an, Sie haben das Beste bekommen, was dieses Land zu bieten hat; und wieso lehnen Sie sich jetzt dagegen auf?«

Dieser filiative Druck des anschließenden Verhörs und der begleitende Diskurs über ihren psychischen Gesundheitszustand – mit anderen Worten, dieser ständige Druck, das Gespräch von Stellung und Macht auf Identität und persönliche Entscheidungen zu lenken –, das ist etwas, dem Nancy Jane Smith eher *zustimmt*, als dass sie es ablehnt. Ihre Zustimmung erfolgt natürlich impulsiv, das heißt, sie ist nichts Durchdachtes – was ihre Komplizenschaft mit der Abstraktionsskala des Verhörs zu einer eher im *höheren* Maße konstitutiven Angelegenheit ihres Begehrens macht als im geringeren. Das Unbewusste ist eine glaubensbasierte Erscheinung. Mit anderen Worten: Auch wenn Nancy Jane Smith eine revolutionäre Aufständische ist und wild entschlossen, die US-Regierung zu stürzen, und auch wenn die Mitglieder des Tribunals beispielhaft für Richard Nixons »silent majority« sind, so sind sie doch auf einer tiefen, unbewussten Ebene gleichermaßen am Status und an der Integrität der *weißen* Familie *interessiert*.

Die Mitglieder des Tribunals *und* die Person, die sie zum Tode verurteilen, sorgen sich um die gleiche Sache: den Status der *weißen* Familie. Und dieser gemeinsame, unbewusste Aufwand treibt die Verhöre in einer Weise voran, die wesentlicher ist als die politischen und ideologischen Meinungsverschiedenheiten über die Revolution und den Vietnamkrieg.

Dann liest der FBI-Agent einen Bericht fürs Protokoll vor, der mit einer psychiatrischen Beurteilung schließt, die Nancy Jane Smith für schizophren erklärt. Die Andeutung ist klar: Sie ist eine Hysterikerin und keine »echte« Revolutionärin.

»Ich wette, Ihre Mutter und Ihr Vater sind sehr stolz auf Sie«, sagt die Hausfrau, die einer Organisation namens Silent Majority for a Unified America vorsitzt.

Doch diese Herabsetzung von Nancy Jane Smiths Politik trägt auch dazu bei, ihren relationalen Status zu festigen und auszuweiten. Anders ausgedrückt: Ihre menschliche Subjektivität wird durch diese Angriffe ebenso wie durch ihre Reaktionen *gesichert*, nicht geschmälert. So kontraintuitiv dies auch erscheinen mag, die *Struktur* des Austauschs – und nicht der *Inhalt* des Austauschs – ist es, was Nancy Jane Smith jene Art von wesentlicher Relationalität verleiht, die Charles Robbins und der Schwarzen Frau in der Wüste von vornherein verwehrt ist.

Das Tribunal stellt von Anfang an klar, dass Smith einen Geist besitzt, einen Verstand, um den sie alle besorgt sind. (Wir müssen die Tatsache ausklammern, dass ihre Besorgnis die viktorianische Sichtweise der weiblichen Hysterie imitiert – das ist hier nicht wesentlich, denn sie kann sich nicht auf Schwarze Frauen erstrecken, sodass diese beklemmende Dynamik zwar wichtig bleibt, gegenüber der wesentlicheren Dynamik jedoch in den Hintergrund tritt, durch die sie den Teil der menschlichen Beziehungen zwischen dem Tribunal und Smith festigt und ausweitet). Im Gegensatz zu Schwarzen, zu versklavten Personen, besitzt Nancy Jane Smith das, was Frantz Fanon eine »ontologische Widerstandskraft«[31] in den Augen des Tribunals nennen würde, womit Fanon meinte, dass das räumlich-zeitliche Handeln eines Subjekts ein Transformationspotenzial für das räumlich-zeitliche Handeln eines anderen Subjekts besitzt. Diese geteilte Fähigkeit zur Transformation sowie zur Anerkennung und Eingliederung erstreckt sich nicht auf versklavte Personen.

Es ist wichtig, noch einmal zu betonen, dass Nancy Jane Smith nicht versucht, *die Bedingungen* oder die Struktur des Austauschs mit dem Tribunal auf irgendeine sinnvolle Weise zu verändern. Wenn sie mit ihrer psychologischen Untersuchung konfrontiert wird, schreit sie: »Ist das deine Meinung, du Blödmann?« Dann bekommt sie die Gelegenheit, einen ihrer Songs zu singen. Nachdem sie den Text rezitiert hat, der beladen ist mit sexuellen Äußerungen, die das Tribunal zweifellos als aufrührerisch und pornografisch empfindet, macht Smith eine sarkastische Bemerkung gegenüber der Hausfrau der Organisation Silent Majority for a Unified America.

»Ne Pussy, wissen Sie was das ist, wissen Sie das?« Die Bemerkung soll schockieren und Nancy Jane Smith als eine befreite Weiße beglaubigen, die sich gegenüber ihrer älteren und unterdrückten *weißen* Vernehmungsbeamtin emanzipiert hat.

Dieses Schaugepränge von Schlag/Gegenschlag, das sich während des gesamten Verhörs von Nancy Jane Smith abspielt, verrät eine Neigung, sich politische Konflikte, also »affiliative« (das heißt politische und institutionelle) Kämpfe, mithilfe »filiativer« (das heißt familiärer) Rahmen zu denken. Fragen der Staatsbürgerschaft und der Staatsgewalt, die normalerweise als »affiliative« Dilemmata, als Fragen der institutionellen Macht, kategorisiert würden, werden auf Fragen verschoben, die normalerweise als »filiative« Fragen, also Fragen der Familienloyalität, kategorisiert würden. Die Befragung webt einen Teppich aus Artikulationen, »Verbindungen, Übertragungen und Verschiebungen«[32] zwischen affiliativen und filiativen Bezugsrahmen, in denen die Stabilität der *weißen* Familie während des gesamten Verhörs hegemonial wird, während Fragen der politischen Macht (Nixons Kriegsmaschinerie und die Geißel des Kapitalismus) allenfalls sekundär sind.

Durch diese Rahmung wird eine tiefe, unbewusste Sättigung und Normalisierung der Autorität der *weißen* Familie als staatliche Autorität in Gang gesetzt, wobei »Merkmale des Familienmilieus auf das soziale Milieu projiziert«[33] werden, sodass »[z]wischen dem [*weißen*] Familienleben und dem nationalen Leben [...] kein Missverhältnis« zugelassen wird.

Im krassen Gegensatz dazu beginnt das Verhör von Charles Robbins mit einem Angriff unter dem Deckmantel einer Behauptung.

»Laut unseren Unterlagen besteht die sogenannte Volksarmee nur aus einer Handvoll militanter Schwarzer« – so beginnt ein Mitglied des Tribunals. »Sie repräsentieren also nicht die Allgemeinheit. Sie versuchen, die Regierung der Vereinigten Staaten mit einer Handvoll Leute zu stürzen.«

Dann zeigt die Kamera eine Nahaufnahme eines der anderen Männer des Tribunals. Im Gegensatz zu den Männern und Frauen während Nancy Jane Smiths Verhör schaut dieser Mann nicht auf Charles Robbins, die Person, die verhört wird. Er kritzelt auf seinem Papier herum.

Ein anderer Vernehmungsbeamter knurrt: »Martin Luther King war ein Gegner der Gewalt!«

Der Anfang dieser Szene ist beispielhaft für die Art und Weise, wie das Vorrecht des Herrn so umfassend ist, dass er behaupten kann, Charles Robbins und die Black People's Army, die Volksarmee, besäßen kein Schwarzes Mandat, dass sie so umfassend ist, dass er bestimmen darf, welche Art von Politik ein Mandat erhalte und welcher Art dieses Mandat zu sein habe. All dies geschieht, bevor

Charles Robbins auch nur ein einziges Wort gesagt hat. Tatsächlich schließt das Verhör, sobald es angefangen hat, wenn auch mit mehr Nachdruck: Robbins wird unter ständigem Schreien eines Tribunalsmitglieds gefesselt und geknebelt.

»Knebeln Sie ihn! Bringen Sie ihn zum Schweigen!«

Und ein *weißer* Verteidiger erhebt sich, um das ethische Dilemma anzusprechen, dass Robbins von Anfang an verboten wurde, etwas zu sagen.

Auf einer gewissen Ebene handelt es sich um dieselbe diskursive Gewalt, die Nancy Jane Smith erfuhr, indem die Mitglieder des Tribunals jede Hoffnung auf ein Verhör zunichtemachen, das auf einem reichhaltigen semantischen Feld der »Affiliation« entstehen könnte – eine ethische Bewertung der institutionellen Macht, die auf konkurrierenden politischen und philosophischen Gesinnungen beruht. Mit anderen Worten, die Art von Argument, das Marxist:innen wie Negri und Hardt vorbringen: In dieser postindustriellen Dystopie, in der wir seit Ende der 1960er-Jahre, das heißt seit dem Ende des Goldenen Zeitalters des Kapitals, leben, habe die Zeitlichkeit der Inhaftierung (oder »prison time«) die Zeit der Zivilgesellschaft vereinnahmt, und zwar für alle Menschen, unabhängig von Race und Gender.

Doch im Gegensatz zu Nancy Jane Smith wird Charles Robbins nicht einmal die Möglichkeit gewährt, den Maßstab der Abstraktion herunterzukorrigieren, das heißt von Affiliation zu Filiation zu gelangen. Er ist nicht jemandes launischer Sohn, so wie Nancy Jane Smith jemandes launische Tochter ist. Charles Robbins ist nicht einmal ein menschliches Subjekt, was bedeutet, dass er die Zivilgesellschaft *nicht* als ein System von Gesetzen, Kodizes und Sitten erlebt, das Gewalt gegen diejenigen ausübt, die seine Gesetze und Verhaltenskodizes missachten. Für ihn ist die Zivilgesellschaft ein Moloch aus mörderischer Rache ohne Kausalität, Prozess oder Debatte. Für Charles Robbins und die Schwarze Frau in der Wüste war die Zivilgesellschaft *immer* schon ein Moloch aus Gewalt. Die Zivilgesellschaft war nie ein Feld, das sich durch Zustimmung anstatt durch Zwang auszeichnet. Für die beiden ist die Vereinnahmung der Zivilgesellschaft durch Gewalt kein neues Phänomen, das auf Veränderungen in der politischen Ökonomie (wie das Ende des Goldstandards) beruht. Im Gegenteil, Gewalt ohne Zuflucht ist die notwendige Bedingung von *Blackness*.

Wie Nancy Jane Smith ist er ein Stimulus für Angst, doch nicht für eine Angst ideologischer Natur. Es ist nicht so, dass Robbins' Überzeugungen eine Bedrohung für die tief sitzenden Überzeugungen des konservativen Tribunals darstellen. Ihr Verhör ist symptomatisch für die Tatsache, dass die einzigen Überzeugungen, die er hat, jene sind, die er verkörpert, also die Überzeugungen, die *sie* von ihm haben. Wie bei meinem Verhör durch Elgars Mutter Celina Davenport, als ich noch ein Kind war – eine Frau, deren Unbewusstes die Beschwerde über den mangelnden lokalpatriotischen Teamgeist ihres Mannes auslöste, als meine Antworten mit ihrem Bezugsrahmen in Konflikt gerieten –, so hat auch das Tribunal kein Interesse an Robbins' eigentlicher Aussage.

Sein »*Fleisch*«[34] (seine Farbe, seine Größe, seine Genitalien – die *Biofaktizität* des Schwarzseins), nicht seine philosophische oder sexuelle Orientierung ist der Stimulus für die Angst. Es ist nicht nötig, dass das Gericht seine Rhetorik analysiert, wie sie es taten, als sie in ihrer filiativen Fixierung Nancy Jane Smith baten, eines ihrer Lieder für sie zu anzustimmen; oder als sie ihr in einem kurzen Moment, der ihr die Adelspflicht der offiziellen Teilhabe gewährte, die Frage stellten, was denn ihre politische Überzeugung sei. Die Unfähigkeit des Tribunals, sich Charles Robbins als relationales Wesen vorzustellen, ihre unbewusste Unfähigkeit, ihn als Mensch zu betrachten, als jemanden, der von der räumlich-zeitlichen Fähigkeit durchdrungen ist, einen relationalen Status zu besitzen – das Fehlen von Widerstand in den Augen des anderen –, erstreckt sich auf Schwarze im Allgemeinen und ist, wie ich hinzufügen möchte, auch die wesentliche Beschränkung des Filmemachers Peter Watkins sowie des Films selbst.

Im kollektiven Unbewussten bilden Schwarze Menschen eine Masse von ununterscheidbarem Fleisch, keine soziale Formation von Interessen, Agenden oder Ideen.

Zu Beginn des Verhörs wird Robbins mitgeteilt, er besitze keinerlei politisches Mandat, keine politische Effektivität.

Später richtet dasselbe Mitglied des Tribunals die Frage an ihn: »Wieso drängen Sie die Leute in eine Massenhysterie?«

Was ist er, entmachtet oder im Besitz übermenschlicher Fähigkeiten? Er ist beides. Er ist beides nicht. Die Wahrheit, und wer sie besitzt, ist unerheblich. Was jedoch unterstrichen wird, ist, dass die Spezies, die vor ihnen sitzt, eine Bedrohung für ihr kollektives Unbewusstes jenseits ihrer Sprachfähigkeit darstellt. Charles Robbins ist ein phobogenes Objekt; ein verkörperter Angstreiz.

Die Tragweite seiner Handlungsfähigkeit ist dermaßen total, dass Handlungsfähigkeit verzerrt, unkenntlich und grenzenlos wird. Dies ist die gleiche Einstellung, die Weiße und ihre nicht-Schwarzen Juniorpartner:innen gegenüber der Sexualität der Schwarzen haben; eine sexuelle Allgegenwart und Macht, die so absolut ist, dass es unmöglich ist, in sexueller Weise über sie zu sprechen. Etwas, dem man sich übergibt, dem man sich hingibt, als ob die Jouissance keinen Anfang und kein Ende besäße; etwas, wovor man sich fürchtet, als ob grenzenlose Lust ausschließlich zum Tod führen könnte. Die Schwarze Person wird in der Freude und im Schrecken des Herren gefangen gehalten, während die Objektbesetzung der Schwarzen Person zwischen Negrophilie (wie beispielsweise im stumpfen Konsum von Hardcore-Rap durch *weiße* Jugendliche in den Vororten) und Negrophobie (wie im sinnlosen, dialoglosen Verhör von Robbins durch das Tribunal) hin- und herpeitscht.

Es ist wichtig, sich daran zu erinnern, dass es sich hierbei nicht um eine wechselseitige Dynamik handelt. Während das Komitee in der Tat daran interessiert war, wo und womit sich Nancy Jane Smith Vergnügen verschaffte, sowie daran, welche Ideen ihren Amerikahass motivierten (ihre »Paranoia« infolge der Ereignisse des Kent State Massakers), besteht *keinerlei* Interesse hinsichtlich der Motive, die Charles Robbins' Streben nach persönlichem Vergnügen oder politischer Vergeltung zugrunde liegen. Als Sklave ist seine Jouissance, wie auch seine politische Absicht, immer schon vereinnahmt durch die Macht und das Begehren derer, die keine Sklav:innen sind.[35]

Frantz Fanon erinnert uns daran, dass der Jude, wie die *weiße* Frau, ein phobisches Objekt auf der Ebene jener *Ideen* darstellt, die andere von ihren *Ideen* haben, und wie ich in *Red, White & Black* argumentiert habe, sind amerikanische Ureinwohnerinnen und Ureinwohner ebenfalls phobische Objekte, da sie eine verkörperte Forderung nach territorialer Wiedergutmachung darstellen (was also ebenfalls auf einer Ideation gründet). Doch die Schwarze Person ist kein phobisches Objekt, das (reale oder eingebildete) Ängste bezüglich der Artikulationen von Zeit (die antisemitische Furcht vor jüdischer »finanzieller Vorherrschaft«) oder Raum (ein Konflikt um indigene Landansprüche) stimuliert. Die Schwarze Person ist – frei nach Fanon – eine Bedrohung auf genitaler Ebene. »Was ein Tier!« ist der meistgebrauchte Ausdruck der Wertschätzung für einen Schwarzen Sportler. Mit anderen Worten: Gewalt gegen Schwarze mordet, zerstört und entfremdet Subjektivität (entzieht die Fähigkeit für Relationalität), während frauenfeindliche und antisemitische Gewalt zusammen mit dem Genozid an indigenen Völkern die Subjektivität ausbeutet und entfremdet, *ohne* dass die Fähigkeit für Relationalität ausgelöscht wird. Kurzum, die Gewalt, die letztlich zu Nancy Jane Smiths Tod führen wird, kann nicht mit der Gewalt analogisiert werden, die zum Tod von Charles Robbins und der Schwarzen Frau führen wird – selbst wenn gegen beide *Spezies* dieselbe Waffe verwendet wird. Auch wenn sie alle aufhören zu atmen, gleicht der Tod von Nancy Jane Smith in keiner Weise dem Tod von Robbins und der Schwarzen Frau in der Wüste. Der Unterschied zwischen irgend*jemandem*, der stirbt, und irgend*etwas*, das stirbt, kann nicht analogisiert werden.

Dies ist es, was *Mord* – und nicht Ausbeutung oder Entfremdung – zum Entstehungsmechanismus der »Beziehung« zwischen Charles Robbins und dem Tribunal macht, also der »Beziehung« Sklave/Mensch. Diesem Mord wohnt ein Paradox inne, insofern der Mord nie etwas anderes sein kann als Mord; doch er muss eine Art von Mord sein, die umfassend genug ist, um ein Auslöschen zu vollziehen, ein Auslöschen des sehnsuchtsvollen Versuchs der versklavten Person und der Schwarzen, für ihr räumlich-zeitliches Handeln Anerkennung und Integration zu erreichen, auch wenn die umfassende Natur des Mordes Schwarze Personen nicht gänzlich auslöschen würde. Ohne Schwarze wäre die menschliche Existenz unverständlich, so wie »Katze« keine Bedeutung hat ohne »Hund«. Darin liegt ein großer Unterschied zum indigenen Genozid. Denn Native Americans sind wahrhaftig Menschen. In empirischer Hinsicht bedroht ihre Auslöschung nicht die Stabilität der Menschheit. Genauso wenig wie die antisemitische Gewalt des Holocaust die »Menschheit« unverständlich gemacht hätte, wenn der Holocaust die Jüd:innen ausgelöscht hätte.

Doch wenn die Schwarzen vollständig ausgerottet würden, stünde die Menschheit vor dem gleichen Problem, mit dem sie konfrontiert wäre, wenn die Schwarzen als Menschen anerkannt und integriert würden. Die Menschheit würde aufhören zu existieren, da sie ihre begriffliche Kohärenz verlöre, weil sie ihr Mindestgegenstück verloren hätte, die Minimalanforderung eines Kontrasts. Die Menschheit würde sich im Abgrund einer epistemologischen Leere wiederfinden. Die Schwarze Person wird benötigt, um die Grenze der menschlichen Subjektivität zu markieren. Ohne das Gepränge der Gewalt, das gegen Charles Robbins und die Schwarze Frau in der Wüste ausgeübt wird (ein Gewaltgepränge, das nicht davon abhängig ist, ob dem Tribunal »falsche« Antworten gegeben werden; eine Gewalt, die Schwarze als Fleischmasse und nicht als Mitglieder einer sozialen Formation betrachtet), gäbe es für die Menschen keine Möglichkeit, zu wissen, dass sie Menschen sind. Im Gegensatz dazu wird Nancy Jane Smith zwar sterben, soviel ist klar, doch wird ihr Tod dadurch bedingt, dass sie sich sexuell und politisch »falsch« verhalten hat. Diese Bedingung verleiht ihrem Tod einen Sinn und erneuert somit ihre Spezies (die menschliche Rasse und ihre heiligste Institution, die *weiße* Familie), selbst wenn ihr Körper kalt und leblos im Wüstensand liegt. Wie Jonathan Lee in seiner Paraphrase von Lacan schreibt: »Der Tod ist ein derartig wesentlicher und offensichtlicher zukünftiger Moment. Der eigene Tod ist unvermeidlich der *eigene* Tod.«[36] Mit anderen Worten, selbst wenn sie stirbt, werden Nancy Jane Smiths Lieder und ihre gegenkulturellen Ideen in der Psyche der Tribunalsmitglieder und in der Psyche der Menschen, die noch geboren werden müssen, weiterleben (wenn auch als Dornen); daher auch die Bemühungen des Tribunals, sie zu einer richtig ödipalisierten jungen Frau zurechtzustutzen.

Doch wir müssen uns Orlando Patterson zuwenden, um die Bedeutung von Mord zu verstehen, wenn es um Charles Robbins und die Schwarze Frau in der Wüste geht: »Der Sklave stirbt, das ist wahr, doch er stirbt im Herrn.«[37] Dieses Hinscheiden markiert nicht den Tod eines verwandten Subjekts, sondern das Versterben eines Hilfsmittels; eines sprechenden Werkzeugs ohne Zuhörende, die den Klang vernehmen, den es von sich gibt.

Das Bemerkenswerte an Charles Robbins' Verhör ist, dass Robbins im Gegensatz zu Nancy Jane Smith keine Gelegenheit bekommt, seine Ideen durch seine Gesprächspartnerinnen und Gesprächspartner anerkannt oder aufgenommen zu wissen – weder auf der Ebene der Filiation noch auf der Ebene der Affiliation. In der libidinösen Ökonomie des Antagonismus Sklave/Mensch kann man sich Robbins nicht als jemandes Sohn oder Bruder vorstellen, noch kann man sich ihn imaginieren als jemanden, der eine philosophische Sprache spricht, deren Politik mit den Mitgliedern des Tribunals entweder übereinstimmen oder in Konflikt geraten würde. Er besitzt »in den Augen des Weißen keine ontologische Widerstandskraft«. Wie die Objekte in einer grammatikalischen

Struktur sind Charles Robbins und die ermordete Schwarze Frau in der Wüste Objekte, auf die das Subjekt eines Satzes Auswirkungen hat, und die Stabilität der menschlichen Spezies hängt davon ab, dass diese Rollen niemals verändert oder umgekehrt werden.

4

In Kopenhagen hatte mich der Verleger eines kleinen linken Verlagshauses gebeten, zum Erscheinen eines Sammelbandes mit Texten von Jared Sexton, Saidiya Hartman, Frantz Fanon und mir selbst einen öffentlichen Vortrag zu halten. Ich sagte zu, hatte jedoch eine Bitte: Ich wollte mich alleine mit einer Gruppe Schwarzer Organisatorinnen und Organisatoren treffen, um einen dreistündigen Workshop über Afropessimismus zu ermöglichen, der ähnlich aussähe wie Workshops, die ich in Nordamerika, Südafrika und anderen Teilen Europas geleitet hatte.

»Dänemark ist ein sehr *weißer* Ort«, sagte er während eines Skype-Gesprächs. Obwohl er von multiethnischen Organisationen wisse, die in Dänemark politisch aktiv seien, sei es eine Herausforderung, eine ausschließlich Schwarze Organisation ausfindig zu machen. Eine Woche später hatte er jedoch einen Namen für mich: eine relativ neue Gruppe namens Marronage; es war eine People-of-Color-Organisation. Die Art von Gemeinschaft, nach der ich mich erkundigt hatte, existierte nicht. Doch da Marronage ins Leben gerufen worden war, um Dänemarks selbstverherrlichenden Feiern zum Gedenken an den 100. Jahrestag seiner Abschaffung des Kolonialismus entgegenzuwirken, als es 1917 die Jungferninseln an die USA verkaufte (was es dem Land darüber hinaus erlaubte, den Makel seiner Vergangenheit als vom Sklavenhandel abhängige Wirtschaft loszuwerden), erschien es mir sinnvoll, einen Workshop für Leute zu leiten, die an den politischen Auswirkungen der langen Dauer der Sklaverei, ihrer *longue durée*, interessiert waren.

5

Ich kam in Kopenhagen an in der festen Überzeugung, dass selbst die am meisten verfolgten *weißen* Frauen von vornherein als Herinnen positioniert sind, wenn sie in Beziehung zu Schwarzen betrachtet werden, *sogar* in Beziehung zu schwarzen Männern. Diese Behauptung gewinnt an Klarheit, wenn wir bedenken, dass es auf der Ebene des Vorbewussten, also jenem Bereich der Psyche, der dem Bewusstsein zugänglich – und artikuliert – werden kann, dass es auf dieser Ebene den *Anschein* hat, als gehörten Nancy Jane Smith, Charles Robbins und die namenlose Schwarze Frau in der Wüste alle derselben Spezies an. Sie sind alle marxistische Revolutionär:innen, die sich zur selben Spezies zählen würden: der Arbeiterklasse. Was jedoch deutlich wird, wenn man ihre Beziehungen vergleicht, ist, dass sie zwar durchaus dasselbe Bewusstsein teilen und *sagen* würden, dass sie zur selben Spezies gehören (Menschen der Arbeiterklasse), dass das Unbewusste der Psyche tatsächlich aber nicht die Fähigkeit besitzt, Charles Robbins und die namenlose Schwarze Frau in der Wüste als Menschen anzuerkennen. Sie können nicht in filiative oder affiliative Vorstellungen eingebunden werden, und das *ungeachtet der gegenteiligen Einwände des Vorbewussten und des Bewussten*. Kurzum, das Bewusste eines radikalen Menschen sagt: »Ich sehe Farbe nicht«, während das Unbewusste »sagt« (und zwar in Formen, die aufs Seltenste lesbar sind): »Ich lebe in Angst vor einem Schwarzen Planeten.« Diese Dualität wird durch die Tatsache unterstützt, dass die Gewalt, die Nancy Jane Smith als *weiße* Frau und als Mensch in der Welt positioniert, strukturell eine andere ist als jene Gewalt, die Charles Robbins und die namenlose Schwarze Frau in der Wüste als Schwarze und Sklav:innen positioniert.

Dies widerspricht den theoretischen und politischen Annahmen, die nicht-Schwarze Intellektuelle und Aktivist:innen in Bezug auf Gewalt und Geschlecht hegen. Die Provokation, die dieses Argument darstellt, ist nicht von intellektueller, sondern eher von emotionaler Natur; vor allem, wenn sie von einem Schwarzen Cis-Mann kommt, der das Paradigma der *weißen* Weiblichkeit in alles anderem als lieblichen Tönen kritisiert.

Doch als menschliche Wesen besitzen *weiße* Frauen *strukturell* gesehen mehr Macht als Schwarze, da *weiße* Frauen zur menschlichen Spezies gehören, während Schwarze die fühlenden Wesen sind, gegen *die die Menschlichkeit ex negativo definiert wird.* Selbst durch den schrecklichen Akt der Vergewaltigung (zum Beispiel der Vergewaltigung einer *weißen* Frau durch einen Schwarzen Mann) wird diese *Struktur* der Beziehung nicht verändert. Das ist eine entflammende Aussage. Doch keine Theorie, die irgendeinen Wert besitzt, sollte sich vor Pyrotechnik scheuen. Zunächst einmal duldet der Afropessimismus in keiner Weise sexuelle Gewalt oder versucht, sie in irgendeiner Weise zu rechtfertigen. Im Gegenteil: Gewalt als Struktur oder Paradigma und sexuelle Gewalt als eine Sammlung von Praktiken innerhalb dieses Paradigmas stehen im Mittelpunkt des afropessimistischen Denkens, wenn auch in einer Weise, die der gängigen Weisheit zuwiderläuft.

In den Jahrhunderten, als die Sklaverei noch Gesetz war und nicht seltsam durch Euphemismen wie »Citizen« und »allgemeines Wahlrecht« sublimiert wurde, machte sich ein männlicher Sklave, der eine Sklavenhalterin gegen ihren Willen zum Sex zwang, in *moralischer* Hinsicht ebenso schuldig wie ein männlicher Sklavenhalter, der eine Sklavin gegen ihren Willen zum Sex zwang. Sex als Waffe ist abscheulich und kann nicht geduldet werden. Allen *moralischen* Verfügungen gegen solche Taten zum Trotz würde die Behauptung, dass die Vergewaltigung der Herrin durch den Sklaven auch ein *ethisches* Problem darstelle, bedeuten, die *Kraft*, die Muskulatur des Schwarzen männlichen Vergewaltigers, zu verwechseln mit *Macht*, mit dem Netz institutioneller Fähigkeiten, die ihn zu einer Erweiterung ihrer Vorrechte und ihrer Macht machen, sogar noch während des Aktes der Vergewaltigung durch ihn. Auf der performativen Ebene ist sie sein Opfer. Auf der paradigmatischen

Ebene ist er noch immer nur ihr Werkzeug. Was stellt man mit dieser Aussage an? Man sucht nicht nach Antworten, die das Problem der Performanz »lösen«, während man das Problem des Paradigmas ignoriert. Man setzt sich damit auseinander.

Kein marxistischer Revolutionär würde sagen, dass kürzere Arbeitszeiten und höhere Löhne für Arbeitende das unethische Paradigma des Kapitalismus wieder in Ordnung bringen. Doch wenn viele Menschen dem Schwarzen begegnen, einem fühlenden Wesen, das im Gegensatz zum Arbeitenden kein Problem *hat*, sondern, wie W. E. B. Du Bois geschrieben hat, ein Problem *ist*, dann brennt das Bild zu stark in den Augen.

Doch selbst auf die Gefahr hin, dass unsere Netzhaut versengt wird, müssen wir unerschrocken in dieses Feuer starren.

Obwohl die Frauen im Raum, in dem der Kopenhagener Workshop stattfand, zum größten Teil keine *weißen* Frauen waren, waren viele von ihnen auch keine Schwarzen Frauen; und sie wussten von meiner Einführung her nur zu gut, dass die *weiße* Frau in Peter Watkins' *Strafpark* eine Stellvertreterin für jede nicht-Schwarze Frau darstellte. Ich hatte vor, zu dieser heiklen Behauptung – dass sich der Status nicht-Schwarzer Frauen gegenüber Schwarzen Männern im Laufe der Zeit nicht geändert habe – mit einem Zitat aus einem Artikel von Jared Sexton zurückzukommen, in dem Sexton schreibt:

> [Es] scheint kontraintuitiv [...], [doch] aufgrund ihrer historischen Verwicklung in die Strukturen der *weißen* Vorherrschaft (gekennzeichnet durch ihre eingeschränkte Fähigkeit, Staatsgewalt oder staatlich sanktionierte paramilitärische Gewalt anzufordern), kann die *weiße* Frau den Schwarzen Mann (oder die Schwarze Frau) wegen realer oder eingebildeter Übertretungen brutal behandeln lassen. Aufgrund dieses Machtverhältnisses *kann sie ihn jedoch auch schänden* und damit die Polarität einer Vergewaltigungsfantasie umkehren, die in der anti-Schwarzen Welt allgegenwärtig ist; ungeachtet seiner Größe und Stärke,

seines Könnens und seines Stolzes ist er für sie *strukturell verwundbar*. (Entgegen vieler juristischer Standarddefinitionen ist sie in der Lage, ihn zu vergewaltigen, ohne dass er dabei gegen seinen Willen körperlich penetriert werden müsste. Aus diesem Grund müssen die Furcht vor Vergewaltigung und die Furcht vor Penetration *sorgfältig unterschieden werden*.) Vielleicht sollte Vergewaltigung nicht als isolierter Akt verstanden werden, sondern als Teil eines *Spektrums sexuellen Zwangs, der innerhalb eines breiteren Kontinuums sozialer, politischer und wirtschaftlicher Beziehungen erzeugt wird*, die durch den rassistischen Staat reguliert (jedoch nicht einfach nur kontrolliert) werden und eine Vielzahl von Darstellungsformen möglich machen.[38]

Während meines Abendvortrags vor 140 Menschen – in Anschluss an den dreistündigen Workshop mit dreißig radikalen dänischen Aktivistinnen und Aktivisten – verteilte ich Handzettel mit Sextons Zitat an jene Leute, die nach dem Workshop dazugestoßen waren, um ihnen das Mitlesen zu ermöglichen, wenn ich in meinem Vortrag auf die Passage zu sprechen kam, und um sie anschließend diskutieren zu können. Die Ideen wurden nachdenklich und engagiert aufgenommen, sowohl im Workshop als auch während des anschließenden Vortrags; das bedeutete, dass ich nicht auf der Hut war, als ich nach Berlin kam, um diese Ideen mit linken Akademikerinnen und Akademikern zu diskutieren, die vermutlich theoretisch beschlagener waren als die Aktivistinnen und Aktivisten in Kopenhagen.

Die meisten Menschen, die am Marronage-Workshop teilnahmen, hatten sehr wenig über Afropessimismus gelesen. Sie waren prekäre Organisator:innen, von denen viele die staatliche Gewalt in Dänemark am eigenen Leib erlebt hatten. Dies machte sie empfänglicher für eine tiefer gehende Theoretisierung dieser Gewalt, auch wenn das, was sie gelernt hatten, ihre bisherigen Vorstellungen von der Struktur – und nicht nur von der Ausformung dieser

Gewalt – zerschlagen könnte. Ich war beeindruckt von ihrer Bereitschaft, sich drei Stunden lang an Diskussionen und Übungen zu beteiligen, die so vieles von der allgemeinen Ansicht und, was viel wichtiger ist, *so vieles von dem Fundament, auf dem ihre Organisation basierte*, infrage stellte.

Der Workshop und mein anschließender Vortrag fanden im Folkets Hus statt. Dies waren zwei ganz besondere Ereignisse für die dreißig Teilnehmenden des Workshops und die Menschen, die zu meinem öffentlichen Vortrag kamen, denn das Gebäude, das Folkets Hus (das Haus des Volkes), war jahrzehntelang der Dreh- und Angelpunkt des radikalen Aktivismus und von politischen Kämpfen gewesen. Das Folkets Hus war in der Vergangenheit der Ausgangsort von Kunst und Kultur sowie Rebellion und Widerstand gegen die Kopenhagener Polizei gewesen. Die Polizei hatte es für etwa zwei Jahre geschlossen. Mein Workshop und mein Vortrag waren die ersten Veranstaltungen zu seiner Wiedereröffnung. Die Leute waren gespannt und auch ein wenig nervös, und sie fragten sich, ob die Polizei das Gebäude, wie in der Vergangenheit, räumen und die mehr als hundert Leute festnehmen würde.

Eine asiatisch-dänische Frau fragte mich: »Wenn die Gewalt der *weißen* Vorherrschaft und die kapitalistische, patriarchalische Gewalt das ist, was ich als asiatische Frau erleide, und wenn Sie andeuten, dass die *weiße* Vorherrschaft und *Anti-Blackness* nicht dasselbe sind – Sie sagen ja sogar, dass die Menschen, die unter der *weißen* Vorherrschaft leiden, auch die Menschen sind, die zusammen mit den Weißen an der *Anti-Blackness* beteiligt sind – dann ist meine Frage, was das bedeutet … was ist die Folge … also, vielleicht möchte ich sagen: Wie können wir Solidarität in multiethnischen Koalitionen wie Marronage schmieden?«

(In zwei Tagen würde man mir in Berlin die gleiche Frage stellen, doch der Ton und die Absicht wären feindselig, und ich würde antworten: »Solidarität ist mir scheißegal.« Was nicht stimmte; doch die Art und Weise, *wie* ich mich um Solidarität scherte, war nicht die Art und Weise, wie sich der Mob darum scherte, der seine Köfferchen gepackt hatte, um mich in Berlin zu treffen.)

»Was wir in diesem Workshop machen, ist eine Form von Solidarität«, antwortete ich in Kopenhagen. »Das Wichtigste, was wir verstehen müssen, ist die Art und Weise, wie nicht-Schwarze People of Color Diskussionen über eine Schwarze Grammatik des Leidens verdrängen können, indem sie darauf bestehen, dass sich die Koalition auf das konzentrieren muss, was wir alle gemeinsam haben. Es stimmt, dass wir alle unter Polizeiaggression leiden; dass wir alle unter kapitalistischer Herrschaft leiden. Aber wir sollten *den Raum, der durch die politische Organisierung eröffnet wird, die auf reformistische Ziele ausgerichtet ist – wie die Beendung der Polizeibrutalität und die Beendung der rassistischen Einwanderungspolitik –, wir sollten diesen Raum als Gelegenheit nutzen, um Probleme zu erkunden, für die es keine kohärenten Lösungen gibt. Gewalt gegen Schwarze ist ein Paradigma der Unterdrückung, für das es keine kohärente Form der Wiedergutmachung gibt außer Frantz Fanons ›Ende der Welt‹.*[39] Solidarität heißt, Diskussionen über den sozialen Tod der Schwarzen nicht zu verdrängen, nur weil keine kohärente Form der Wiedergutmachung in Sicht ist. Ich meine, heute haben wir genau das getan. Ihre Teilnahme an diesem Workshop mit den Schwarzen in Marronage ist ein Akt der Solidarität.«

Es gibt keine Punkt-für-Punkt-Pilgerreise, die erklären kann, wie die Clips aus *Strafpark* den Workshop in Kopenhagen zu einem Erfolg gemacht haben; oder warum die gleiche Analyse in Berlin dermaßen danebenging.

6

In Berlin war es so heiß wie zwei Tage zuvor in Kopenhagen. Doch die größere Gebäudedichte dort, das Gewimmel von Touristenströmen und die Tatsache, dass Berlin im Gegensatz zu Kopenhagen nicht auf drei Seiten vom Meer begrenzt ist, ließ Berlin wie in einem Bratofen bruzzeln. Der Raum, der für die Konferenz zum Pariser Mai genutzt wurde, roch nicht wie der Raum im Folkets Hus in Nørrebrogade.* Das war das Erste, was mir an dem Raum in Berlin auffiel: Er hatte keinen Duft. Es war ein reiner Raum, scharfwinklig und mit Fenstern bis zur Decke, die die kalte, duftlose Luft im Inneren einschlossen. Das Fünfeck aus weißen Formicatischen auf einfarbigem Teppich war weit entfernt von den unlackierten Tischen im Kopenhagener Folkets Hus, von denen die meisten aus einem Lagerraum angeschleppt werden und ganz offensichtlich im Laufe der Jahre gespendet worden sein mussten, da sie nicht so zueinanderpassten wie die Tische in Berlin. In Nørrebrogade hatten wir alle angepackt, Tische geschleppt, Stühle entstapelt und mit dem Whiteboard gearbeitet, das für die Dauer des Workshops zur Verfügung gestellt worden war von Kapelvej 44, einem anderen Gemeindezentrum in Nørrebrogade. Geleitet wurde Kapelvej 44 von einer fröhlichen und direkten Frau namens Lisbeth Bryhl. Das Whiteboard war auf einen Stuhl gelehnt und musste mit einer Hand hochgehalten werden, damit es nicht herunterrutschte, während ich etwas darauf schrieb. Der Raum im Folkets Hus war gespickt mit Leitern und leeren Garderoben; und der Boden war ein Palimpsest der Abriebspuren von Metallstühlen – oder den Gummisohlen von Spezialeinheiten der Polizei. Folkets Hus roch bewohnt, umkämpft, ein Raum, den Gras und Tränengas jeweils als ihr Zuhause beansprucht hatten; es roch nach trockenem Schweiß und nach Lachen und nach *fuck the police*; und die Fenster hatten breite Fensterbänke, auf denen Genossinnen und Genossen saßen, die später gekommen waren.

Im Gegensatz zum Haus des Volkes in Kopenhagen befand sich der Konferenzraum in Berlin im vierten Stock eines Bürogebäudes

* Das arabisch, afrikanisch und von der *weißen* Arbeiterklasse geprägte Viertel von Kopenhagen, in dem das Folkets Hus liegt.

mit Sicherheitskameras, die in kleinen Tastaturen am Eingang zu den einzelnen Stockwerken eingebettet waren. Man musste warten, bis man von jemandem im Panoptikum durch die Linse an der Tür erkannt und hereingelassen wurde. Das gut gebügelte Personal erneuerte zweimal täglich das elfenbeinerne Porzellan und füllte Kaffee, Tee und Kuchen nach.

Im Vergleich zu den dänischen Aktivist:innen in Kopenhagen, von denen ich geglaubt hatte, dass sie den Afropessimismus aufs Schärfste zurückweisen würden, war das Treffen der Akademiker:innen in Berlin eine tranige, hasenfüßige Menagerie.

Fürs meiste scheinen Auseinandersetzung unter Akademikerinnen für sogenannte gewöhnliche Menschen nicht das Geringste zu bedeuten. Allerdings schreiben Akademiker:innen ihren Debatten allzu häufig mehr Gewicht zu, als gerechtfertigt ist. Das Gehader über und um den Afropessimismus stellt jedoch eine Ausnahme dar. Nicht aufgrund seiner Bedeutung für die Menschen innerhalb der Akademie. Im Gegenteil, er hat eine Sonderstellung aufgrund der Art und Weise, wie er die Vorstellungskraft von Schwarzen Menschen auf der ganzen Welt beeinflusst hat. Die Imaginationen Schwarzer vor Ort und die intellektuelle Arbeit von revoltierenden Schwarzen haben mit dem Afropessimismus endlich eine unerschütterliche Resonanz in einer Vielzahl von Interventionen erfahren, die von Schwarzen Intellektuellen hergestellt wurden. Man sollte meinen, dass die linksgerichteten Intellektuellen darin einen Grund zur Freude sehen müssten. Afropessimismus ist keine Ansammlung theoretischer Interventionen, die den Kampf für die Befreiung der Schwarzen *anführen*. Man sollte den Afropessimismus als eine Theorie betrachten, die legitim ist, weil sie sich ein Mandat *vom Besten der Schwarzen Kultur* eingeholt hat; das heißt ein Mandat, die Analyse und die Wut zu artikulieren, die die meisten Schwarzen nur flüstern dürfen.

Aus irgendeinem idiotischen Grund glaubte ich, diese *weißen* Wissenschaftlerinnen und Wissenschaftler in Berlin und ihre asiatische Juniorpartnerin könnten einen produktiven Diskussionsraum bilden, in dem Ideen sicher ausgetauscht werden könnten, die man unter normalen Umständen nicht austauschen sollte. Im Einladungsschreiben hieß es: »In jedem Fall werden wir uns dagegen wehren, das Thema der Konferenz zeitlich und örtlich einzuschränken (etwa Mai 1968, Paris 1968).« Darüber hinaus hieß es, dass der Zweck der Konferenz darin bestehe, verkrustete Erzählungen infrage zu stellen, indem wir darüber nachdächten, wie es uns der fünf Jahrzehnte währende Reifeprozess seit 1968 ermöglicht habe, die neuen ethnischen, sexuellen und praktischen Koalitionen dieser Zeit mit neuen Augen zu betrachten, und zwar sowohl in ästhetischer wie in politischer Hinsicht.

»In jedem Fall«? Vielleicht war ich ein Sonderfall. Dennoch glaubte ich, wenn eine Gruppe von Menschen in der Theorie geschult war, die benötigt wird, um die Grundprinzipien des Afropessimismus zu diskutieren und zu debattieren, um 1968 mit frischen Augen zu beurteilen, dass sich diese Gruppe dann eher unter versierten Marxist:innen auf der Konferenz in Berlin finden lassen würde als unter den viel jüngeren und weniger versierten Aktivist:innen in Kopenhagen.

Professor Ian Bryce war kräftig und stämmig und nicht allzu groß. Während der Konferenzpausen bahnte er sich seinen Weg durch die Konferenztische und Stühle und schoss auf den Tee- und Kaffeewagen zu wie ein Footballspieler beim Zickzacklauf auf einen Touchdown zu. Im College war ich Außen-Linebacker gewesen und wurde mehr als einmal von einem derartig vorbeiziehenden Spieler überrannt. Allerdings hätte ich nicht gedacht, dass Ian in Berlin zum Angreifer würde. Tatsächlich dachte ich genau das Gegenteil angesichts der Tatsache, dass er in einer seiner E-Mails an mich und dann noch einmal persönlich sagte, wie sehr meine Kritik an Antonio Gramscis Vorannahmen ihm bei der Arbeit an seiner Monografie über Pasolini geholfen habe.[40] Nach der Konferenz wurde mir klar, dass er sich nicht von den meisten *weißen* Akademiker:innen unterschied, die im Afropessimismus für ihre eigenen Zwecke dilettieren, ohne die Tatsache anzuerkennen, dass sie eine Handgranate ohne Splint in den Fingern halten. Afropessimismus ist das Credo eines Plündernden: Kritik ohne Erlösung oder eine Vision von Wiedergutmachung außer dem »Ende der Welt«. In den Händen marxistischer Akademiker:innen neigt er dazu, korrumpiert und zu etwas verformt zu werden, das die Revolte der Schwarzen außer Acht lässt. In Händen wie diesen, in Händen, die Visionen von Antagonismen als Gehader zwischen dem Arbeiter und dem Kapitalisten ausformen und kein klares Verständnis dafür haben, dass der *wesentliche* Antagonismus der Antagonismus zwischen den Schwarzen und der Welt ist, werden zwei Fliegen mit einer Klappe geschlagen: Die Zentralität des sozialen Todes der Schwarzen, die Grammatik des Leidens des Sklaven, wird aufgehoben oder geschmälert; und zweitens wird die Vorstellungskraft der versklavten Person (die vom Untergang der Welt träumt, ohne dabei zwangsläufig eine Vision einer neuen Welt wie dem Sozialismus oder einem befreiten Nationalstaat mitzudenken) in die Grenzen dessen eingepasst, was für Nicht-Schwarze erträglich ist. Am besten sagte es James Baldwin in seinem Essay »The Black Boy Looks at the White Boy Norman Mailer«, wo er über »die fürchterliche Kluft zwischen [Mailers] Leben und meinem eigenen«[41] schrieb. Es ist ein schmerzhafter Essay, in dem er erklärt, wie er durch den Beginn und das Ende seiner »Freundschaft« mit Mailer jene Momente erlebte, in denen *weiße* Träume von Befreiung durch *Blackness* inspiriert wurden, und wie es sich anfühlte, als er plötzlich die Unmöglichkeit des Umgekehrten erkannte: »[D]ie wahrhaft scheußliche Sache, einem Weißen die Wirklichkeit des *Negro* vermitteln zu wollen, liegt niemals begründet in der Tatsache von Hautfarbe, sondern in der Beziehung dieses Mannes zu seinem eigenen Leben. Er wird in deinem Leben nur das anerkennen, was er in seinem Leben anzuerkennen bereit ist.«[42] Seine langen Pariser Nächte mit Mailer trugen nur Früchte, solange Mailer sagen konnte: »Das geht mir genauso.« Dahinter lag die Leere, die Baldwin mit in diese »Freundschaft« gebracht hatte und ihr schließlich wieder entriss. »Ich fürchte, die meisten Weißen, die ich je gekannt habe, wirkten auf mich, als wären sie umklammert von einer merkwürdigen Nostalgie und als träumten sie von einem verschwundenen Zustand von Sicherheit und Ordnung, als hätten sie ihr Leben unerschrocken und unbewusst wieder und wieder gegenüber diesem Traum auf die Probe gestellt und es infolgedessen vielfach verloren.«[43] Er schreibt über Begegnungen zwischen Schwarzen und Weißen in Paris und New York in den 1950er-Jahren, doch er könnte ebenso gut über Ian und das Aufgebot schreiben, das auf der Berliner Konferenz zum Mai 1968 über mich herfiel. Kurz gesagt, auf dem Boden war Blut, und das meiste davon war meines. Doch konnte ich mir das nicht vorstellen, als Ian Bryce meinen Namen sagte. Ich war glücklich, als ich die beiden Clips von *Strafpark* abspielen ließ. Die Lichter gingen an, und in meinem Vortrag äußerte ich die Kritik an dem Film, die im Kopenhagener Workshop so interessiert aufgenommen worden war: wie und warum die vermeintliche politische Solidarität zwischen Nancy Jane Smith und Charles Robbins den strukturellen Antagonismus, den sie verkörperten, nicht minderte; wie das Unbewusste des Films diesen Antagonismus inszenierte, während er ihn auf der Ebene seiner bewussten, narrativen Intention verleugnete.

Ich schloss mit der Feststellung, dass das Projekt der Revolution (sowohl in politischer als auch ästhetischer Hinsicht) nicht vorangebracht wurde durch die *weißen* radikalen Revolten der späten 1960er- und frühen 1970er-Jahre und dass diese Bewegungen sowie gut gemeinte Filme wie *Strafpark*, wenn man sie mit den Augen versklavter Personen betrachtete (Charles Robbins und die Schwarze Frau in der Wüste), eher dazu beitrugen, das einstweilige Dasein der westlichen Zivilgesellschaft zu stärken und zu verlängern, als seinen Sturz zu beschleunigen.

Ich war verblüfft über das Ausmaß des Applauses. Mehr als einmal wurde mir gesagt, wie »elegant« und »anspruchsvoll« mein

Vortrag gewesen sei. Sandra Dove, eine britische Kunsthistorikerin, benutzte sogar das Wort *wunderschön*, als sie vom Elan meiner Prosa sprach. Doch die emotionale Resonanz dieser Worte war mir vertraut. Sie ist das, was Schwarze Frauen – und einige Männer – erleben, wenn unser Haar von einer *weißen* Person berührt wird, die nicht um Erlaubnis gefragt hat, sondern einfach davon ausgeht, dass man, weil dieser Verstoß mit einem Kompliment verbunden ist (»Es ist so weich«), wie ein gestreichelter Lhasa Apso für die einem zuteilgewordene Aufmerksamkeit dankbar sein sollte; man begegnet etwas Ähnlichem, wenn gesagt wird: »Sie drücken sich so gewählt aus.« Du kannst sie zum Schmachten bringen, aber das heißt nicht, dass sie dich hören; es heißt, dass sie durch die Art und Weise, wie du etwas sagst, regelrecht zum Orgasmus kommen. *Soul music!* Der Gegenschlag erfolgt allerdings, sobald die Bedeutung der Lyrics anfängt zu wirken. Man kann die Uhr nach den nächsten drei Momenten stellen: *Schuld. Ressentiment. Aggression.* In Berlin schlug die Uhr Ressentiment und Aggression. Die versammelten Professorinnen und Professoren übersprangen die Stunde der Schuld.

Dann setzte die Negrophobie ein, und zwar auf eine, gelinde gesagt, unheimliche Art und Weise; unheimlich in dem Sinne, dass wir in den nächsten zwanzig Minuten dieselbe Dynamik nachspielten, die für das Verhör von Charles Robbins durch das *Strafpark*-Tribunal kennzeichnend war. Sicherlich waren die »Fragen«, die der Raum auf mich abfeuerte, inhaltlich vielfältiger als eine Schüssel Fruit Loops, doch glichen sie sich in ihren *Affekten* von Feindseligkeit und gönnerhafter Herablassung.* Auf einer Ebene war die Szene, in Ermangelung eines besseren Wortes, *zivilisierter* als das

* Die Affekttheorie untersucht nonverbale Modi, Empfindungen und Einflüsse zu kommunizieren. Der »Vater« der *Affect Studies* ist der Psychologe und Persönlichkeitstheoretiker Silvan Tomkins. Er vertrat die These, dass Affekte das biologische System sind, das die Grundlage von Emotionen bildet; doch sind Affekte nicht identisch mit Emotionen.

Tribunal. Ich lag nicht in Handschellen und war nicht an einen Stuhl gekettet, und die zehn Mitglieder der Tagung besaßen keine staatsanwaltschaftlichen Befugnisse. Doch es ließe sich argumentieren, dass das Verhör aufgrund des professoralen Kodexes der Höflichkeit bizarrer war als das, was Charles Robbins ertragen musste.

Innerhalb kürzester Zeit zerfiel die Fähigkeit der Gruppe zum logischen Denken und Diskutieren in eine selbstgerechte Empörung darüber, wie ich ihrer Ansicht nach »den Film verzerrte«; Empörung über meinen Mangel an Wertschätzung für »die Bande der Liebe, die in den 1960er-Jahren zwischen Leuten wie Charles Robbins und Nancy Jane Smith geschmiedet worden waren«; und schließlich Empörung über meine Behauptung, dass nicht-Schwarze People of Color (die Juniorpartner:innen der *weißen* Zivilgesellschaft) etwas zu retten hätten, während Schwarze nichts zu verlieren hätten – dass asiatische Menschen und Schwarze strukturelle Antagonistinnen und Antagonisten seien, *selbst wenn sie sich zu einer Koalition im Kampf für Bürger- und Menschenrechte zusammengeschlossen haben.*

7

Professorin Li-ling Chen erhob Einwände gegen die Beschreibung asiatischer Menschen als Juniorpartner:innen der *weißen* Zivilgesellschaft. Sie erhob jedoch keine Einwände in Form einer Auseinandersetzung mit und/oder Kritik an meiner Analyse. Sie sagte lediglich, wie »verrückt« sie all das mache; als ob es das Wichtigste wäre, wie sich Nicht-Schwarze *fühlen*, wenn sie kritisiert werden, und nicht so sehr die materiellen Auswirkungen auf das Leben der Schwarzen, die die Kritik überhaupt *erforderlich* machten. (Ein Mob fragt dich vielleicht, ob du diese Frau wirklich vergewaltigt oder diesen Mann wirklich ausgeraubt hast, während sie dich aufhängen, doch ein Mob verfällt in den seltensten Fällen in Schweigen, um auf eine Antwort zu warten.) Ich fühlte mich, als hätte man mich zum Leiter einer Gruppentherapiesitzung gemacht und ich hätte die falsche Frage (oder die richtige Frage) gestellt, wodurch eine Kettenreaktion in Gang gesetzt worden sei. Allerdings hatte ich diese Kettenreaktion ausgelöst und war dazu noch zum Ziel ihrer schwelenden Übertragung geworden.

Ian Bryce führte die Anklage an. Die Art und Weise, wie sich sein Kinn beim Sprechen vorschob, und die kleinen, unfreiwilligen Kanonenkugeln aus Atem, die zwischen seinen Worten explodierten, erinnerten an Reg in Seattle, als er den jungen Luke zum Parkplatz führte; ein Mann, dessen Erinnerung ich in mehr als fünfzig Jahren nur selten heraufbeschworen hatte.

Bryce begann mit einer indirekten Form der Züchtigung. Er beschwerte sich darüber, dass er während meines gesamten Vortrags den Namen »Peter Watkins« nur einmal gehört habe. Er warf mir vor, ich läse den Film auf undifferenzierte Weise und respektierte ihn nicht als Kulturgut. Er beschuldigte mich, den Film selbst als eine transparente Reflexion dessen zu betrachten, was während der Verhörszenen von Charles Robbins geschehen sei. Was er wollte, war eine »dichtere Beschreibung« des Filmes, mehr Exegese über den Film als Kunstwerk (was zweifellos zu den anderen Präsentationen auf der Konferenz gepasst hätte).

Ich sagte ihm, dass meine Aufmerksamkeit etwas anderem gälte. Ich hätte noch hinzufügen können: Hätten Sie aufgepasst, hätten Sie gehört, wie ich die filmischen Strategien des Films berührte, *die dasselbe Argument führen, von dem Sie sagen, dass es zu reduktiv sei,* dass der Film den anti-Schwarzen Rassismus, den Robbins vor dem Tribunal erleidet, eigentlich eher begleitet, anstatt ihn zu kritisieren. *Und außerdem spielt es keine Rolle, dass der Regisseur glaubt, er mache etwas anderes. Wichtig ist, wie es der Film macht.*

Doch das sagte ich nicht, da ich (naiverweise) erwartete, dass Bryce darauf antworten würde, indem er zu mir sagte: »In Ordnung, dann erzählen Sie mir einmal, worauf Sie Ihre Aufmerksamkeit gerichtet haben. Entschuldigen Sie, dass ich auf etwas herumreite, was Sie nicht getan haben. Lassen Sie uns die wenige Zeit, die uns bleibt, sinnvoll nutzen, indem wir Ihre Präsentation nach Ihren eigenen Bedingungen diskutieren.«

Doch das hätte zu viel Sinn ergeben. Er hatte sich bereits den Kopf erhitzt oder, genauer gesagt, kurze, kleine Zü-Zü-Züge voller heißer Luft der Ermüdung aufgebaut. Er war Thomas, die kleine Lokomotive, die sich schnaubend und schnaufend den Hügel hinaufschleppte und alle anderen hinter sich die Gleise entlangzerrte.

Während Ian Bryce seine Verzweiflung über meine mangelnde Hingabe an den Film als Kulturgut maskierte, maskierte ein weiterer Professor, Arthur Winter, seine Verzweiflung in eine ähnliche, jesuitenhafte Hingabe an die Geschichte des Films als Kulturgut: den Kontext der Produktion und des Vertriebs von *Strafpark* im Jahr 1971.

Eine prosaische Übersetzung seiner Bemerkungen würde lauten: »Ist Ihnen nicht klar, dass Peter Watkins ein *weißer* Mann war, der sich mit Menschen wie Charles Robbins solidarisch zeigte? Ist Ihnen nicht klar, dass er bei der Produktion und Vorführung dieses Films für Schwarze gelitten hat?« Mit anderen Worten, Winter nahm es auf sich, mir zu erklären, was ich bereits wusste und bestens verstand. Mit der Art verhaltener Ungläubigkeit, die man an den Tag legt, wenn der kleine Johnny *zum dritten Mal* seine Milch auf den Boden verschüttet (*ach, verdammt noch mal aber auch!*), bemühte sich Arthur Winter, mir zu erklären, dass *Strafpark* und Peter Watkins in der Presse und an Hochschulen (als der Film dort gezeigt wurde) aufs Schärfste attackiert worden waren, weil sie eine paranoide Vision von Amerika dramatisierten und weil Watkins ein Ausländer war, der Amerika hasste.

Das Tribunal war wütend auf Robbins, weil Amerika den Schwarzen (wenn auch auf diskrete Weise) eine helfende Hand gereicht hatte und sein gewalttätiger Aufstand den Beigeschmack von Undankbarkeit besaß. Professor Winter sagte das Gleiche zu mir – mit Watkins als Vertreter des Staates. Frantz Fanon meinte einmal, »dass man nicht ungestraft schwarz ist«.[44]

»Kein Kino wollte den Film zeigen«, protestierte Winter. »Und in weniger als einer Woche wurde er von dem einen obskuren Kino, wo er überhaupt gezeigt wurde, aus dem Programm genommen.« Seine Augen sendeten Notsignale aus. Ein Feld von Händen winkte, um von Ian Bryce gesehen zu werden. Winters Stimme schien zu brechen; als hätte ich nicht einen Filmemacher besudelt, den er nie getroffen hatte, sondern einen engen und verehrten Verwandten. *Er ist Familie*, schien sein Tonfall zu verraten. Er ignorierte Menschen, die die Hand gehoben hatten, und sprach schnell weiter, bevor Ian Bryce jemand anderem das Wort gab.

»Als Watkins den Film an die Colleges brachte, wurde er von Professoren aus dem Publikum *angegriffen*.«

Winter legte sich ins Zeug, als schauten seine Eltern zu. Meine Augen vernebelten sich. Ich war mir sicher, dass er mit einer Bitte enden würde, Watkins heiligsprechen zu lassen oder ihn zum *Friend of the Negro*, zum Freund des *Negro*, zu machen. Winters' Kommentar neigte sich dem Ende zu, als er mich daran erinnerte, dass die Szene mit Charles Robbins (Robbins wird im Zelt des Tribunals gefesselt und geknebelt) zum Schluss ein filmisches Zitat des Prozesses der Chicago Eight darstellte, als Bobby Seale gefesselt und geknebelt wurde. Für den Fall, dass ich es nicht verstanden habe: Dieses filmische Zitat, die Hölle, die Peter Watkins erfahren musste, als er mit dem Film auf Tour ging, und die Art und Weise, wie der Film bei der Kritik durchfiel – all das ist beispielhaft dafür, dass der Film so viel gemein hat mit meinem Projekt, mit der Notlage von Charles Robbins und mit der namenlosen Schwarzen Frau, die in *Strafpark* von Kugeln durchlöchert wird.

Ich lachte, denn es war nicht mein Wunsch, Winters zu beleidigen, indem ich ihn ernst nahm. Allerdings war es nicht als Witz gemeint. Er war so aufgeblasen und so bierernst wie Ian Bryce, als er mich dafür züchtigte, der ästhetischen Integrität von *Strafpark* aus dem Weg gegangen zu sein, wie Ian mir aus dem Weg gegangen war, als er den Kaffeewagen sah.

Von der anderen Seite des Raumes aus wurde Bryce und Winters professorales Geschwätz von Professor Helmut Jahn sanft begrüßt, der nickend murmelte: »Ich habe mir auch Sorgen gemacht um den Platz der historischen Grundlagen in Ihrem Vortrag.«

Tür und Tor waren offen. Weitere Stimmen fielen ein. Manchmal sprachen die Menschen übereinander, als wären sie so spät zum Lynchen gekommen, dass sie sich auf den Rücken der anderen aufstützen müssten, um einen besseren Blick auf den nicht ganz so menschlichen Menschen im Baum zu erhaschen oder um einen härteren Hieb auszuteilen.

Es war, was meine Studierenden einen »totalen Mindfuck« nennen würden, in dem Sinne, dass dieses Szenario eines aufgeladenen Affekts im Dienste der hysterischsten Darstellung von Negrophobogenisis zunächst in Form von Charles Robbins' Clip aus *Strafpark* auf die Leinwand im Konferenzraum projiziert worden war und dann von den Anwesenden im Konferenzraum selbst nachgestellt wurde. Anders ausgedrückt, das Verhör von Charles Robbins durch das Tribunal beinhaltete nichts von einer Auseinandersetzung zwischen kommunistischen und kapitalistischen *Ideen*, noch war es – wie im Falle von Nancy Jane Smiths Verhör – eine Auseinandersetzung zwischen zwei unterschiedlichen Ansichten über moralische Hygiene. Charles Robbins war in struktureller Hinsicht von der Dynamik der Reziprozität ausgeschlossen worden. Diese strukturelle Verfügung machte den Wesenszug der Konferenz aus, und dieser Wesenszug ist beispielhaft für das, was mit Schwarzen Stimmen geschieht, wenn diese Stimmen Argumente vorbringen, die auf einer Theorie der Gewalt basieren, welche erstens nicht auf alle leidenden Menschen zutrifft und zweitens nahelegt, dass sogar Menschen, die unter der Geißel der *weißen* Vorherrschaft, des Kapitalismus und der Geschlechterunterdrückung leiden, gleichzeitig Ausführer:innen und Nutznießer:innen von Gewalt gegen Schwarze sind. Solche Argumente legen das Unbewusste offen, wie die Tatsache beweist, dass sie einen Gemeinschaftszorn von Halbsätzen, heftigen Stimmungen und ziellosen Argumentationszirkeln hervorrufen. Das war es, wovon Sebastiaan sprach, der kanadische Doktorand, der sich mir am Vorabend vor einem Imbiss vorgestellt hatte. Den Supergau im Konferenzraum und die Aggressivität beschrieb er als das, »was Fanon einen Riss in der psychischen Infrastruktur der Konferenz über 1968 genannt hätte; und also ist die Arbeit des Afropessimismus vollbracht worden, wenn auch nur für einen Moment«, und zwar in diesem Berliner Konferenzraum.

Das Unheimliche schlug wieder zu. Ich verspürte dasselbe Gefühl, das ich empfunden hatte, als ich zum ersten Mal die Szene mit der namenlosen Schwarzen Frau mit dem Gesicht im Wüstensand in *Strafpark* sah, als mehrere Bundespolizisten ihren Rücken mit Kugeln durchsiebten. Die Kakofonie der rohen Verzweiflung im Konferenzraum imitierte den trockenen Knall der Schüsse (und die Stimme, die »Holt euch die Schlampe« knurrte), als die überhitzten und durstigen Polizisten auf einem Hügel über ihr standen und ihre Magazine leer feuerten.

Zu meiner Bestürzung war dieser Affekt genauso intensiv, als zwei der Frauen – eine *weiße* Frau, Professorin Sandra Dove, und die asiatische Frau, Professorin Li-ling Chen – sprachen. In mancher Hinsicht war die Art und Weise, wie diese beiden Frauen sprachen, von einer seltsamen Ehrlichkeit geprägt. Mein Vortrag wurde durch die Behauptung untermauert, dass jeder in diesem Raum strukturell gegen mich, gegen Charles Robbins und gegen die namenlose Schwarze Frau, die in *Strafpark* getötet wurde, war. Alle anderen hatten einen Vortrag gehalten, der von der logischen Vorannahme untermauert war, dass der strukturelle Antagonismus zwischen den Arbeiter:innen (gleich welcher Race, welchen Geschlechts oder welcher Nationalität) und den Kapitalist:innen der Welt bestand. Mit einem Vortrag – mit meinem – konfrontiert zu sein, der argumentierte, dass Ausbeutung und Entfremdung (der allgemeine Mechanismus des Antagonismus zwischen Proletariat und Kapitalismus) *ein bloßer Konflikt* sei, ein Kampf, der durch den *wesentlichen* Antagonismus zwischen Schwarzen (versklavten Personen) und Menschen (Herrinnen und Herren) hervorgerufen und geduldet werde, ließ die Professorinnen in Berlin das erleiden, was Jared Sexton »Antagonismusangst«[45] genannt hat.

Die *weißen* Männer (Ian Bryce, Arthur Winter und Helmut Jahn) hatten symptomatisch reagiert, indem sie sich sprechend von der Quelle ihres Traumas entfernten, die Augenbrauen senkten und ablenkten mit Argumenten über meinen Ahistorismus und meine Böswilligkeit in Bezug auf die Dienste von Peter Watkins und das blutende Herz seines Filmes.

Die Ehrlichkeit von Sandra Dove und Li-ling Chen manifestierte sich in der Tatsache, dass *sie* wirklich etwas zu meinem Vortrag zu sagen hatten, im Gegensatz zu den Weißen, die etwas zu dem zu sagen hatten, was ich nicht gesagt hatte. Damit will ich die Weisheit von Dove und Chen nicht kathedralisieren. Mein Vortrag hatte Sandra Dove und Li-ling »traurig« und »wütend« gemacht. Die Ehrlichkeit ihrer Interventionen (das heißt ihre verstreuten Soundbites) manifestierte sich in der Tatsache, dass sie auf das eingingen, was ich tatsächlich gesagt hatte. Die *pervertierte* Natur ihrer Ehrlichkeit war darauf zurückzuführen, dass ihre Antworten sich *nicht* in einer wirklichen Auseinandersetzung mit meinem Argument manifestierten, sondern stattdessen die Art und Weise in den Vordergrund stellten, wie sie sich durch meinen Vortrag *fühlten*: Sandra Dove fühlte sich verletzt und enttäuscht – vielleicht sogar verraten; Li-ling Chen war wütend und mit ihrem Verstand am Ende.

Li-ling und ich waren uns in der Vergangenheit mehrmals bei akademischen Versammlungen begegnet. So hatten wir uns am ersten Tag in Berlin umarmt und nebeneinander an den Tisch gesetzt. Ich hatte ihr Hustenbonbons angeboten, und immer dann, wenn sie eine deleuzianische Intervention von zwei Vorrednern aufspießte, deren Argumente eher theoretische Begleiterscheinungen von neoliberalem Individualismus waren als das Feuerwerk des gesellschaftlichen Bilderstürmens, von dem Deleuze und seine spirituellen Vorfahren überzeugt sind, dass sie es besitzen, hatte ich alles abgenickt wie beim Amen in der Kirche. Wir waren Seelenverwandte, die auf dem Vormarsch waren; und das wären wir vielleicht bis heute, wenn ich die Kritik am Neoliberalismus nicht über eine Grenze getrieben hätte, die sie nicht bereit war, zu überschreiten.

An diesem selben ersten Tag hatte auch Sandra Dove mir von ihrem Platz am anderen Ende des Tisches aus zugezwinkert; ein universelles Zwinkern der Freundschaft zwischen Races.* Und ich, der ich nie sparsam war mit meinem Charme, zeigte meine 52 Zähne. Ich kehrte von einer Toilettenpause zurück und fand sie auf dem Sitz neben meinem. Sie stellte sich vor und fragte, ob es in Ordnung sei, wenn sie neben mir sitze. Wo sie gesessen habe, brenne die Sonne so sehr auf ihrem Rücken. Ich war zwischen Dove und Chen eingeklemmt, wir saßen eng nebeneinander; und das hatte mich beruhigt. Denn Dove und Chen wären sicher empfänglich für meine Worte! Ich glaubte, Sandra Dove und ich wären auf einer Wellenlänge. Es gibt nichts Tödlicheres als die Selbsttäuschung des *Negro*, die einen vergessen lässt, dass es keine Liebe ohne Hass geben kann. Schuld. Ressentiment. Aggression. Die Uhr tickte weiter.

Die Kraft der Ehrlichkeit dieser beiden Frauen stand im Einklang mit dem wütenden Ausweichen der *weißen* Männer. Mit anderen Worten, Dove und Chen sprachen zu meinem Vortrag selbst (und stellten dabei in den Vordergrund, wie verletzt und wütend er sie gemacht hatte), während sie gleichzeitig den *Affekt* des Lynchens unterstrichen und ausweiteten, der ihnen vorausgegangen war, als die *weißen* Männer gesprochen hatten. Ihre Worte unterschieden sich von den Worten der Weißen, doch der Affekt blieb derselbe; und auf diese Weise bildeten sie eine kulturelle Formation ab, die über Geschlechtergrenzen und Grenzen der Rassifizierung hinaus-

* Vielleicht habe ich mich aber auch getäuscht und sie hatte nur was im Auge.

ging und die durch eine gemeinsame *Anti-Blackness* verbunden war und die – was am wichtigsten ist – durch ihre kommunale Gewaltfähigkeit gestützt wurde. *Der Gemeinschaft war Unrecht zugefügt worden; nun war es an der Zeit, für Gerechtigkeit zu sorgen.*

Anstatt meine Argumentation durchzuarbeiten und sich *anschließend* an meinen Ausführungen und dem Archiv der kritischen Literatur abzuarbeiten, das ich durch meinen Vortrag kreiert hatte – etwas, wozu sie durchaus fähig war und was sie durch das Aufspießen des aufgesetzt Politischen von Deleuze und durch ihre eigene Präsentation und Kritik von Winnicotts Theorie mittels Lacan so gut unter Beweis gestellt hatte –, umging Li-Ling Chen sowohl das Archiv des Afropessimismus als auch die These meines Vortrags. Kurzum, anstatt die These, die sie für so anstößig hielt, zu diskutieren, sprach sie einfach ihren Einwand aus (»Afropessimismus ist absolut und totalisierend!«) und stellte anschließend heraus, wie sie sich damit fühlte.

»Ich bin so wütend!« »Das macht mich so wütend!« »Ich will nichts sagen, weil ich auf Frank wütend werde, wenn ich etwas sagen würde, und wir sind befreundet.« Sie muss gesehen haben, wie sich meine Augenbrauen hoben, als sie *befreundet* sagte, weil sie den gleichen Satz noch einmal von sich gab: »Ich will nichts sagen, weil ich auf Frank wütend werde, wenn ich etwas sagen würde«, das Satzende diesmal aber modifizierte mit den Worten: »und wir sind *Kollegen*«; und das, bevor sie zum dritten Mal anhob: »Und ich bin *müde* und ich bin *hungrig* und ich will zum *Mittagessen* gehen.«

Nicht jeder im Raum war von mehreren Angstzuständen befallen. Doch von den sechs der zehn Personen, die etwas sagten, war Professor Tilsen McMann der Einzige, der es nicht mit der Angst bekam.

Tilsen McMann versuchte tatsächlich, vernünftig mit Chen zu sprechen. Tatsächlich versuchte er, mit dem ganzen Raum vernünftig zu sprechen. Er sagte, meine Kritik sei stichhaltig, da meine Argumentation stichhaltig sei und man sich damit auseinandersetzen müsse. McMann bemerkte die Resonanzen zwischen meinem Vortrag und dem Vortrag von Li-ling Chen, in dem sie gezeigt hatte, wie »die linke Kulturpolitik von 1968 der Rechten die Möglichkeit bot, als Verteidigerin von Tradition aufzutreten und sich gleichzeitig als pseudopopulistische Kraft zu inszenieren«.

Es war klar, dass McMann *nicht* sagte, Li-ling Chen und Frank Wilderson stünden politisch auf derselben Seite oder dass unsere Archive irgendetwas gemein hätten. Was er damit sagen wollte, war, dass wir ein anständiges Gespräch führen könnten, wenn Chen und der Rest des Raumes ihre Wut im Zaum halten könnten. Dann wäre es uns möglich, eine Debatte über zwei Vorträge zu führen, die einander ähnlich waren (im Gegensatz zu den meisten anderen vorangegangenen Vorträgen). Was er sagen wollte, war, dass sich die Vorträge von Chen und Wilderson dadurch ähnelten, dass sie uns einen Weg bahnten, übergreifende politische und paradigmatische Kräfte zu diskutieren, die den Aktivismus und die Ästhetik von 1968 beeinflussten und die bis heute fortwirkten.

McMann sagte: Ist es nicht wunderbar, dass Sie beide diese Vorliebe für die Analyse größerer politischer Kräfte teilen?

Li-ling Chen rächte sich: »Meine Arbeit ist *überhaupt nicht* wie die von Frank! Ich reise nicht um die Welt und sage, dass chinesische Frauen die am meisten unterdrückten Menschen auf dem Planeten sind.« (Vermutlich meinte sie, dass Wilderson um die Welt reist und sagt, Schwarze seien die am meisten unterdrückten Menschen auf dem Planeten.)

Professor McMann war erstaunt und bestürzt. Er versuchte erneut, ihr mit Vernunft beizukommen. Doch sie wiederholte, wie wütend es sie machen würde, wenn sie darüber sprechen müsste, und wie sehr sie zum Mittagessen gehen wolle. McMann hatte zweifellos nicht damit gerechnet, dass sich die Kraft ihres Unbewussten in ihrer bewussten Rede mit einer derart hartnäckigen Fixierung manifestieren würde. Doch das Unbewusste ist ein glaubensbasiertes Phänomen, gegen das die Vernunft keine Chance hat.

Wären zehn Tilsen McManns im Raum gewesen, anstatt der zehn Anwesenden, hätten wir vielleicht eine robuste Diskussion gehabt – was nicht heißen soll, dass McMann ein Afropessimist ist; es bedeutet auch nicht, dass ich das verlangen würde. Von den 140 Personen im Folkets Hus in Kopenhagen und den dreißig Personen im Workshop davor waren vermutlich kaum mehr als eine Handvoll tatsächlich mit mir oder mit dem Afropessimismus *einverstanden*. Doch das spielte keine Rolle. *Einverständnis* war nicht meine Voraussetzung. Eine ehrliche Auseinandersetzung allerdings schon. Doch die Resonanz zwischen dem FBI-Dokument über Schwarzen Identitätsextremismus und der psychischen Infrastruktur von Chens Einwänden gegen das, was sie als meine Art der Unterdrückungsolympiade ansieht, ist stärker als die Resonanz zwischen ihrer politischen Analyse und meiner.

Zum Schluss sprach Sandra Dove. Sie blieb unerschütterlich in ihrer Überzeugung, dass Schwarze Männer strukturell *nicht* durch *weiße* Frauen verwundbar seien. Sie glaubte, dass *alle* Frauen strukturell durch *alle* Männer verwundbar seien; als ob Sklavenhalterinnen durch ihre Sklaven entmachtet werden könnten; oder als ob das Paradigma der Sklaverei der Vergangenheit angehörte und in der Gegenwart nicht wiederholt würde. Sandra Dove war verraten worden; und mehrere Minuten lang oszillierte sie zwischen Peitschenhieben und der Zurschaustellung ihrer Stigmata.

Zuvor, während der Vorführung der Filmszenen über Nancy Jane Smith, spürte ich an der Art und Weise, wie Sandra Doves Lachen jene feministischen Salven verfocht, die Nancy Jane Smith ihren sexuell verklemmten Verhörer:innen zuschleuderte, dass Dove Schwierigkeiten haben könnte mit der Art und Weise, wie ich sowohl Nancy Jane Smith als auch das Tribunal kritisierte – mit der Art und Weise, wie ich die Zurschaustellung ihres gegenseitigen Hasses als triviale Familienfehden charakterisierte, die durch die Stärkung der Bindungen zwischen ihnen enden würden, *selbst wenn sie Nancy Jane Smith töten würden*. Vielleicht ist das der Grund, warum meine Analyse Sandra Dove so tief verletzt zu haben schien. Sandra Dove wurde nicht nur stellvertretend durch Nancy Jane Smith kritisiert, sondern in gewisser Hinsicht wurde sie auch verspottet für die Unerheblichkeit der Forderungen, die vom Leid der *weißen* Frau im *weißen* männlichen Patriarchat ausgehen.

Die Wucht der Einwände von Sandra Dove war ebenso spürbar wie die von Li-ling Chen und den *weißen* Männern, und sie kam mit dem gleichen Gefühl der Opferrolle im Angesicht eines Schwarzen Mannes daher. Vielleicht sah sie sich selbst in einer Koalition mit den Black Panthers, und sie hatte den Eindruck, dass mein Vortrag eine Verhöhnung dieses Wunsches darstellte. Natürlich lag sie damit richtig, doch was gab ihr die Erlaubnis, nicht zweimal darüber nachzudenken, bevor sie sich in der Öffentlichkeit so leidend darstellte, als hätte die Daseinsberechtigung meiner Argumentation irgendetwas damit zu tun, wie sie sich fühlte, wenn sie meine Argumentation hörte? Das entspricht der Logik von mehreren Millionen Footballfans, deren Verärgerung über die NFL-Proteste um Colin Kaepernick darin besteht, dass diese Proteste ihr Vergnügen schmälern (während die Tatsache, dass wir auf den Straßen niedergeschossen werden, scheißegal ist).

Die Eigenart ihrer Verletzung war angereichert mit einem Ausdruck von tiefer Traurigkeit, einer Traurigkeit zu *meinen Gunsten*. Ihre klagenvolle Stimme hatte mir mitgeteilt, dass sie sich nach einem wertvollen kulturellen Austausch sehnte, und ich hatte diese Möglichkeit beschnitten. Mein Vortrag hatte ihr Augenzwinkern zurückgewiesen.

»Was ist mit Koalitionen?«, rief sie aus. »Wie steht es mit der Solidarität zwischen Races?« Nun saß Sandra Dove aufrecht, ihre kobaltblauen Augen blitzten auf. Ihr Arm schoss in die Luft, und mit dem Zeigefinger deutete sie auf die weiße Leinwand an der Wand und sagte: »Was ist mit dem Bild, das wir auf die Leinwand projiziert sahen [vor einem oder zwei Vorträgen] – das Foto dieses schönen multiethnischen Paares [ein Schwarzer Mann, seine *weiße* Frau, ihr multiethnisches Kind] von 1967 in Haight-Ashbury im Sommer der Liebe? Ihr Vortrag lässt überhaupt keinen Platz für dieses Foto.«

»Mein Vortrag scheißt auf die Erweckung von Solidarität«, sagte ich ihr. »Solidarität ist mir scheißegal.«

Dove war eine in Oxbridge ausgebildete Dozentin, die ihren Kopf während ihrer Tirade gegen mich so hochtrug, dass sie hätte im Regen ertrinken können. Sie riss die Augen auf über den schieren Hohn meiner Worte. Was, so muss sie sich gewundert haben, war geschehen mit dem freundlichen Schwarzen Gesicht und den schneeweißen Zähnen, die leuchteten, als sie ihm gestern zugezwinkert hatte?

»Das ist *so* schlimm«, stöhnte sie. »Das ist *so* eine Schande.«

Sie fuhr noch fort, kürzlich habe sie Angela Davis sagen hören, dass sie die Position der Sklavin überwunden habe. Sie wiederholte dies zwei oder drei Mal, und ich wollte sie gerade fragen, ob sie etwas Ähnliches auch noch von anderen Schwarzen gehört habe, als Ian Bryce die Sitzung beendete und sagte, es sei Zeit fürs Mittagessen.

Sandra Dove stand auf und versperrte mir den Weg, als ich aus dem Raum gehen wollte. Sie sagte noch einmal, wie traurig ich sie gemacht hätte. Dann meinte sie, dass ich in Zukunft bei meinen Vorträgen an mein Publikum denken müsse. (!)

»Hören Sie«, sagte ich ihr, »ich spreche nicht einmal irgendjemandem in diesem Raum direkt an. Nie. Wenn ich rede, spreche ich mit Schwarzen. Ich bin nur ein Parasit der Ressourcen, die ich benötige, um an der Befreiung der Schwarzen zu arbeiten.« Genauso wie die Welt schon immer ein Parasit meines Lebens war, um ihre Lesbarkeit und ihr Gefühl des Anwesendseins zu verwirklichen. Das brauchte ich jedoch nicht zu sagen, denn sie hatte einen Schritt zur Seite gemacht.

Sie gingen als geschlossene Gruppe zum Mittagessen. Ich habe mich nicht zu ihnen gesellt. Stattdessen ging ich zum Mittagessen mit Sebastiaan, dem kanadischen Doktoranden, den ich am Vorabend zufällig auf einer überfüllten Berliner Straße getroffen hatte. Nachbesprechung. Sebastiaan war beinahe genauso schockiert wie ich über das, was gerade vor sich gegangen war. Nach dem Mittagessen kehrte ich ins Konferenzgebäude zurück, nahm meine Sachen, ging zurück zum Hotel und packte meinen Koffer. Während der Nachmittagssitzung schickte mir Ian Bryce eine E-Mail: *Hi Frank, geht es Ihnen gut? Wir haben gerade unsere letzte Diskussion. Ich wäre froh, wenn Sie hier wären. Ian.*

Man weiß nie wirklich, was schlimmer ist, die heitere Missachtung, die man durch Weiße erleidet, oder die frömmlerische Äußerung von Gewissensbissen, mit deren Hilfe sie sich reinigen.

8

Du glaubst, du hättest schon alles erlebt, und das hast du auch. Du hast Sandra Dove getroffen, als sie an einem Gin mit Limonade nippte und ihre Zigarette aus dem Küchenfenster rausschnickte. Sie nannte sich Celina Davenport. Celina Davenport war die *Gegenwart*, die ihre Koffer packte, um dich in der Zukunft in Berlin zu treffen, nur um dir mitzuteilen, dass ihr deine Antworten auf ihre Fragen immer noch nicht gefielen; dass sie, wenn du sprachst, nur das Geräusch des Wasser schöpfenden Todes hörte. Sie zwinkerte dir zu und verwechselte dich mit Eros, und du verrietst sie auf die denkbar schlimmste Weise, obwohl du als ein verkleinertes Duplikat ihres Begehrens hättest gedeihen können.

Einst, einst und einst, im selben Baum deiner Geburt. Sandra und Celina, Ian und Reg, Li-ling und all die Native Americans, die beim Klang einer »Nigger«-Stimme wütend werden, in die Baumkrone aufschauen und sagen: »Sieh nur, wozu du uns getrieben hast.« Du zuckst entschuldigend zusammen. Die letzten Samen des Lichts verwelken in deinen Augen.

Du schaust nach unten und fühlst ihren Schmerz.

TEIL II

Die versklavte Person ist das Objekt oder der Boden,
der die Existenz des bürgerlichen Subjekts ermöglicht und
als Verneinung oder Gegensatz die Freiheit, die Staatsbürgerschaft
und die Einfriedung des sozialen Körpers definiert.
Saidiya V. Hartman[46]

KAPITEL FÜNF

Das Problem mit Menschen

I

In ihrer Meditation über Sklavinnen, die vergewaltigt wurden, zog Saidiya Hartman eine These des Marxisten Antonio Gramsci – dem Vater der Kulturwissenschaften – in Zweifel, die mir am meisten am Herzen lag. Hartman hinterfragte seine Theorie der Zustimmung und damit der Hegemonie. Anhand von Fallstudien über die Vergewaltigung Schwarzer Frauen, die versucht hatten, ihre Vergewaltiger (ihre Herren) vor Gericht zu verurteilen, hatte Hartman argumentiert, *dass das kollektive Unbewusste wie auch der bewusste Diskurs der Rechtsstatuten des 19. Jahrhunderts* Zustimmung nicht als Besitz der Sklavin anerkenne. *Vergewaltigung* konnte schlicht und ergreifend nicht in eine Form der Verletzung übersetzt werden, wenn über sexuelle Gewalt gegen Schwarze Frauen vor Gericht geurteilt wurde: Es gab kein Verbrechen, da es keine Verletzung der Zustimmung gab. Es gab keine Verletzung der Zustimmung, da eine Sklavin nicht die Fähigkeit der Zustimmung besaß; stattdessen war Zustimmung eine »Erweiterung des Vorrechts des Herrn«[47]. Um es in absurder Weise, aber nicht weniger korrekt auszudrücken: Man würde niemals zu einer Person, die man gerade dabei beobachtet, wie sie eine leere Wasserflasche zerdrückt, sagen: »Hat diese Wasserflasche dieser Behandlung durch Sie zugestimmt?« Was mit der Wasserflasche geschieht, ist eine Erweiterung des Vorrechts ihres Besitzers. Ich habe dieses Buch so gelesen, wie Hartman wollte, dass es gelesen wird: nicht als eine Darstellung der Geschichte, sondern als eine Allegorie der Gegenwart. »Ich kam auf die Welt, darum bemüht, den Sinn der Dinge zu ergründen, und meine Seele war von dem Wunsch erfüllt, am Ursprung der Welt zu sein«, schreibt

Fanon, »und dann entdeckte ich mich als Objekt inmitten anderer Objekte.«[48] Mit anderen Worten: Fanon versucht, sich selbst als Subjekt anzusehen, das von den Fähigkeiten durchdrungen ist, die auch andere Subjekte durchdringen (Zustimmung ist ein entscheidender Wesenszug). Allerdings vermöbelt Hartmans Lektion Fanon gehörig: Er ist nicht von menschlichen Fähigkeiten durchdrungen. Er wäre nicht ganz so schockiert, wenn er erfahren würde, dass ihm als Arbeiter die Fähigkeiten eines Kapitalisten fehlten. Alles, was er tun muss, ist, sich sein Bankkonto und sein fehlendes Eigentum im Gegensatz zu ökonomischen Produktionsmitteln anzusehen. Mit anderen Worten: Sich der Erkenntnis zu ergeben, dass man ein Arbeiter, aber kein Kapitalist ist, ist weit weniger traumatisierend als die Erkenntnis, dass man ein Schwarzer, eine Sklavin, aber kein Mensch ist. Die erste Erkenntnis ist nicht annähernd so traumatisierend wie eine, durch die das fühlende Wesen erwacht und feststellt, dass es keine Fähigkeit besitzt, ein Mensch zu sein; und darüber hinaus begreift es, dass so, wie die wirtschaftliche Produktion die Arbeitskraft der Arbeiterklasse parasitiert, die Produktion der menschlichen Fähigkeit das Fleisch der Sklavin, der Schwarzen, parasitiert. Da man Kapital (oder natürliche Ressourcen) besitzen muss, um ein Kapitalist zu sein, muss man eine Vielzahl von Fähigkeiten besitzen, um ein menschliches Wesen zu sein: Zustimmung ist eine davon. Die Tatsache, die es ständig zu wiederholen gilt, ist die, dass das Verhältnis des Sklaven/Schwarzen zur Gewalt keine wesentliche Analogie zum Verhältnis des Menschen zur Gewalt darstellt, selbst wenn diese menschlichen Subjekte fürchterlich missbrauchte und erniedrigte Mitglieder der Menschheitsfamilie sind.

Es gibt eine Fernsehserie, die diesen Punkt unbewusst nachdrücklich unterstreicht. Die Serie heißt *Homeland*, und sie handelt von den Prüfungen und Schwierigkeiten einer psychisch kranken, bipolaren CIA-Agentin namens Carrie Mathison. In einer Episode gibt sie sich als eine Enthüllungsjournalistin aus, die den Neffen eines afghanischen Talibanführers davon überzeugt, dass sie ihn aus Islamabad befreien und ihm helfen könne, einen sicheren Zufluchtsort in England zu finden.[49] Sie überzeugt ihn davon, dass die beiden drei Tage lang in einer geheimen Wohnung untertauchen müssen, bis der Transport für seine sichere Überfahrt organisiert wird. All das ist eine Lüge. In Wirklichkeit benutzt sie ihn als Köder, um seinen Onkel in eine Falle zu locken und ihn anschließend zu ermorden. Tatsächlich handelt es sich bei der Wohnung um einen CIA-Unterschlupf, in dem Carrie diesen jungen Mann gefangen hält. Dann verführt sie ihn; er ist der Ansicht, dass sich hier gerade eine Art heftige Liebesaffäre abspielt, die durch gegenseitiges Einvernehmen überdeterminiert ist.*

Mit einem Wort, er weiß nicht, dass er vergewaltigt wird ... wiederholt vergewaltigt wird ... dass seine Zustimmung zu diesem Geschlechtsverkehr durch die Struktur der Bedingungen, unter denen der Geschlechtsverkehr stattfindet, aufgehoben wurde. Es handelt sich um ein Vergewaltigungsszenario, weil der Geschlechtsverkehr, den er mit gegenseitiger Anziehung verwechselt, in Wirklichkeit eine Reihe von Aggressionen darstellt, durch die ihm seine Zustimmung vollständig entzogen wurde. Die Waffe, die die *weiße* Frau ihm an den Kopf hält, braucht nicht in ihrer Hand zu liegen. Tatsächlich besteht die Waffe, die sie ihm an den Kopf hält, nicht nur aus einer einzelnen Waffe, sondern aus den Waffen von drei Millionen Soldat:innen in Uniform und ihrem Arsenal an Drohnen und anderen Technologien des Todes. Sie zwingt ihm Sex durch ihre Fähigkeit auf – durch die Fähigkeit, die ihre *weiße* Haut verkörpert. Eine andere Art, dies zu sagen, ist die, dass die *weiße* Begierde immer schon bewaffnet ist. Sie zwingt ihm Sex durch ihre Fähigkeit

* *Überdeterminiert* ist ein Ereignis, wenn es durch voneinander unabhängige, aber simultan auftretende Gründe bedingt wird, wie wenn man sagt »jede Geste ist durch ihre kulturelle Form, durch die persönliche Biografie, durch historische Kontexte und so weiter überdeterminiert«.

auf, die *weiße* Körper besitzen, um *weißes* Begehren zur Waffe zu machen. Der junge afghanische Mann ist gefickt. Er ist auf jeder Abstraktionsebene gefickt. Die Waffen befinden sich im Schlafzimmer (in diesem Fall Carrie Mathisons versteckte Pistole). Auch von draußen, von der Straße aus, sind Waffen auf ihn gerichtet: durch die CIA-Operateure, die das Haus observieren. Und auch von hoch oben sind Waffen auf seinen Kopf gerichtet, von den neuntausend Drohnen aus, die den Himmel bevölkern und ihn verfolgen, während er sich auf den Weg zurück zu Carries echtem Ziel macht – seinem Onkel, den sie hofft, mit einem Drohnenangriff aus großer Entfernung zu ermorden.

Hier haben wir ein Glanzbeispiel dafür, wie *weiße* Weiblichkeit und *weiße* Männlichkeit dieselbe strukturelle Position gegenüber einer Person of Color einnehmen, ganz gleich, ob sie männlich oder weiblich ist. Um Frantz Fanon zu paraphrasieren: Die *weiße* Familie ist eine Vermittlerin des Staates.[*] Jared Sexton bringt diese Dynamik auf den Punkt. Wir stießen auf seine Einschätzung in unserer Diskussion über *Strafpark*, den Peter-Watkins-Film, in dem Richard Nixon das Kriegsrecht ausgerufen und junge Dissident:innen vor das Wüstentribunal gestellt hat. In diesem Film, stellten wir fest, sind Nancy Jane Smith einerseits und Charles Robbins sowie die namenlose Schwarze Frau in der Wüste andererseits zwar alle ideologisch dem Sturz der Vereinigten Staaten, dem Ende des Krieges in Vietnam und der Errichtung eines sozialistischen oder kommunistischen Staates verpflichtet, Nancy Jane Smith aber ist auf der Ebene der Spezies, der Struktur und der Kapazität ihre Antagonistin. Sie sind ihre Sklav:innen, ungeachtet der Tatsache, dass ihr

* Ich beziehe mich auf das Kapitel »Der Neger und die Psychopathologie« in *Schwarze Haut, weiße Masken*. Angelehnt an die Rhetorik der Geheimdienste ist die Vermittlerin naturgemäß eine Vertraute für zwei Seiten, die eine reibungslose Kommunikation zwischen Agent:innen herstellt.

Bewusstsein bei dem Gedanken zurückschrecken würde, dass sie eine Angehörige derselben Spezies ist wie jene Menschen vor dem *Strafpark*-Tribunal, die sie hinrichten wollen. Nun aber zum Höhepunkt von Sextons Einschätzung der *weißen* Weiblichkeit gegenüber dem Schwarzen Mann (und im weiteren Sinne der Schwarzen Frau und/oder der Schwarzen Transgenderperson).

- *Sie ist begrenzt in der Lage, staatliche Gewalt oder staatlich sanktionierte paramilitärische Gewalt gegen Schwarze aller Geschlechter und jeden Alters heraufzubeschören.*[50]
- *Sie kann Schwarze aller Geschlechter und jeden Alters wegen realer oder eingebildeter Übertretungen brutalisieren lassen.*
- *Sie kann auch einen Schwarzen vergewaltigen (so wie die CIA-Agentin den afghanischen Jungen vergewaltigt) und damit die Polarität einer Vergewaltigungsfantasie umkehren, die in der anti-Schwarzen Welt weit verbreitet ist; ungeachtet seiner Größe und Stärke, seiner Fähigkeiten und seines Stolzes ist er ihr gegenüber* strukturell *verwundbar.*

Mit anderen Worten: Die Fähigkeit zu Gewalt gegen Schwarze ist eingebettet in die Ontologie des Wesens der *weißen* Frau; sie ist ein fester Bestandteil ihres menschlichen Erbes. Sexton achtet darauf, nicht den jungen afghanischen Mann einzubeziehen, der von einer Weißen vergewaltigt wird, wie ich es getan habe (und was ich gleich korrigieren werde). Stattdessen macht Sexton sich die Besonderheit des Schwarzen Mannes in Bezug auf die *weiße* Frau zu eigen.

Saidiya Hartmans historische Erklärung des Paradigmas von sexuellen Übergriffen gegen Schwarze stimmt mit Sextons synchroner Erklärung des Paradigmas überein: »Versklavte Männer waren nicht weniger anfällig für die mutwilligen Misshandlungen ihrer Besitzer:innen, obwohl das Ausmaß ihrer sexuellen Ausbeutung wahrscheinlich nie bekannt werden wird – aufgrund der Flüchtigkeit oder der Instabilität des Geschlechts in Bezug auf die versklavte Person als Eigentum und aufgrund der Erotik des Terrors im rassistischen Imaginären.«[51]

Geopolitische Agenden der *weißen* Nation sind vom Sexualleben der *weißen* Weiblichkeit (und der *weißen* Männlichkeit) nicht loszulösen. Anders ausgedrückt: *Weiße* Sexualität wird immer als Waffe eingesetzt. Wieder anders, wenngleich nicht weniger zugespitzt, ließe sich sagen, die USA sind ein großer, böser Vergewaltiger; ein großer, böser Vergewaltiger, der die Fantasie *seiner* Verletzlichkeit auf Muslime, Menschen aus Mexiko, Native Americans und Schwarze *projiziert*. In *Schwarze Haut, weiße Masken* diskutiert Fanon die Vergewaltigungsfantasie der Weißen in sehr detaillierter Weise. Ich werde sie hier nicht wiederholen. Für unsere Zwecke sollten wir lediglich beachten, dass die vergewaltigende Person die Fantasie von Verletzlichkeit projiziert, indem sie suggeriert, dass sie oder er zum Beispiel das Opfer des islamischen Dschihadismus oder das Opfer der Erregung von Schwarzen und das Opfer des zivilen Ungehorsams als Protest gegen Polizistenmorde sei.

Der große, böse Vergewaltiger will uns glauben machen, dass *Amerika* das Opfer ist; und unter dieser phantasmagorischen Projektion, unter der Fantasie von Verletzlichkeit, lauert eine Reihe von Annahmen, dass Amerika tatsächlich eine ethische, soziale und politische Formation ist; dass die Probleme, die Amerika hat, nicht *struktureller* Natur sind, sondern eher performativer Natur (das heißt, dass sie in Handlungen der Diskriminierung oder in der Anwendung exzessiver Gewaltanwendung zu finden sind). Nichts von all dem wäre ein Problem, wenn es nicht die Struktur der Gewalt gäbe, die diese Fantasien unterfüttert, die institutionelle Gewalt, die diesen Fantasien das verleiht, was David Marriott als »objektiven Wert«[52] bezeichnet.

Jared Sexton gibt eine konkrete Erklärung für David Marriotts Ausdruck »objektiver Wert«, wenn er sagt: »Sie sollten die Fantasien der Weißen besser verstehen lernen, denn morgen werden sie zu Gesetzen.«[53] Dies ist es, was das Gesetz ist: *Weiße* Fantasien als objektive Werte.

Die *weiße* Familie und der *weiße* Staat besitzen die Feuerkraft und die institutionelle Infrastruktur, um ihre Projektionen durchzusetzen. Was People of Color tun können, wenn sie zur Wahl gehen, ist zu entscheiden, welche Geschmacksrichtung dieser Vergewaltigungsfantasie sie unterstützen werden. Mit den Worten von George Jackson: »Wenn zehn verschiedene Faschisten zur Wahl stehen, wählt man nur seine eigene Todesart.«[54]

Die Stimmabgabe ist eine wichtige *Inszenierung* von Enteignung für People of Color, die *nicht* Schwarz sind. Für Schwarze jedoch ist das Wählen mehr als eine *Inszenierung* von Enteignung. Wir müssen tiefer graben und anerkennen, wie das Fundament, die Struktur, das Paradigma der Wahlpolitik selbst auf sexualisierte Gewalt gegen Schwarze ausgerichtet ist. Sexualisierte Gewalt gegen Schwarze ist die *Bedingung der Möglichkeit* von Wahlpolitik!

Von der Hundepfeifenpolitik zu Willie Horton über Gerrymandering bis hin zur Sklavenauktion: *Anti-Blackness* ist die DNA der Wahlpolitik. Kurzum, *Anti-Blackness* ist die DNA jenes Organismus, den man die Vereinigten Staaten von Amerika nennt. Die Fantasieprojektionen, die zur Vergewaltigung des jungen afghanischen Mannes in Stellung gebracht worden waren, wären nicht möglich, wenn das Paradigma der Bewaffnung nicht schon vor dem Konflikt zwischen Muslimen und den USA vorhanden gewesen wäre; und dieses bewaffnete Paradigma wird durch *Anti-Blackness* überdeterminiert. Die US-Regierung *könnte* zu einer Demokratie für People of Color werden, die nicht Schwarz sind (es ist nicht wahrscheinlich, aber durchaus möglich); doch würde sie sich jemals von der zentralen Zutat befreien, die ihre Bedingung der Möglichkeit überdeterminiert – das heißt, wenn die USA irgendwie nicht anti-Schwarz sein sollten –, dann hätten wir kein Land mehr; die Vereinigten Staaten von Amerika würden aufhören zu existieren. So wie die Tomaten die Gazpachosuppe überdeterminieren! Keine Tomaten, keine Gazpacho. Ohne *Anti-Blackness* keine Nation.

Anhand einer synchronen Analyse der Häuslichkeit habe ich erklärt, dass die USA ein anti-Schwarzer Staat ist. Nun möchte ich darauf hinweisen, dass die USA auch *historisch* unethisch sind, dass die USA auch diachron anti-Schwarz sind. Ein Geschichtsbuch aus jüngster Zeit leistet diese diachrone Erklärungsarbeit mit Bravour. Es heißt *The American Slave Coast. A History of the Slave-Breeding Industry* von Ned und Constance Sublette. Ein kleiner Teil des Buches konzentriert sich auf das Electoral College.

Das Electoral College ist ein Musterbeispiel für eine sogenannte »demokratische« Institution, die ihre *Bedingungen der Möglichkeit* der sexualisierten Gewalt gegen Schwarze und deren Gefangenschaft verdankt. Ohne die sexualisierte Gewalt gegen und die Masseninhaftierung von Hunderttausenden von Schwarzen Gefängnisinsass:innen wären die USA nicht in der Lage, einen US-Präsidenten zu wählen. Thomas Jefferson wäre niemals Präsident geworden. Im späten 18. und frühen 19. Jahrhundert wurden aus »389 000 [also weniger als eine halbe Million] [...] afrikanische Sklaven, die wie Pferde oder Schafe gezüchtet wurden, vier Millionen versklavte Afroamerikaner. [...] Die erzwungene Paarung von Sklaven [...] gab den Sklavenstaaten mehr Stimmrecht aufgrund der Anzahl der Sklaven, die sie gefangen hielten.«[55] Virginia war der größte Staat der Sklavenzucht. Infolgedessen erhielt er 25 Prozent der 46 Wahlmänner im Electoral College – mehr als genug, um Jefferson ins Weiße Haus zu entsenden.

Man führe es sich einmal vor Augen. Die Art der Gefangenschaft, die nötig ist, um Sklaven zu züchten, stellt die Art der Gefangenschaft der Muslime in Guantánamo in den Schatten, wie auch jene in dem »Liebesnest«, wo die CIA-Agentin den jungen Afghanen vergewaltigte. Wie sonst können 389 000 Menschen dazu gebracht werden, sich unter Androhung von Folter oder Tod zu vier Millionen Menschen fortzupflanzen, wenn sie nicht eingekerkert und zum Sex gezwungen werden? Sklavenzucht ist eine Art erzwungener Sex, der Worte wie *Vergewaltigung* und *Inhaftierung* kleinlich und unangemessen erscheinen lässt. Dem jungen afghanischen Mann war ein früherer Moment von Freiheit und ein früherer Raum von Zustimmung gegeben, bevor die *weiße* Frau ihn gefangen hielt und vergewaltigte. Für Schwarze gibt es keinen früheren Raum und keine frühere Zeit von Freiheit und Zustimmung: Die Freiheit aller anderen – in Form von Wahlpolitik – wurzelt in der Bedingung der Möglichkeit zur Unfreiheit (zur fehlenden Zustimmung) von Schwarzen sowie in der sexuellen Gewalt gegen sie. People of Color *erleben diesen Wahnsinn von Zeit zu Zeit*; doch die erzwungene Fortpflanzung von *Blackness* ist die Grundlage dieses Wahnsinns.

Die Rechte des jungen Afghanen wurden von der *weißen* Frau verletzt; doch das *Konzept* von Rechten, die verletzt oder respektiert werden können, ergibt sich aus der Zucht von Schwarzen wie Vieh. Man kann von den Rechten von Gefangenen sprechen, doch der Begriff *Sklavenrechte* ist ein Oxymoron.

Eine historische Analyse des Electoral College veranschaulicht, dass Schwarze eine politische Währung und keine politischen Subjekte sind. Und das ist der Inbegriff der heutigen Existenz der Schwarzen. Schwarze Personen sind eine politische Währung, oder sie sind Objekte, doch sie sind keine politischen Akteur:innen oder Subjekte. Subjekte haben ein Zuhause oder zumindest die Möglichkeit, eine Art Zufluchtsort zu finden. Objekte hingegen existieren als Werkzeuge, Werkzeuge im psychischen Leben der menschlichen Subjekte.

Hartmans Analyse des Paradoxons, das die Idee von Vergewaltigung für die Schwarze Frau, die eine Sklavin ist, darstellt, machte mich auf die Tatsache aufmerksam, dass die universelle Fähigkeit, Zustimmung zu gewähren oder zu verweigern, die Unterdrückte und Unterdrückende besitzen, in Wahrheit überhaupt nicht universell war. Die Zustimmung war nicht inhärent, nicht essenziell, sie war kein Element der politischen Ontologie, die alle, ganz gleich welchen Status, besaßen. Mein Geist abstrahierte in weiter und weiter ziehenden konzentrischen Kreisen: Wenn die Schwarze Frau nicht vergewaltigt werden kann, weil sie nicht in der Lage ist, Zustimmung zu geben oder zu verweigern, und wenn dieses Fehlen der Zustimmung sowohl speziell als auch allgemein ist – mit anderen Worten, wenn es im Großen und Ganzen auf den Status der Schwarzen zutrifft und nicht nur auf den Status Schwarzer Frauen, die in den Gerichten des 19. Jahrhunderts als Klägerinnen vor Gericht traten, und wenn, nach Sexton, der Schwarze Mann von der *weißen* Frau vergewaltigt werden kann, und wenn (das kulminierende und verheerendste »Wenn«) »Vergewaltigung« ein zu schwaches Konzept ist, um die Verletzung* von Schwarzem Fleisch zu erklären –, dann gehören wir alle, die als Schwarz gekennzeichnet sind, einer anderen Spezies an als all jene, die es nicht sind. Wir sind eine Spezies von fühlenden Wesen, die nicht verletzt oder ermordet werden können, weil wir für die Welt tot sind. Kein narrativer Bogen der Enteignung kann uns zukommen. Was meine ich damit? Nur so viel: Damit es einen Erzählbogen geben kann, muss die Figur in der Erzählung eine Wandlung durchlaufen, sie muss etwas besitzen, das sie verliert und – im *Dénouement* – wieder zurückerlangt. Eine andere Möglichkeit, die einzelnen Punkte auf dem Erzählbogen zu kennzeichnen, wäre: Gleichgewicht zu Ungleichgewicht zu Gleichgewicht (das wiederhergestellt, erneuert und/oder reimaginiert ist). Vergewaltigung kann auf diesem Bogen ausgemacht werden: Zustimmung als ontologische und soziale Möglichkeit: gefolgt von Vergewaltigung, was die Enteignung der Zustimmung darstellen würde: gefolgt von der Möglichkeit der Zustimmung, die durch den Prozess gegen den Täter oder seine Ermordung wiederhergestellt wird; oder die Erzählung könnte erklären, wie das Opfer seinen Selbstwert und sein Selbstwertgefühl wiedererlangt hat, selbst wenn der Gerechtigkeit nicht Genüge getan wurde. Doch selbst

* Hier versagen wieder einmal die Worte! Denn wie kann ein Objekt, ein Ding, verletzt werden?

hier, wenn das *Dénouement* keine Gerechtigkeit beinhaltet, existiert zumindest die *Vermutung*, dass das Opfer ein »Selbst« besaß, das es zu verletzen galt. Mit anderen Worten: Ganz gleich, wie man es betrachtet, ganz gleich, wie die Details des Bogens geartet sind: Der narrative Bogen selbst ist *möglich*, weil es innerhalb der Ontologie des Subjekts die menschliche Möglichkeit zur Zustimmung gibt, die wiederhergestellt werden konnte, so wie sie entzogen wurde.

Diese Art von Logik ergibt keinen Sinn, wenn man an Sklaverei denkt. Ebenso wenig überzeugt das Argument, dass sich all dies 1865 geändert habe – es ist kein Argument, sondern eine sentimentale Behauptung, motiviert durch die Angst der Gesprächspartnerin, Sklaverei als relationale Dynamik zu denken; die Gesprächspartnerin beharrt darauf, dass Sklaverei ein historisches Ereignis, eine Sache der Vergangenheit sei. Solche Behauptungen sind beispielhaft für die Antagonismusangst. Mein Zusammenbruch als Doktorand war ein Teil dieser Angst. Als Schriftsteller und als kritischer Theoretiker konnte ich die Gedanken an mich selbst als ein fühlendes Wesen, das aus dem Bogen der Erzählung verbannt worden war, nicht ergründen. Und, um die Sache noch komplizierter zu machen: Ich war in eine *weiße* Frau verliebt; und das hieß, dass wir beide zwar bedeutsame Teile einer Partnerschaft waren, dass ich allerdings ihr Sklave war, und zwar in einer Weise, die für unsere Beziehung essenziell war. Ich war vor der Hölle des Krieges in Südafrika geflohen und war in meinem geistigen Krieg gelandet. Nichts war mir geblieben – keine Feinde und keine Verbündeten. Feinde und Verbündete, Krieg und Solidarität erfordern menschliche Möglichkeiten, und diese waren ein Besitz, der mir nie gehört hatte. Antidepressiva und Antipanikmitteln waren meine beiden besten Freunde.

Mein geistiger Zusammenbruch hat mich nicht gebrochen, zumindest nicht äußerlich. Hätte ich wirklich wie ein Welpe die Krankenschwester in der Klinik der UC Berkeley angebellt, die mich ansah, als wäre ich ein Welpe, hätte man mich vielleicht zur »Beobachtung« dortbehalten. Und wer weiß, wann oder ob man mich wieder unter die Doktorand:innen entlassen hätte. Allerdings habe ich weder gebellt noch um einen Hundekuchen gebettelt. Ich fuhr mit meiner Doktorarbeit zur kritischen Theorie in der Rhetorikabteilung an der University of California, Berkeley, fort, schrieb Aufsätze, besuchte Seminare und Konferenzen und bekam dabei nur Bestnoten. Niemand außer meiner Partnerin (und später meiner Frau) Alice wusste, dass ich zwei stark gegensätzlich wirkende Medikamente einnahm. Und sie verstand die Bombe nicht, die in meinem Gehirn so viele Splitter streute. Wir waren Liebende und Feind:innen; und die Feindschaft kochte ständig hoch, um unsere naive und quintessenziell amerikanische Sichtweise zu sabotieren, dass durch die Liebe alles erobert werden kann. Ich wusste, wenn auch nur intuitiv, dass die Liebe bereits von der Gewalt erobert worden war. Doch ich weigerte mich zu glauben, dass Gewalt gegen Schwarze ein Balsam für den menschlichen Geist ist.

Die Erkenntnis, dass das Leid der Schwarzen einer anderen Ordnung angehört als das Leid anderer unterdrückter Menschen und dass das Leid der Schwarzen die Lebenskraft der Welt darstellt, wartete auf uns beide, auf der Straße, achtzig Meilen südlich.

Sechs Monate, bevor die Twin Towers einstürzten, fuhr ich mit Alice, einer *weißen* Frau, mit der ich nach meiner Rückkehr von einem fünfjährigen Aufenthalt in Südafrika zusammengekommen war, anschließend zusammengelebt und die ich schließlich geheiratet hatte, die raue Küste runter zu einer Konferenz in Santa Cruz, die sich Race Rave nannte.

Alice und ich lernten uns in Südafrika kennen, als ich noch mit einer südafrikanischen Frau namens Khanya verheiratet war.*

* Die Details meiner Scheidung von Khanya und meiner Beziehung zu Alice sind nicht so einfach, wie dieser Satz andeutet; auch zeigen mich diese Details nicht im bestmöglichen Licht. Die Ereignisse und ihre rassistischen Implikationen habe ich in meinem Memoir *Incognegro. A Memoir of Exile and Apartheid* (Durham, NC, 2015) untersucht.

Eine meiner Aufgaben als Aufständischer im Untergrund war es, Amerikaner:innen auszuspionieren, die nach Südafrika kamen; ich sollte mich an sie heranschleichen und herausfinden, weshalb sie in Südafrika waren; anschließend sollte ich über sie Dossiers für meine Kontaktperson verfassen. Dies beinhaltete auch, amerikanische Exilantinnen und Exilanten zu beobachten, um herauszufinden, wer von ihnen mit dem US-Militär oder dem Geheimdienst in Verbindung stehen könnte. Ich entwickelte ein Talent dafür, Menschen, die ich traf, dazu zu verleiten, mir *von sich aus* etwas über sich selbst zu erzählen und darüber zu sprechen, warum sie dort waren.

Wenn jemand herausfand, dass ich ein Amerikaner und gleichzeitig ein gewählter Funktionär in Mandelas Partei war, enthüllte man mir manchmal nicht direkt die jeweiligen Beweggründe, sondern indirekt, durch die Fragen, *die mir über die Funktionsweisen des African National Congress gestellt wurden (was darauf hindeutete, wie viel bereits bekannt war).* Danach ging ich nach Hause und blieb bis in die frühen Morgenstunden auf, um meine Berichte zu tippen. Das waren minderwertige Geheimdienstarbeiten – mehr Tinnef und Klatsch als Gold –, die ich in der Nahrungskette nach oben weiterreichte. Nur in den seltensten Gelegenheiten erfuhr ich, wie die Informationen verwendet wurden, zum Beispiel als ich herausfand, dass ein amerikanischer »Geschäftsmann«, der sich als Berater für »Affirmative Action«, also positive Diskrimierungsprogramme, ausgab, früher einmal ein Angestellter des Finanzministeriums gewesen war und im Kongo für die US-Marionette Mobutu Sese Seko gearbeitet hatte. Alice Wilson war das Thema von einem meiner Berichte. Sie kam Ende 1992 im Rahmen eines Sabbatjahrs nach Südafrika, um für Seminare über Weltliteratur zu forschen, die sie an einem College im Norden Kaliforniens unterrichtete. Nadine Gordimer und ich waren seit einem Jahr befreundet und arbeiteten bei literarischen Veranstaltungen zusammen, als Alice nach Südafrika kam. Ich stellte ihr Nadine Gordimer vor, nachdem die Autorin den Literaturnobelpreis gewonnen hatte.

Im Februar 2001 nahmen Alice und ich an der Race-Rave-Konferenz an der Universität von Santa Cruz teil. Dort versammelten sich zwischen 200 und 300 Aktivist:innen, Akademiker:innen, Studierende sowie Menschen, die nicht im akademischen Bereich tätig oder prekär beschäftigt waren, »um Rassismus und die Schnittpunkte der Unterdrückung zu erforschen, um Reparation und Heilung zu fördern und einen Rahmen für einen Wahrheits- und Versöhnungsprozess in den Vereinigten Staaten zu formulieren«. Die Konferenz wurde als das erste einer Reihe solcher Treffen an Colleges im ganzen Land angekündigt.

Am Ende des Tages versammelten wir uns in einem großen Raum. Die beiden Organisatorinnen baten uns, Gruppen zu bilden, die widerspiegelten, wie wir von der Polizei gesehen wurden. Das bedeutete, dass es eine *weiße* Gruppe, eine Schwarze Gruppe, eine Braune Gruppe, eine Rote oder indigene Gruppe und eine Gelbe Gruppe geben würde.

Ich erinnere mich, dass ich dachte: *Endlich, jetzt gehen wir von Kulturpolitik zu politischer Kultur über.* Das Flüstern einiger Schwarzer, die neben mir saßen, bestätigte meinen Eindruck. Eine Schwarze Frau in meiner Nähe seufzte auf, als hätte sie die letzten anderthalb Tage den Atem angehalten, und sagte: »Jetzt können *wir* mal was sagen.« Ein Schwarzer Mann, der vor ihr saß, musste kichern. »Wusste gar nicht, dass *Schwarz* im Wortschatz von denen vorkommt.«

Der Widerstand begann schon, bevor die Übung überhaupt losging; und er ging nicht von den Weißen aus. Er kam von den nicht-Schwarzen People of Color – den Gelben, den Braunen und den Roten, die nicht an ihrer Farbe erkannt werden wollten, nicht einmal für die Dauer von zwei Stunden. Sie bestanden darauf, dass sie nicht einfach nur Farben, sondern kulturelle Identitäten seien.

Im Gegensatz dazu waren wir, die Schwarzen, die wir angespornt waren durch unsere Freude über die Gelegenheit, darüber zu sprechen, wie staatliche Gewalt in unserem Leben funktioniert, schon auf dem Weg zur Tür nach draußen, um die Übung zu beginnen. Die Aufregung in der Mitte des Raumes brachte uns jedoch dazu, noch einmal zurückzublicken. Es fühlte sich an, als hätte ein Erdbeben den Parkettboden aufgebrochen, den Raum in zwei Hälften geteilt und eine kleine Gruppe Versklavte an der Tür zurückgelassen, während sich die Menschen in der Mitte des Raumes um ihre kulturellen Identitäten zankten.

Die nicht-Schwarzen People of Color waren wütend, und es bot sich eine Szene, die der Szene nach meinem Berliner Vortrag nicht unähnlich war. Sie verlangten ein Mitspracherecht bei ihrer Einteilung in Kategorien. Die Organisatorinnen taten ihr Bestes, gegen die Stimmen in der Menge anzukommen, die ihnen nicht zuhörten. Sie sagten, dass es doch gerade darum ginge, was es heißt, in eine Schublade gesteckt zu werden; dass die Polizei dich als Farbe *behandelte* und deine kulturelle und ethnische Individualität ignoriere; und der Sinn der Übung sei es, diese Schubladen anzunehmen und zu sehen, wozu die Diskussion führe. Das ist die Übung! Los, lasst uns anfangen! Kommt schon!, brüllte es aus den Reihen der Schwarzen, die neben der Bühne warteten.

Und so hätte es auch ablaufen können. Allerdings geschah etwas Unerwartetes. Eine Gruppe von Menschen, die einen Teil dieses Unzufriedenheitshaufens darstellten, wurde lauter als der Rest. Doch sie brachten ihre Einwände nicht auf der Grundlage kultureller Integrität vor. Tatsächlich brachten sie den gleichen Begriff ins Spiel wie die Organisatorinnen, nämlich Race; doch sie bemühten Race im Dienst der Ziele von nicht-Schwarzen People of Color, die auf einer *politischen Kultur* bestanden (im Gegensatz zu der Kulturpolitik, die die Schwarzen animiert hatte). Es war seltsam, doch es »funktionierte«. Sie waren *biracial* (ein Schwarzer Elternteil und ein *weißer* Elternteil), und sie wollten nicht alle als Schwarze »in eine Schublade gesteckt« werden (obwohl sie nicht sagten, dass sie genauso wütend wären, wenn sie alle als Weiße »in eine Schublade gesteckt« würden).

Als ich beobachtete, wie die sogenannten *biracial*, halb Schwarzen/halb *weißen* Menschen ihre Argumente dafür vorbrachten, warum sie nicht als Schwarze gruppiert werden wollten, fiel mir auf, wie wenig ihr Argument in irgendeiner Weise der Logik der People of Color entsprach; und wie egal das war – das heißt, *niemand hat sie auf diesen Widerspruch hingewiesen*. Anstatt die Besonderheit ihres kulturellen Erbes und ihrer ethnischen Herkunft zu beteuern – und zu erklären, warum die ihnen zugewiesenen Sammelfarben eine Auslöschung dieser kulturellen Merkmale darstellen würden –, argumentierten die multiethnischen Menschen, dass die vier Farben (Rot, Weiß, Braun und Schwarz) sie nicht widerspiegelten. Sie waren weder Schwarz noch *weiß*. Sie waren beides; und als Amalgamierung hatten sie ihren eigenen Raum für die Übung verdient.

Die beiden Organisatorinnen waren fassungslos. In der Klemme. Allerdings nicht aufgrund des Arguments – ein Kind hätte alles mit einem Satz aushebeln können: Keiner von euch sieht wie ein Zebra aus; und kein Bulle würde euch bei einer Gegenüberstellung in eine Reihe mit *weißen* Knackis stellen oder euch in die Schulter statt ins Herz schießen, weil ihm sofort klar gewesen wäre, dass eure Mama *weiß* ist. Ihr werdet alle als Schwarze *gelesen*, also geht in den Schwarzen Raum und hört auf, unsere Zeit zu verschwenden! Vielleicht hätte das Kind dies ohne die Klarheit und den Groll gesagt, die ich nun hineinlege, doch nichtsdestoweniger liegt darin kein schwer verständlicher Einwand, vor allem in Anbetracht der Tatsache, dass die Personen, die *biracial* waren, die logische Vorannahme nicht infrage stellten, wie es bei den anderen der Fall war; sie sagten einfach: »Ihr habt uns nicht den richtigen Farbraum zur Verfügung gestellt.«

Warum sahen die Organisatorinnen aus wie Rehe im Scheinwerferlicht, und – viel wichtiger – warum knickten sie ein?

Es war der Affekt, der Elan, die Energie, die körperliche Darbietung der multiethnischen Menschen. Sie posierten und gestikulierten auf eine Art und Weise, die eher stereotyp »Schwarz« war als multiethnisch. Man könnte auch sagen, ihr lautes Reden, ihre Empörung, ihre Wut entlaufener Sklav:innen ließen die Organisatorinnen erzittern.

Es war ein anderer Affekt als der Affekt der People of Color. Die Nicht-Schwarzen flehten, winselten, schmeichelten. Der Anteil der Leute, die sich als biracial verstanden, drehte durch oder, wie man frei nach Queen Latifah sagen könnte: *Got buck with the muthafuckas!* In ihrem Wunsch, sich so weit wie möglich von *Blackness* zu entfernten, zogen sie paradoxerweise eine völlig durchgedrehte N.W.A.-Performance von *Blackness* ab.* Der Effekt war wie Zauberei. Konfrontiert mit dem Schall und Wahn der Schwarzen Wut (zynischerweise abgespalten von Schwarzem Begehren), gaben die Organisatorinnen den multiethnischen Menschen ihren eigenen Raum. Und notgedrungen knickten sie auch bei all den anderen ein, die nach Kultur gruppiert werden wollten und *nicht* nach Farbe. Schwarzer Affekt (oder die »Blaxploitation« von Schwarzem Affekt) war zur Waffe für den Tod des Schwarzen Begehrens gemacht worden.

Jede Gruppe erhielt das gleiche Blatt Papier mit den gleichen Aufgaben und Diskussionsthemen. Das Blatt Papier enthielt auch einen Befehl: Wir sollten uns Wege ausdenken, wie wir mit unseren »Verbündeten« über die Geschehnisse in unseren Gruppen sprechen könnten, wenn wir neunzig Minuten später ins Plenum zurückkehren würden.

Das Erste, was die Schwarzen taten, als wir allein waren und die Tür geschlossen wurde, war, die Papiere zu zerreißen und in den Müll zu werfen. Wir erkannten, dass das Gewaltregime, das uns unterdrückte, nicht mit dem Gewaltregime zu vereinbaren war, das unsere sogenannten Verbündeten unterdrückte; und was im Auditorium geschehen war, hatte dies bestätigt. Anders ausgedrückt, was die Organisatorinnen entfesselt hatten, war die Erkenntnis,

* Eine Abkürzung für »Niggaz Wit Attitudes«. N.W.A. war eine amerikanische Hip-Hop-Gruppe aus Compton in Kalifornien.

dass es, was Unterdrückung betrifft, nicht nur eines, sondern zwei Gewaltregime gibt: die Gewalt, die die Subalternen unterjocht, und die Gewalt, die die versklavten Personen oder die Schwarzen unterjocht.

Nachdem wir uns von den Zwängen befreit hatten, unser Leiden analog dem Leiden der People of Color gestalten zu müssen, geschah etwas wirklich Tiefgreifendes. Für mich, der ich begann, vom Marxismus zu dem überzugehen, was ein Jahr später Afropessimismus genannt werden würde, war die Veranstaltung lehrreich, weil ich sehen und fühlen konnte, wie tröstlich es für einen Raum voll Schwarzer war, sich zwischen dem Spektakel der Polizeigewalt, der Banalität von Mikroaggressionen bei der Arbeit und im Klassenzimmer sowie den Erfahrungen der Sklaverei zu bewegen, als ob die Zeit und die Intensität aller drei gleich wären. Niemand, absolut *niemand*, sagte zum Beispiel: »Hey, warte mal«, als eine junge Frau sagte, sie sei gezwungen, alle Weißen an ihrem Arbeitsplatz zu stillen, so wie sie es auf der Plantage getan habe. Niemand sagte: »Das meinst du jetzt im übertragenen Sinn, oder?« Der Raum sagte einfach *Amen* und weiter ging's. Die Zeit der Sklaverei war die Zeit unseres Lebens. Und dies war nicht, wie manche Psychoanalytiker:innen behaupten, ein Problem von neurotischer Verschmelzung zwischen dem Imaginären und dem Symbolischen. Anders gesagt, dies war kein Versäumnis unserer kollektiven Psyche, die staatliche Gewalt wieder in die relationale Logik einzugliedern, die Zeit der Sklaverei von der Zeit der Diskriminierung zu trennen oder den Raum der Peitschenhiebe von der Kartografie des Büros zu scheiden. Es war eine kollektive Erkenntnis, dass die Zeit und der Raum der Sklaverei wesentliche Aspekte mit der Zeit und dem Raum – mit der Gewalt – unseres modernen Lebens teilen.

Manche weinten und lachten und umarmten einander und riefen lautstark nach dem Ende der Welt. Niemand kühlte das ganze runter mit einer Frage wie: Was bedeutet das – das Ende der Welt? Wie können Sie das sagen? Wo soll uns das denn hinführen? Oder:

Wie werden wir den Sinn vom *Ende der Welt* begreifen, wenn wir zurückgehen, um mit unseren »Verbündeten« zu sprechen? Die gefährliche Bombe der Schwarzen Fantasie war durch nichts anderes als durch die Magie eines inneruniversitären Gesprächs zum Ticken gebracht worden. Niemand wollte, dass es endet.

Eine halbe Stunde vor Ende der Sitzung stellte sich ein Gefühl der Angst ein: Die Organisatorinnen würden uns bald wieder in das gefürchtete Auditorium zurückrufen. Jemandem schwebte die Idee vor, nicht zurückzukehren, sondern einfach nach Hause zu gehen. Doch jemand anderes hatte eine bessere Idee: Wir würden wieder hineingehen und uns weigern, mit ihnen zu sprechen. Kein Protest, sondern ein stilles Eingeständnis der Tatsache, dass wir das, was wir erlebten, nicht durch ihre Forderung nach Artikulation zwischen ihrer Grammatik des Leidens und unserer eigenen verderben würden.

Nun regte sich etwas vor der Tür unseres Raumes. Wir sahen auf, glaubten, die Organisatorinnen wollten uns vorzeitig abholen. Als wir jedoch die Tür öffneten, stellten wir fest, dass es nicht die Organisatorinnen waren, sondern die gesamte Gruppe der Menschen, deren übertriebene »*Blackness*« sie aus unserem Raum befreit hatte. Sie wurden mit Murren und kalten Blicken begrüßt. Einer von ihnen fragte, ob sie hereinkommen könnten. Schweigen.

Ich brach das Schweigen, indem ich sagte: »Ihr wart die ganze Zeit über schon hier bei uns.« Sie traten ein und setzten sich vorsichtig zu uns. Wir machten ihnen Platz, ebenso vorsichtig. Wir fragten sie, was sie bewogen hatte, sich uns anzuschließen.

Ihre Diskussion hatte sich auf die vermessene Vorstellung eingeschossen, dass sie Zugang zum sozialen Kapital der Zivilgesellschaft haben könnten. Ihr Gespräch begann mit Diskussionen darüber, was ein besonderer Platz in der Volkszählung der USA für ihre Mobilität bedeuten könnte und für ihr Streben nach Anerkennung auf der Grundlage dessen, was sie als ihre »eigenen Regeln« bezeichneten; anschließend war ihr Gespräch vertikal integriert worden, bis daraus eine Diskussion über die unerträglichen Konflikte wurde, die sie im Loyalitätsgerangel ihrer individuellen Familienleben erfahren mussten. Mit anderen Worten: Wie ehren wir beide Elternteile, sowohl unser *weißes* als auch unser Schwarzes kulturelles Erbe? Allerdings besaß diese Diskussion nicht das nötige Gewicht, um 90 Minuten zu füllen; so wandten sie sich schließlich dem Thema zu, das ihnen vorgegeben worden war – ihrer Beziehung zu und Erfahrung mit Polizeigewalt. Es dauerte nicht lange, bis sie begriffen, dass das Nachdenken anhand ihres multiethnischen Status sie nicht weiterbrachte. Kein Polizist und keine Polizistin hatte jemals gesagt: »Also, ich schieße dir jetzt nur mal in die Schulter anstatt ins Herz, weil du nur zur Hälfte Schwarz bist.«

Als wir zum Plenum zurückkehrten, nahm der Saal uns zur Kenntnis – uns alle.

Jemand sagte: »Ich will auch was von dem, was die haben!« Wir hatten nicht ein Wort gesagt.

Jemand anderes sagte: »Guckt euch nur an, wie viel Liebe da ist!« Wir hatten immer noch nichts gesagt.

Eine dritte Person sagte: »Also, was ist los mit euch, jeder einzelne von euch strahlt ja!«

Die Organisatorinnen fragten uns, wer als Sprecherin oder Sprecher unserer Gruppe bestimmt worden war. Ich hob die Hand. Sie fragten mich nach unserem Bericht.

»Wir haben beschlossen, zu schweigen«, sagte ich. Sie wollten wissen, warum.

»Wir haben beschlossen, zu schweigen«, wiederholte ich.

Können Sie *irgendwas* sagen?, fragten sie.

Ich gab zur Antwort, wozu man mich beauftragt hatte: »Wir hatten eine gute Sitzung.«

Nun, das *sehen* wir!, sagten sie. Dann baten sie die *biracial* Gruppe, zu sprechen. Eine Person der Gruppe sagte einfach: »Am Ende haben wir uns der Schwarzen Gruppe angeschlossen.«

Daraufhin waren die Menschen im Raum noch verwirrter. Doch es gab keine Erklärungen.

Danach ging es bergab. Die Weißen berichteten über ihre unfokussierten Diskussion. Alice war abgekanzelt worden. Niemand in ihrem Raum war bereit, sich als Weiße zu bezeichnen, *was das Verhältnis zur Polizei betraf.* Die *weißen* Frauen sagten, es sei wichtig, den Raum nach Geschlechtern aufzuteilen und eine Diskussion darüber zu führen, wie es Frauen im Patriarchat ergehe. Mehrere Leute sagten, sie seien jüdischen Glaubens, und vielleicht hätten sie die Organisatorinnen drängen sollen, ihnen ihren eigenen Raum zuzuweisen, so wie es die multiethnischen Personen getan hatten. Ein *weißer* Mann sagte tatsächlich, dass es für seine Gruppe wichtig sei, ein Gespräch an einem runden Tisch zu führen, bei dem alle Personen sagen sollten, in welchem Bundesstaat sie lebten, bevor sie nach Kalifornien gezogen seien. Zu Alice' Entsetzen fanden fast alle im Raum, dass dies eine gute Idee sei. Eine nach der anderen fingen sie an, die Namen der Bundesstaaten vorzusagen, in denen sie geboren und aufgewachsen waren, und sie hätten sich auch zu persönlichen Erzählungen darüber hinreißen lassen, wie und wann sie nach Kalifornien gekommen waren und was sie hierher verschlagen hatte, wenn meine Frau Alice nicht aus der Haut gefahren wäre.

»Das Ganze hat verdammt noch mal nichts mit unserem Verhältnis zur Institution der Polizei zu tun! Lassen Sie uns wieder zur Sache kommen.«

Doch niemand wollte wieder zur Sache zu kommen. Das Interessante am Verlauf des Gesprächs im *weißen* Raum galt der Art und Weise, wie es auf unheimliche Weise die absolute Ablehnung der Übung widerspiegelte, die sich im Schwarzen Raum abgespielt hatte – wenn auch aus anderen Gründen. Alice wurde ignoriert, weil die Übung das Grundelement der Weißen bedrohte: *Weiße* Menschen *sind* die Polizei. Dazu gehören auch jene Weißen, die wie Alice auf der Bewusstseinsebene diese Abordnung durch Geburtsrecht ablehnen. Auf einer tief unbewussten Ebene haben sie intuitiv alle die

Tatsache wahrgenommen, dass die Polizei nicht *da draußen*, sondern *hier drinnen* war, dass die Polizei in das Gewebe ihrer Subjektivität eingeflochten war. Kein Wunder, dass die Diskussion in unzählige Richtungen ausästelte, weg von einer bewussten Begegnung mit diesem schrecklichen Aspekt ihrer strukturellen Position und hin zu einem Chor der Erklärungen über geschlechtsspezifische Identitäten sowie Geschichten über ihren individuellen Verbleib in Kalifornien. Und umgekehrt begriffen die Schwarzen in ihrem Raum am anderen Ende des Gebäudes, dass keine Art von psychischer oder materieller Einwanderung jemals genug wäre, um ihnen derartige Türen zu öffnen, Türen zu Alice und ihren Leuten. Doch für die nicht-Schwarzen People of Color blieb die Frage des Zugangs eine offene.

Die Diskussionen der asiatischen Personen, der Latinx und der Native Americans begannen mit Fragen der Gewalt und endeten mit Fragen des gesellschaftlichen Zugangs: Einwanderungspolitik, Spanisch in den Schulen, die Frage der Spielkasinos der Native Americans und die Frage von Land und Souveränität. Es war klar: Die Artikulation erfolgte zwischen den Weißen, deren Zugang zur Zivilgesellschaft so unhinterfragt war, dass sie keinen Grund hatten, sich darüber zu beschweren oder das Gewaltregime, das diesen Zugang befestigte und ausweitete, infrage zu stellen – und zwischen ihren Juniorpartner:innen, die auf einen erweiterten Zugang zur Zivilgesellschaft brannten. Keine dieser Gruppen verkörperte einen Antagonismus gegenüber der Zivilgesellschaft selbst. Der Antagonismus bestand nicht zwischen ihnen und der Polizei, sondern zwischen ihnen allen und uns allen, selbst denen, die auf ihren eigenen Raum bestanden hatten.

Sogar die beiden Organisatorinnen lagen falsch, was bedeutet, dass die Übung die richtige Idee war, wenn auch nur rein zufällig die richtige. Die Organisatorinnen hatten die Leute nach ihrer Hautfarbe eingeteilt; danach, wie der Blick der Polizei sie wahrnimmt. Doch nur eine Gruppe von Menschen wird im *Wesentlichen* durch diese Art von grundloser Gewalt charakterisiert und unterdrückt:

die Schwarzen. Die Sklavinnen und Sklaven. Für alle anderen Personengruppen besteht eine gewisse Kontingenz, die die Gewalt des Staates unterbricht und lesbar macht. Diese Menschen müssen das Gesetz übertreten oder als Übertretende wahrgenommen werden, bevor der Amboss der staatlichen Gewalt auf ihren Kopf stürzt. Für Schwarze, für die versklavten Personen, ist keine Dynamik des Übertretens nötig. Das Vergnügen, Schwarze Körper zu verstümmeln, stellt seine eigene Belohnung dar. Es ist dieses Vergnügen, das die Konferenz nicht *in fünf Farben, sondern in zwei Spezien unterteilt hat: Schwarze und Menschen.*

Doch die kognitiven Karten der Menschen beim Race Rave konnten diese von vornherein festgesetzte Speziestrennung zwischen Mensch und Sklave nicht begreifen oder erklären. Die Schwarzen und schließlich die Personen multiethnischer (Schwarzer) Herkunft wussten dies, wenn auch größtenteils nur intuitiv. Allerdings war das Terrain nicht fruchtbar genug, um dieses Wissen zum Gedeihen zu bringen. Die Schwarzen waren gefesselt an die kognitiven Karten ihrer wohlmeinenden Herr:innen.

2

Zwei Monate nach dem Anschlag auf das World Trade Center und neun Monate nach dem Race Rave wurde ich von einem Flughafenshuttle von meiner Wohnung in Berkeley abgeholt. Es war Winter, kurz vor fünf Uhr morgens. Die Luft war klar und frostig, wie es die Wintermorgen in der Bay Area häufig an sich haben. die Sonne war noch nicht aufgegangen. Der Winter in Nordkalifornien macht seinem Namen keine Ehre, wenn man ihn vergleicht mit den Schneestürmen meiner Jugend in Minnesota. Nun, in der Frühdämmerung, rissen Blitze wie gebrochene Beine durch den blutorangefarbenen Himmel über der Bucht von San Francisco. Bald würde es regnen.

Der Motor des Vans lief und der südasiatische Fahrer stand daneben, als er mich zweimal fragte, ob ich es sei, der zum Flughafen müsse – als wäre die falsche Person aus irgendeinem Grund aus dem richtigen Komplex gekommen; als hätte ich ihn unter falschem Vorwand angerufen, als hätte ich gar nicht zum Flughafen fahren wollen und wäre stattdessen einfach zu dieser gottlosen Stunde um 4:55 Uhr auf die Straße gekommen, um ihn zu ärgern oder gar auszurauben. Ich spürte ein Frösteln der Züchtigung in seinem Blick.

Ich warf meine Taschen hinten in den Wagen und ging herum und schob die Tür auf. In dem Lichtbarren, der von der Decke schien, fand ich mich von Angesicht zu Angesicht mit einer *weißen* Frau mittleren Alters und einem zögerlichen *weißen* Mann mittleren Alters mit Bart, die mich von links aus ansahen. Ihr Übergepäck nahm den Sitz hinter ihnen ein, und in dem blitzkurzen Moment von vertrauter, aber allzu gegenseitiger Angst sahen wir uns an, als uns klar wurde, dass ich neben der Frau sitzen würde. Ich achtete mehr als gründlich darauf, nicht ihren Oberschenkel zu berühren, als ich im Dunkeln nach meinem Sicherheitsgurt tastete.

Der Van rauschte die Straße entlang durch die letzte Saat der Nacht. Das einzige Licht auf dem Martin-Luther-King-Jr.-Drive stammte von den periodisch aufscheinenden Straßenlaternen. Wir waren so leise wie der Tod: der Fahrer, die Frau, ihr Mann und ich. Ich spürte eine Wut in mir; ich hatte das Gefühl, dass sie alle in ein lebhaftes Gespräch verwickelt gewesen waren, bevor ich kam, und dass mein Zustieg die Unterhaltung erstickt hatte. War ich der Grund dafür, dass sie aufgehört hatten zu plaudern? Konnte ich mir sicher sein, dass sie miteinander gesprochen hatten? War dies Schwarze Paranoia, die ansprang, obwohl nun etwas gesunder Menschenverstand angebracht wäre?

Das Gesicht, das der pakistanische Fahrer gemacht hatte, als ich aus meiner Wohnung kam, war immer noch in meine Erinnerung eingebrannt. Nun dieses stille Unbehagen; dieses Schweigen zu meinen Gunsten; dieses Aufwühlen meiner grauen Zellen, um darin einen Sinn zu erkennen; dieser Zweifel, ob es überhaupt irgendetwas war. Ich dachte: *Nicht, dass ich mich mit diesen Leuten und ihrem Juniorpartner unterhalten wollte.* Doch ich wollte, dass sie sich mit mir unterhalten wollten.

»George hier arbeitet an der Uni«, sagte sie schließlich stammelnd. »Sind Sie an der Uni? Ich meine, sind Sie ein Professor? Oder ein Doktorand?«

Nein, Lady, ich bin ein Junkie, der sich heute Morgen nur 'n bisschen rumtreibt.

»Das ist wunderbar!«, sagte sie, »Kennen Sie Judith Butler?«

Ich erzählte ihnen ein wenig über meine Forschung, doch anstatt mein Forschungsprojekt in die Sprache zu hüllen, die mich am meisten animierte (eine Zusammenfassung der Struktur amerikanischer Antagonismen der Trias aus Einwanderer/Siedler/Herr, Roter/»Wilder« und Schwarzer/Sklave), hüllte ich die Zusammenfassung meiner Forschung in die Sprache, die mich am wenigsten animierte, die Sprache der Filmtheorie und Filmgeschichte. Ich hielt es schlicht und politikfrei. Als ich fertig war, schienen alle erleichtert. Selbst der Fahrer lächelte mich durch seinen Rückspiegel an und fühlte sich scheinbar recht wohl. Ich hatte das Hauptziel der internationalen Diplomatie des *Negro* erreicht: Sie sollen sich sicher fühlen.

Nun meldete sich der schweigsame Professor zu Wort.

»Bevor Sie einstiegen«, sagte er, »haben wir über dieses neue Gesetz, den Patriot Act, diskutiert. Grässliche Angelegenheit. Ist das immer noch Amerika? Dieser Mann hier« – er nickte in Richtung Fahrer, der daraufhin erneut lächelte und uns im Rückspiegel zunickte – »sollte nicht in dieses Land kommen und dort auf Fremdenfeindlichkeit und Verfolgung stoßen müssen – was geschieht denn gerade mit uns?«

Der pakistanische Fahrer beteiligte sich schließlich mit Anekdoten, in denen er die Ungerechtigkeiten zur Schau stellte, denen er und seine Bekannten sich ausgesetzt sahen, seit das Gesetz in Kraft getreten war.

Der Patriot Act umfasste 400 Seiten, und weder der Professor noch seine Frau noch der Fahrer hatten auch nur ein einziges Wort des Gesetzes gelesen. Ich hatte rund 170 Seiten geschafft und eine Zusammenfassung darüber für einige Schwarze in einem Altersheim in Oakland geschrieben. Auch sie hatten das Gesetz für drakonisch und ungerecht gehalten – doch im Gegensatz zu den Leuten im Flughafenshuttle waren sie keineswegs der Meinung, dass an diesem »neuen« Gesetz irgendetwas besonders unamerikanisch oder besonders neu war. Eine 80-jährige Frau in dem Heim hatte mich angesehen und den Kopf geschüttelt. »Und sie pilgern immer wieder an die Wahlurnen, diese Weißen. Sie gehen zurück an die Urnen, als wäre das wichtig.«

Allerdings war die Erinnerung an die Reaktion dieser Schwarzen auf meine Ergebnisse auf dem Weg zum Flughafen verloren gegangen, da die Leute im Shuttle ein neues Interesse an mir gezeigt hatten. Ich hatte in ihren Augen eine Wandlung durchlaufen, vom Gefürchteten zum Geduldeten zum Wertgeschätzten. Ich war nicht länger ein Stimulans der Angst. *Heute Abend*, dachte ich, *werde ich jemand sein, von dem der pakistanische Fahrer seiner Frau oder seinen Landsleuten in den höchsten Tönen erzählt, der Professor und seine Frau werden im Flugzeug und vielleicht auf ihrer Konferenz über mich und das, was ich gesagt habe, sprechen, wenn sie* ihr *Reiseziel erreicht haben.* Es war mein Begehren, das Objekt ihres Begehrens zu sein. In diesem Shuttle gab es keine Schwarzen, Weißen oder Braunen mehr. Durch meine Worte erblühte in diesem kleinen Van ein gemeinsames Empfinden der Freude und ein Gefühl des gemeinsamen Ziels, wo zuvor nur Bedrohlichkeit und Distanz geherrscht hatten. Wir waren alle Menschen. Bloß Menschen. Menschen, die von unserer Regierung die gleiche Grundform an Fairness und Rechenschaftspflicht verlangten. Der Gedanke an klammheimliche Durchsuchungen, der Gedanke an unrechtmäßige Abhörmaßnahmen, der

Gedanke an erweiterte Einschränkungen unserer Versammlungsfreiheit, der Gedanke an die Regierung, die in unseren Bibliotheken und Buchhandlungen herumschnüffelte – nun, das reicht, darin waren wir uns alle einig, das geht dann doch etwas zu weit. Und ich war nicht nur Teil dieses multiethnischen Konsenses, nein, er war das wunderliche Ergebnis *meiner* Bemühungen, *meiner* Forschung, *meiner* Gelehrsamkeit, *meiner* Arbeit und meines 52-Zahn-Charmes, das diesen heftigen Populismus, dieses unermessliche Abkommen in den Dämmerstunden des Morgens geschmiedet hatte. Nicht nur, dass sie mich ernst genommen hatten – also wahrhaftig gedacht hatten, dass ich denken kann –, nein, ich war für sie jetzt essenziell: Ich entfachte das Feuer ihrer Nostalgie für eine demokratische Vergangenheit; und gleichzeitig schien es ihnen wichtig, dass ich sie irgendwie tadelte, sie züchtigte, als ob nur ich ihren masochistischen Drang befriedigen könnte, etwas darüber zu erfahren, wie schlecht ihre Zukunft aussehe. Zu diesem Zweck drehte sich die Frau zu mir um und sagte etwas wie: *Sambo, nun verschone mich nicht, Sambo, hörst du, halte dich nicht zurück, Sambo. Sag mir nur, wie schlimm es kommen wird.*

Miss Anne, dey dun taken aw ciba lubbaties und sen' 'um waaaay up yonda.

Der Professor saß nur da und schüttelte den Kopf. Way up yonder. Er blickte an die Decke. Way up yonder.

Nun war das Gesprächsfeld wieder frei für den Fahrer.

»Ich will Ihnen mal was von meinen Leuten erzählen, ich will Ihnen die Geschichten von den unrechtmäßigen Verhaftungen erzählen, von den Inhaftierungen ohne Gerichtsverfahren.«

Wir lauschten ihm, ummantelt von unserem erneuerten Glauben an Erlösung. Wir waren mehr als eine bloße Ansammlung geteilter Interessen; wir waren eine furchtlose Koalition des Affekts. Unsere Stimmung und unser Wille verwoben sich zu einem warmen Tuch aus *Amen* und *Eine Schande ist das.*

Der Fahrer sagte: »Ich weiß nicht, wie ich meine Familie jemals in dieses Land bringen konnte.«

Und bevor ich die Struktur meiner nicht assimilierbaren *Blackness* aus dem Geflecht und der Grütze des multiethnischen Affekts entwirren konnte, sagte ich: »Geht mir genauso.«

Doch diese Worte zerfetzten die Stimmung. Die Erde kippte. Wir fielen alle runter.

Der Fahrer hatte gesagt: »Ich weiß nicht, wie ich meine Familie jemals in dieses Land bringen konnte.«

Und ich hatte geantwortet: »Geht mir genauso.«

Im Shuttle herrschte wieder eine ungewöhnliche Stille. Es war, als ob mitten im Satz ein Punkt gesetzt worden wäre. Die Augen des Fahrers blitzten mich im Rückspiegel an. Die *weiße* Frau neben mir regte sich, so wie sie sich geregt hatte, als ich einstieg. Mein »Geht mir genauso« wurde nicht angesprochen. Mein »Geht mir genauso« hing in der Luft wie ein dünner, aber eindeutig fauliger Geruch – ein überraschender, aber nicht unzuschreibbarer Furz. Zwar war mein Geruch abgegeben worden, doch er war nicht in böser Absicht abgegeben worden. Ich glaubte, wir wären uns einig, dass sie mit meinem Geruch leben könnten, so wie ich mit dem ihren leben konnte. So sehr war ich bejubelt worden durch die Dilemmata des Südasiaten beim Zugang *zur* Zivilgesellschaft und durch die Dilemmata der guten Weißen in Bezug auf die relative Elastizität oder Starrheit *innerhalb* der Zivilgesellschaft, dass ich die erste Regel der internationalen Diplomatie des *Negro* vergessen hatte: Sie sollen sich sicher fühlen. Meine angedeutete Verkörperung des Einwanderungsgrundsatzes (die Annahme, dass die Bewegung von der Plantage in die Stadt eine Form der Einwanderung sei), die Andeutung, dass ich die konstitutiven Elemente der Filiation besäße (»*meine Familie*« kam von der Plantage in die Stadt), anstatt der List einer geliehenen Institutionalität, und dass ich darüber hinaus die konstitutiven Elemente des Willens und der Handlungsfähigkeit besäße (»Ich brachte meine Familie von der Plantage in die Stadt«) – all das, ausgesprochen durch mein »Geht mir genauso«, hatte irgendwie jene Sicherheit beeinträchtigt, die grundlegend war für das

Gefüge aus gutem Wille und warmen Gefühlen zwischen denen, die Jared Sexton als Bürger, Nicht-Bürger und Anti-Bürger bezeichnet: Der *weiße* Professor und seine *weiße* Frau waren die Bürger, der Pakistani war ein Nicht-Bürger und ich der Anti-Bürger. Ich hatte das Gleichgewicht des Universums durch mein Anführen des gefürchteten Patriot Acts geschmiedet, und dann hatte ich mich, mit derselben Leichtigkeit und derselben unreflektierten Intuition, gewagt, das Gleichgewicht dieses zerbrechlichen Universums zu bedrohen, indem ich einen Schwarzen Gedanken laut aussprach. In ihren dreißig Schweigesekunden spürte ich, wie sich mein Fleisch abschälte. Mit drei Worten, *geht mir genauso*, war ich in Ungnade gefallen. Ich wandelte mich vom warmen und wuscheligen Sambo zu W. E. B. Du *Blac*.

Der Professor und seine Frau wären jetzt froh gewesen, wenn die Fahrt zum Flughafen vorbei gewesen wäre. Doch der pakistanische Fahrer hatte noch dieselbe Art von Kampf der Neuankömmlinge in sich, die das Ehepaar vor 200 Jahren besessen hatte, als ihre Vorfahren einwanderten. Er sah mich unsympathisch in seinem Rückspiegel an, als wollte er sagen: Haben Sie einen Fehler begangen, einen ehrlichen, unschuldigen Fehler, die Art von Fehler, die jedem in der Freude und der Euphorie des Augenblicks passieren kann; oder haben Sie uns verarscht und waren ein Klugscheißer, dessen einzige Absicht es war, auf die Beflügelung des Personalpronomens *wir* zu scheißen?

Seine Augen zuckten von der Straße zu meinem Abbild in seinem Rückspiegel. Langsam und bedächtig sagte er: »Manchmal möchte ich meine Koffer packen und nach Hause zurückkehren.«

Niemand sagte ein Wort. Niemand nahm einen Atemzug. Der Motor ächzte unruhig, als wir auf die Ausfahrtsrampe fuhren.

Ich warf ihm den Fehdehandschuh hin, richtete mich auf und räusperte mich. »Ja«, sagte ich, »geht mir genauso.« Diesmal war der Geruch unverkennbar. Es war der Gestank von etwas Brennendem; ein Baumwollfeld, das in Flammen stand.

In dieses Feuer stürzte sich die Frau des Professors mit dem einzigen Wasser, das sie finden konnte. »Heimweh«, sagte sie, »das ist mal wirklich ein universelles Phänomen. Wir fahren seit Jahren auf diese Konferenz, und jedes Mal vermissen wir die Kinder, wenn wir weg sind.«

»Das ist mehr, als wir von den Kindern sagen können«, sagte ihr Mann mit Unbehagen in der Stimme.

Ich fühlte, wie sich etwas in meine Handfläche schob und darauf bestand, dass ich mich festhalte. Bis zum heutigen Tag weiß ich nicht genau, ob es der kalte, harte Türgriff oder der Griff eines Messers war.

Das Shuttle, mit dem ich nach dem 11. September zum Flughafen fuhr, war der Mikrokosmos eines Gefangenenszenarios, in dem *Blackness* mit und unter dem Gespenst der Polizei existiert, dünn getarnt als das Werk sozialer Bewegungen, die sich um die Ausweitung und Demokratisierung der Zivilgesellschaft bemühen. Das Szenario zeigt, dass die libidinöse Ökonomie der Werte (Zugang zu Institutionen, allgemeines Wahlrecht, uneingeschränkte Mobilität und so weiter), wenn sie durch Initiativen für soziale Gerechtigkeit in Gang gesetzt wird, auf der Intensivierung des Leidens der Schwarzen und auf Tod basiert. An diesem Morgen fuhren vier Personen in diesem Wagen. Aber eine dieser vier Personen war einem Gewaltregime unterworfen, das keine Ähnlichkeit mit den Gewaltregimen hatte, dem die anderen unterlagen. Die Menschen in dem Van überwachten meinen Schmerz, meine Fähigkeit, Zeugnis abzulegen für die einzigartige Struktur der Gewalt gegen Schwarze, wie eine Polizei.

3

Wie im Falle der amerikanischen Ureinwohnerinnen und Ureinwohner hat die Gewalt, die den pakistanischen Fahrer unterwirft, sowohl zeitliche Grenzen (zum Beispiel die Zeit des Krieges gegen den Terror) als auch räumliche Grenzen (der Gulag in Guantánamo Bay und die Besetzung des Irak). Es gibt nicht nur keine Interpunktion und keine zeitliche Begrenzung für die Gewalt, die die Schwarzen subsumiert, sondern es kann auch keine Kartografie der Gewalt erstellt werden, denn darin würde sich die Aussicht auf eine Karte des gewaltfreien Raums andeuten: die Möglichkeit eines Schwarzen Refugiums, das per Definition ein Oxymoron ist. Stattdessen existieren Schwarze im Spannungsfeld dessen, was der Historiker David Eltis »Gewalt jenseits der Grenzen«[56] nennt, womit er meint: (A) In der *libidinösen* Ökonomie existieren keine Formen der Gewalt, die so exzessiv sind, dass man sie als zu grausam ansehen würde, um sie Schwarzen zuzufügen; und: (B) In der *politischen* Ökonomie gibt es keine rationalen Erklärungen für dieses grenzenlose Kabinett der Grausamkeiten, keine Erklärungen, die einer Gewalt *politischen oder ökonomischen* Sinn verleihen würden, die Schwarze zurechtweist und bestraft. Während die Beziehung der Menschen zur Gewalt immer kausal ist, ausgelöst durch ihre Übergriffe gegen die regulierenden Verbote der symbolischen Ordnung oder durch makroökonomische Verschiebungen in ihrem sozialen Kontext, ist die Beziehung der versklavten Person zur Gewalt offen, willkürlich, ohne Grund oder Grenze, ausgelöst durch vorlogische Katalysatoren, die von den Transgressionen der versklavten Personen losgelöst und nicht durch historische Verschiebungen erklärbar sind. Kurzum, die Gewalt, die den Schwarzen angetan wird, ist weder die Folge symbolischer Transgressionen noch das Ergebnis (wie Allen Feldman es ausdrücken würde) einer neuen, globalen Verschiebung innerhalb der politischen Ökonomie[57] – sie ist eine »Erweiterung des Vorrechts des Herren«.[58] Orlando Patterson verdeutlicht diese

Differenz zwischen der Gewalt, die den Menschen (wie Arbeiter, postkoloniales Subjekt, Frau oder queere Person) zurechtweist und bestraft, und der Gewalt, die die versklavte Person (Schwarze) zurechtweist und bestraft, indem Patterson eine Unterscheidung hervorhebt zwischen der Gewalt, die den Kapitalismus konstituiert, und der Gewalt, die die Sklaverei konstituiert.

> Der Arbeiter, der entlassen wird, bleibt ein Arbeiter, um anderswo angestellt zu werden. Die Sklavin, die befreit wurde, war keine Sklavin mehr. Daher war es notwendig, den ursprünglichen, gewaltsamen Akt der Verwandlung des freien Menschen in eine versklavte Person unablässig zu wiederholen. Dieser Gewaltakt konstituiert die Vorgeschichte aller stratifizierten Gesellschaften [...], aber er bestimmt sowohl die Vorgeschichte als auch die (übereinstimmende) Geschichte der Sklaverei.[59]

Um es direkt zu sagen: *Blackness* lässt sich von Sklaverei nicht trennen. *Blackness* wird oft als eine (kulturelle, wirtschaftliche, geschlechtsspezifische) Identität der Menschheit missverstanden; es gibt jedoch keine Schwarze Zeit, die der Zeit der Sklaverei vorausgeht. Die räumliche Kohärenz Afrikas ist temporal gleichbedeutend mit dem arabischen und dann dem europäischen Sklavenhandel.[60] Die Zeit der *Blackness* ist die Zeit des Paradigmas; sie ist keine Zeitlichkeit, die mit den uns zur Verfügung stehenden erkenntnistheoretischen Werkzeugen erfasst werden könnte. Die Zeit der *Blackness* ist überhaupt keine Zeit, denn es ist unmöglich, zu wissen, wie sich die *Blackness* in ihrer Gesamtheit von der *Slaveness* unterscheidet. Die früheren Referenzpunkte der Arbeiterin, zum Beispiel eine Zeit vor dem Enclosure Movement, der Bewegung der Auflösung der Allmenden und der Eingrenzung des Landes, oder die Referenzpunkte des postkolonialen Subjekts, eine Zeit vor dem Kolonialherrn, stehen den Schwarzen schlicht und ergreifend nicht zur Verfügung. Aus meinem Buch *Red, White & Black*:

> Historische Zeit ist die Zeit des Arbeiters [die Zeit des pakistanischen Fahrers], die Zeit der Analyse. Doch während die historische Zeit Stillstand und Wandel innerhalb eines Paradigmas markiert, markiert sie nicht die Zeit des Paradigmas, die Zeit der Zeit an sich, die Zeit, durch die die dramatische Uhr des Sklaven gestellt wird. Daher können weder die analytische Ästhetik [die entmystifizierende Heilung der ethischen Bewertung] noch die empathische Ästhetik [die mystifizierende »Heilung« des moralischen Urteils] eine Theorie des Wandels begleiten, die die Schwarzen zur Relationalität zurückführt. Die soziale und politische Zeit der Emanzipationsproklamationen sollte nicht mit der [Zeit des Paradigmas selbst, einer Temporalität,] verwechselt werden, in der sich *Blackness* und *Slaveness* ab initio, also von Anfang an, überlagern.[61]

Schwarze werden durch eine Gewalt konstituiert, die die Zeit des Paradigmas (die ontologische Zeit) von der Zeit innerhalb des Paradigmas (der historischen Zeit) trennt.

Auf jeder Abstraktionsebene sättigt Gewalt das Schwarze Leben. Anders ausgedrückt: Für Schwarze gibt es keine Zeit und keinen Raum der Zustimmung, keine relative Befreiung von Gewaltanwendung und Zwang: Die Gewalt durchrankt den Körper, erstickt die Gemeinschaft und dehnt sich aus, intensiviert sich und mutiert durch Literatur und Film zu neuen und immer groteskeren Formen im kollektiven Unbewussten.

Die Ideen der Arbeiterklasse sind Schadstoffe: Bedrohungen für die kapitalistische Wirtschaft, für ein kapitalistisches Weltbild. Schwarze *Körper* sind eine andere Art von Schadstoff: Sie sind Bedrohungen für das Ideal des menschlichen Körpers und für die psychische Kohärenz des menschlichen Lebens.

Dieses Schema unterscheidet sich sogar von dem Schema, das den Völkermord an der Bevölkerung der Native Americans begleitet. An ihnen wurde und wird ein Genozid begangen aufgrund ihres

Landes. Es gibt vorlogische oder libidinöse Elemente bei der Ermordung von achtzehn Millionen Menschen – ganz gewiss. Doch Landerwerb und Usurpation verleihen dem Völkermord eine Art von kohärentem oder rationalem Element, ähnlich einem Massaker an Arbeiter:innen, die gestreikt haben – die ihre Zustimmung aufgekündigt haben.

Man kann keine Analogie ziehen zwischen der Gewalt, die Immigrant:innen, Ureinwohner:innen und Arbeiter:innen erleiden müssen, und der Gewalt, die Schwarze erleiden müssen.

Es ist absolut notwendig, dass Schwarze kastriert, vergewaltigt, dass ihre Genitalien verstümmelt, dass sie geschändet, geschlagen, erschossen und entstellt werden. Und es ist notwendig, dass dies sowohl auf der Straße als auch in der Populärkultur geschieht – wie im Fernsehen und im Kino. An Schwarzen kann man auch einen Genozid begehen, allerdings nur bis zu einem bestimmten Grad! Denn im Gegensatz zu Native Americans sind Schwarze nicht im Besitz von etwas, das außerhalb ihrer selbst liegt und das die Zivilgesellschaft ihnen enteignen will. Die Zivilgesellschaft will kein Schwarzes Land, wie sie das Land der Native Americans will, um die Nation von Turtle Island zu unterscheiden; sie will nicht die Zustimmung der Schwarzen, wie sie die Zustimmung der Arbeiterklasse will, um ein kapitalistisches Ökosystem von einem sozialistischen zu unterscheiden, um einen Mehrwert zu gewinnen und diesen in Profit zu verwandeln. Was die Zivilgesellschaft von den Schwarzen will/braucht, ist viel wesentlicher, viel grundlegender als Land und Profit. Was die Zivilgesellschaft von Schwarzen braucht, ist die Bestätigung der menschlichen Existenz.

Natürlich kann der Mensch sagen: Ich weiß, dass ich auf der Ebene der Identität am Leben bin, weil ich Spanisch oder Französisch oder Englisch spreche, weil ich heterosexuell oder homosexuell bin oder weil ich reich bin oder zur Mittelschicht gehöre. Um jedoch sagen zu können, dass ich auf einer paradigmatischen Ebene lebe, dass ich wirklich und wahrhaftig ein Mensch bin und nicht das andere ... das kann nur in jenem Maße gewährleistet werden, in dem man sagen kann: Ich bin nicht Schwarz.

Es wäre fehlgeleitet und gar verlogen gewesen, den Leuten im Shuttle zu sagen, dass der Patriot Act Schwarze nicht betrifft, oder eine wie auch immer geartete einwanderungsfeindliche Haltung zu vertreten. Aber es wäre ebenso fehlgeleitet und verlogen gewesen, zu behaupten, dass die relative Verfälschung der Integrität der Bill of Rights durch den Patriot Act oder die relative Starrheit oder Elastizität des Zugangs zur (und innerhalb der) Institutionalität der Zivilgesellschaft uns behilflich sein könnte, die einzigartige Grammatik des Leidens von Schwarzen zu durchdenken. Anders ausgedrückt: Das Denken der Schwarzen (und damit die Befreiung der Schwarzen) wird nicht nur durch den Staat bedroht, sondern auch durch die Interessen und Handlungen der loyalen Opposition im Shuttle zum Flughafen.

Tatsächlich ist das Schwarze Denken durch ein dreistufiges Terrorensemble bedroht. Unsere intellektuelle Fähigkeit, die Arbeit zu leisten, ist nicht das, worum es hier geht. Was auf dem Spiel steht, ist unsere Fähigkeit, gegen die Zwänge der Analogie, den Terrorismus des zwischenmenschlichen Austauschs – die Hydraulik meiner Fahrt zum Flughafen – anzugehen.

Erstens gibt es den Terrorismus dessen, was Gramsci als »politische Gesellschaft« bezeichnete: die Polizei, die Armee, der Komplex der Gefängnisindustrie.

Zweitens gibt es den Terror der hegemonialen Blöcke der Zivilgesellschaft und ihre Cluster affiliativer Formationen: wie die Mainstream-Medien, die Universität oder die Megakirche.

Doch es gibt noch eine dritte Stufe des Terrors, mit der das Schwarze Denken zu ringen hat. *Und das ist der Terror des gegenhegemonialen und revolutionären Denkens: die Logik des* weißen *Feminismus, die Logik des Kampfes der Arbeiterklasse, die Logik der multikulturellen Koalitionen und die Logik der Rechte Eingewanderter.*

Der unerbittliche Terror, der sich immer dann ausbreitet, wenn die sogenannten Verbündeten der Schwarzen laut denken.

Der Einsatz dieses dreistufigen Terrors ist hoch, weil er sich auf die Fähigkeiten von Schwarzen auswirkt, unsere Vorstellungskraft zu beeinflussen oder von ihr beeinflusst zu werden. Diese drei Stufen bilden das Gerüst für *den Tod von Schwarzer Begierde*. Und unsere Fähigkeit, uns etwas vorzustellen und zu fantasieren, während wir unsere Position einnehmen, ist mit unserer Fähigkeit für theoretisches Denken verknüpft: unserem politischen Wunsch einen »objektiven Wert« zu verleihen.

Diese dritte Ebene des Terrors, die die Vorstellungskraft und die Äußerung Schwarzer Gedanken bedroht – der Terror der linken, gegenhegemonialen Allianzen – sollte nicht als nebensächlich oder unbedeutend abgetan werden, noch sollte sie als ein Ensemble schlechter Einstellungen trivialisiert werden, die durch Dialog überwindbar wären, wie es die Race-Rave-Konferenz in Santa Cruz angenommen hatte. Denn es ist ein grundlegender Terror; er ist ebenso konstitutiv für eine anti-Schwarze Welt wie das Militär und die Megakirche. Er tötet Schwarze Gedanken nicht nur und nimmt sie nicht nur in Beschlag, so wie die erste Stufe den Schwarzen Körper tötet und in Beschlag nimmt. Er verdrängt auch nicht einfach ein emanzipatorisches Fragenensemble der Schwarzen, so wie die traditionellen Organe der Hegemonie die Darstellung des gemeinsamen Fragenensembles von gewöhnlichen Männern oder Frauen verdrängen. Diese dritte Stufe terrorisiert durch ein *Verbot* der Darstellung der Schwarzen, gekoppelt mit einer *Forderung* nach Schwarzer Darstellung – Tanz, Johnny, Tanz! Man könnte sagen, dass diese dritte Stufe die Darstellung Schwarzer Gedanken verlangt, allerdings als Auslöschung. Sie will, dass wir den Blues singen; aber statt des »Ain't Got No Life Worth Living Blues«, des Blues vom lebensunwürdigen Leben (statt des Blues vom sozialen Tod), will sie, dass Schwarze einen anderen Blues singen:

- *Ain't Got No Green Card Blues*, den Blues von der verwehrten Green Card
- *Ain't Got No Abortion Blues*, den Blues von der verweigerten Abtreibung
- *Ain't Got No Right to Privacy Blues*, den Blues vom Eingriff in die Privatsphäre
- *Ain't Got No Border-Crossing Blues*, den Blues von den übertretenen Grenzen
- *Ain't Got No Same-Sex Weddin' Blues*, den Blues von der verbotenen gleichgeschlechtlichen Ehe
- *Ain't Got No Ciba Lubbaties Blues*, den Blues der verweigerten Zivilrechte

Die Zivilgesellschaft vergrößert sich oder zieht sich zusammen, um eine Vielzahl von Positionen und Identitäten einzuschließen oder auszugrenzen (ohne sie jedoch jemals *carte blanche* zu verbannen) – Jüdischstämmige, Arabischstämmige, aus Asien Eingewanderte, Latinx, Italiener:innen, *weiße* Frauen und Native Americans. Die Annalen der Geschichte zeigen, dass bei Übergängen von Territorien zu Bundesstaaten im 19. Jahrhundert eine große und widersprüchliche Vielfalt von Ansichten bezüglich all dieser Gruppen evident war. In diesen jungen, flügge gewordenen Staaten ergaben sich bei seltenen Gelegenheiten (wie im Fall Kaliforniens) sogar Debatten über die staatsbürgerliche und soziale Zugehörigkeit der Native Americans. Doch die Zivilgesellschaft hätte keine Kenntnis über die Grenze, den Grenzverlauf solcher Debatten, sprich, sie würde jeglichen Zusammenhalt verlieren und wäre nicht in der Lage, die Grenze zwischen gesellschaftlichem Leben und gesellschaftlichem Tod zu ziehen, wenn es keine Schwarzen gäbe. Schwarze ziehen diese Grenze für Weiße wie für alle anderen. Schwarze verleihen selbst der Position der größten Erniedrigung ein Gefühl von menschlicher Möglichkeit, weil wir der Ort von menschlicher Unmöglichkeit sind. Ganz gleich wie tief andere auch fallen mögen, sie sind niemals Schwarz. Ein tröstlicher Gedanke. Die Flamme der menschlichen Wärme.

Blackness hat etwas Organisches, das sie für die Konstruktion der Zivilgesellschaft unerlässlich macht. Doch es ist auch etwas Organisches an *Blackness*, das auf die Zerstörung der Zivilgesellschaft vorausweist. Es ist nichts Willkürliches oder Spekulatives an dieser Aussage, denn man könnte die Behauptung genauso gut umdrehen: Es ist etwas Organisches an der Zivilgesellschaft, das sie für die Zerstörung des Schwarzen Körpers unerlässlich macht. *Blackness* ist, frei nach Fanon, eine Position von »absolutem Elend«, der Verlorenheit, in Bezug auf die Zivilgesellschaft und kann daher nicht durch gegenhegemoniale Interventionen aufgelöst oder lesbar gemacht werden. Schwarzes Leiden ist keine Funktion der Performanz(en) der Zivilgesellschaft, sondern ein Ergebnis der Existenz der Zivilgesellschaft. Für den pakistanischen Fahrer, den *weißen* Professor und seine *weiße* Frau ist die Zivilgesellschaft ein Zusammenspiel von Beschränkungen und Möglichkeiten. Doch für Schwarze ist die Zivilgesellschaft eine mörderische Projektion.

Vor diesem Hintergrund kommen selbst Koalitionen und soziale Bewegungen – sogar radikale soziale Bewegungen wie die Bewegung für die Abschaffung der Gefängnisse, das Prison Abolition Movement –, die eingespannt sind ins Ersuchen von Hegemonie, um das dialogische Leben der Zivilgesellschaft zu stärken und auszuweiten, letztlich nur den *zu sättigenden Forderungen und lesbaren Konflikten* der Juniorpartner:innen der Zivilgesellschaft entgegen (wie Eingewanderten, *weißen* Frauen, Mitgliedern der Arbeiterklasse), während sie jedoch die *unersättlichen Forderungen und unlesbaren Gegensätze* der Schwarzen ausschließen. Kurzum, während solche Koalitionen und sozialen Bewegungen nicht als die direkten Lakaien der *Anti-Blackness* bezeichnet werden können, werden ihre rhetorischen Strukturen, ihr politisches Begehren und ihr emanzipatorischer Horizont durch eine lebensbejahende *Anti-Blackness* gefestigt: den Tod des Schwarzen Begehrens.

4

Was unterscheidet den Schwarzen von den Menschen? Es ist die Trennung zwischen sozialem Tod und sozialem Leben; eine Trennung zwischen der strukturellen Gewalt beispielsweise von Kapitalismus, Postkolonialismus und Patriarchat auf der einen und der strukturellen Gewalt des sozialen Todes auf der anderen Seite.*

Die Gewalt des Kapitalismus oder jedes anderen menschlichen Paradigmas der Unterwerfung hat im Übrigen eine Vorgeschichte. Mit anderen Worten, es bedarf eines Ozeans der Gewalt, um Leibeigene in Arbeiter zu verwandeln. Es bedarf eines Ozeans der Gewalt, der sich über ein paar Hundert Jahre erstreckt, um sie in neuartige und beengendere Zeitlichkeiten zu zwängen – und sie dazu zu bringen, sich ihr Leben innerhalb neuer Beschränkungen vorzustellen: Urbanisierung, Mechanisierung und bestimmte Arten von Arbeitspraktiken. Ist das System einmal eingerichtet, geht die Gewalt zurück und klingt ab. Die Gewalt kehrt zu Zeiten zurück, in denen der Kapitalismus sich selbst regenerieren muss oder in denen die Arbeiter:innen die Regeln überschreiten und sich wehren (wenn sie ihre Zustimmung zurückziehen).

Die Gewalt der Plantage kann nicht so verstanden werden, wie man die Gewalt der kapitalistischen Unterdrückung versteht. Es bedarf eines Ozeans von Gewalt, um versklavte Personen zu produzieren, doch diese Gewalt *klingt niemals ab*. Noch einmal, die Vorgeschichte der Gewalt, die die Sklaverei begründet, ist auch die *gleichzeitige Geschichte* der Sklaverei. Dies ist für die meisten Aktivistinnen und Aktivisten eine schwer zu akzeptierende kognitive Karte, da sie das Problem außerhalb der Politik ansiedelt. Politik ist

* Es lohnt sich, daran zu erinnern, dass die Sklaverei durch die Linse des Afropessimismus *im Wesentlichen* eine relationale Dynamik ist und keine historische Epoche oder ein Zusammenspiel empirischer Praktiken (wie Peitschen und Ketten).

ein äußerst rationales Unterfangen, das es Aktivistinnen und Aktivisten erlaubt, Modelle zu erarbeiten, die die strukturelle Gewalt des Kapitalismus in ihrer performativen Manifestation vorhersagen. Doch man kann keine Modelle kreieren, die die strukturelle Gewalt der Sklaverei in ihren performativen Manifestationen vorhersagen. Die Marxist:innen versuchen, zu zeigen, wie Gewalt mit Produktion verbunden ist, und das bedeutet, dass sie nicht in umfassender Weise über die Gewalt der Sklaverei nachdenken. Die Gewalt des sozialen Todes (der Sklaverei) ist in Wirklichkeit in die Produktion der psychischen Gesundheit all derer eingespannt, die keine versklavten Personen sind – diese Gewalt ist etwas, das sich nicht buchstäblich zur Ware machen oder in einer tatsächlichen Bilanz gewichten lässt. Dies ist der weniger greifbare, libidinöse Aspekt des Ganzen.

Mit anderen Worten: Aktivistinnen und Aktivisten wollen den Sinn des Todes von Sandra Bland und die Morde an Michael Brown und Eric Garner verstehen, aus ihnen einen Sinn herauslesen; auch wenn das, was diese Spektakel erfordern, um angemessen erklärt zu werden, eine Theorie des *Un*sinns ist; das Ausbleiben eines greifbaren oder rationalen Nutzens dieser Spektakel: Schwarze Menschen werden nicht wegen Transgressionen wie illegaler Einwanderung oder Gewalt am Arbeitsplatz ermordet. Der wesentliche *Nutzen* des Schwarzen Todes ist paradoxerweise das *Ausbleiben* eines Nutzens.

Der Schwarze Tod besitzt zwar einen gewissen Nutzen, doch ist dieser nicht von der Gewinnung eines Mehrwerts gestützt; nicht auf grundlegende Weise. Und er wird gewiss nicht durch die Aneignung von Land gestützt. Der Schwarze Tod wird gestützt durch die psychische Integration all derer, die keine Schwarzen sind. Der Schwarze Tod fungiert als nationale Therapie, auch wenn die Rhetorik, die diese Todesfälle erklärt und beklagt, diese psychische Abhängigkeit nicht direkt, sondern symptomatisch zum Ausdruck bringt. Sie ist komplex, doch ist sie auch ganz simpel.

Schwarze werden nicht wie die Native Americans einem Völkermord zum Opfer fallen. Wir unterliegen zwar einem andauernden Völkermord, doch werden wir ausgelöscht *und* erneuert, da das Spektakel des Schwarzen Todes für die geistige Gesundheit der Welt unerlässlich ist – wir können nicht völlig ausgelöscht werden, denn unser Tod muss sich wiederholen, und zwar *visuell*, sichtbar.

Die körperliche Verstümmelung von *Blackness* ist notwendig, also muss sie wiederholt werden. Was wir auf YouTube, Instagram und in den Abendnachrichten als Morde erleben, sind Heilungsrituale für die Zivilgesellschaft. Rituale, die die von anderen Menschen in ihrem täglichen Leben empfundenen Ängste ausgleichen und lindern. Es ist die Angst, die Menschen haben, wenn sie umherlaufen. Viele verschiedene Dinge sind in der Lage, diese Angst auszugleichen – Marihuana, Kokain, Alkohol, Affären –, der ultimative Ausgleich ist allerdings das Spektakel der Gewalt gegen Schwarze. *Ich weiß, dass ich ein Mensch bin, weil ich nicht Schwarz bin. Ich weiß, dass ich nicht Schwarz bin, denn wenn und falls ich die Art von Gewalt erlebe, die Schwarze erfahren, dann gibt es einen Grund dafür, irgendeine erkennbare Transgression.*

Aus diesem Grund tragen Onlinevideoposts von Polizistinnen und Polizisten, die Schwarze ermorden, mehr zum psychischen Wohlergehen von Nicht-Schwarzen bei – zu ihren gemeinsamen Freuden und ihrem Gefühl der ontologischen Präsenz – als zur Abschreckung, zu Verhaftungen oder sogar zu einer generellen Sensibilität für Schwarzen Schmerz und Schwarzes Leid.

Afropessimismus hilft uns, zu verstehen, warum die Gewalt, die das Leben der Schwarzen durchdringt, nicht vom Verschwinden bedroht ist, bloß weil diese Gewalt aufgedeckt wird. Damit dies der Fall wäre, müsste die Zuschauerin, die Gesprächspartnerin, die Zuhörerin Bildern wie diesen mit einem Unbewussten begegnen, das in der Lage wäre, die Verletzungen in solchen Bildern wahrzunehmen. Mit anderen Worten, der Verstand müsste eine Person mit einem Erbe aus Rechten und Ansprüchen *sehen*, deren Rechte und Ansprüche verletzt werden. Doch auf diese Weise fungieren versklavte Personen nicht im kollektiven Unbewussten. Im kollektiven Unbewussten fungieren versklavte Personen als Werkzeuge. Wer hat jemals von einem verletzten Ackerpflug gehört?

Afropessimismus beruht auf einer ikonoklastischen Behauptung: dass *Blackness* gleichbedeutend ist mit *Slaveness*. Schwarzsein *ist* der soziale Tod; das heißt, es gab niemals zuvor einen Moment der Fülle, niemals einen Moment des Gleichgewichts, niemals einen Moment des sozialen Lebens. Als eine paradigmatische Position (und nicht als ein Zusammenspiel aus Identitäten, kulturellen Praktiken oder anthropologischen Ausstattungen) kann Schwarzsein nicht aus der Sklaverei herauslosgelöst werden. Der Erzählbogen der versklavten Person, die *Schwarz* ist (im Gegensatz zum generischen versklavten Menschen, der jeder Ethnie angehören kann), ist *überhaupt kein Erzählbogen*, sondern eine gerade Linie von »historischer Starre«: eine gerade Linie, die sich von einem Ungleichgewicht zu einem Moment in der Erzählung des falschen Gleichgewichts »bewegt«, zu einem wiederhergestellten und/oder neu artikulierten Ungleichgewicht.

Anders gesagt, die Gewalt, die schwarzes »Leben« sowohl prägt als auch saturiert, summiert sich so sehr, dass Erzählen für Schwarze unzugänglich wird. Dies ist nicht nur ein Problem für Schwarze. Es ist auch ein ganz offensichtliches Problem für das Organisationskalkül der kritischen Theorie und der radikalen Politik im Allgemeinen.

Grundlage der kognitiven Karten der radikalen Politik ist der Glaube, dass alle fühlenden Wesen Protagonist:innen einer (politischen oder persönlichen) Erzählung sein können; dass jedes fühlende Wesen eine Geschichte besitzt. Dieser Glaube wird von einer anderen Idee untermauert, die Erzählen ausmacht: dass alle fühlenden Wesen erlöst werden können. Geschichte und Erlösung sind das Geflecht der Erzählung. So provokant es auch klingen mag, Geschichte und Erlösung (und damit die Erzählung selbst) sind von

Natur aus anti-Schwarz. Ohne die Präsenz eines Wesens, dem die Erlösung immer schon verwehrt wird (ein Wesen, das im Allgemeinen entehrt, von Geburt an entfremdet und offen für nackte Gewalt ist), besäßen Geschichte und Erzählung keine Prüfsteine der Kohärenz. Ohne die Schwarzen wäre man nicht in der Lage, zu wissen, wie eine Welt ohne Erlösung aussähe – und wenn die Abwesenheit von Erlösung nicht vorstellbar wäre, wäre auch Erlösung undenkbar.

Im Mittelpunkt meines Arguments steht die Behauptung, dass die Schwarze narrative Modellierung auf einer Metaebene eine Katastrophe für die Erzählung allgemein darstellt und nicht eine Krise oder Aporie* innerhalb einer bestimmten Erzählung. Anders ausgedrückt: Der soziale Tod ist aporetisch in Bezug auf Erzählung im Generellen (und damit auch in Bezug auf Erlösung im Allgemeinen).

Wenn der soziale Tod in Bezug auf die Erzählung aporetisch ist, dann ist dies eine räumliche und zeitliche Funktion oder, genauer gesagt, eine Funktion der Abwesenheit von Raum und Zeit. Die narrative Zeit ist immer historisch (durchdrungen von Historizität): »Sie markiert Stillstand und Veränderung *innerhalb* eines [menschlichen] Paradigmas, [doch] sie markiert nicht die Zeit *des* [menschlichen] Paradigmas, die Zeit der Zeit selbst, die Zeit, durch die die dramatische Uhr der Sklavin gestellt wird. Für die Sklavin ist historische ›Zeit‹ etwas Unmögliches.«[62] Der soziale Tod versperrt der Sklavin den Zugang zur Erzählung auf zeitlicher Ebene; allerdings vollzieht sich dies ebenfalls auf räumlicher Ebene. Das andere Element, das die Erzählung konstituiert, ist das Setting oder die Inszenierung; für eine umfassendere Konzeptualisierung könnten wir mit H. Porter Abbott von der »story world«,[63] von der Erzählwelt oder der erzählten Welt, sprechen. Doch so, wie die Sklavin über keine Zeit verfügt, verfügt sie genauso wenig über einen Ort. Der

* Aporie: ein unlösbarer innerer Widerspruch oder eine logische Disjunktion in einem Text, einem Argument oder einer Theorie.

Verweis der Sklavin auf ihr Quartier als ihr »Heim« ändert nichts an der Tatsache, dass es sich um eine räumliche Ausdehnung der Herrschaft des Herrn handelt.

Die drei konstituierenden Elemente der Sklaverei – nackte (oder willkürliche) Gewalt, allgemeine Entehrung und angeborene Entfremdung – machen die raumzeitliche Logik der Entität (einer Figur oder Persona in einer Erzählung) und des Settings unbegreiflich, unempfänglich (im Sinne einer Geburt) und/oder unvorstellbar (im Sinne einer annehmbaren Kohärenz). Die Gewalt der Sklaverei wird nicht als Folge einer Transgression herbeigeführt, die als Ereignis gedacht werden kann (weshalb ich argumentierte, dass diese Gewalt *willkürlich* ist, nicht begründet); auch ist die Schande, die die Sklavin verkörpert, keine Funktion eines Ereignisses; ihre Schande ist allgemein, man versteht sie am besten als Würdelosigkeit und nicht als Degradierung (Letzteres impliziert einen Übergang); und da eine Sklavin von Geburt an entfremdet ist, ist sie in der metanarrativen Genealogie niemals eine Entität.

Afropessimismus ist eine theoretische Linse, die den unvereinbaren Gegensatz zwischen der Gewalt des Kapitalismus, der Unterdrückung und der Vorherrschaft der Weißen (wie die koloniale Nützlichkeit der palästinensischen Nakba oder des Sand-Creek-Massakers*) einerseits und der Gewalt der *Anti-Blackness* (die menschliche Notwendigkeit der Gewalt gegen Schwarze) andererseits sichtbar macht.

* Nakba: »Al-Nakba« oder »die Katastrophe« war 1948 der Massenexodus von mindestens 750 000 arabischstämmigen Menschen aus Palästina, als der Staat Israel gewaltsam gegründet wurde. Das Vermächtnis der Nakba ist nach wie vor eines der schwierigsten Themen in den laufenden Friedensverhandlungen. Sand-Creek-Massaker: Am 29. November 1864 wurden in Sand Creek im Bundestaat Colorado mehr als 230 friedliche Cheyenne und Arapaho-Indianerinnen und -Indianer von einer Gruppe Freiwilliger unter Führung von Colonel John Chivington aus Colorado massakriert.

Der Antagonismus zwischen dem postkolonialen Subjekt und dem Kolonisten kann – und sollte – nicht mit der Gewalt des sozialen Todes analogisiert werden, also mit der Gewalt der Sklaverei, die 1865 aus dem ganz einfachen Grund *nicht* endete, weil 1865 die Sklaverei nicht endete. Die Sklaverei ist eine relationale Dynamik – kein Ereignis und schon gar kein Ort im Raum wie der Süden; und auch der Kolonialismus ist eine relationale Dynamik –, und diese relationale Dynamik kann auch dann fortbestehen, wenn der Kolonialherr die Regierungsgewalt abgegeben oder aufgegeben hat. Und diese beiden Beziehungen sind durch radikal unterschiedliche Gewaltstrukturen gefestigt. Der Afropessimismus bietet eine analytische Linse, die als Korrektiv der logischen Vorannahme des Humanismus wirkt. Er stellt einen theoretischen Apparat zur Verfügung, der es Schwarzen erlaubt, *nicht* durch die List der Analogie belastet zu sein, denn die Analogie *mystifiziert* das Leiden der Schwarzen, anstatt es zu klären. Die Analogie mystifiziert die Beziehung der Schwarzen zu anderen People of Color. Der Afropessimismus arbeitet sich daran ab, diese Mystifizierung zu verdeutlichen – ohne Furcht vor den Rissen und Brüchen, die während dieses Prozesses sichtbar werden.

Lassen Sie es mich anders sagen: Menschliches Leben ist abhängig vom Schwarzen Tod, um seine Existenz und seine konzeptuelle Kohärenz zu gewährleisten. Es gibt keine Welt ohne Schwarze, und doch gibt es keine Schwarzen, die in der Welt sind. Die Schwarze Person ist zwar tatsächlich ein fühlendes Wesen, doch das Gehumpel des humanistischen Denkens ist eine konstitutive Leugnung von *Blackness* in Form von sozialem Tod, eine Leugnung, die den Schwarzen als entwürdigtes menschliches Wesen theoretisiert (zum Beispiel als unterdrückter Arbeiter, als besiegte postkoloniale Subalterne oder als nicht-Schwarze Frau, die unter dem Disziplinarregime des Patriarchats leidet). Die Schwarze Person ist *kein* fühlendes Wesen, dessen Erzählfortschritt durch Rassismus, Kolonialismus oder gar Sklaverei eingeschränkt ist. *Blackness* und

Slaveness sind unentwirrbar miteinander verknotet, sodass *Slaveness* zwar von *Blackness* getrennt gedacht werden kann, *Blackness* jedoch nicht als etwas anderes existieren kann denn als *Slaveness*.

Der wesentliche Antagonismus besteht also nicht zwischen den Menschen der Arbeiterklasse und ihren Bossen, nicht zwischen Kolonialherren und Eingeborenen, nicht zwischen Queeren und Heteros, sondern zwischen Lebenden und Toten. Wenn wir genau hinsehen, stellen wir auch fest, dass Gender selbst nicht mit der genealogischen Isolation einer versklavten Person in Einklang gebracht werden kann; dass es für die versklavte Person keinen Mehrwert gibt, der von ihr im Rahmen ihrer Arbeitszeit erwirtschaftet werden kann; dass in Washington keine Verträge zwischen Schwarzen und Menschen darauf warten, unterzeichnet und ratifiziert zu werden; und dass es, im Gegensatz zum Kolonisten in der politischen Imagination von Native Americans oder Palästinenserinnen und Palästinensern, keinen Ort wie Europa gibt, an den Sklav:innen Menschen zurückschicken können.

KAPITEL SECHS

Bitte Vorsicht am Bahnsteig

Im Sommer 1989 war ich 33 Jahre alt und zog nach New York City. Ich war Schwarz, ja, aber ich war ein Schwarzer aus dem Mittleren Westen, aus Minneapolis, und ein junger Schwarzer Minneapolitaner ist auf bedrohliche Weise jünger als ein junger Schwarzer New Yorker. New York hat mich im wahrsten Sinne des Wortes in einer Weise umgehauen, wie es meiner Heimatstadt niemals möglich gewesen war. Der seismische Schock war hauptsächlich ein innerlicher – ich fand meine Stimme als Schriftsteller. Auch entwickelte ich mich als Theoretiker, das heißt, ich lernte, Denksysteme und nicht nur das, was in ihnen steckte, miteinander zu vergleichen. Doch der sogenannte Big Apple war kostspielig, sowohl was die Lebenshaltungskosten betraf als auch in Bezug darauf, was er meine Seele kostete. Ich kam nach New York, um Dinge zu sehen, über die ich nur gelesen oder in den Nachrichten gehört hatte: spontane, ungetrübte Grausamkeiten. Doch ich wusste, dass ich nach dem Ende meines Studiums auf keinen Fall nach Minneapolis zurückkehren konnte, auch wenn ich, je länger ich in New York City lebte, immer ärmer wurde: Ich zog von einem protzigen Hochhaus an der 96. Straße und dem Riverside Drive in ein Appartement, das ich mir mit zwei anderen Studenten in Harlem teilte, und anschließend in eine baufällige Wohnung in Washington Heights, in der mich ein paar freundliche Ratten duldeten.

* * *

Ich nahm den A-Train vom Greenwich Village zur 168. Straße, Ecke Broadway – meiner Haltestelle in Washington Heights. Offiziell war ich im MFA-Programm für kreatives Schreiben an der

Columbia University eingeschrieben, doch nebenbei besuchte ich auch Abendkurse für literarisches Schreiben, die Marguerite Young an der New School for Social Research unterrichtete. Sie lehrte die Schreibtechnik des Bewusstseinsstroms und spülte mir den minimalistischen Geschmack der Schreibworkshops für Belletristik an der Columbia aus dem Mund, in denen ich tagsüber hockte. Als ich ihren hypnotisierenden Roman *Miss MacIntosh, My Darling* las, zog er mich in das Schwanken des Zuges hinein und hüllte das Rasseln und Schütteln und Klappern der Schienen in geschmeidigen Samt ein. Das grelle Licht der Wagonbeleuchtung der U-Bahn verdunkelte sich vor meinem geistigen Auge. Ich war nicht mehr in New York. Ich war auch nicht mehr in der Tiefe eines U-Bahn-Tunnels, sondern im ländlichen Indiana auf einer nächtlichen Straße, die wie eine Schnur durch Maisfelder und Weizenmeere zog, und »ein schlafendes Paar, ein Liebespaar, Junge und Mädchen, waren die einzigen anderen Passagiere. Sie waren in einer staubigen Töpferstadt zugestiegen«. Ich beobachtete sie, wie sie »versuchten, zu schlafen während der Fahrt durch schmachtende, knarrende Meilen einer allzu vertrauten Landschaft«. Ein Bauernjunge auf der Flucht mit seiner erdbeergesichtigen Freundin, die schwanger war und mit dem Kopf auf seiner Schulter schlummerte. »Der Busfahrer pfiff, vielleicht wartete er auf seine Frau …«

Es war nicht der Busfahrer. Auch war es keine Pfeife. Es war eine Stimme aus den Lautsprechern über den Handläufen, die die Haltestelle »42nd Street/Port Authority« ankündigte. Ich hatte keine U-Bahn-Haltestelle zwischen Washington Square und der 42. Straße bemerkt. *Bitte Vorsicht am Bahnsteig!*, schallte als Nächstes aus den Lautsprechern. Ich las weiter, war allerdings abgelenkt durch das Huschen der Beine, die zum Ausgang drängten. Ich ärgerte mich darüber. Die 42. Straße war nicht meine Haltestelle, und diese Leute hatten meinen Bann gebrochen. Eine verblichene braune Hose blieb vor mir stehen. Aus Kord. Ein Grinsen juckte in meinen Mundwinkeln. *Wer trägt schon Kord*, dachte ich, *und das bei dieser Hitze!* Dann regte sich ein Bein, und als es sich erhob, rief eine Stimme »Jerry, auf gehts, Mann!«, von irgendwo in der Nähe der sich schließenden Türen. Das Bein und der Schuh, der sich daran befand, brach wie die untere Hälfte einer Peitsche los. Mein Buch fiel mir aus den Händen. Ich fühlte, wie mein Kopf nach hinten schnappte. Ich war so benommen, dass ich nicht sah, wie der Kordstoff davonflog. Wie ein Echo hörte ich, was mit dem Tritt begonnen hatte. »Du scheiß Surensohn!« Jerry war weg, doch seine Stimme zersplitterte noch die Luft. »Scheiß Surensohn!« Pelham Bay in der Bronx oder Bensonhurst, Brooklyn, waren die Orte, an denen ich die Stimmen sowohl von Jerry als auch von dem Mann an den Türen hören konnte. Wachsame Enklaven, in denen Menschen mit Prozellangesichtern und steinschwarzen Haaren nicken und Eindringlinge verachten.

Mir ging es gut. Keine ausgeschlagenen Zähne. Keine aufgeplatzte Haut.

Der Mann neben mir blutete. Er trug einen Turban und war kein Muslim.

Er wollte keine Hilfe von irgendjemandem in seiner Nähe. Ich fragte ihn noch einmal, ob ich einen Arzt oder gar die Transitpolizei rufen solle. Die nächste Haltestelle war die 50. Straße, und dort stieg er aus, obwohl ich sicher bin, dass es nicht seine Haltestelle war. Unser Mitleid war mehr, als er bereit war, zu ertragen. Als sich der Bahnsteig, auf dem er stand und sich den Mund abwischte, an unserem Fenster vorbeischob und sich der Tunnel um uns herum verdunkelte, dachte ich: *Er ist ein Sikh, kein Iraker. Ein Sikh, Jerry* – als ob Akkuratesse im Rassismus das Problem wäre.

Als sein blutendes Gesicht verblasste, als auch das Kreischen der Eisenräder verstummte, die in der Haltestelle der 42. Straße zum Stillstand gekommen waren, sah ich noch immer, wie der Schuh aus den Kordfesseln herausflog, und noch immer schrillte der Schrei »Scheiß Surensohn« in meinem Gehirn. Tagelang trug ich das Gesicht des Sikhs mit mir herum.

Inzwischen war es Frühwinter, Januar 1991. Der erste Krieg im Irak war im Gange. Bis September des Vorjahres hatte George Herbert Walker Bush eine halbe Million Soldaten nach Kuwait entsandt, um Saddam Hussein aus diesem Land zu vertreiben, obwohl Bushs Botschafter im Sommer 1990 zu Saddam gesagt hatte, dass die USA im Falle einer solchen Invasion wegschauen würden.

Am Tag nach dem Vorfall im A-Train saß ich im Seminar von Professor Edward Said und Professor Jean Franco im Rahmen des Cultural Studies Projects an der Columbia University. Said und Franco hatten 25 Studierende aus einem Bewerberpool von hundert Personen ausgewählt. Was kritische Theorie anging, war ich ein Grünschnabel, und ich glaubte nicht auch nur einen Moment lang, dass ich zugelassen würde. Als ich die Nachricht erhielt, dass fünfzig Personen aus der Liste von hundert Personen ausgewählt worden waren und diese fünfzig um eine Schriftprobe und ein persönliches Gespräch mit Franco und Said gebeten werden sollten, dachte ich auf meine Minnesota-Weise, dass die zuständige Person nur einen Fehler gemacht haben konnte.

Ich würde erfahren, dass Jean Franco den von der CIA orchestrierten Staatsstreich von 1954 in Guatemala überlebt hatte, durch den der demokratisch gewählte guatemaltekische Präsident Jacobo Árbenz abgesetzt und die Revolution in Guatemala von 1944–1954 beendet worden war. Ihr Name war nicht immer Franco gewesen. Sie war Britin und hatte den Namen ihres Mannes angenommen, eines Ministers des guatemaltekischen Kabinetts, den die Stellvertreter der CIA beim Staatsstreich getötet hatten. Sie war nicht nur eine flinke Theoretikerin, sondern schrieb auch Belletristik, und außerhalb der Sitzungen des kulturwissenschaftlichen Projekts verbrachten sie und ich mehrere Nachmittage in ihrem Appartement in der Upper West Side, um über unsere jeweiligen Manuskripte zu sprechen. Bevor sie an die Columbia University kam, war Franco die erste Professorin für lateinamerikanische Literatur an der Universität von Essex in England gewesen.

Es war eine Gelegenheit von unschätzbarem Wert für mich, auch unter Edward Said zu studieren, einem Mann, von dem ich nicht einmal dachte, dass ich ihn kennenlernen würde, als ich an die Columbia kam; es war in doppelter Hinsicht wertvoll, denn es gab nur zwei Studenten in der Klasse, die nicht in vergleichender Literaturwissenschaft promovierten, und ich war einer von ihnen – ein Autor fiktionaler Literatur von der anderen Seite des Universitätsgeländes (und kein Doktorand in Komparatistik oder Philosophie). Der andere Eindringling war ein Doktorand aus Sri Lanka, der in internationalen Angelegenheiten promovierte und noch immer die fleckige Haut von zwei Schusswunden im Nacken trug. Ein Soldat hatte auf ihn geschossen, als er über den Tamilenkonflikt in seinem Land berichtete, doch irgendwie hatte er überlebt und es geschafft, nach Simbabwe zu entkommen, wo die Schusswunden heilten und er zwei Jahre lang unter falschem Namen lebte, bevor er an die Columbia University kam.

Obwohl ich die Werke von Frantz Fanon gelesen und in Dartmouth Existenzialismus studiert hatte, waren mir in acht Jahren als Börsenmakler die Gehirnzellen zerschossen worden. Ich war vollkommen unvorbereitet auf die Genauigkeit, die Reichweite der theoretischen Reflexion und die Abstraktionsebene, auf der Franco und Said ihre Seminare abhielten. Die einfachen und (wie ich einer Professorin für kreatives Schreiben sagte) einfältigen Literaturkurse, die wir im MFA-Programm belegen mussten, kratzten nicht einmal an der Oberfläche der Interpretation, die ich im Cultural Studies Project auf der anderen Seite des Campus erlebte. An der School of the Arts diskutierten wir nie über Macht oder Gewalt oder über die Art und Weise, wie ein Text vorgeht. Wir waren dort, um zu sehen, wie Fiktion gemacht wird, nicht, was Fiktion bedeutet oder wessen Leben sie bereichert oder wie sie die Zahnräder des Todes für andere schmiert.

Edward Said war groß, kultiviert und gut aussehend – ein Konzertpianist, der nach der Nakba auf ein Internat geschickt wurde, wo er Omar Sharif begegnete, den er als »Schulsprecher und

Tyrann« bezeichnete. Bis ich Said traf, hatte ich noch keinen Professor kennengelernt, der die Herausforderungen seines Berufs so ernst nahm, obwohl ich als Kind von Menschen aus der Akademie umgeben gewesen war. Später verstand ich, dass es sich dabei nicht um eine Art Mangel seitens meiner Eltern oder der Schwarzen Gelehrten handelte, mit denen sie befreundet waren. Hätte ihre Forschung die Folgen für die Befreiung der Schwarzen so offen angesprochen wie die Forschung von Edward Said die Folgen für die Revolution in Palästina zur Sprache brachte, wären sie getötet worden, lange bevor sie mich aufziehen konnten. Edward Said war ein öffentlicher Intellektueller und ein Begründer des akademischen Feldes der postkolonialen Studien. Er kam in Anzügen zum Unterricht, die ganz bestimmt zwischen 300 und 500 Dollar kosteten – oder sogar einen glatten Tausender, wenn man zusätzlich zu seinen maßgeschneiderten Tweeds und handgemachten Hemden die Trenchcoats aus Mischwolle reinrechnet, die er im Winter trug. Er war ein »umstrittenes« Mitglied des Palästinensischen Nationalrats, der gesetzgebenden Körperschaft der PLO – der Palästinensischen Befreiungsorganisation –, weil er in der Öffentlichkeit Israel *und* die arabischen Länder kritisierte, insbesondere die politische und kulturelle Politik muslimischer Regime, die gegen die nationalen Interessen ihres Volkes handelten; und weil er zumindest im Unterricht und während seiner Sprechstunden – wenn auch nicht auf jeder öffentlichen Bühne, auf der er stand – unnachgiebig in seiner Überzeugung war, dass der Staat Israel keinen Platz hatte in einer ethischen Welt.

Zuerst hatte ich von Martin Luther King, dann von den Black Panthers, anschließend von Frantz Fanon und der Literatur von Toni Morrison sowie Toni Cade Bambara gelernt. Auf all das folgte Edward Said mit seinen Aphorismen. Er war für mein Leben viel wichtiger als ich für seines. Als ich Said im Alter von 33 Jahren begegnete, war ich intellektuell für einen großen Sprung nach vorn gewappnet. Und in den zwei kurzen Jahren, in denen ich ihn kannte, hat meine Fähigkeit, Machtverhältnisse zu erörtern, genau das getan: Sie wuchs sprunghaft an.

Die PLO war von den israelischen Streitkräften aus dem Libanon vertrieben worden. Sie ließ sich in Tunis nieder. Nach einem von Saids Aufenthalten in Tunis suchte ich ihn während seiner Sprechstunde auf und berichtete ihm von Gerüchten, die ich gehört hatte, dass sein Name auf einer Abschussliste stand. Das war nichts Neues; US-amerikanische Zionisten, sagte er, drohten ständig damit, ihn zu töten. Doch diesmal handelte es sich um Abu Nidals Abschussliste. Abu Nidal war, so glaubte ich zu wissen, nicht nur Kommandeur der PFLP, der Volksfront zur Befreiung Palästinas, sondern auch ein Parlamentskollege im Palästinensischen Nationalrat, dem Exilparlament. Ich saß am Ende der Schlange der Studierenden vor seinem Büro, und als ich an der Reihe war, griff ich in meine Trickkiste zur Verlängerung der Sprechstunde auf eine Art und Weise, die Scheherazade neidisch gemacht hätte.

Ich erzählte Said von dem Gerücht, er und Nidal hätten in Tunis darüber gestritten, ob der bewaffnete Flügel der PLO Zivilistinnen und Zivilisten angreifen solle oder nicht. Said solle zu Nidal gesagt haben, die PLO dürfe nicht darauf zurückgreifen, Busse zu bombardieren und Menschen zu töten, die nicht von den israelischen Verteidigungsstreitkräften oder der Polizei eingezogen worden waren. Nidal soll sich über Saids feinen Zwirn und sein komfortables Leben in New York lustig gemacht und Said daran erinnert haben, wie schwierig es für eine unterbesetzte Guerillaorganisation wie die PFLP sei, Ziele militärischer Art ins Fadenkreuz zu nehmen; schließlich soll er ihn auch daran erinnert haben, dass die Israelis sich nicht mit dieser Art des Händeringens abgäben, wenn das Leben palästinensischer Zivilistinnen und Zivilisten auf dem Spiel stehe. Der Streit endete damit, dass mein Professor fortan auf der Todesliste von Abu Nidal stand.

Der Tag war alt und die Korridore der Philosophy Hall waren still – nicht mal das Echo des Staubes war zu hören. Ich hatte das

Glück, der letzte Student vor seiner Bürotür zu sein, hinter einem langhaarigen, schweigsamen Doktoranden der Musiktheorie, der vor mir drankam, um seine Dissertation über tonale Harmonie im Lichte von Adornos Kritik an der Tonalität als einem automatischen System zu diskutieren, dem man sich entziehen müsse (auch wenn niemand sich ihm entziehen könne). Jetzt war er weg und mit ihm die Studierendenschlange auf dem Gang. Es kam mir nicht in den Sinn, dass Edward Said eine Frau und Kinder hatte, zu denen er vielleicht nach Hause wollte. Und da er mich nicht nach den üblichen zehn Minuten hinauswarf, bin ich einfach geblieben.

Ich kann nicht mit absoluter Sicherheit sagen, dass er mir die Geschichte über seinen Streit mit Abu Nidal bestätigte. Ob sie überhaupt wahr war oder ob sich die Einzelheiten nur verdichtet hatten wie ein Schneeball, der sich unter den Studierenden bergab bewegte, das hat er nie verraten. Er lächelte entfernt, während ich sprach. Mit den Ellbogen auf dem Schreibtisch, wo staubgespicktes Licht auf unkorrigierte Hausarbeiten fiel, legte er die Fingerspitzen seiner Hände aneinander und berührte mit den Zeigefingern seine Lippen. Dann sagte er: »Abu Nidal und ich sind keine Freunde, aber die Tatsache, dass er mich vielleicht umbringen will, heißt nicht, dass wir Feinde sind.«

Edward Said legte seine Handflächen auf seinen Schreibtisch und erzählte mir, dass er und Jassir Arafat im Gegensatz zu ihm und Abu Nidal tatsächlich Freunde waren; dass sie zusammen saßen und lange Stunden miteinander sprachen und Haferflocken mit Orangensaft gegessen hatten, damals in Beirut, als die israelischen Verteidigungsstreitkräfte die Stadt belagert hatten und die Milchversorgung unterbrochen war. Sie waren Freunde fürs Leben. Und sie waren politische Gegner.

»Nidal und ich haben keine substanzielle Meinungsverschiedenheit, obwohl« – und das sagte er mit einem Lächeln – »mein Tod durch seine Hand aus meiner Perspektive natürlich schon substanziell wäre. Zwischen Arafat und mir herrscht eine substanzielle

Meinungsverschiedenheit. Nidal und ich wollen dasselbe, nämlich die Auflösung des Staates Israel (nicht nur eine Zweistaatenlösung, obwohl dies der erste Schritt sein könnte), und der Stelle Israels wollen wir die Errichtung einer säkularen und wirtschaftlich ethischen Nation – weder ein Kalifat noch einen jüdischen Staat, sondern ein Land, in dem ethnische Identität und Religion bei der Verteilung von Reichtum und politischem Kapital keine Rolle spielen. Nidal und ich teilen eine strategische Ausrichtung. Wir haben beide das, was als strategische Rigidität bezeichnet wird.«

Said betonte, es sei maßgeblich, den Unterschied zwischen Strategie und Taktik zu verstehen. Er war der Ansicht, dass der bewaffnete Kampf notwendig sei, um den israelischen Staat zu einem Ende zu bringen. »Noch nie ist eine Nation durch ein Plebiszit gefallen«, stellte er fest. Doch das Töten von Zivilistinnen und Zivilisten zu diesem Zeitpunkt des Kampfes sei *taktisch* unklug und würde seinen Bemühungen im Westen schaden. Während er, Said, sich *taktisch* in gegenhegemonialen Kämpfen engagierte, in liberalen Nachrichtensendungen auftrat, bei Massenveranstaltungen auf Universitätsgeländen sprach, Lobbyarbeit für die US-Politik betrieb, Leitartikel für die *New York Times* verfasste – mit anderen Worten, während er sich im Westen in einem gramsciianischen Stellungskrieg befand, um die Herzen und Köpfe der Liberalen für sich zu gewinnen –, wäre es für die palästinensische Sache nicht sehr förderlich, wenn Abu Nidal israelische Schulbusse bombardierte. »Was vorliegt, Frank, ist eine heftige Meinungsverschiedenheit, das gestehe ich zu, doch ist es keine, die von politischer, das heißt von strategischer Bedeutung ist. Es ist eine hitzige Debatte über taktische Fragen.« Erneut brachte er Jassir Arafat zur Sprache. Arafat, so Said, wisse nicht, was »strategische Rigidität« bedeute. Er habe also keine Vision davon, was absolute Befreiung für Palästina bedeute, und so würde er sich mit einer Armensiedlung an der Grenze Israels begnügen, »solange wir unsere eigene Flagge bekämen«. Nidal und Said, sagte er, seien taktisch flexibel und strategisch rigide. Er erläuterte, Arafat sei im krassen Gegensatz zu Nidal und ihm selbst strategisch flexibel *und* taktisch flexibel. Was ich daraus las, war, dass Said und Nidal, trotz ihrer gewaltsamen Gegensätzlichkeit, beide Revolutionäre waren und Arafat letztendlich ein bürgerlicher Reformer.

Ich lernte etwas über die genaue Natur der Sprache im Dienste kritischer Theorie und der revolutionären Praxis. Ich hatte das Wort *Antagonismus* immer umgangssprachlich verwendet, doch mir war nicht bewusst, dass ich dies tat. Deshalb kam es mir nie in den Sinn, dass, nur weil ein Gesprächspartner dich töten wollte, dies nicht gleich heißen müsste, dass deine Beziehung zu dieser Person antagonistisch war. Die Lektion, die ich in der Abenddämmerung in Edward Saids Büro lernte, würde mich Monate später, als ich meinen MFA an der Columbia University beendete und New York verließ, nach Südafrika zog und dem Afrikanischen Nationalkongress beitrat, durch erschütternde Momente mörderischer Gewalt tragen.

Der Wunsch nach der vollständigen Demontage eines Paradigmas – das war die Essenz der strategischen Rigidität: vom Wunsch zum Diskurs, vom Diskurs zur Praxis. Taktische Flexibilität war das Bewusstsein, dass es mehr als einen Weg ans Ziel gab, oder wie das Sprichwort lautet, *there was more than one way to skin a cat,* es gab mehr als eine Art, eine Katze zu häuten; doch es gab nur eine Katze, nicht zwei oder drei. Die Katze war das Verständnis, dass Revolution nicht mit Reform zu vereinbaren ist. Auch hier wurde deutlich, dass die Idee der strategischen Rigidität ursprünglich nicht von Said stammte. Said hatte Fanons Werke studiert. Und wir lasen Fanons *Die Verdammten dieser Erde* im zweisemestrigen Seminar des Cultural Studies Project, das Said und Jean Franco unterrichteten. Schon zu Beginn seines Buches liefert Frantz Fanon die Grundzüge der strategischen Rigidität, wenn er schreibt:

> Die koloniale Welt auflösen heißt nicht, daß man nach dem Niederreißen der Grenzen Übergänge zwischen den beiden Zonen einrichten wird. Die koloniale Welt zerstören heißt nicht mehr und nicht weniger, als eine der beiden Zonen vernichten, sie so tief wie möglich in den Boden einstampfen oder vom Territorium vertreiben. [...] Moralist sein heißt für den Kolonisierten etwas Handfestes: es heißt, den Dünkel des Kolonialherrn zum Schweigen bringen, seine offene Gewalt brechen, mit einem Wort: ihn rundweg von der Bildfläche vertreiben.[64]

Was diese Passage anbelangte, so waren sich Said und Nidal einig: Diese Passage bei Fanon ist die Katze; doch wie zieht man der Katze das Fell ab? Bei der Beantwortung dieser Frage brachen sie miteinander. Arafat, das fand ich durch Said via Fanon heraus, war ein Reformer – die Tatsache, dass er sich im bewaffneten Kampf engagierte, änderte nichts an seiner politischen Gesinnung; er war kein Revolutionär, denn im Gegensatz zu Said und Nidal hatte er (Jassir Arafat) die Existenz und Legitimität des Staates Israel akzeptiert. Edward Said und Abu Nidal waren weder gewalttätig noch gewaltlos, das heißt, keiner der beiden Männer hob Taktiken auf die Ebene von Prinzipien an, wie Gandhi es getan hatte.

Der Frantz Fanon von *Schwarze Haut, weiße Masken* unterscheidet sich vom Frantz Fanon von *Die Verdammten dieser Erde* was die Frage nach Gewalt betrifft. Es ist meine unerschütterliche Überzeugung, dass dieser Unterschied in den Vordergrund gerückt werden sollte, um zu verstehen, wie die Schwarze Person, die versklavte Person, auf eine Art und Weise leidet, die nicht mit dem Leiden der unterdrückten Menschen, wie dem postkolonialen Subjekt, in Einklang gebracht werden kann.

Der Frantz Fanon von *Die Verdammten dieser Erde* legt zwei Punkte dar. Der erste Punkt ist, dass Gewalt eine Voraussetzung fürs Denken ist, das heißt, ohne Gewalt können die herrschende Episteme sowie die ausgearbeiteten sozialen Strukturen nicht paradigmatisch infrage gestellt werden. Ohne revolutionäre Gewalt beruht Politik immer auf einem Zusammenspiel bereits bestehender Fragen (und diese Fragen stehen im Dienste reformistischer, nicht revolutionärer Projekte). Der zweite Punkt ist, dass diese absolute – oder im afropessimistischen Jargon *willkürliche* – Gewalt gar nicht so absolut und willkürlich ist – weder im Algerien von Frantz Fanon noch im Palästina von Edward Said. Sie präsentiert sich mit einem therapeutischen Erdungsdraht, einem Zweck, der artikulierbar ist: die Rückgabe des Landes der Kolonisierten. Man kann Fanons zweite Geste entweder als Alibi für oder als Zugeständnis an seine Gastgeber, die Algerier, lesen; doch das spielt keine Rolle. Denn entscheidend ist, dass eine unüberbrückbare Ungleichheit besteht zwischen der Gewalt, die die versklavte Person im sozialen Tod positioniert und die an ihr verübt wird, und jener Gewalt, die den (nicht-Schwarzen) kolonisierten Menschen in der Zivilgesellschaft positioniert und die an ihm verübt wird. Die Verletzlichkeit der Kolonisierten ist existent, doch sie ist nicht absolut: Materiell gesehen schafft sie Ruhezonen, indem sie den Kolonialherren »von der Bildfläche vertreib[t]«,[65] sei es zurück in die europäische Zone oder ins Meer. Es besteht keine Analogie zwischen der Versicherung auf Reparation, die den Kolonisierten zukommt und die auf dem Bedürfnis basiert, den Kolonialherrn von der Bildfläche zu vertreiben (im Fanon von *Die Verdammten dieser Erde*) und der Versicherung auf Reparation, die den Versklavten zukommt und die auf dem Bedürfnis beruht, den Menschen »von der Bildfläche zu vertreiben« (im Fanon von *Schwarze Haut, weiße Masken*).

Im Gegensatz dazu stößt der Frantz Fanon von *Schwarze Haut, weiße Masken* auf die Idee, dass die Gewalt, mit denen Schwarze konfrontiert sind, die Gewalt eines Paralleluniversums bildet (auch wenn ihm diese Idee nie ganz behaglich ist). Kurz gesagt, Schwarze und Nicht-Schwarze existieren nicht im selben Universum oder im selben Paradigma der Gewalt, genauso wenig wie Fische und Vögel im selben Weltenelement leben. Es handelt sich nicht um die Gewalt der wirtschaftlichen Ausbeutung und Entfremdung, obwohl die meisten Schwarzen der Arbeiterklasse angehören und auf einer entscheidenden Ebene unter wirtschaftlicher Ausbeutung leiden, als Folge der Entfremdung von dem, was als ihre Arbeitskraft angenommen wird. Ich verwende das Wort *angenommen*, da Schwarze ebenso wenig im Besitz ihrer Arbeitskraft sind, wie wir unsere Körper besitzen. Auch sind wir keine Enteigneten, denen Land geraubt wurde wie den Iren, den Native Americans oder den Palästinenserinnen und Palästinensern von Said und Nidal – ungeachtet der Tatsache, dass mit Ausnahme von Äthiopien ganz Schwarzafrika irgendwann einmal kolonisiert worden ist. *Doch der Antagonist der Schwarzen ist der Mensch.* All das konnte ich nicht erklären, als ich mit Edward Said Kontakt hatte, doch ich *fühlte* es, ich fühlte diese Erwiderung wie einen ungekratzten Juckreiz. Meine Freundschaft und Solidarität mit Sameer, dem anderen palästinensischen Aktivisten, mit dem ich während der Ersten Intifada in Minneapolis zusammengearbeitet hatte (1988, ein Jahr, bevor ich an die Columbia University kam und Edward Said kennenlernte) – Sameer hatte sich der Kraft seines Unbewussten ergeben, als er den Tod seines Cousins in Ramallah betrauerte.

»Die beschämende und demütigende Art und Weise, wie die Soldaten ihre Hände über deinen Körper gleiten lassen«, sagte er, und fügte dann hinzu: »Aber die Scham und die Demütigung ist noch viel schlimmer, wenn der israelische Soldat ein Jude aus Äthiopien ist.« Der Juckreiz wurde zu einer Stichwunde; sie schmerzte so sehr, dass ich im Laufe der Jahre immer häufiger Dissonanzen als Resonanzen wahrnahm, wenn ich die Volksfront zur Befreiung Palästinas von Sameer Bishara und Edward Said mit der Black Liberation Army verglich, deren Kader Stella und mir einst sehr am Herzen gelegen hatten.

* * *

Am 22. Oktober 1970 zündete die Black Liberation Army während der Beisetzung eines Polizeibeamten in San Francisco eine Zeitbombe. Nach Angaben des Justizministeriums und der von der BLA sanktionierten Literatur war dies die erste von vierzig bis sechzig paramilitärischen Aktionen, die zwischen 1969 und 1981 durchgeführt wurden.* Obwohl sie bundesweit wahrscheinlich nie mehr als 400 Aufständische zählte, die in kleinen, teilweise miteinander verzahnten Zellen agierten, war ihre bewaffnete Reaktion auf die Gewalt, die das Leben der Schwarzen durchwirkt, wahrscheinlich die konsequenteste und politisch verständlichste Antwort seit den Sklavenaufständen, die zwischen den Jahren 1800 und 1840 stattfanden.

20 Jahre nachdem die BLA ihren ersten Angriff auf den Staat unternahm, wurde Toni Morrison, die in Bill Moyers' PBS-Talkshow *A World of Ideas* auftrat, nach dem moralischen Fundament befragt, auf dem die Protagonistin ihres berühmten Romans *Menschenkind*, die Sklavin Sethe, stand, als sie ihr Kind, Beloved, tötete, um es vor der Sklaverei zu bewahren. Das sollte heißen: Welches Recht besaß sie, ihr Kind dem Tod zu überlassen, dem Tod als Zufluchtsort vor der Sklaverei? Hierin liegt das Paradox des politischen Engagements, wenn das Thema der Politik die Sklavin ist. »Sie hat das Richtige getan«, sagte Toni Morrison, »auch wenn sie nicht das Recht hatte, es zu tun.«[66]

* Laut eines Taskforceberichts des Justizministeriums über die Aktivitäten der BLA fanden 60 Aktionen zwischen 1970 und 1976 statt. In der Vergangenheit wurde dieser Bericht auf Webseiten der BLA veröffentlicht und in jüngster Zeit in einem Essayband reproduziert, den Jalil Muntaqim verfasste, ein BLA-Mitglied und Kriegsgefangener. Die Global Terrorism Database (GTD) der University of Maryland beziffert die Aktionen mit 36. Während die GTD Bank-Enteignungen durch die BLA mitzählt, beinhaltet sie, anders als der von der BLA reproduzierte Bericht des Justizministeriums, keine Gefangenenausbrüche (sei es erfolgreiche oder gescheiterte). (Vgl. Jalil Muntaqim, *On the Black Liberation Army*, Montreal u. Toronto 2002, S. 29–34.)

Die Analogie zwischen Sethe und Beloved einerseits und den Aufständischen der Black Liberation Army andererseits ist eine strukturelle Analogie, die verdeutlicht, dass sowohl die Aufständischen der BLA als auch Toni Morrisons Figuren bar jeder Relationalität existierten. In einem solchen Vakuum ist Tod ein Synonym für einen heiligen Zufluchtsort. Wenn der Tod ein Synonym für einen solchen Zufluchtsort ist, dann ist politisches Engagement gelinde gesagt ein paradoxes Unterfangen. Als ich mit Sameer Bishara auf dem Grashügel des Walker Art Center saß und auch später an der Columbia, wo ich Edward Said begegnete, habe ich dieses Paradox geleugnet.

Damals glaubte ich an die Analogie zwischen der von Said und Sameer geliebten Volksfront für die Befreiung Palästinas und meiner viel geliebten Black Liberation Army. Als die Kraft von Sameers Unbewusstem ihn jedoch zu dem Geständnis bewog, dass es demütigender und für das psychische Leben der Menschen Palästinas gefährlicher sei, von Schwarzen Juden gefilzt und belästigt zu werden, als von *weißen* Juden gefilzt und belästigt zu werden, fiel mein Traum von Solidarität und Erlösung in sich zusammen. Es war 1988, ich war erst 32, und ich besaß noch nicht den Werkzeugkasten kritischer Theorie, den ich benötigte, um meine plötzliche Orientierungslosigkeit zu erklären, auch mir selbst gegenüber. Um ehrlich zu sein, versuchte mein Bewusstsein, den Knoten in meinem Bauch zu ignorieren; es klammerte sich an den Traum einer globalen, vielfarbigen Revolutionsarmee, die uns alle befreien würde. Der Internationalismus war ein Talisman, den ich nicht loslassen konnte. Ich erlaubte meinem rationalen Verstand nicht, das zu sagen, was mein Unbewusstes beteuerte: dass ein neuer palästinensischer Staat genauso anti-Schwarz sein würde wie der israelische Staat und die USA, ja genauso anti-Schwarz wie die gesamte Welt. Dies war ein viel zu quälender Gedanke, und so blieb er bis ins 21. Jahrhundert hinein unterdrückt, bis er schließlich unter den grellweißen Lichtern einer psychiatrischen Klinik an der UC Berkeley mit Rotz und Heulschüben aus mir herausbrach.

Seit der Ermordung von Michael Brown* am 9. August 2014 in Ferguson, Missouri, ist es für radikale Aktivist:innen üblich geworden, Ferguson mit Palästina zu vergleichen. Derartige Vergleiche gründen auf einer empirischen Parallelisierung von Polizist:innen, die einen Schwarzen Jugendlichen in Ferguson ermordeten, und Mitgliedern der israelischen Verteidigungsstreitkräfte, die palästinensische Jugendliche im Westjordanland und in Gaza töteten. *Augenscheinlich* haben diese beiden Phänomene eine Reihe von Gemeinsamkeiten. Man sollte meinen, dass Revolutionär:innen in Palästina, wie die weitgehend säkulare und marxistische Front für die Befreiung Palästinas, und Revolutionär:innen in den USA, wie die weitgehend säkulare und marxistische Black Liberation Army, in verschiedenen Ländern gegen verschiedene Fraktionen desselben Feindes kämpfen: Kapitalismus und Kolonialismus. Allerdings ist dies nicht der Fall.

Die meisten revolutionären Theoretiker:innen versuchen, zu zeigen, dass gemeinsame *politische Interessen* unter People-of-Color-Gruppierungen im Vordergrund stehen. Viele Parolen schlagen in die Kerbe: *Wir sind alle gegen den Kapitalismus*, oder: *Wir sind alle gegen den Kolonialismus*, oder: *Wir alle sind gegen den Sexismus*. Doch diese bewusste Allianz genügt nicht, um zu berücksichtigen, wie das Unbewusste sich sträubt, durch politische Interessen kalibriert zu werden. Hierin liegt der Fallstrick des meisten linksintellektuellen Denkens.

Das Verhältnis der Black Liberation Army zu staatlicher Gewalt ist *nicht* vergleichbar mit dem Verhältnis anderer aufständischer Organisationen zur Gewalt. Ferguson ist nicht Palästina. Ferguson ist eine Bedrohung für Palästina, eine Bedrohung, die weit größer ist als die der israelischen Besatzungsarmee. Der Kern dieses *strukturellen* Antagonismus zwischen gleichgesinnten Revolutionär:innen ist

* Michael Brown, ein unbewaffneter Schwarzer Teenager, wurde am 9. August 2014 von Darren Wilson, einem *weißen* Polizeibeamten, in Ferguson, Missouri, einem Vorort von St. Louis, erschossen.

der Unterschied zwischen zwei unvereinbaren Schwindelgefühlen. Ein subjektiver Schwindel und ein objektiver Schwindel.

Der Guerillakrieg, den die Black Liberation Army in den späten 1960er-, den 1970er- und Anfang der 1980er-Jahren gegen die Vereinigten Staaten führte, war Teil eines vielschichtigen Kampfes zur Reparation der Enteignung Schwarzer Personen, der seit Landung der ersten Afrikanerinnen und Afrikaner in der »Neuen« Welt geführt wurde.[67] Bloß mit Kleinwaffen und selbst gebasteltem Sprengstoff, mit wenig oder gar keiner logistischen Unterstützung,* ohne eine befreite Zone, in die sie sich zurückziehen oder die sie zurückfordern konnten, und mit kaum mehr als vagem Wissen, dass es ein paar Hundert andere Aufständische gab,** startete die BLA 66 Operationen gegen den größten Polizeistaat der Welt.*** Jedes Mal mussten sie von einem Schwindelgefühl gepackt worden sein, wenn sie mit Vertretern eines Atomwaffenregimes und drei Millionen Soldaten in Uniform zusammenstießen, ein Regime, das in jedem Jahr 150 000 neue Polizistinnen und Polizisten auf die Straße setzen konnte und dessen vorwiegend *weiße* Bürgerinnen und Bürger sich häufig im Namen von Recht und Ordnung einspannen ließen. Zweifellos ein subjektiver Schwindel, ein schwindelerregen-

* Dies war besonders nach 1975 der Fall, als der Vietnamkrieg zu Ende ging und die revolutionäre *weiße* Linke, wie beispielsweise der Weather Underground, aus ihren Verstecken kroch, sich den Behörden ergab, meist geringe Bewährungsstrafen akzeptierte und dann wieder ins Leben des Privaten und Alltäglichen zurückkehrte.

** In *Assata. Eine Autobiographie aus dem schwarzen Widerstand in den USA* betont Assata Shakur die dezentralisierte, nicht hierarchische Struktur der BLA – sei es aus Absicht oder aus Verzweiflung. Marilyn Buck, eines der wenigen *weißen* »Taskforce«-Mitglieder der Black Liberation Army, hat mir gegenüber dasselbe geäußert, als ich sie im Gefängnis besuchte.

*** Das ist die von Mitgliedern der BLA offiziell anerkannte Anzahl, vermutlich da sie im Staatarchiv belegt ist (vgl. Muntaqim, *On the Black Liberation Army*).

des Gefühl, dass man sich in einer ansonsten stillstehenden Welt bewegte oder drehte, ein Schwindel, der durch einen Zusammenprall äußerst asymmetrischer Kräfte hervorgerufen wurde. Es gibt geeignete Analogien, denn diese Art von Schwindelgefühl muss auch die Ureinwohnerinnen und Ureinwohner Amerikas erfasst haben, als Mitglieder des American Indian Movement Wounded Knee besetzten; und die Aufständischen der puerto-ricanischen Paramilitärgruppe Fuerzas Armadas de Liberación Nacional (FALN)* das FBI bekämpften; und die Mitglieder der Volksfront zur Befreiung Palästinas gegen die israelischen Verteidigungsstreitkräfte kämpften.

Im Laufe dieses gesamten Buches habe ich argumentiert, dass die Schwarze Person zwar ein fühlendes Wesen, jedoch kein Mensch ist. Die ungleiche Beziehung zwischen der Schwarzen Person und dem Menschen zur Gewalt ist der Kern dieses Analogieversagens. Der Mensch leidet unter kausal nachvollziehbarer Gewalt, unter Gewalt, die einsetzt, wenn er sich dem disziplinären Diskurs der Regeln und Gesetze der Zivilgesellschaft widersetzt (oder als widersetzlich empfunden wird). Doch die Sättigung des Schwarzen Lebens mit Gewalt ist eine paradigmatische Notwendigkeit, nicht einfach das Ergebnis einer Möglichkeit. Von Gewalt konstituiert *und* diszipliniert zu werden, gleichzeitig von subjektivem und objektivem Schwindel erfasst zu werden, deutet auf ein Leben hin, das sich radikal von dem Leben eines fühlenden Wesens unterscheidet, welches durch Diskurs konstituiert und durch Gewalt diszipliniert wird, sofern es mit den herrschenden diskursiven Codes bricht.[68] Sobald wir beginnen, den revolutionären, bewaffneten Kampf in diesem vergleichenden Kontext zu beurteilen, stellen wir fest, dass menschliche Revolutionär:innen (Menschen der Arbeiterklasse,

* Eine geheime, puerto-ricanische paramilitärische Gruppe, die durch Kommandooperationen für die vollständige Unabhängigkeit Puerto Ricos kämpfte. Zwischen 1974 und 1983 führte sie mehr als 130 Bombenanschläge in den USA durch.

Frauen, Schwule und Lesben, postkoloniale Subjekte) unter einem *subjektivem Schwindelgefühl* leiden, sobald sie auf die staatliche Gewalt mit revolutionärer Gewalt reagieren; das *objektive Schwindelgefühl* bleibt ihnen jedoch erspart. Der Grund liegt darin, dass die desorientierendsten Aspekte ihres Lebens durch jene Kämpfe verursacht werden, die sich aus innermenschlichen Konflikten über konkurrierende konzeptuelle Rahmenbedingungen und umstrittene kognitive Karten ergeben, wie zum Beispiel die Forderung des American Indian Movement auf Rückgabe von Turtle Island entgegen dem Wunsch der USA, die territoriale Integrität über die Insel zu behalten, oder die Forderung der FALN auf Unabhängigkeit Puerto Ricos entgegen dem Wunsch der USA, Puerto Rico als Territorium zu erhalten. Doch für die Schwarzen, das heißt für die Versklavten, gibt es keine kognitiven Karten, keine konzeptuellen Rahmen des Leidens und der Enteignung, die analog wären mit den unzähligen Karten und Rahmen, welche die Enteignung menschlicher Subalterner erklären.

Die strukturelle Gewalt, die die kognitiven Karten und konzeptuellen Rahmen der Schwarzen Aufständischen subsumiert, subsumiert *auch* meine intellektuellen und kreativen Bestrebungen als Schriftsteller. Als Schwarzer Schriftsteller ist es meine Aufgabe, dieser Gewalt einen Sinn zu verleihen, ohne von ihr überwältigt und desorientiert zu sein. Mit anderen Worten, mein Schreiben muss irgendwie indexikalisch für das sein, was über die Erzählung *hinausgeht*, wobei ich stets darauf bedacht sein muss, dass das Schreiben zu Unverständnis führen wird, bedacht also auf das Scheitern der Interpretation, falls die Indizes tatsächlich über die Erzählung hinausgingen. Die Fallhöhe dieses Dilemmas ist für den Schwarzen Schriftsteller, der seinen Lesenden gegenübersteht, beinahe so hoch wie für den Schwarzen Aufständischen, der der Polizei und den Gerichten gegenübersteht. Denn der intellektuelle Akt, Mitglieder der Black Liberation Army als Wesen anzunehmen, die einer empathischen Betrachtung würdig sind, bietet Schrecken. Man kommt im Schreiben mit stotterigen Schrittchen voran, die wenig gemein haben mit den Problemen, eine These aufzustellen oder eine Methodik zu entwerfen, um die Argumentation zu entfalten. Während ich schreibe, bin ich mir der Wut und des Zorns meiner Ideal-Leser:innen (einem wütendem Lesemob) bewusster als meiner eigenen Wünsche und Strategien für die Entfaltung meines Arguments. Ich werde ergriffen von einem Schwindelgefühl; mit einem Verurteilungsschub ergreift es mich, der sich aus meinem Inneren aufbäumt und mich umtost. Ich spreche zu mir, doch ich spreche nicht *durch* mich, auch wenn keine andere Art des Sprechens zu existieren scheint. Ich spreche durch die Stimme und mit dem Blick eines Mobs von – ich sage es einfach – *weißen* Amerikanerinnen und Amerikanern; und meine Bemühungen, einen Mob von Schwarzen zusammenzutrommeln, die Black Liberation Army heraufzubeschwören, hat den Beigeschmack kompensatorischer Gesten. Es ist nicht so, dass mir die BLA nicht zu Hilfe kommt, dass sie sich nicht kraftvoll zur Wehr setzt, doch weder ich noch meine aufständischen Verbündeten sind in der Lage, klarzustellen, dass wir unseres Leidens würdig und in unseren Aktionen gerechtfertigt sind und dass wir keine Terrorist:innen und Apologet:innen des Terrors sind, die für immer weggesperrt werden sollten. Wie können wir unseres Leidens würdig sein, ohne unserer selbst würdig zu sein? Ich mache weiter, auch wenn der Schwindel, der mich packt, so überwältigend ist, dass seine genaue Natur – subjektiv, aus meinem Innern kommend, oder objektiv, katalysiert durch meinen Kontext, die wütende Menge – nicht bestimmt werden kann. Ich habe keine Bezugspunkte außer dem erbarmungslosen Mob. Wenn ich schreibe: »Freiheitskämpferin«, schreit es im Innern meines Ohres: »Terroristin!« Wenn ich sage: »Kriegsgefangener«, skandieren sie »Polizistenmörder!« Ihre Anprangerungen sind nichts als Behauptungen, doch klingen sie wahrhaftiger als meine mühselige Exegese. Keine Brandmauer schützt mich vor ihnen, keine befreite psychische Zone bietet mir einen heiligen Zufluchtsort. Ich möchte aufhören und mich stellen.

Die Schwarze Psyche ergibt sich in einem Kontext struktureller oder paradigmatischer Gewalt, der nicht mit dem Auftauchen *weißer* oder nicht-Schwarzer Psychen vergleichbar ist. Als Ergebnis befindet sich die Schwarze Psyche in einem permanenten Krieg mit sich selbst, da sie von einem *weißen* Blick verschlungen wird, der die Schwarze Imago verabscheut und sie zerstören will. Das Schwarze Selbst ist ein gespaltenes Selbst oder, besser gesagt, es ist eine Gegenüberstellung von Hass, der auf eine Schwarze Imago projiziert wird, und Liebe, die sich auf ein *weißes* Ideal fixiert: daher der Kriegszustand. Dieser Kriegszustand schließt die Verfügbarkeit von Elementen aus, die für die psychische Integration konstitutiv sind: Zeugnis (des Leidens) ablegen, Sühne, Benennung und Anerkennung, Repräsentation. Als eine solche Gegenüberstellung ist es nicht möglich, sich als ein gutgläubiges politisches Subjekt, als ein Subjekt der Wiedergutmachung zu repräsentieren, nicht einmal *vor* sich selbst. Schwarze politische Ontologie ist innerhalb des Unbewussten ebenso ausgeschlossen wie innerhalb eines Gerichtssaales, denn das »Schwarze Ego ist weit entfernt davon, lediglich zu unreif oder zu schwach für Integration zu sein; stattdessen ist es eine Abwesenheit, die von seiner eigenen und von anderer Negativität heimgesucht wird. In dieser Hinsicht ist die Erinnerung an den Verlust seine einzig mögliche Form der Kommunikation«.[69] Es ist wichtig, darauf hinzuweisen, dass Verlust ein Effekt von Zeitlichkeit ist; er impliziert eine metonymische Kette, die die Abwesenheit nicht erfassen kann. Anders ausgedrückt, aber nicht weniger auf den Punkt gebracht: »Verlust« weist auf eine frühere Fülle hin, »Abwesenheit« nicht. Verlust ist ein verarmtes und vergröberndes Konzept, wenn es eingesetzt wird, um über das Leiden der Schwarzen nachzudenken. Auch ist der Mangel seiner Kraft der Erklärung ein Teil des Mangels an Analogien, die von Politikerinnen und Politikern zwischen dem Aufstand der Schwarzen und dem Aufstand anderer unterdrückter Wesen gezogen werden. Hier geht es nicht darum, Unterdrückungsolympiade zu spielen, wie manche es sich wünschten; es geht um eine kritische Bewertung dessen, was bisher unzureichend vergleichende Analysen des rassifizierten Elends der Erde darstellen; insbesondere fehlt ein hinreichender Vergleich zwischen der willkürlichen Gewalt des sozialen Todes und der kausalen Gewalt der kolonialen, klassen- und geschlechtsspezifischen Unterwerfung: eine vergleichende Analyse der Toten und der Lebenden.

Mit einem Wort, *alle fühlenden Wesen*, Menschen wie Schwarze, verbinden sich über die Imago des Schwarzen phobischen Objekts, auf dass wir eine psychische »Gemeinschaft« bilden können, selbst wenn es uns unmöglich ist, eine politische Gemeinschaft zu bilden: Als ich zwölf war, war mein Jubel am lautesten, als die Native Americans meinen Dad »Nigger-Mann« nannten. Man erinnere sich an den Moment in *Schwarze Haut, weiße Masken*, als Fanon sich durch die Augen eines *weißen* Jungen sieht, der vor Angst ausruft: »Sieh mal, ein Neger!«

David Marriott schreibt: »Auf symbolischer Ebene weiß Fanon, dass jeder Schwarze die Fantasie des Kindes, verschlungen zu werden, getriggert haben könnte, die sich mit der Angst vor *Blackness* verbindet, denn diese Angst steht für das ›epidermische Rassenschema‹ der westlichen Kultur – die unbewusste Angst, buchstäblich von dem Schwarzen Anderen verschlungen zu werden. Weder der Junge noch Fanon scheinen sich darüber hinaus diesem Schema entziehen zu können, denn die Kultur bestimmt und behält die mit der Schwärze verbundene Imago bei; die kulturelle Fantasie gestattet es Fanon und dem Jungen, durch den rassifizierten Antagonismus eine Bande zu knüpfen.«[70]

Diese Phobie setzt sich zusammen aus affektiven Reaktionen, sensorischen Reaktionen oder präsubjektiven Intensitätskonstellationen sowie aus gegenständlichen Reaktionen, wie zum Beispiel der bedrohlichen Imago eines fäkalen Körpers, der Verschmutzung verheißt. Und diese affektive Darstellung wird durch paradigmatische Gewalt verstärkt; das heißt, die phobische Fantasie untermauert »ihren objektiven Wert«, da sie in einer Gewalt existiert, die zu allumfassend ist, um beschreibbar zu sein. »Das Bild der Schwarzen Psyche, das sich durch [dieses Eindringen] ergibt, ist das Bild einer Psyche, die immer schon hinterherhinkt, niemals pünktlich ist, die brutal dargestellt und gebrochen wird durch diese Momente der spektakulären Eindringung.«[71] Die überwältigende psychische Entfremdung, die aus der buchstäblichen Angst und dem Zittern des *weißen* Jungen erwächst, wenn Fanon erscheint, wird von einer Fäkalsprache begleitet, die die Schwarze Psyche ausweidet und traumatisiert. Man lernt zum Beispiel, dass man, wenn man erscheint, die Gefahr des Kannibalismus mit sich bringt. »Was für eine Idee aber auch«, intoniert Fanon, »seinen Vater aufzufressen!«[72]

Auch hier handelt es sich zwar um eine Verbindung zwischen Schwarzen und Weißen (oder genauer gesagt zwischen Schwarzen und Nicht-Schwarzen), doch sie wird durch *eine brutale Eindringung hergestellt, die kein zweischneidiges Schwert ist*. Während das phobische Band eine Anklage der psychischen Integration von Schwarzen und ihrer filiativen wie affiliativen Beziehungen darstellt, ist es das Lebenselixier der psychischen Integration von Weißen und ihrer filiativen (das heißt häuslichen) und affiliativen (oder institutionellen) Beziehungen. Denn wer »Vergewaltigung« sagt, sagt Schwarz;[73] wer »Gefängnis« sagt, sagt Schwarz; und wer »AIDS« sagt, sagt Schwarz[74] – der *Negro ist ein phobisches Objekt*: eine Vergangenheit ohne Erbe, eine Karte der willkürlichen Gewalt und ein Programm der vollkommenen Unordnung. Wenn eine soziale Bewegung weder sozialdemokratisch noch marxistisch sein will, was ihre Struktur des politischen Begehrens betrifft, dann sollte sie die Aufforderung zum sozialen Tod, die in Schwarzen Wesen verkörpert ist, begreifen.

Wenn wir ehrlich zu uns selbst sein wollen, müssen wir zugeben, dass der *Negro* sowohl die Weißen als auch die Juniorpartner:innen der Zivilgesellschaft (zum Beispiel Menschen aus Palästina, Native Americans, Latinx) seit Hunderten von Jahren aufgefordert hat, am Tanz des sozialen Todes teilzunehmen. Allerdings waren nur die wenigsten von Ihnen bereit, die Schritte zu lernen. Ihr Interesse lag und liegt noch heute (selbst unter den antirassistischsten Bewegungen wie antikoloniale Aufstände) anderswo. Als Zukunftsaussicht macht die Befreiung der Schwarzen den Radikalismus gefährlicher – für die USA und für die Welt.

Das ist nicht darin begründet, dass diese Befreiung das Schreckgespenst einer alternativen Gesellschaftsform heraufbeschwört (wie den Sozialismus oder die gemeinschaftliche Kontrolle vorhandener Ressourcen), nein, es liegt darin begründet, dass ihre Möglichkeitsbedingung und ihre Widerstandsgeste als eine Politik der Verweigerung und als Verweigerung von Zustimmung – als ein Programm von völligem Chaos – fungiert. Man muss sich dieses Chaos, diese Inkohärenz zu eigen machen und von ihnen gestärkt werden, wenn die eigene Politik tatsächlich von einem revolutionären Begehren gezeichnet sein soll. *Welche anderen Rechenschaftspflichten sind vorhanden, wenn versklavte Personen anwesend sind?*

Die Hinwendung zu Chaos und Inkohärenz hat nichts Fremdes, Beängstigendes oder gar Ungeübtes. Der Wunsch, sich Chaos und Inkohärenz zu eigen zu machen und von ihnen gestärkt zu werden, ist an und für sich kein Gräuel. Niemand hat zum Beispiel jemals gesagt: »Ach Gott, wenn doch meine Orgasmen bloß etwas früher kämen – oder wenn sie doch ganz ausbleiben würden.« Nur wenige sogenannte Radikale sind darauf erpicht, sich das Chaos und die Inkohärenz der *Blackness* zu eigen zu machen und von ihnen gestärkt zu werden – und der Zustand politischer Bewegungen in den USA ist heute von ebendieser Negrophobogenese[75] geprägt: »Ach herrje, wenn Schwarze Wut doch bloß kohärenter wäre – oder vielleicht gar nicht existieren würde.« Vielleicht bedeutet die Freude am Schwarzsein etwas Schrecklicheres an sich als die Freude am Sex (es sei denn, man spricht mit einem *Negro* über Sex). Vielleicht ziehen es heutige Gruppierungen vor, anorgasmisch zu bleiben, was die Zivilgesellschaft betrifft – mit der Hegemonie als praktische Prophylaxe, nur für den Fall der Fälle.

Wenn sie durch diese Stagnation oder Lähmung versuchen, die Arbeit zur Abschaffung der Gefängnisse zu leisten, wird diese Arbeit scheitern, denn es ist immer eine Arbeit *aus einer Position* der Kohärenz (wie der Position der Menschen der Arbeiterklasse) *im Namen einer Position* der Inkohärenz der Schwarzen: radikale Politik, die sich verwandelt hat in eine Erweiterung des Vorrechts des Herren. Auf diese Weise bleiben die gesellschaftlichen Formationen der Linken blind für die Widersprüche von Koalitionen zwischen Menschen und Versklavten. Sie bleiben Koalitionen, die innerhalb der Logik der Zivilgesellschaft operieren, und funktionieren weniger als revolutionäre Versprechen denn als Verdrängungsszenarien Schwarzer Antagonismen, und sie nähren schlicht und ergreifend die Frustration der Schwarzen.

Während die Stellung des Menschen der Arbeiterklasse (sei es ein Fabrikarbeiter, der einen Geldlohn einfordert, eine Immigrantin oder eine *weiße* Frau, die einen sozialen Lohn einfordert) eine Geste der Rekonfiguration der Zivilgesellschaft darstellt, ist die Stellung des Schwarzen Subjekts (sei es ein Gefängnissklave oder eine zukünftige Gefängnissklavin) eine Geste der Diskonfiguration der Zivilgesellschaft. Das Schwarze Subjekt lockt aus der Kohärenz der Zivilgesellschaft heraus mit der Inkohärenz des Bürgerkrieges, eines Krieges, der *Blackness* nicht als positiven Wert, sondern als politisch ermächtigende Stätte – frei nach Fanon – des absoluten Verfalls zurückerobert. Es ist ein »Skandal«, der die Zivilgesellschaft entzweireißt. Der Bürgerkrieg wird so zum ungedachten, doch niemals vergessenen Statthalter der Hegemonie. Er ist ein Schwarzes Gespenst, das in den Startlöchern steht, ein endloser Antagonismus, der nicht befriedigt werden kann (durch Reformen oder Wiedergutmachung), der aber trotz allem bis zum Tode verfolgt werden muss.

Doch damit wir es nicht vergessen, dies ist keine Frage des Willens. Es ist nicht so einfach, wie morgens aufzuwachen und *vollen Bewusstseins* zu entscheiden, »das Richtige zu tun«. Denn wenn wir aus der Sphäre der Psyche in die Sphäre des bewaffneten Kampfes hochskalieren, sind wir unter Umständen mit einer Situation konfrontiert, in der die Ausrottung des Entstehungsmechanismus von Schwarzem Leid für *niemanden* von Interesse ist. Die Ausrottung der Entstehungsmechanismen von Schwarzem Leid liegt nicht im Interessensbereich von Palästinenserinnen und Palästinensern oder Israelis, wie meine schockierende Begegnung mit meinem Freund Sameer an einem ruhigen Hügelhang vermuten lässt; denn seine anti-Schwarze Phobie befeuert eine Fantasie der Zugehörigkeit, die der israelische Staat ihm andernfalls vielleicht nehmen könnte. Damit er seinen Status als relationales Wesen sichern kann (wenn auch bloß unbewusst), muss sein Unbewusstes daran arbeiten, die Schwarzen als genealogisch isoliert zu begreifen. »Aber die Scham und die Demütigung ist noch viel schlimmer, wenn der israelische Soldat eine Jude aus Äthiopien ist.«

Die Israelis töten die Palästinenserinnen und Palästinenser im wahrsten Sinne des Wortes; doch das psychische Leben, die menschliche Fähigkeit, Beziehungen einzugehen, wird durch ein libidinöses Relais zwischen ihnen und ihrer gemeinsamen Arbeit gewährleistet, um eine »Niggerisierung« zu vermeiden. Dieses Relais ist der Entstehungsmechanismus, der Leben entstehen lässt, das Leben zu *Leben* macht. Und es ist der Mechanismus zur Erzeugung von Schwarzem Leid und Schwarzer Isolation. Das Ende dieses Mechanismus wäre das Ende der Welt. Wir stünden vor einer Schlucht und blickten in den Abgrund.

Diese Bewegung ist zu bilderstürmend für die konzeptuellen Rahmenbedingungen der Arbeiter:innenklasse, der Postkolonialist:innen und/oder der radikalen Feminist:innen. Das Bedürfnis der Menschen, *in* der Welt befreit zu werden, ist nicht dasselbe wie das Bedürfnis der Schwarzen, *von* der Welt befreit zu werden; deshalb ziehen selbst ihre radikalsten kognitiven Karten Grenzen zwischen den Lebenden und den Toten. *Wenn wir diese Analyse mit dem Rücken zur Wand stellen, wird schließlich deutlich, dass die Ausrottung der*

Entstehungsmechanismen des Leidens von Schwarzen auch nicht im Interesse der Schwarzen Revolutionären liegt. Denn wie können wir den juristischen und politischen Wunsch der Schwarzen von dem Wunsch der Schwarzen Psyche abtrennen, die Schwarze Imago zu zerstören, einem Wunsch, der für die Psyche konstituierend ist? Kurzum, sich mit Weißen und Nicht-Schwarzen über phobische Reaktionen auf die Schwarze Imago zusammenzuschließen, bietet der Schwarzen Psyche vermutlich den einzigen Anschein von psychischer Integration, den sie besitzen kann: die Notwendigkeit, eine Schwarze Imago zu zerstören *und* ein *weißes* Ideal zu lieben. »Unter diesen Umständen ist der Besitz eines ›*weißen*‹ Unbewussten vielleicht die einzige Art, einen Bezug zu dem überwältigenden und irreparablen Verlust aufzubauen oder ihn sogar einzudämmen. Die eindringende Fantasie bildet das Medium, um einen Bezug zu dem verlorenen inneren Objekt, dem Ego, aufzubauen, jedoch gibt es kein ›außen‹ zu dieser ›realen Fantasie‹, und die Auswirkungen des Eindringens sind unwiderruflich.«[76] Dies wirft die Frage auf, wer das sprechende Subjekt ist, das über die Schwarzen Aufständischen Zeugnis ablegt; wer bezeugt den Moment, wenn die Schwarzen Aufständischen in den Zeugenstand treten?

Wer schreibt dieses Buch?

KAPITEL SIEBEN

Mario's

I

Elf Jahre waren vergangen, seit Stella und ich mitten in der Nacht die Hennepin Avenue entlanggefahren waren, und drei Jahre waren seit unserer Trennung verstrichen. Ich hatte einen Literaturpreis gewonnen, der mich nach Südafrika verschlug, um für einen Roman zu recherchieren, der niemals geschrieben wurde: zwei sechswöchige Reisen in den Jahren 1989 und 1990. Zwischen diesen beiden Reisen nach Südafrika lebte ich in New York und hatte bei Edward Said studiert. Nun war ich mit einer Südafrikanerin namens Khanya verheiratet. Wir lernten uns 1989 in Johannesburg kennen und heirateten im Sommer 1990 in New York in der City Hall. Sie war eine Jurastudentin aus Bophuthatswana, einem Flickenteppich aus Enklaven, die über die damalige Kapprovinz, den Oranje-Freistaat und die Transvaal-Provinz verstreut waren. Das Land dazwischen wurde »Südafrika« genannt, und es war tendenziell fruchtbarer als Bop, ein Bantustan, ein Schwarzes Homeland, das von Schwarzen Bevollmächtigten für ihre Zahlmeister in Pretoria betrieben wurde. Damals war Khanya zwiegespalten, was das Jurastudium betraf; sie träumte davon, Filme zu machen. Khanya hatte eine kleine Tochter namens Reba, die zwei Jahre alt war, als ich sie 1989 während des Ausnahmezustands im Land kennenlernte. Reba lebte nicht bei Khanya in Johannesburg, sondern in Bop bei ihren Großeltern. Sie blieb dort, bis wir unsere Wohnsituation im Griff hatten und finanziell gut genug dastanden, um sie zu uns zu holen.

Den Sommer meines Abschlusses im Jahr 1991 hatte ich mir vorgestellt als eine Zeit, in der wir gemeinsam auf einem Hausboot in Amsterdam herumschippern würden, ich schriebe Romane und

Lyrik, wenn ich nicht gerade kellnern oder kreatives Schreiben unterrichten würde, und ich hatte geglaubt, Khanya würde in Amsterdam zur Filmschule gehen. An den Abenden würden wir einen Lautsprecher mit aufs Deck nehmen und Jazzballaden hören und das beste Gras rauchen und die trägen und bittersüßen holländischen Menschen beobachten, die über die friedlichen Kanäle nach Hause radelten.

Nach Südafrika einzuwandern, wo sich Schwarze nicht immer und überall frei bewegen konnten, wie es ihnen gefiel, wo sie nicht in jedem Restaurant essen konnten, wie sie es wollten, und wo sie Gefahr liefen, an Kontrollpunkten angehalten zu werden, unter denen Johannesburg wie unter plötzlichen Unkrautwucherungen erstickte, entsprach nicht unbedingt meiner Vorstellung eines ausgeklügelten Zukunftsplans. Warum nicht einfach in den USA bleiben? Dies war ein erstaunlicher Gedanke, da Khanya unter dem Schock litt, Amerikas wahres rassistisches Gesicht gesehen zu haben. In jenem Winter begann der Krieg in Kuwait/Irak, und eines Abends kam ich nach Hause und erzählte ihr von dem Sikh, der neben mir in der U-Bahn gesessen hatte, als man ihm ins Gesicht trat.

»Warum«, hatte sie eines kalten Februarmorgens in der schimmeligen Wohnung auf einem Hügel in Washington Heights, die wir mit Nagetieren teilten, gefragt, »warum sollte ich ein Südafrika gegen das andere eintauschen, wenn noch nicht mal meine Familie hier ist?« Ich frage mich häufig, ob sie geblieben wäre, wenn ich die Geistesgegenwart besessen hätte, zu sagen: »Ich bin deine Familie.« Ich hatte ihr nicht erzählt, was mir und Stella 1980 widerfahren war. Warum wir Minneapolis verließen und nach Dartmouth gingen. Ich glaubte, dass sie *dieses* Bild Amerikas nicht ertragen könnte. Als sie aus dem Haus ging, um im Reisebüro ein Flugticket zu kaufen, sagte ich mir, dass es die richtige Entscheidung gewesen war, ihr nichts davon zu erzählen. Hätte ich ihr diese Geschichte erzählt, wäre sie vielleicht überhaupt nicht in die USA gekommen. Khanya ging im Februar 1991 nach Südafrika. Ich machte meinen Abschluss und folgte ihr.

Von meiner Ankunft im Jahr 1991 bis zu den ersten »nichtrassischen Wahlen« 1994, bei denen ich als ständiger Einwohner für Mandela stimmte, kämpfte ich mit Tausenden von anderen dafür, die Apartheid-Regierung zu stürzen, den African National Congress (ANC) an die Macht zu bringen und die *weiße* Hegemonie sowie den Kapitalismus in Südafrika zu zerschlagen. (Nicht jeder im ANC teilte das letztere Ziel; auch wurden die *weiße* Hegemonie und der Kapitalismus nicht zerschlagen.) Seit meiner Jugend hatte ich keine politischen Zusammenhänge mehr erlebt, in denen das Wort *Revolution* ironielos verwendet wurde – Zusammenhänge, in denen der Traum vom Sturz eines rassistischen Regimes eine Frage des »Wann« und »Wie« war, keine Frage des »Ob«. Während dieser Jahre tat ich alles, was man von mir verlangte, um diesen Traum Wirklichkeit werden zu lassen: von rechtlich gebilligter politischer Organisation bis hin zu aufständischen Praktiken, die einen »Pazifisten« zusammenzucken ließen. *Pazifist* steht in ominösen Anführungszeichen, weil dieselbe Person, die den Guerillakrieg verurteilt, ohne Fehl ihre Steuern zahlt oder einem Militärveteranen für seinen Kriegsdienst dankt. Im ersten Fall verurteilt die »Pazifistin« die Identität der Guerillas als Massenmörder; im zweiten Fall lobt sie das Verhalten der einen Person, das sie bei der anderen verurteilt. Bewaffnet mit Edward Saids Minivorlesung über strategische Rigidität und taktische Flexibilität machte ich mich, frei von dieser verlogenen Denkweise, auf nach Südafrika.

In der Grauzone zwischen Organisation und Rebellion arbeitete ich für die Regional Peace Commission des ANC, der regionalen Freiheitskommission der Partei, die auch als Deckmantel diente, um Waffen in Squattercamps und Townships zu schmuggeln. Als Teil der ANC-Friedenskommission verfasste ich Berichte für Amnesty International und Human Rights Watch. Doch, wie gesagt, wir waren eben auch an Waffenschmuggel beteiligt. In unseren Berichten mussten wir diese Tatsache naturgemäß verschleiern, denn das Opfer muss »sauber« sein, um von diesen westlichen NGOs unterstützt zu werden. So waren wir an einer Reihe von Desinformationskampagnen beteiligt. Mit anderen Worten, wir sahen uns mit dem schrecklichen Liberalismus des Menschenrechtsdiskurses konfrontiert und mit der Art und Weise, wie er sich wie ein Bremsklotz auf revolutionäre Aktivitäten auswirkt.

Darüber hinaus leitete ich Workshops politischer Bildung über Gramsci und andere Theoretikerinnen und Theoretiker für Angehörige einer geheimen Umkhonto-we-Sizwe-Einheit und versorgte den Kommandeur mit »politischen Szenarien«: Was-wäre-wenn-Dokumente über den Gewinn oder Verlust von politischem Kapital infolge von Aufstandsinitiativen. Diese wie andere Einheiten konzentrierten sich auf drei Schauplätze im Feld der Rebellionsstrategien:

1. Geheime Propaganda: die Erschaffung eines Kontexts der Information oder eines Kontexts der Desinformation in der Presse, durch die die Arbeit sichtbarer Massenbewegungsstrukturen vor Ort gefördert wurden; und die Produktion politischer Flugblätter, die nicht der Umkhonto we Sizwe (MK) zugeschrieben werden konnten.
2. Psychologische Kriegsführung: hauptsächlich im universitär-industriellen Komplex, wo unsere Aufmerksamkeit eher englischsprachigen Liberalen als Buren galt. Das Endziel war es, die Liberalen zu zwingen, jene Gewalt offen auszuführen, die ihre gesellschaftliche Position aufrechterhält. Das übergeordnete Ziel war es, *weiße* Liberale (englischsprachige Südafrikanerinnen und Südafrikaner) zu isolieren und zu entmachten, die sich in Schlüsselpositionen der Macht befanden und gegen die Apartheid, aber nicht für eine sozialistische Befreiung standen. Diese Personen befürworteten eine Entwicklung vom Apartheid-Kapitalismus zum Laissez-faire-Kapitalismus. Letztendlich war es unser Ziel, die Kommandohöhen des universitär-industriellen Komplexes in befreite Zonen zu verwandeln, was

dazu beitragen würde, die Gesamtstruktur des rassifizierten Kapitalismus in Südafrika zu schwächen.

3. Verdeckte Operationen: die gewalttätige Reaktion auf die antikommunistische Inkatha-Partei* und die staatlichen Sicherheitskräfte, was häufig einfach bedeutete, Waffen an ANC-alliierte Selbstverteidigungseinheiten in den Townships zu schmuggeln. Die Leute, denen ich Bericht erstattete, studierten an der Universität von Witwatersrand, an der ich nach meiner Ankunft gelehrt hatte; sie waren Studierende, die in der Sowjetunion oder in geheimen Guerillastützpunkten innerhalb Südafrikas ausgebildet wurden. Als sich die Sowjetunion auflöste, lösten sich langsam auch unsere Waffenlieferungen aus dem Sowjetblock auf. Unkonventionelle und kreative Arten der Waffenbeschaffung wurden entwickelt. Beispielsweise wurden westliche NGOs geprellt, indem man mit einem engagierten Genossen in der NGO gemeinsame Sache machte, um ein Fantasieprojekt zu entwickeln und dann den Großteil des Fördergeldes für den Kauf von Waffen im bewaffneten Kampf in den Townships und Squattercamps zu verwenden.

Im »Tageslicht«-Bereich der politischen Organisation wurde ich in die Subregional Executive des ANC entsandt – eine fünfköpfige Gruppe von politischen Kommissar:innen, die für Johannesburg und die 16 umliegenden Townships zuständig waren. Außerdem nominierte mich Nadine Gordimer, die südafrikanische Schriftstellerin und Literaturnobelpreisträgerin des Jahres 1991, um ihren Platz als Projektkoordinatorin im Regional Executive Committee of the Congress of South African Writers, dem regionalen Exekutivkomitee des südafrikanischen Schriftstellerkongresses, einzunehmen.

* Die Inkatha Freedom Party, eine Zulu-nationalistische Partei, die mit dem Apartheid-Regime kooperierte, um den ANC zu unterdrücken.

Allerdings kam ich zu diesen Aktivitäten nicht von einem Tag auf den anderen. Ich war nur widerwillig nach Südafrika gegangen, da ich vorhatte, nur so lange zu bleiben, bis Khanya ihr Jurastudium abgeschlossen hatte. In den ersten sechs Monaten unseres Lebens in Südafrika bündelten sich mehr Enttäuschungen und Rückschläge, als ich seit den ersten sechs Monaten meines Lebens mit Stella elf Jahre zuvor in Minneapolis kennengelernt hatte. Wäre ich damals ein Afropessimist und kein Marxist gewesen, hätte mich all das vielleicht nicht derart fertiggemacht; ich hätte gewusst, dass die Welt eine einzige große Plantage ist.

Ich arbeitete in einer verträumten Trattoria namens Mario's in einem Vorort von Jo'burg, unweit von Khanyas Uni. *Weiße* englischsprachige Südafrikaner:innen nannten »Wits«, die Universität von Witwatersrand, das »Harvard des Südens«.

Kurz vor meiner Ankunft konfiszierte die Regierung Khanyas Identitätsdokumente. Nun war sie staatenlos – am Ort ihrer Geburt. Und ihr Reisepass wurde eingezogen. Selbst wenn sie ihre Meinung geändert hätte, wir hätten nicht ausreisen können. Der Traum von Amsterdam zerplatzte schneller, als er gekommen war. Auch war es mir nun nicht mehr möglich, durch ihren Status als Bürgerin Südafrikas eine Daueraufenthaltsgenehmigung zu erhalten. Khanya und ich waren Kollateralschäden. Ihre ältere Schwester Rebone hatte ihren Job in der Finanzbehörde in Bop verloren. Rebones Partner war ein Aufständischer in der Azanian People's Liberation Army, dem bewaffneten Flügel des Pan Africanist Congress (PAC), und er wurde von den südafrikanischen Geheimdienstbehörden wegen Waffen- und Munitionsschmuggel von Simbabwe nach Südafrika gesucht. Rebone wurde gefeuert und unter Hausarrest gestellt, und Khanyas Identitätsdokumente wurden ebenfalls beschlagnahmt.

Als ich in Südafrika ankam, beunruhigte mich nichts davon, denn ich hatte ein glühendes Empfehlungsschreiben von Edward Said bei mir. Innerhalb weniger Tage hatte ich eine Stelle als Juniorprofessor für Komparatistik bekommen.* Khanya und ich glaubten, unsere Probleme seien gelöst. Doch am Tag vor Vorlesungsbeginn wurde ich gefeuert. Ich ging zum Büro der Dekanin, um meinen Vertrag zu unterzeichnen. Stattdessen sah ich, dass sie mein Empfehlungsschreiben von Edward Said neben dem Syllabus für mein Oberseminar »Intellektuelle und der Staat« auf ihrem Schreibtisch vor sich liegen hatte. Die Dekanin war distanziert und kurz angebunden. Sie gab mir keinen Vertrag. Stattdessen erzählte sie mir eine Geschichte: Edward Said hatte einen öffentlichen Vortrag an der Wits gehalten, einige Monate bevor ich auswanderte. »Unsere jüdischen Studierenden«, wie sie sie nannte, »randalierten.« Sie erzählte mir, wie sie über den Campus stürmten, Mülltonnen umwarfen und den Frieden störten; eben die Art von Dingen, die »wir« gewohnt seien von »unseren Schwarzen Studierenden«. Anscheinend hatten *ihre* jüdischen Studierenden vor Saids Besuch nicht auf dem Campus rebelliert. Mich zu beschäftigen, sagte sie, barg die Gefahr, dass sich all dies wiederholen könnte; besonders, wenn sich der Inhalt des Seminarplans – sie schob ihn quer über den Schreibtisch – bekannt würde. Ich flehte sie an. Doch sie stand auf und reichte mir die Hand.

Es war Januar, der heißeste Monat in Jo'burg, der kälteste Monat in New York. Ich ging mehrere Stunden lang nicht nach Hause. Wie sollte ich Khanya diese Nachricht überbringen? Ich las eine Zeitung im Speisesaal der Great Hall der Wits, in unmittelbarer Nähe der Straße, in der wir lebten. Die Schlagzeilen berichteten nichts davon, dass unsere Leben auf den Kopf gestellt worden war. Die Sowjetunion hatte sich in die Russische Föderation aufgelöst, was bedeutete, dass Kuba nun die einzige Quelle des ANC für die taktische Unterstützung des bewaffneten Kampfes war; Präsident George H. W. Bush hatte bei einem Staatsbesuch in Japan etwas

* Das Äquivalent eines Assistenzprofessors in den Vereinigten Staaten.

Schlechtes gegessen und sich auf dem Schoß von Premierminister Kiichi Miyazawa erbrochen; eine Putzfrau war auf Fotos des texanischen Millionärs John Bryan gestoßen, wie er gerade an den Zehen der Herzogin von York nuckelte; Paul Simons Tour war in Südafrika eröffnet worden; und der Serienmörder Jeffrey Dahmer hatte seine Schuld eingestanden, aber auf Unzurechnungsfähigkeit plädiert. Nicht ein einziger Artikel über den Gulli, in den ich an jenem Morgen gestürzt war.

Die Lehrenden der Komparatistik waren entsetzt über die Rücknahme der Entscheidung der Dekanin, mich zu beschäftigen. Promovierende hatten sich bereits für mein Seminar angemeldet, das am nächsten Tag beginnen sollte. Ich bot an, auch ohne Bezahlung zu unterrichten. Doch Ulrike Kistner, eine Professorin, die (wie ich später herausfand) im Untergrund arbeitete und eine engagierte Marxistin war, sagte, das wäre unethisch. Sie überredete den Vorsitzenden der Abteilung, mein Gehalt aus dem jährlichen Budget zu finanzieren, über das die Komparatistik für externe Vorträge verfügen konnte. Mein Gehalt fiel geringer aus als das, was ich verdient hätte, wenn mich die Dekanin nicht gefeuert hätte, und ich war weder krankenversichert noch bekam ich irgendwelche Unterlagen über meine Beschäftigung, die ich dem Innenministerium vorlegen könnte, um eine Daueraufenthaltsgenehmigung zu bekommen. Letztendlich würde ich am Ende des Semesters wieder im Regen stehen. Aber es war besser als nichts. Auch kellnerte ich bei Mario's an mehreren Mittagen und Abenden pro Woche. Und ich unterrichtete einen abendlichen Workshop für kreatives Schreiben im Programm für Erwachsenenbildung der Wits. Allerdings, so sollte ich bald herausfinden, würde auch dies ein jähes Ende nehmen.

2

Am Abend des 1. Juni 1992 ging ich, wie mein Tagebuch weiß, während der Nachwirkungen eines Massakers im Phola Park direkt in mein Seminar für kreatives Schreiben.* Ich schaute mich am Tisch mit 15 Alabastergesichtern um und sagte mir: *Ich schaffe das nicht. Ich schaffe das einfach nicht. Nicht heute Abend. So zu tun, als hätten ihre Storys und ihre Vignetten irgendwelche Bedeutung – oder als wären sie ethisch! So zu tun, als läge mir irgendwas an ihnen. Da sitzt Huntley Bridge, der Diamantenjuwelier aus Parktown; vorbereitet und startbereit mit 15 Kopien seiner schwülstigen Erinnerungen an den Londoner Blitz, als er ein Junge war. Und neben ihm Grace Kensington, durch genug Make-up mumifiziert, um ein Revlon-Franchise zu eröffnen. Letzte Woche mussten wir uns durch eine Tea Party für die Ehefrauen der Manager von Silberminen vor zehn Jahren in Sambia quälen. Und der junge Jimmy. Warum kann ich mir nie seinen Nachnamen merken? Jimmy Deadhead, das reicht doch. Wie gehts, wie stehts heute, Jimmy? Nicht zu vollgekokst, hoffe ich. Wenn er doch nur wüsste, wie sehr ich Science-Fiction hasse. Okay? Und Muriel Mendelssohn, die putzige, kleine Muriel, Mitte dreißig wie ich: Muriel, die Sonnen- und Mohnblumenvignetten über das Leben in einem Internat für Weiße vor den Toren Harares schreibt, als Simbabwe noch das malerische Land war, das man Rhodesien nannte.*

* Die Details sind insofern kompliziert, als die südafrikanischen Verteidigungskräfte bei ihrer Suche nach den Waffen, die wir in die Selbstverteidigungseinheiten (SDUs) des Squattercamps geschmuggelt hatten, Menschen verstümmelten und erschossen und viele Hütten im Phola Park (am Tag vor meinem Kurs über kreatives Schreiben) zerstörten, während fast gleichzeitig paramilitärische Kräfte der Inkatha-Partei (*Impimpis*) ein Massaker an Menschen verübten, die in einem Township – nicht in einem Squattercamp – lebten, das nur ein Fußballfeld vom Squattercamp im Phola Park entfernt war.

Sie fühlten sich wohl bei mir. Gibt es eine intensivere Streicheleinheit für die Seele als das Lob eines Schwarzen? Ich war ihr erster Schwarzer Freund geworden (neben ihren Hausangestellten). Grace lud mich zum Tee nach Sandton ein. Muriel bat mich um Rat, was ihre Jazzsammlung betraf. Huntley Bridge hatte einen Diamantendeal, der etwas für mich sein könnte. Jimmy, Gott schütze ihn, wollte wissen, ob ich Gras rauchte.

Ich hatte mich an jenem Abend vor dem Workshop gefürchtet. Wie hätte ich ihn unterrichten sollen, nachdem ich im Phola Park war? Ich hätte mich krankmelden können. Jetzt bin ich arbeitslos. Ich war emotional einfach nicht in der Lage, an Huntleys Text über englische Kinder während des Luftangriffs herumzubasteln. Ich sagte ihnen, dass wir nach einer kurzen Vorübung dazu kommen würden. Ich teilte 15 Kopien eines Zeitungsartikels über die Massaker aus. Ich bat sie, ihr Exemplar von Gabriele Ricos *Writing the Natural Way* zur Hand zu nehmen und den Abschnitt über »Clustering« und »Mindmapping« als Mittel zur Erstellung einer ansprechenderen Vignette durchzugehen. Es war nicht das erste Mal, dass ich die Sitzung auf diese Weise begonnen hatte. Doch es war das erste Mal, dass ich mit dem Wort, um das herum sie Assoziationen clustern sollten (einmal war es *Angst*, einmal *Liebe*, ein anderes Mal *Verlust*, gestern war es *Gewalt*), bewusst einen Kontext zum Hier und Jetzt herstellte.

»Warum machen wir das?«, fragte Grace. »Ich dachte, wir arbeiten an Huntleys Geschichte.«

»Machen wir auch. Aber ich möchte, dass wir jetzt hierbei bleiben – ich mache auch mit.«

Huntley sagte: »Sie hat gefragt, *warum*.«

»Weil in diesem Land jeden Monat 300 Menschen getötet werden und mehr als die Hälfte davon in einem Umkreis von zwanzig Meilen um diese Universität. Ich kann beim besten Willen nicht verstehen, warum Sie davon nicht betroffen sind, wenn man bedenkt, wie tief Sie von den Todesfällen betroffen sind, die sich 2000 Meilen entfernt und vor mehr als fünfzig Jahren zugetragen haben.«

Huntley zischte: »Ich habe das selbst durchlebt!«, und er klatschte dabei das Manuskript auf den Tisch.*

»Sie durchleben ja auch *das hier*. Zugegeben, Sie wissen vielleicht nicht, *wie* Sie es durchleben. Das Clustering hilft uns, eben genau das herauszufinden.«

»Ich bin aber nicht hier, um es herauszufinden.«

Dann meldete sich der junge Jimmy, der stets entspannte Friedensstifter, zu Wort: »Hey, *China*« – er nannte mich immer *China*, was in Südafrika ein Slangwort für Kumpel ist, wie *Mate* in England – »na klar beschäftigt mich das, und ich bin sicher, Huntley beschäftigt das auch. Aber was wir sagen wollen, ist, dass es einfach nicht zu unserem Schreiben gehört. Ich meine, in meinem Schreiben geht es nicht mal um Länder, *China*, sondern um andere Welten.«

»Nennen Sie mich nicht ›*China*‹. Sie sind kein Schwarzer. Sie sind ein *weißer* Led-Zeppelin-Freak aus dem Vorort Norwood.«

Der Rubikon war überquert. Die Linien waren gezogen. Das Einzige, was übrig blieb, war, es auszufechten. Huntley sagte zu dem jungen Jimmy, dass er sich das nicht gefallen lassen müsse, »nicht von ihm«. Mein Rücken verkrampfte sich bei seinem »nicht von ihm«. Grace nickte. Muriel sah verzweifelt aus. Der Rest des Workshops saß reglos da.

Huntley und Grace, der alte Staatsherr und die alte Staatsdame, erteilten mir eine gehörige Abreibung. Grace sagte, es sei ein Verstoß gegen die Etikette, Politik mit Unterricht zu vermischen: Dies ist weder ein Campus der Buren noch ein Campus der Schwarzen; an Orten wie der Wits sind wir neutral. Sie sagte, sie hätte die Absicht, mich dem Direktor des Programms für Erwachsenenbildung zu melden. Huntley schob eine Tirade darüber nach, wie er zwar Hitlers Brandbomben überlebt hatte, »meine Mutter aber nicht!«

* Huntley schrieb gerade an einem Roman über seine Kindheit in England, als er von zu Hause weggeschickt wurde, um auf dem Land zu leben, während London von der Luftwaffe angegriffen wurde.

Er erzählte mir, dass er sehr lange Zeit auf dem Land verbracht hatte, nur um dann nach London zurückzukehren und festzustellen, dass seine Mutter gestorben war. »Haben Sie irgendeine Ahnung, was für ein Schock das war? Damals war ich acht Jahre alt. Mein Vater brachte uns hierher, um all dem zu entgehen. Und nicht, um uns wieder Hals über Kopf in die Sache hineinzustürzen. Ich stehe kurz vor dem Ruhestand. Ich will Frieden, und Frieden fängt an mit Seelenfrieden.«

Es war wie eine Gruppentherapie, bei der ich gleichzeitig das Trauma und die Heilung war.

»Okay«, sagte ich schließlich, »jetzt, da Sie sich Luft gemacht haben, schauen Sie sich bitte den Zeitungsausschnitt und die Bilder an. Dann schreiben Sie bitte das Wort *Gewalt* in die Mitte eines unlinierten Blattes. Clustern Sie, und fertigen Sie eine Mindmap an; dann schreiben Sie bitte Ihre Vignette. Wie üblich nehmen wir uns für die Übung 15 Minuten Zeit. Wer seinen Text mit den anderen teilen möchte, wenn wir fertig sind, kann ihn teilen. Es ist aber auch in Ordnung, wenn Sie ihn nicht teilen möchten.«

Huntley zerknüllte meinen Zeitungsausschnitt und warf ihn hinter sich.

»Sie haben kein Wort von dem gehört, was wir gesagt haben. Ich lese nicht einmal die verdammten Zeitungen! Meine Tage sind hart genug. Wissen Sie, was die Sanktionen in all den Jahren mit meinen Diamantenverkäufen gemacht haben? Ich bin britischer Staatsbürger. Ich bin kein Bure. Diese Gewalt hat nichts mit mir zu tun. Ich sage, leben und leben lassen.«

»Sie handeln mit Diamanten, Huntley.« Ich faltete meine Hände auf dem Tisch und sagte in ruhigem Ton: »Sie haben Blut an Ihren Händen. Und der Rest von Ihnen zahlt Apartheid-Steuern und geht wählen. Was brauchen Sie denn noch als Verbindung zu diesen Massakern?«

Huntley stand auf. Er entriss den Leuten um ihn herum die Kopien seines Manuskripts und stopfte sie in seine Ledertasche.

Muriel Mendelssohn hatte gequält zugehört, als hätte sie noch einmal eine Schelte der Schulleiterin in ihrem rhodesischen Internat erlebt. Jetzt brach ihre Stimme, als sie sprach: »Wir waren alle sehr gerne in Ihrer Klasse. Nun sehen Sie nur, was gerade geschieht. Sie sind mit einer Agenda hierhergekommen. Als ob *Sie* Probleme hätten und uns Ihre Neurose aufzwingen wollten.«

»Ich kam direkt aus dem Phola Park hierher, wo–«

Langsam setzte sich Huntley wieder hin. »Was haben Sie im Phola Park gemacht?«

»Ich arbeite für den ANC, für die Friedenskomm–«

»Ich hab's verdammt noch mal gewusst!«, rief Huntley aus.

»Er will uns einer Gehirnwäsche unterziehen«, sagte Grace Kensington, während sie sich bestätigungssuchend umsah.

»Ich gehe jetzt«, sagte Huntley, blieb aber sitzen. »Dieser Typ kann uns beim Schreiben nicht weiterhelfen.«

Muriel sagte: »Nach dem Tee können wir uns vernünftiger miteinander unterhalten.«

»Die Teepause wird sich um die 15 Minuten verzögern, die es braucht, um diese Vorübung zu machen«, sagte ich ihnen.

Grace wollte es nicht glauben. »Kein Tee? Quatsch. Zuerst verwandeln Sie unsere Klasse für kreatives Schreiben in ein kommunistisches Umerziehungslager, und dann kommt obendrauf noch dieser Teeentzug. Wir sind nicht Ihre Sklaven!«

Ich musste lachen.

»Halten Sie mich für komisch? Bin ich eine Witzfigur für Sie?«

»Sie wohnen doch in Sandton, Grace, nicht wahr?«

»Antworte nicht darauf, Grace«, höhnte Huntley. »Der Mann ist ein Sophist. Wo sie lebt, hat rein gar nichts mit *Tee* zu tun.«

»Wie viele von Ihnen hier leben noch in Sandton?«, fuhr ich fort. Vier der 15 Anwesenden lebten in Sandton. Der Rest von ihnen wohnte in anderen reichen *weißen* Vorstadtgegenden in der Nähe von Sandton, wie Rosebank oder Parktown (wo Nadine Gordimer lebte) – bewachte Enklaven für die Brit:innen. Die unter 40-jährigen lebten im Osten, in Yeoville, Norwood oder Bellevue East, wo sich Wohnungen finden ließen.

Ich erzählte ihnen einige Dinge, die sie bereits wussten: dass nicht mehr als eine schmale Autobahn den Vorort Sandton vom schwarzen Township Alexandra trennte. In »Alex« lebten 400 000 Menschen. Es war eine der am dichtesten besiedelten Gegenden der Erde. Sandton hatte breite Boulevards, weitläufige Parks, ein Fünf-Sterne-Einkaufszentrum und Häuser so groß wie Zitadellen. Wusste jemand, wie viel Prozent der Menschen in Sandton Strom hatten? Sie spotteten über die Lächerlichkeit dieser Frage und sagten hundert Prozent. Richtig, und wie viel Prozent waren es in Alex? Niemand wusste es. Zwanzig Prozent. Das bedeutete, dass 320 000 von 400 000 Menschen – oder mehr als eine Viertelmillion, die direkt gegenüber von ihnen wohnten – keinen Strom hatten.

»Ich kann immer noch nicht erkennen, wie uns das zurück zum Tee bringt«, sagte Huntley mit trägem Tonfall.

»Da sie keinen Strom haben, ist davon auszugehen, dass sie nicht die ausgeklügelten Alarmsysteme gegen Einbruch in ihren Hütten haben, die Sie alle nutzen. Es gibt kein Frühwarnsystem, wenn sie in der Nacht umgebracht werden. Nicht, dass überhaupt jemand käme, wenn sie die Polizei rufen könnten. Wie kommt es, dass es der Strom, den Sie als alltäglich ansehen, nicht über die Straße schafft? Und wie kommt es, dass es die Massaker, die die Leute aus Alex als alltäglich ansehen, nicht über die Straße bis in *Ihre* Häuser schaffen?«

Grace bestand darauf, dass die Menschen in Sandton nicht für das fehlende Stromnetz in Alexandra verantwortlich seien und dass sie ganz bestimmt nicht für die Gewalt verantwortlich seien.

»Das ist Gewalt von Schwarzen gegen Schwarze. Zulu gegen Xhosa«, sagte sie. »Man sieht keine Weißen, die sich gegenseitig mit Macheten zerhacken.«

Ich fragte sie, ob sie mir zustimmen würde, dass seit Juli 1990 Inkatha-*Impimpis* in Rekordzahlen nach Transvaal strömten? Sie sagte mir, *Impimpi* sei ein abwertender Begriff; wie würde ich mich denn fühlen, wenn man zur mir »Nigger« sagte? Ich beschloss, das zu ignorieren, und verwendete das Wort *Krieger*. Sie bestand auf *Migranten*; und anstatt sie zu fragen, ob sie nebenbei als Gatshas Publizistin arbeitete,* war ich einverstanden mit *Migranten*.

»Mehr als Hunderttausend von ihnen sind in den vergangenen zwei Jahren hierhergekommen. Sie müssen keine Zeitung lesen, um das zu wissen. Sie können einfach aus Ihrem Fenster schauen.«

»Ja«, räumte sie ein.

»Haben sie angegriffen – oder lassen Sie mich das anders formulieren: Standen sie im Zentrum dieser Gewalt?«

»Ja.«

»Brennen sie die Häuser von Menschen nieder, die im Township leben, erschießen und verstümmeln sie Menschen im Schlaf, entführen sie Frauen aus den Zügen?«

»Davon weiß ich nichts.«

»Grace, Sie müssen keine Nuklearwissenschaftlerin sein. Alles, was Sie tun müssen, ist ihr Fenster aufzumachen und über die Straße zu schauen. Sie haben die multiethnischen Arbeiter aus den Wohnheimen vertrieben. Sie töten jeden und jede, von denen sie glauben, dass sie den ANC unterstützen. Die Polizei versorgt sie mit Waffen und kutschiert sie in riesigen Lieferwagen genau dorthin, wo sie sein wollen.«

»In Ordnung. Worauf wollen Sie hinaus?«

»Der Stadtrat von Sandton zahlt die Miete für diese Herbergen; das heißt, Sie bezahlen ihre Miete. Darauf will ich hinaus. Aber Sie sagen, die Gewalt habe nichts mit Ihnen zu tun. Das klingt für mich nicht nach Gewalt von Schwarzen gegen Schwarze – nicht, wenn die Waffen von Weißen stammen, wenn die logistische Unterstützung von Weißen stammt und das Geld von Weißen stammt.«

* Mangosuthu »Gatsha« Buthelezi war der Chefminister des Homelands KwaZulu zu der Zeit, als ich bei Mario's arbeitete. Er war auch der Gründer und Präsident der Inkatha Freedom Party (IFP).

Huntley stand auf. »Alle, die Tee wollen, können mir folgen.« Mit dem Expeditionseifer eines Reiseleiters am Trafalgar Square führte er alle bis auf vier aus dem Raum. Mit feuchten Augen kam Muriel Mendelssohn auf mich zu.

»Sie müssen denken, dass wir wirklich ganz schön viel verdrängen«, sagte sie.

Ich wusste nicht, was ich sagen sollte.

Einen Tag später rief die Direktorin des Programms für Erwachsenenbildung an. Sie hatte eine Beschwerde vom Vorsitzenden des Stadtrats von Sandton erhalten. Sie sagte, sie sei nicht damit einverstanden, dass ein Lehrbeauftragter der Wits die Stadtverwaltung von Sandton verleumde. (Auch erhielt ich einen Anruf eines anderen Stadtratsmitglieds, das mich aufforderte, bei der nächsten Sitzung des Stadtrats vorstellig zu werden und meine Aussagen, die ich gemacht hatte und die den Stadtrat in die Gewalt verwickelten, zurückzunehmen. Sie sagte, falls ich bei der nächsten Stadtratssitzung nicht erschiene, würde man ein zivilrechtliches und möglicherweise auch strafrechtliches Verfahren gegen mich einleiten und dass ich, falls ich nicht strafrechtlich verfolgt würde, trotzdem inhaftiert werden könnte.) Die Universität setze auf Vertrauen, sagte die Direktorin. Ich wurde eingestellt, weil ich einen MFA in literarischem Schreiben hatte, keinen Doktortitel in Politikwissenschaft. Sie würde meine Dienste im nächsten Semester nicht fürs Unterrichten von kreativem Schreiben benötigen.

Mario's Trattoria war nun alles, was mir blieb.

3

Um zum Speiseraum in Marios Restaurant zu gelangen, nahm man einige Treppenstufen ins Souterrain. Wenn die Gäste und Angestellten den Kopf neigten, um aus den langen, schmalen Fenstern zu schauen, die an der Decke der Innenwände von Mario's Trattoria verliefen, sahen sie einen Pulk aus eleganten Bügelfaltenhosen über Geschäftsschuhen und trendigen Pumps oder High Heels *weißer* Frauen, die zwischen Turnschuhen von Schwarzen Frauen oder abgewetzten Arbeitsschuhen von Schwarzen Männern hin und her wuselten, die in den gleichen vorstädtischen Bürogebäuden arbeiteten wie die Weißen, wo sie Tee servierten, Toiletten putzten, Rohre reparierten und die Haustür vor Leuten bewachten, die genauso aussahen wie sie selbst. Der Speiseraum selbst war klein, doch ein vom Boden bis zur Decke reichender Spiegel gähnte wie ein großer Mund über die gegenüberliegende Wand und gab dem Raum das Gefühl einer kerzenbeleuchteten Höhle, die sich nachts zu einem mondbeschienenen Meer hin öffnete.

Zwei- oder dreimal am Abend spielte Dean Martins Version von »Volare« in der endlosschleifenden Playlist romantischer Balladen, die aus den Lautsprechern in den Ecken der Decke vibrierten. Ich liebte es, die Gesichter der Gäste zu beobachten, wenn dieses Lied erklang. Ich konnte die Gäste, die zum ersten Mal da waren, immer von denen unterscheiden, die schon einmal zuvor bei Mario's waren. Die erste Reaktion der Newcomer war immer Erstaunen – als wollten sie fragen, warum plötzlich alle aufhörten, zu sprechen. Warum, schienen sie sich zu fragen, warum legen die Geschäftsleute die Köpfe schief mit der Stille gespannter Jagdhunde? Warum war der Trinkspruch an der Hochzeitstafel unterbrochen worden? Warum lehnten sich die Liebenden voneinander weg, als die ersten Takte des Liedes gespielt wurden? Einmal sah ich, wie eine Schar von Nadine Gordimers Tischgästen die Nobelpreisträgerin ansah, als hätte sie den Verstand verloren, als Gordimer das Gespräch unterbrach und ihren Zeigefinger erhob. Die Verwirrung der Anwesenden dauerte weniger als zwei Sekunden. Gerade lang genug, dass die ersten beiden Silben von »Volare« über Dean Martins Lippen kommen konnten. Dann verbanden sich alle Stimmen des Restaurants zu einem Chor, der sich emporhob wie ein Blauwal reinen Klangs.

Let's fly way up to the clouds
Away from the maddening crowds

Selbst überraschte Neuankömmlinge schunkelten auf ihren Sitzen mit und stimmten ein. Alle liebten Mario's. Mario und sein Cousin Sandro waren im Zuge des jüngsten Einwanderungszustroms aus Süd- und Osteuropa nach Südafrika gekommen: Menschen aus Portugal, die die Grenze zu Mosambik überquerten und sich die Wunden des verlorenen Kriegs leckten; Menschen aus Rumänien, aus der Tschechoslowakei und aus der DDR, deren Schuhe noch mit dem Staub der niedergerissenen Berliner Mauer bedeckt waren; Menschen aus Griechenland und Italien wie Sandro und Mario.

Unter den Kellnern arbeiteten zwei Rumänen Anfang dreißig, beide mit Ingenieursabschlüssen und keinerlei Ventil für ihr Wissen in den Trümmern des aufgelösten Rats für gegenseitige Wirtschaftshilfe (COMECON)*, als das alte System im Sterben lag, das Neue allerdings noch nicht geboren war. Auch kellnerten zwei Afrikaner bei Mario's: der eine war ein Mann ohne Papiere, der aus dem Matabeleland in Simbabwe stammte; der andere war mindestens 15 Jahre älter als wir anderen, was ihn Ende vierzig oder Anfang fünfzig Jahre alt machte. Er stammte aus dem Homeland Venda in der nördlichsten Ecke Südafrikas, kurz vor der Grenze zu Simbabwe. Der Mann aus Simbabwe hieß DeNight. Wie auch ich war DeNight ein illegaler Einwanderer. Der ältere Mann aus Venda, der seiner Frau und seinen Kindern im Homeland seinen Lohn schickte, wurde von allen, auch von Mario und seiner Frau Riana, »Master« genannt. Ein buntes, buntes Völkchen waren wir, aus dem Land der Nichtsnutzspielzeuge, die Bankiers, Geschäftsleuten, Pro-

* COMECON ist der englische Spitzname für den Council for Mutual Economic Assistance (CMEA), der im Januar 1949 zur Unterstützung und Koordination der wirtschaftlichen Entwicklung osteuropäischer Länder des Sowjetblocks gegründet wurde.

fessorinnen und Touristen unter dem wachsamen Blick des kleinen Napoleons, der neben seiner langbeinigen Josephine auf dem Treppenabsatz stand, Penne, Fettuccini und Auberginen-Lasagne servierten. Riana war eine große, auffallend schöne Frau burischer Abstammung und war geboren und aufgewachsen in einem *klein dorpie*, nicht mehr als ein breiter Fleck auf einer geteerten Straße irgendwo in der Karoo.* Wir alle waren neu in Jo'burg: Mario, Sandro, DeNight, Master, die beiden Rumänen und ich.

Die Nische zwischen dem Speiseraum und den dicken Pendeltüren zur Küche war mein Refugium. Ein Tresen verlief entlang des halbhohen Raumteilers, der dieses schwach beleuchtete Nebenzimmer vom Rest des Speiseraums trennte. Am hinteren Ende dieses Tresens waren zwei Meter hoch Plastikkisten gestapelt. Die Kisten waren mit Fächern unterteilt und boten jeweils Platz für 25 Wassergläser. Es war die Aufgabe des Bedienungspersonals, dafür zu sorgen, dass die passenden Gläser in die beiden obersten Kisten sortiert und mit Eiswasser gefüllt wurden. Ich konnte hinter diesen durchsichtigen Kisten stehen und den gesamten Speiseraum überblicken, sogar die sieben Stufen zum Treppenabsatz mit der Kasse und dem Speisekartenständer.

Am Abend wurden die Deckenlichter gedimmt, und auf den Tischen brannten die Kerzen romantisch runter. Dean Martin sang »Volare« und die Gäste sangen mit. Mario's versammelte ein *Who is Who* der wichtigsten *weißen* Intellektuellen und Politiker:innen, die Teil der gesellschaftlichen Umwälzungen waren, in denen das Land gerade begriffen war. Bei Mario's sah ich Roelf Meyer, den ehemaligen Minister für Verfassungsentwicklung von F. W. de Klerk, wie er mit seiner Frau im Kerzenschein zu Abend aß. Als ich 1991 nach Südafrika kam und bei Mario's anfing, hatte de Klerk Roelf Meyer gerade als Nachfolger von Magnus Malan zum Verteidigungsmi-

* *Klein dorpie*: ein kleines Dorf. *Karoo*: eine Halbwüstenlandschaft, 600 Meilen in südwestlicher Richtung von Johannesburg.

nister ernannt. Die Generäle mochten ihn nicht, und andere Hardliner der Rechten nannten ihn einen *verligte Nat* (einen »Liberalen« oder »Aufgeklärten« der National Party), der nicht die angemessene Einstellung gegenüber dem Kommunismus und der *swart gevaar*, der »schwarzen Gefahr«, hegte. Er blieb in diesem Job ungefähr so lange wie ich bei Mario's, und von meiner Nische aus, in der ich ihn beim Essen beobachtete, wurde mir klar, warum. Die Leute, mit denen er zu Abend aß, sprachen Englisch, nicht nur mit mir und den anderen Kellnern, sondern auch untereinander, was bedeutete, dass sie genealogisch gesehen Engländer waren. Oder sie gehörten einer neuen Spezies von Buren an, die 1989 aus den Schatten auftauchten, als de Klerk an die Macht kam – weltmännische Buren, die sich um die Meinung der Weltöffentlichkeit scherten. Roelf Meyer war der gelassene und geschliffene Coverboy dieser neuen Spezies. Die einzigen Schwarzen Gäste, an die ich mich erinnere, waren Prominente wie die Bühnen- und Leinwandstars Jon Kani und Thembi Mtshali. Die Abendgäste waren immer besser gekleidet und entspannter als die gehetzten Geschäftsleute zum Lunch.

Was mich überraschte, war das Ausmaß, in dem die Leute, die bei Mario's arbeiteten – von Riana und Mario über die beiden Rumänen bis hin zu Master und DeNight – vollkommen ahnungslos waren, was die Bedeutsamkeit der Kundschaft betraf, vor allem beim Abendessen. Von *weißen* liberalen Akademiker:innen, die sich als Berater:innen für den Gewerkschaftsdachverband Congress of South African Trade Unions einen Namen gemacht hatten, über Juraprofessor:innen, die die gemäßigte Fraktion des ANC berieten, wenn sie nicht gerade vier Blocks entfernt an der Universität von Witwatersrand lehrten, bis hin zu Strippenziehern wie Roelf Meyer, berühmten Schauspieler:innen und Schriftsteller:innen – eine Phalanx von Gesichtern, die allen auf der ganzen Welt bekannt waren, die mit den raschen Veränderungen des Landes Schritt halten konnten, schlenderte Marios Stufen zu seinem Speiseraum hinunter, wo sie sich alle über Teller mit Räucherlachs oder Penne Arrabiata beugten und alles mit der besten Sangria Südafrikas runterspülten. Alle liebten Mario's. Doch nicht alle, die bei Mario's *arbeiteten*, wussten, dass sie jene Hoheiten fütterten, deren Hände ihre Zukunft schmiedeten.

Als ich Nadine Gordimer das erste Mal erspähte, saß sie gerade mit ihrem Ehemann und einem Gast aus England beim Essen. Als Riana durch die Nische ging, in der Master, DeNight, die Rumänen und ich unsere Tische beobachteten, ohne gesehen zu werden, sagte ich ihr, dass Nadine Gordimer die letzte Person sei, mit der ich erwartet hätte, in einem Raum zu sein, als ich nach Südafrika umzog.

Riana sagte: »Welche von ihnen ist sie?«

Ich war überwältigt. »Du machst Witze, oder?«

Meine Worte hatten sie verletzt, und das tat mir leid. Es war eine spontane und unbeabsichtigte Abfuhr. »Sie hat vor drei Monaten den Nobelpreis für Literatur erhalten.«

»Oh, ja, darüber habe ich gelesen«, log Riana.

Master und DeNight waren sich einig, dass sie eine freundliche *weiße* Dame war, die »sogar zu Afrikanerinnen und Afrikanern Bitte und Danke« sagte.

Die Rumänen warfen mir vor, dass ich flunkerte.

Ich fragte sie, wer Nadines Tisch heute Abend »gewässert« habe. Als einer der Rumänen nickte, sagte ich ihm, er solle mich zum Tisch mitkommen lassen, wenn es so weit sei, die Bestellung aufzunehmen. Wenn irgendetwas von dem, was ich gerade gesagt hätte, gelogen wäre, dann versprach ich, ihm mein Trinkgeld des gesamten Abends zu geben; wenn ich jedoch die Wahrheit sagte, dann bekäme ich all sein Trinkgeld des Abends. Die Wette gefiel ihm nicht, also änderte ich den Einsatz. Wenn ich lüge, sagte ich, dann bekommst du immer noch mein gesamtes Trinkgeld, aber wenn ich die Wahrheit sage, dann übernehme ich ihren Tisch und bekomme das Trinkgeld, was dabei abfällt. »Woher kennst du sie?«, fragte er spöttelnd. Ich merkte, dass er kalte Füße bekam, doch er musste vor Riana und den anderen das Gesicht wahren.

Wie ich beobachtete, schenkte Gordimer ihrem Gast aus England mehr Aufmerksamkeit als ihrem Ehemann Reinhold Cassirer. Gordimer war damals 68 Jahre alt. Reinhold war in den 1970er-Jahren einer der einflussreichsten Kunsthändler Südafrikas gewesen und ein Captain in der südafrikanischen Armee, der während des Zweiten Weltkriegs dem britischen Geheimdienst zugearbeitet hatte. Bis heute hatte er einen starken deutschen Akzent. Er war ein deutscher Jude mit beträchtlichem Vermögen, dessen Familie aus Berlin geflohen war, als Hitler an die Macht kam. Jetzt war er 83 Jahre, also 15 Jahre älter als Gordimer. Dieser jüdische Holocaust-Flüchtling, der zum Spion und Kunsthändler geworden war, war zweifellos der hellste Stern an ihrem Himmel. Doch am Ende verliert jede Fackel ihr Licht. Reinhold, mit seinem Sauerstoffgerät, war keine Ausnahme.

Bevor die Rumänen ihre Bestellung aufnehmen konnten, machte ich den Mund auf. Ich stellte mich vor, indem ich Gordimer erzählte, wie viel mir ihre Arbeit als Schriftstellerin bedeutet hatte. Es war nicht die ganze Wahrheit, aber es weckte ihre Aufmerksamkeit. Die Wahrheit war, dass ihre Politik mir viel bedeutet hatte. Stattdessen war ich fasziniert vom Schreiben von J. M. Coetzee, den ich für einen besseren Geschichtenerzähler und einen tiefgründigeren Sprachkünstler hielt – wenngleich mir seine Politik missfiel.

»Dieser junge Mann«, sagte ich mit einem Hauch von Herablassung in Bezug auf den Rumänen, »wie auch Mario und seine Frau Riana baten mich, Ihnen herzlich zum Nobelpreis für Literatur zu gratulieren.« In ihren Augen sah ich, wie sich die Zahnräder der Eitelkeit und der Skepsis ineinander drehten. Mit dieser dünnen Stimme aus Stahl, an die ich mich in den nächsten zwei Jahren gewöhnen würde, fragte Nadine Gordimer, warum ich für »diese kleine Rede« nominiert worden sei. Es war nicht leicht, ihr zu schmeicheln. In einem pädagogisch klugen Schachzug wandte ich mich an den Rumänen und sagte: »Gute Frage. Warum habt ihr mich eigentlich ausgewählt?« Die Wahrheit engte ihn ein, und er war entschlossen, abzuhauen. Weil du ihre Arbeiten an der Columbia unterrichtet hast, sagte er zu mir, gerade mit so viel Begeisterung, wie man sie etwa für eine anstehende Wurzelbehandlung aufbringen würde. Wo Said ist, sagte Gordimer. Ich sagte ihr, dass ich bei ihm studiert hätte. Der Rumäne sah aus wie das, was er war: ein Mann, der eine Wette verloren hatte. Nadine fragte mich, ob ich heute ihr Kellner sein könnte. Sie wollte gerne mit mir über ein Projekt sprechen.

4

In den meisten gehobenen (und selbst in manchen niedrigpreisigen) Geschäften war es Menschen afrikanischer Abstammung verboten, Geld anzufassen. Doch was war ich bloß in den Köpfen von Mario und Riana? Mario war der Küchenchef. Riana war die Chefin im Service. Er war Europäer. Sie war Afrikaanderin. Vom Treppenabsatz neben der Eingangstür aus beobachtete Riana die Schwarzen Kellner wie eine Schleiereule die Mäuse. Wenn die Gäste das Lokal verließen, stürzte Riana die Treppe herunter und sammelte das Trinkgeld ein, das Masters und DeNights Gäste hinterlassen hatten. Wenn Riana nicht auf dem Treppenabsatz stand, räumten die beiden einen ganzen Tisch ab und deckten ihn mit Stoffservietten, Besteck und Gläsern erneut ein, ohne auch nur einen Geldschein oder eine Münze zu berühren. Am Ende jeder Schicht teilte Riana den Inhalt des Trinkgeldglases für Schwarze zwischen Master und DeNight auf. Da sie nicht wussten, wie viel sie jede Nacht verdienten, wussten sie nicht, ob sie sie betrog.

An meinem ersten Arbeitstag lief ich mit Master während der Mittags- und Abendschicht mit; alle Trinkgelder gehörten also ihm. Als ich ihn fragte, warum er und DeNight Riana ihre Trinkgelder annehmen ließen, während die beiden Rumänen ihre eigenen annahmen, lächelte er mit einem Schulterzucken und sagte: »Das ist Südafrika, mein *China*.« Ich sagte: »Scheiß doch auf den ganzen Dreck«, und wir lachten beide. Er dachte, ich machte Spaß.

Als mein erster Tisch während meiner ersten Schicht zahlen wollte, war ich es, der die Rechnung brachte. Der zahlende Gast am Tisch begann, die Rechnung, die ich ihm gerade ausgehändigt hatte, zusammen mit seinen zerknitterten Geldscheinen auf den Tisch zu legen, doch ich streckte meine Hand aus.

»Darf ich?«, sagte ich – mit einem Lächeln.

Er sah mich an, als hätte ich Serbokroatisch gesprochen. Mir wurde klar, dass er vielleicht noch nie zuvor einem Afrikaner *direkt* Geld gegeben hatte.

Schließlich, ganz langsam, gab er mir die Rechnung zurück und mit ihr das Geld.

»Ich bringe Ihnen das Wechselgeld.«

Er sagte, es stimme so.

Ich stand mit dem Rücken zum Treppenabsatz, wo Riana – da war ich mir ganz sicher – zusah. Ich verweilte einen Moment bei den Menschen am Tisch. Ich konnte fast spüren, wie Riana sich krümmte. Auf dem Treppenabsatz gab ich ihr die Rechnung und das Bargeld. Ihr Kiefer sah so verkrampft aus, wie mein Magen sich anfühlte. Ich lächelte. Sie zählte die Geldscheine in die Kasse. Das Wechselgeld behielt sie.

»Ich sorge dafür, dass er es bekommt«, sagte sie.

»Es ist mein Trinkgeld.« Ich streckte meine Hand aus. »Du kannst ihn fragen.« Sie war nicht glücklich damit, doch sie gab mir das Geld.

Beim ersten Mal, als jemand mit Kreditkarte zahlte, kassierte sie den Kunden ab und behielt mein Trinkgeld. Ich ging die Stufen bis zum Treppenabsatz hinauf. »Mein Trinkgeld«, sagte ich neben der Kasse und nickte. Mein Herz raste. Die Angst brannte mir zehn Jahre meines Lebens weg. Riana drückte brüskiert ihre importierte Gauloises aus. Ich hatte mich nicht geregt. Die Kasse klingelte und öffnete sich. Doch anstatt mein Trinkgeld in das Trinkgeldglas der Afrikaner zu geben, legte sie das Geld auf die Kante neben der Kasse. Ich steckte das Geld in meine Tasche. Sie sagte kein Wort.

5

Nicolas und Sipho waren muskulöse Männer mit Händen, die mehr Hornhaut hatten als jede Hand der Köche, mit denen ich in den Staaten zusammengearbeitet hatte. Sie mussten vom Land gekommen sein, dachte ich, oder irgendeine Art harte Arbeit im Freien verrichtet haben, bevor sie bei Mario's gelandet waren. Das einzige Mal, dass sie in den Speiseraum kamen, war, um nach Schichtende heimzugehen oder um das Essen auf dem langen Tisch fürs Personal zu servieren, wo Mario, Riana, Sandro und die beiden Rumänen zu Mittag aßen. Am ersten Tag ging ich mit Master und DeNight in die Küche, wo sie zusammen mit Nicolas, Sipho und dem Küchenteam *Pap-n-fleece** mit den Fingern aßen. Warum aßen die Schwarzen Kellner Brei und zähes Fleisch, während die Weißen Penne mit zartem Lachs und Wodkasauce aßen?, fragte ich sie. Ich wollte gerade mit dem Essen beginnen, als Sandro, Marios Cousin, in die Küche kam. Er sagte, Mario und Riana wollten wissen, ob ich mich zu ihnen an den Tisch fürs Personal im Restaurant setzen wolle. (War ich ein Schwarzer oder ein Amerikaner? Vielleicht hatten sie eine Münze geworfen.)

Ich weiß nicht, was mich mehr gereizt hat, meine Einladung als Ehrenweißer oder der Stolz, den ich aus dem Lächeln des Küchenteams herauslas (als ob ihr eigener Jackie Robinson jetzt in der Major League spielte). Ich sagte zu Sandro, er solle Mario und Riana ausrichten, dass ich mich mit den Schwarzen ganz wohlfühlte. Sandro verstand sofort: Er sagte mir, ich solle aufhören, mich wie ein Idiot aufzuführen, und schätzen lernen, was es bedeutet, akzeptiert zu sein. Ich sagte ihm, ich käme in einer Minute raus. Als er ging, sagte ich zu Master und DeNight, ich ginge nur raus, wenn auch sie mitkämen. Sie sahen mich an, als hätte ich ihnen zwei Mal lebenslänglich verpasst. Sie sagten mir, wie sehr sie

* *Pap*: Brei aus Maismehl, Wasser und Milch; *fleece*: Fleisch.

Pap-n-fleece mochten; es sei schließlich, so sagte Master, ein afrikanisches Gericht. Ihr mögt es lieber als italienisches Essen?, wollte ich wissen. Sie nickten. Ich fragte sie, wie viel italienisches Essen sie gehabt hätten, seit sie hier arbeiteten. Grillenzirpen in der Stille.

Wie könnt Ihr Essen servieren, das Ihr noch nie probiert habt?, fragte ich Master und DeNight. Wenn Ihr den Gästen den Geschmack der Speisen beschreiben und dann sagen könnt, welcher Wein am besten zur Bestellung passt, ist der Gast glücklich und Euer Trinkgeld geht durch die Decke. Kommt schon. Lasst uns rausgehen und essen. Alle Gespräche verstummten, als wir drei den Speiseraum betraten. Ich dachte, ich müsste Master und DeNight auf ihre Stühle setzen, so versteinert waren sie durch den Ausdruck auf Rianas Gesicht. Mario versuchte, streng zu sein, doch er hatte nicht die Klappe seiner Frau. Als Master und DeNight saßen, tat ich zuerst ihnen und dann mir selbst auf. Die beiden liebten das Essen! Während der gesamten Mahlzeit war es so still am Tisch, dass wir die Stimmen der Passanten von der Straße durch die geschlossenen Fenster hören konnten.

6

Als die Chefkassiererin kündigte, kamen mehrere afrikanische Frauen in die Trattoria, um sich auf die Stelle zu bewerben, doch jeder Frau wurde mitgeteilt, dass der Job bereits vergeben sei. Nach dem dritten Mal konfrontierte ich Riana und Mario damit. Damals glaubte ich, ich hätte sie auf frischer Tat bei einem Akt der Diskriminierung ertappt. Jetzt, durch die Linse des Afropessimismus, sehe ich, dass es komplizierter (und vielleicht sogar *elementarer*) war. Es ging noch um etwas anderes.

In *Das Kapital* erwähnt Karl Marx den Sklaven, kann oder will ihn aber nicht theoretisieren. Für Marx ist der Arbeiter der Wirt, von dem sich die Zivilgesellschaft ernährt. Zudem ist der Arbeiter der Motor der Revolution, das fühlende Wesen, dessen Befreiung den Kapitalismus und damit die Welt, wie wir sie kennen, zerschlagen wird. *Das Kapital* leidet jedoch an einer unzureichenden Vergleichsanalyse zwischen der Stellung des Arbeiters und der Stellung des Sklaven. Marx nennt den Sklaven ein »sprechendes Werkzeug« – was, wie ich argumentiert habe, in der Tat eine treffende Beschreibung ist, die eine sorgfältige Reflexion verdient; doch Marx macht diese Beobachtung lediglich nebenbei und fährt fort. Marx ist genauso stumm und erstaunt über dieses sprachbegabte Subjekt, das kein vollwertiges Subjekt ist, so stumm und erstaunt wie Mario und Riana es waren, als ich sie damit konfrontierte, wie sie die Schwarzen Frauen behandelten, die sich um die Stelle als Kassiererin bewarben. Mario und Riana hatten inmitten von Schwarzen Kellnern, Schwarzen Köchen, Schwarzen Frauen, die Salate und Desserts zubereiteten, und den Schwarzen Tellerwäschern gelebt, so wie Edwin Epps und seine Frau Mary Epps, in dem Film *12 Years a Slave*, unter ihren Sklavinnen und Sklaven lebten. Edwin und Mary Epps käme es nicht in den Sinn, die schlechte Behandlung ihrer Werkzeuge, ihrer Sklavinnen und Sklaven, zu kaschieren. In einem Werkzeugschuppen zerbricht man keinen Schraubenschlüssel und fragt sich, wie sich der Hammer dabei fühlt. Es stimmt, die Welt von rationaler politischer Veränderung und Debatte, die am Ende der sieben Stufen und vor der Tür des Restaurants lag, nahm Einfluss auf Mario's Trattoria. Ein Schwarzer Präsident Südafrikas war denkbar, bevor das 20. Jahrhundert zu Ende ging. Doch Mario's war ein dunkles Eckchen im Schädel der Stadt, nicht unähnlich dem Unbewussten; ein Bereich dessen, was in der Lacan'schen Theorie als primärer Signifikant bezeichnet wird, in dem die relationale Logik eine geringere Bedeutung besitzt: Im Unbewussten herrscht keine Zeit. Es herrschen hartnäckige Fixierung, tödlicher Genuss, phantasmagorische Verbindungen und rapide Lustbefriedigung, die gewaltvoll mobilisiert werden.

Edwin und Mary diskutieren die intimsten Details ihrer Ehe, wenn sie im Salon vor den Augen ihrer Sklavinnen und Sklaven streiten. Sie verletzen sich gegenseitig mit Einzelheiten ihrer Sexualität und ihrer Vergangenheit, die sie vor ihren engsten Bekannten nur äußerst ungern offenlegen würden. Doch aus irgendeinem Grund stellen diese Sklavinnen und Sklaven, diese »sprechenden Werkzeuge«, keine Bedrohung dar – sie bleiben, um mit Saidiya Hartman zu sprechen, »unbedacht«. Es ist, als befänden sich Edwin und Mary nicht unten im Salon, sondern oben in ihrem Schlafzimmer, allein und unbekleidet, nur die Augen der Möbel auf ihre nackten Körper geheftet. In der Tat, sie *sind* allein. Denn der Salon ist nicht mit Gesprächspartnerinnen und Gesprächspartnern bevölkert, sondern vielmehr mit einer Menagerie von Objekten geschmückt, von denen einige lebendig sind.

Mario's Trattoria war eine Kopie von Edwins und Marys Salon. Vor den Augen der Afrikaner zerfleischten sie sich. Vor dem Küchenteam brüllte er Riana hektisch händewirbelnd an. Sie beschwerte sich darüber, dass Mario Sibongile und Liyana, den beiden Frauen, die für die Salate zuständig waren, sexuelle Avancen machte. Dann sagte er ihr immer, sie solle doch wieder in die karge Karoo zurückgehen und Kühe hüten. Sie erinnerte ihn wiederum daran, dass er ohne sie kein Visum hätte – kein Visum, kein Restaurant, sagte sie, während ihre Stimme sich eine Oktave nach oben schraubte.

Mario und Riana empfanden es nicht direkt als peinlich, geschweige denn als beschämend, als ich sie damit konfrontierte, nein, sie waren *erschreckt*, dass sie beobachtet und beurteilt wurden von einem ihrer Werkzeuge. Man stelle sich einmal den Schock von Mary Epps vor, wenn Patsey, die Sklavin, die ihr Mann regelmäßig (mit »Liebe«) vergewaltigte, in dem Moment, als sie Edwin Epps' »Männlichkeit« im Salon angriff, gesagt hätte: »Du hast so recht, Mary, er ist ein Don Juan.« (Marys Schock wäre naturgemäß nur von kurzer Dauer; angesichts all ihrer zahlreichen Forderungen, dass Edwin Patsey auspeitschen oder verkaufen soll, ist es nicht vorstellbar, dass das Gespräch weitergeht – denn Mary Epps würde Patsey töten lassen.) Mario und Riana hatten jahrelang mit dem »Unbedachten« des Empfindungsvermögens gelebt, das sie umgab; genau wie Mary und Edwin Epps es getan hatten.

Sie brauchten einige Augenblicke, bevor sie auf meine Anschuldigung der Diskriminierung am Arbeitsplatz reagieren konnten. Einen Moment lang waren sie beide sprachlos. Ich interpretierte ihre Aphasie als Schuldgefühl. Ich hätte nicht stärker danebenliegen können. Dann tat Riana etwas Seltsames. Sie lächelte. Master und DeNight machten ihre Tische gerade für ihre Schicht fertig und versuchten, nicht darauf einzugehen, was sich gerade abspielte. Doch Masters Gesicht war gezeichnet durch Sorgenfalten, die ihn viel älter aussehen ließen als das 51-jährige Gesicht in dem »Passbook«, das er weiterhin bei sich trug, obwohl das Passgesetz aufgehoben worden war. Er war eine Generation älter als ich. Alt genug, um schon einmal ein Lächeln gesehen zu haben, das einem Mann wie mir von einer Frau wie Riana geschenkt wurde. Es war kein kameradschaftliches Lächeln. Es war kein sexuelles Lächeln. Master wusste, wo er stand, und er musste mir helfen, zu erkennen, wo ich stand. Also bat er mich, ihm vier meiner gefalteten Servietten zu bringen. Ich habe nicht mehr viele, log er.

Riana sagte, was sie den drei Schwarzen Frauen über den Job gesagt hatte, sei eine »Notlüge«, eine *white lie*, gewesen, um »die Mädchen« vor einem Verlust ihres Selbstwertgefühls zu bewahren. Ich hätte gelacht, doch die angespannte Vorsicht von Master war auf mich übergegangen. Rianas Stimme war scharf mit Herablassung geworden. Ihnen zu sagen, dass die Stelle besetzt worden sei, so fuhr sie fort, sei viel besser für ihr Selbstwertgefühl, als ihnen mitzuteilen, dass sie nicht qualifiziert seien. Mario stand neben ihr und nickte.

Jetzt musste ich lachen. »Du bist wirklich eine Heilige. Eine echte Menschenfreundin.«

Mario streckte mir von seinem erhöhten Platz auf dem Treppenabsatz neben ihr seinen Finger entgegen.

»Was gibt es da zu lachen?«, sagte er.

»Drei Notlügen, drei *weiße Lügen* für drei Schwarze Frauen«, gab ich zur Antwort.

»Lachst du meine Frau aus?« Die Muskeln in seinem Nacken zuckten.

»Machst du Witze? Ich bewundere ihr Mitgefühl.«

Master sagte: »Frank, ich habe keine Servietten mehr. Kann ich welche von dir haben?«

Ich griff weder nach den Servietten noch nahm ich seine Bitte zur Kenntnis. Ich wusste verdammt genau, dass er genügend Servietten hatte.

Mario kam langsam die Stufen runter. Riana griff nach dem Ärmel seiner weißen Kochjacke, die mit kleinen Stoffknotenknöpfchen besetzt war.

Ich ließ nicht ab. »Nur eine Hellseherin könnte wissen, dass die Frauen nicht qualifiziert sind, bevor man ihre Lebensläufe gelesen hat.«

Zwischen uns sammelte sich eine Pfütze des Schweigens. Vor meinem geistigen Auge sah ich, wie der weiß gekleidete Mario, mit seinem schwarzen zerzausten Haar, seinen kräftigen, wütend gestikulierenden Händen, übers Geländer auf mich zustürzte.

Riana sagte: »Was für ein Amerikaner bist du denn?« Und ich lachte wieder. Mario befreite sich aus ihrem Griff.

»Frank!«, hämmerte Masters Stimme.

Ich drehte mich zu ihm um. »Die Servietten, mein *China*.«

* * *

Ich spürte Masters Sorge um meine Sicherheit auf einer tiefen, vorsprachlichen Ebene dermaßen heftig, dass ich ihn drängte, es in Worte zu fassen. Er war immer der Erste, der die Umkleidekabine erreichte und seine Straßenkleidung gegen seine Kellneruniform tauschte. Master war seit der Restauranteröffnung bei Mario und Riana. Nicht einmal Nicolas und Sipho, die beiden Säulen der Küche, waren so lange wie Master dort gewesen. Die Arbeit, die Master für Mario und Riana tat, ging weit über seine Fähigkeiten als Kellner hinaus. Er konnte die Klimaanlage reparieren; er konnte den Gasherd auseinandernehmen und wieder zusammenbauen; und er kommunizierte mit der Reinigung, von der die Wäsche gewaschen wurde. Doch er tat all das nur so lange, bis Sandro, Marios Cousin, aus einem Dorf bei Neapel kam und dafür bezahlt wurde, das zu tun, was Master umsonst getan hatte. Das nagte an seinem Stolz; und er reagierte darauf, indem er noch mehr lächelte. Doch hatte nicht er gelächelt, als er mich auf der Bank sitzen sah, wo ich seinen persönlichen Raum und seine Ungestörtheit verletzte. Jeder wusste, dass dies Masters Zeit war; und jeder außer mir schien dies zu respektieren. Sogar Sibongile und Liyana, die beiden Salatfrauen, die dazu noch Knoblauchbrote zubereiteten und dem Tellerwäscher unter die Arme griffen, wenn er zu viel zu tun hatte, selbst sie richteten ihre Ankunft so ein, dass sie in der Pause nach Masters Ankunft und vor der Ankunft der Küchenleute und Kellner kamen. Auf diese Weise konnte Master etwas Zeit für sich haben, Zeit, von der jeder außer mir wusste, dass er sie brauchte, und Sibongile und Liyana konnten sich ungestört umziehen, bevor die Männer eintrafen.

Ich wartete auf der Bank neben der Tür, sodass ich ihn ein paar Sekunden beobachten konnte, bevor er mich bemerkte, als er die Umkleide betrat. Als die Tür aufschwang und er in mein Blickfeld kam, sah ich, wie seine Schultern durch das Gewicht eines noch nicht begonnenen Tages beschwert waren. Er murmelte ein sanftes, ängstliches Stottern von Englisch und Venda in sich hinein. Die Tür schloss sich hinter ihm. Es war zu spät, als er mich sah. Zu spät, um sich, wie Clark Kent in einer Telefonzelle, schnell ein Superheldenlächeln überzustreifen. Ich hatte das widerwillige Schlurfen seiner Schuhe auf dem Zementboden vernommen und die Fäulnis, die Resignation und das Bedauern aus den Wortrümmern herausgeschmeckt. Ich hätte diesen Ausdruck auf seinem Gesicht bei ihm nie für möglich gehalten. Es war ein Ausdruck der Wut, beinahe schon des Hasses. Ich fragte mich, ob irgendjemand auf der Welt, selbst seine Frau und seine Kinder im Homeland Venda, Masters Gesicht jemals so gesehen hatte, ohne dieses ewige weiße Lächeln, das in die Landschaft seines glühenden onyxfarbenen Gesichts eingelassen war. Er blinzelte. Dann lächelte er. Die Welt wurde wieder in Ordnung gebracht. Ich fühlte einen Stoß von Scham. Ich entschuldigte mich.

»Wofür?«, fragte er mit beruhigender Stimme. »Du gehörst genauso hierher wie ich.«

Auch wenn ich mir nicht sicher war, ob ich es ernst meinte, dankte ich ihm dafür, dass er versucht hatte, die gestrige Auseinandersetzung zu entschärfen. Er wandte mir den Rücken zu und drehte an seinem Zahlenschloss herum.

»Dazu wollte ich doch noch was fragen«, sagte ich.

»Master brauchte Servietten«, sagte er von sich selbst in der dritten Person. »Master wollte keine Probleme machen, Bra Frank.« Er strahlte dieses enervierende, undurchschaubare Lächeln aus.

Das nervte mich. Ich war nicht sein Altersgenosse. Laut Stammesbrauch war er ein Älterer. Master hatte keinen Grund, mir gegenüber Respekt zu zeigen, indem er mich »Bra« (Afrikaans für Bruder oder Onkel) nannte, als wäre ich sein Ältester. *Dieser* Negro *macht sich lustig*, dachte ich verbittert. *Gestern nannte er mich »Frank« mit der Schärfe und dem Befehlston, den man gegenüber einem Untergebenen verwenden würde; jetzt wird er zu einem undurchschaubaren Afrikaner und behandelt mich wie einen doppelt so alten Mann oder wie einen Weißen, jemanden, den man respektvoll belügt.* Ich wollte ihm sagen, *vergiss es*, und dann gehen. Über den Spiegel nahm er Blickkontakt mit mir auf, als er sich die Fliege umschnallte.

Was er anschließend sagte, überraschte mich. Es hatte nichts mit jenen Worten zu tun, die ich mit Mario und Riana gewechselt hatte. Master setzte sich auf die Bank gegenüber von mir.

Mit einer Ernsthaftigkeit, die ich niemals an ihm vermutet hätte, sagte Master: »Hast du irgendeine Ahnung, wo du hier bist?«

Am Arsch der Welt, wollte ich sagen, während ich eigentlich in Amsterdam sein könnte, entspannt und mit einer Tüte zwischen den Fingern.

»Wo bin ich hier, Master?«

»Südafrika«, sagte er mit fester Stimme.

Dann erzählte er mir, dass Mario reizbar sei. War mir nicht neu. Er sagte, er wolle nicht, dass Mario mich angreife, was er vielleicht getan hätte, wenn ich seine Frau weiter beleidigt hätte. Ich sagte, sie habe meine Intelligenz beleidigt; und ich fragte ihn, ob er glaube, dass ich mit einem so kleinen Mann wie Mario nicht fertigwürde. Master wartete einen Augenblick, als ränge er mit sich, ob ich ein Löffelchen seiner Weisheit wert sei oder ob er hinausgehen und mit dem Eindecken des Speiseraumes beginnen solle, um mich im Minenfeld meinem Schicksal zu überlassen. Und dann sagte er mir, er fürchte sich nicht davor, was Mario mir antun würde, sondern was Nicolas und Sipho vielleicht getan hätten.

»Sie hätten dich umbringen können«, sagte er.

Ich sah ihn an, als hätte er gesagt, er sei gerade von einem Mondurlaub zurückgekehrt.

»Der Koch und der Souschef?«, sagte ich ungläubig. »Sie sind *Schwarz*.« Ich sagte, vielleicht sei er ja derjenige, der nicht wisse, wo er sich hier befinde. »Nicolas und Sipho sind Schwarze, die Mario wie Fußabtreter behandelt. Ich bitte dich! Warum sollten sie ihm zu Hilfe kommen, wenn ich mich für drei Schwarze Frauen einsetze?«

Ich nutzte Masters wortlose Mine aus, um ihn an meine Bemühungen zu erinnern, bei Mario's eine Gewerkschaft zu organisieren. Ich erinnerte ihn an die Flugblätter und Broschüren des

Afrikanischen Nationalkongresses, die ich den Angestellten regelmäßig in die Hände drückte, wenn Mario, Riana, die Rumänen und Sandro gerade nicht guckten. Wann immer sich in Transvaal ein Massaker ereignete, ob es sich nun um die 46 Menschen handelte, die im Hausbesetzerlager Joe Slovo getötet wurden, oder um zehn Menschen, die in Mapetla getötet wurden – immer konnten das Küchenteam sowie er und DeNight darauf zählen, dass ich am nächsten Tag mit Literatur auf der Matte stünde, um die politische Bedeutung des paramilitärischen Bündnisses zwischen der IFP und dem südafrikanischen Nachrichtendienst zu erläutern.

Mit meiner politischen Arbeit im ANC hatte ich in der zweiten Woche nach meiner Ankunft in Südafrika angefangen, und ich war fest davon überzeugt, dass man sich dort organisieren müsse, wo man lebt. Ich wollte nicht das Leben von Immigrant:innen imitieren, wie ich es in den USA mitangesehen hatte, die entweder ihr neues Leben auf dem Rücken Schwarzer Amerikanerinnen und Amerikaner zusammengeschustert hatten, die weniger Chancen auf Anstellung hatten als ein disziplinierter und dankbarer Neuankömmling, oder die einfach ihr Bestes getan hatten, um nicht das Leid um sie herum bezeugen zu müssen.

Innerhalb eines Monats nach meiner Ankunft war ich in den offiziellen politischen Strukturen des ANC aktiv geworden, wie der ANC-Friedenskommission, die das Gewucher an Massakern durch die Polizei, die südafrikanischen Verteidigungskräfte und die Inkatha Freedom Party in den Townships rund um Johannesburg, überwachte und zu verhindern versuchte.

Natürlich erzählte ich den Angestellten bei Mario's niemals, dass die ANC-Friedenskommission auch eine Gehilfin des bewaffneten Kampfes des ANC war (und Waffen in die Verteidigungseinheiten der Hausbesetzerlager schmuggelte), doch Master erinnerte mich daran, dass ich ein Positionspapier verteilt hatte, das von einem einflussreichen Agenten im militärischen Arm des ANC verfasst worden war und in dem argumentiert wurde, dass die

Befreiungsbewegung sich nicht durch das Argument der Liberalen täuschen lassen sollte, dass alle Gewalt unethisch sei: dass die Gewalt der Apartheid-Regierung und ihrer Stellvertreter in der Inkatha Freedom Party nicht mit der revolutionären Antwort der Befreiungsbewegung gleichzusetzen sei. All das, so sagte ich Master mit einem Ton von Endgültigkeit und Entschlossenheit, sollte für alle Schwarzen, die auch nur fünf Minuten lang in diesem Restaurant, dieser Miniaturplantage, gearbeitet hätten, völlig einleuchtend sein.

»Natürlich«, sagte Master und überraschte mich mit einem Grad an Sarkasmus, den ich mir aus seinem offenen, lächelnden Gesicht nie hätte vorstellen können. »Das erklärt auch, warum Nicolas Fana in der Küche mit einem Messer gejagt hat, weil er Fana beim Lesen eines Buches erwischt hat, das du ihm gegeben hast.«

Fana war der Tellerwäscher, ein Teenager, der sagte, er sei 18, obwohl er wie 15 aussah. Fana war wahrscheinlich nicht sein Name; das Wort bedeutet »Junge«. Doch so wurde er genannt.

Ich wusste die Antwort auf die Frage, die ich nicht zu stellen brauchte. Doch ich stellte sie trotzdem.

»Warum würde Nicolas so etwas tun?«

Master schüttelte den Kopf und begann, aus dem Umkleideraum zu gehen.

»Willst du mir damit sagen, dass Nicolas und Sipho Anhänger der IFP sind?« Mir lief ein kalter Schauer über den Rücken, und ich begann zu schwitzen. Wochenlang hatte ich bei Männern mit Messern, die Mitglieder oder Unterstützer der Inkatha Freedom Party waren, Essen bestellt und mit ihnen geplaudert. Ich hatte die Frechheit besessen, anzunehmen, dass sie sich von dem Massenkampf auf der Straße dasselbe erhofften wie ich; der Gipfel dieser Frechheit war die Tatsache, dass ich in ihrem Namen handelte, ohne irgendeine Ahnung davon zu besitzen, wer sie waren. Nicolas und Sipho waren wütend auf mich – und ihre Wut brodelte wochenlang vor sich hin, ohne dass ich auch nur das Geringste davon mitbekam.

Nicolas und Sipho hätten aus ihren Häusern in KwaZulu-Natal nach Transvaal gekommen sein können. Ihre Wanderung vom Indischen Ozean zu den siedenden Schlachtfeldern der Townships von Jo'burg hätte mit dem Zustrom von schätzungsweise 100 000 Zulugegenkräften zusammenfallen können, die F. W. de Klerk in die Townships gebracht hatte, um der Aggression der Apartheid-Regierung ein Schwarzes Gesicht zu verleihen. Nur ein Dummkopf würde versuchen, sie in einer mit dem ANC verbündeten Gewerkschaft zu vereinen. Dieser Dummkopf war ich.

Doch warum hatten mich Nicolas und Sipho nicht damit konfrontiert, als ich davon angefangen hatte? Als ich Master diese Frage stellte, zuckte er bloß mit den Schultern. Dann wollte ich wissen: Was passiert als Nächstes? Er zuckte erneut mit den Schultern. Doch er sagte, es wäre ein Leichtes für sie, mich zu erledigen, ohne die Konsequenzen dafür zu tragen, sofern sie aussagten, sie hätten bloß einen Weißen und seine Frau beschützen wollen.

Nachdem Master gegangen war, blieb ich noch einen Moment in der Umkleide. Ich schämte mich. Und als dieses Gefühl nachließ, hatte ich Angst.

7

Zu meiner Überraschung stellten Riana und Mario eine Afrikanerin als Kassiererin ein. Ihr Name war Doreen. Der Unterschied zwischen Doreen und Riana hätte nicht größer sein können. Als einzige berufliche Referenz hatte Riana einen in den Staaten gültigen Junior-College-Abschluss in Hotelmanagement vorzuweisen, während Doreen einen Bachelorabschluss in Wirtschaftswissenschaften und Rechnungswesen der Homeland-Universität Bophuthatswana gemacht hatte. Auch hätte keine größere Dissonanz zwischen ihren Kleidungsstilen bestehen können. Riana stolzierte durchs Restaurant in Jeans, die so hauteng anlagen, dass sie in sie hineingegossen worden sein musste. In den Sommermonaten Dezember und Januar trug sie Retro-Hotpants aus den 1970ern. Sie rauchte importierte Gauloises, die sie jedoch häufig schon nach einem einzigen Zug ausdrückte. Doreen hingegen rauchte weder Gauloises noch sonst etwas und trank auch keinen Alkohol. Sie trug plissierte Röcke, als ob sie in der Feldhockeymannschaft am Vassar-College spielte, und ihre Blusen waren über jedem Hauch eines Dekolletés zugeknöpft. Doreen fiel es schwer, Riana direkt in die Augen zu sehen, obwohl Riana eine übertriebene Freundlichkeit an den Tag legte und versuchte, Doreen ein Zugehörigkeitsgefühl zu geben.

An Doreens erstem Arbeitstag nahm Riana ihre Hand und führte sie die Treppe hinunter in den Speiseraum. Bis zum Abendessen war das Restaurant geschlossen. Nun war Essenszeit für das Personal des Speiseraumes. Riana ließ Doreens Hand nicht los, bis Doreen sich bereit erklärt hatte, an der Kopfseite jenes Tisches Platz zu nehmen, an dem Riana und Mario immer saßen. Riana gab Doreen Sandros Platz. Sandro zuckte mit den Schultern und nahm einen freien Stuhl am hinteren Ende des Tisches, nicht weit von mir, Master und DeNight. Doreen protestierte. Sie sagte, es mache ihr nichts aus, in der Küche mit dem Tellerwäscher, den Salatfrauen und den Köchen *Pap-n-Fleece* zu essen.

Doreen flehte Riana an, sie doch bitte zum Essen in die Küche gehen zu lassen. Riana warf mir einen siegessicheren Blick zu, als wollte sie mir sagen, Doreen wolle nur bei ihresgleichen sein, man nenne das *Gemeinschaft*. Doreen wandte sich ab, um in die Küche zu gehen.

»Setz dich, Doreen«, befahl ihr Riana. »Das ist das neue Südafrika.«

8

Einige Tage darauf ging der Kasse das Papier zum Drucken der Belege aus. Doreen lehnte sich vom Treppenabsatz aus über das Geländer und fragte Riana, wo die Ersatzrollen aufbewahrt wurden. Sie hatte im Schränkchen unter der Kasse nachgesehen, dort jedoch keine finden können. Riana war gerade im Speiseraum und unterhielt sich mit den Rumänen. Bevor Riana sprechen konnte, forderte Mario, der unten an der Treppe stand und eine kürzlich gelieferte Weinbestellung prüfte, Doreen auf, noch einmal nachzusehen. Was dann geschah, war binnen zehn Sekunden vorbei und erledigt.

Mario trug Schuhe mit weichen Sohlen, die keine Geräusche machten, wenn er auf dem Boden aus Oregon-Mammutholz auftrat. Doreen hörte ihn nicht, als er in drei stillen Schritten die Stufen hinaufsprang. Auch konnte sie ihn nicht sehen, denn sie war vornübergebeugt und durchsuchte gerade ein weiteres Mal das Schränkchen. Mario kam von hinten auf sie zu. Sicherlich, dachte ich Tage später, als ich das Geschehene immer noch nicht aus meinem Kopf bekommen konnte, musste sie den Luftzug hinter sich gespürt haben, eine neue Wärme durch die plötzliche Anwesenheit seines Körpers – er war ihr so nahe, dass ich dachte, seine Leistengegend hätte ihren Hintern gestreift. Mit zwei oder drei Vorwärts- und Rückwärtsbewegungen stieß er sein Becken in Richtung ihres Hinterns. Seine Augen waren orgastisch zugekniffen, als wären Pestodüfte aus der Küche hereingeweht. Riana, Sandro und die beiden Rumänen brachen in schallendes Gelächter aus.

Doreen drehte sich um und fand sich so nahe neben Mario, dass sie Aftershave riechen musste. Sorgenfalten zerknitterten sein Gesicht.

»Hier«, sagte er und schob sie sanft zur Seite. »Lass mich dir helfen.« Als er wieder aufrecht stand, sagte er: »Sie hatten recht, hier sind sie nicht. Wo zum Teufel sind die Additionsrollen, Riana?«

9

Ich wandte meinen Blick ab und schlich mich an Riana und den beiden Rumänen vorbei Richtung Küche. Riana nannte Mario einen ungezogenen Jungen. Master und DeNight räumten die Tische, für die sie zuständig waren, ab und versuchten anstrengt, zu vergessen, was sie gerade mitangesehen hatten. Ich hätte Sandro fast niedergeschlagen, als ich die Küche durch die falsche Seite der Pendeltüren betrat. Sandro lutschte an seiner Lippe und starrte mich mit mörderischem Blick an, als er versuchte, das Tablett auf seinen Händen zu balancieren.

»Pass doch auf, wo du hingehst!«, knurrte ich.

Die hellen Lichter und das Geruchsbouquet in der Küche boten keine Zuflucht. Seit einiger Zeit hatten Nicolas und Sipho ein Ritual entwickelt, bei dem sie Hammelfleisch oder Karotten oder sonst etwas, das sich zerkleinern ließ, mit dem Messer zerhackten, sobald ich die Küche betrat. Das Geräusch war ein Choral aus Guillotinen. Bei diesen Gelegenheiten sahen sie mich niemals an; doch ich hörte, wie mein Hals im Rhythmus der Zululieder, die sie beim Zerteilen des Fleisches sangen, zerhackt wurde.

Fana, der junge Tellerwäscher, war der Einzige, der nickte, als ich die Küche betrat. Sibongile und Liyana putzten Salat in einem offenen Waschbecken neben Fana, drehten sich aber nicht um. Schon als ich bei Mario's Trattoria angefangen hatte, zu arbeiten, hatten Nicolas und Sipho ihre Stimmen zu Inkatha-Kriegsliedern angehoben und Fleischbrocken guillotiniert, wenn ich in die Küche gekommen war. Ich wusste damals nicht, dass es Kriegslieder waren, und wusste auch nicht, dass sie zu meinen Ehren gesungen wurden. Seit der Unterredung mit Master in der Umkleidekabine gefror mir das Blut, wenn ich die Küche betrat und die beiden singen hörte. Nur diesmal nicht. Diesmal war ich ihnen dankbar. Diese Ersatzhinrichtung des Fleisches sühnte meine Schuld. Welch ein Feigling würde einfach zusehen, während Mario das tat, was er Doreen angetan hatte?

10

Doreen hielt nur eine ganze Woche durch. Gegen Ende der sieben Tage verließ sie unmittelbar nach dem Mittagessen das Restaurant, um vor dem Abendessen noch einiges zu erledigen. Mario's war fast leer. Ich war allein in meiner Nische und beobachtete Riana, wie sie auf einem Stuhl auf dem Treppenabsatz saß und sich mit einer Frau namens Fiona unterhielt. Fiona und Riana waren langjährige Freundinnen aus demselben *klein dorpie* in der Karoo; vor Doreen hatte Fiona hier als Kassiererin gearbeitet. Riana hob die Kasse einen Zentimeter an und zog darunter einen Umschlag hervor.

»Weihnachten?«, sagte Fiona lächelnd. »Du hast mir meinen ausstehenden Lohn schon gegeben.«

»Das sind 200 Rand, Schätzchen«, sagte Riana. »Ich will sie in ein paar Tagen zurückhaben. Am besten, das ist alles, was du darüber weißt. Ich erkläre es dir hinterher. Versprochen.«

»Du bist eine Frau voller Geheimnisse«, sagte Fiona.

Riana zündete sich eine Gauloises an, blies den Rauch aus ihrem Mund und drückte die Zigarette aus. Riana gab Fiona einen Kuss auf die Wange und verabschiedete sich von ihr.

11

Später sah ich Riana und Doreen an der Kasse, wo Riana Fiona auf die Wange geküsst hatte. Zwischen den beiden stand eine Rechenmaschine auf dem Tisch, wo die Speisekarten und auch Quittungen vom Mittagessen aufbewahrt wurden. Riana hackte auf der Tastatur herum und schaute kopfschüttelnd zu Doreen auf. Nun kam Riana die Treppe herunter. Sie betrat die Küche. Als sie herauskam, war Mario an ihrer Seite.

Auf seinem Weg die Treppe rauf schnappte sich Mario einen Stuhl aus dem Speiseraum, und die drei saßen einander zugewandt und eng zusammen. Riana sprach. Aus dem Speiseraum konnte ich beinahe hören, wie Doreen vor Schreck die Luft einsog. Sie hielt die Hand vor ihren Mund. Mario zuckte mit den Schultern, die Handflächen zur Decke gerichtet. Riana legte eine Hand auf Doreens Schulter.

12

Nun war Doreen mit mir in der Nische. Riana und Mario waren auf dem Treppenabsatz geblieben und sprachen leise miteinander. Doreen war benommen, ihre Augen waren tränenfeucht. Ich gab ihr ein Glas mit Eiswasser aus dem hohen Stapel von Plastikkisten, die mit Eiswassergläsern gefüllt waren, und beugte mich zu ihr. Die beiden Rumänen sangen »Volare« (schief), während sie die Tische, für die sie zuständig waren, eindeckten. DeNight und Master bereiteten sich ebenfalls auf das Abendessen vor. In einer Mischung aus Ndebele und Englisch erzählten sie sich gegenseitig Witze.

»Das sind Arschlöcher«, sagte ich, wobei ich davon ausging, dass sie wusste, ich meinte Riana und Mario.

Ihre Stimme zitterte: »Weißt du, worum es geht?«

»Ja«, sagte ich. »Worüber reden die da oben?«

»Madam will mich feuern. *Meneer** will mir eine zweite Chance geben.«

Vor wenigen Tagen hatte Doreen die Leichtigkeit besessen, von ihnen mit Vornamen zu sprechen. Jetzt war alles wieder normal.

»Madam verspricht mir ein Zeugnis, in dem nichts davon erwähnt wird.« Jetzt weinte sie und versuchte, ihr Schluchzen nicht über die Nische hinaus hörbar werden zu lassen. »Ich habe das Geld nicht genommen.«

* Auf Afrikaans heißt *meneer* so viel wie *Mister* oder Herr.

13

Die Sanitäter hatten Doreen wieder zu Bewusstsein gebracht. Sie hatten sie von der Nische in den Speiseraum getragen, wo sie auf einer Bahre behandelt wurde. Ihre Augen waren offen, doch ihr Blick war auf nichts gerichtet. Und sie hatte nicht gesprochen, seit sie ohnmächtig geworden war. Ihre linke Hand war bandagiert. Sie hatte sich an einer Glasscherbe der Wasserkelche geschnitten, die auf dem Boden zerschmetterten, als sie und ich gestürzt waren.

Eine Minute lang standen sie und ich Seite an Seite in der Nische und flüsterten. Ich erzählte ihr, wie Riana der ehemaligen Kassiererin 200 Rand aus der Kasse gegeben hatte. Ich hatte zwar nicht gesehen, wie Riana das Geld aus der Kasse nahm, doch ich *hatte* gesehen, wie sie einen Umschlag unter der Kasse herauszog. Ich sah, wie sie Fiona den Umschlag reichte, und ich hörte, wie sie zu Fiona sagte, es seien 200 Rand darin und dass sie, Riana, ihn in etwa einer Woche zurückhaben wolle. Sie haben dich reingelegt, sagte ich zu Doreen. Es war von Anfang an eine Falle. Ich sagte, jetzt könnten sie hinausposaunen: »Man darf Afrikanern und Afrikanerinnen kein Geld anvertrauen.« Ich wollte ihr sagen, dass wir dagegen angehen könnten. Ich wollte sagen, dass ich diese Leute hasste. Ich wollte ihr sagen, auf mich könne sie zählen, dass ich ihr den Rücken frei hielte (obwohl ich ihr nicht sagen wollte, warum Riana und die Rumänen über sie gelacht hatten, als Mario sie gewissermaßen von hinten nahm, oder wie ich mich weggeschlichen hatte), und in dem Moment sah ich, wie ihre schlaffe Hand auf mich zurutschte, entlang des Tresens, an dem wir standen.

Einen Augenblick lang sah ich, wie sich ihr Mund öffnete, wie sie mit den Augen rollte. Ihr Körper stieß gegen meinen. Sie muss dreißig Pfund weniger gewogen haben als ich, doch als sie ohnmächtig wurde, war ihr Körper eine schwere träge Masse, die mit einer Wucht gegen mich fiel, die so heftig schien, als wöge sie doppelt so viel wie ich. Ich konnte sie nicht halten. Ich konnte ihren Sturz nicht verhindern. Wir stürzten gemeinsam in die Kolonne aus Wasserkisten. Eis und Wasser überschütteten uns wie stechender Hagel und Regen. Ihre Bluse war durchnässt. Ihre Hand blutete. Mein Haar war nass und verfilzt. Ich konnte sie nicht vom Boden aufheben.

Das Geräusch nasser, bärtiger Besen flüsterte in der Nische hinter mir, als Master und DeNight Eis und Glasscherben zusammenfegten. Zwei Sanitäter knieten neben Doreen. Einer von ihnen pikste ihre Fingerkuppe mit einem Blutzuckermessgerät. Doreens Augen waren jetzt ganz weit geöffnet, als sie ein Gesichterfresko aus Riana, Mario, den Sanitätern und mir anstarrte. Riana fragte Doreen, was passiert sei. Der Sanitäter mit dem Blutzuckermessgerät sagte, sie sei ohnmächtig geworden, in einem Tonfall, der nahelegte, dass das offensichtlich war. Doch Riana ignorierte ihn und stellte die Frage erneut. Doreen sah mich an. Doch was wollte sie von mir hören? Wollte sie, dass ich etwas sagte? Was hätte ich sagen können, was die Sache nicht noch schlimmer gemacht hätte?

»Diese Afrikanerinnen«, sagte einer der Sanitäter und sprach von Doreen in der dritten Person Plural, »sie müssen *essen*. Hörst you mich, *sisi*?* Dein Blutzucker ist zu niedrig.« Er sah Riana an. »Deshalb ist sie ohnmächtig geworden.« Riana warf Mario einen Blick zu, als wäre ihnen der eigentliche Grund für Doreens Zusammenbruch wohlbekannt. Ein zu niedriger Blutzuckerspiegel war nicht dafür verantwortlich gewesen.

14

Ich rannte zu dem Fenster, das in Straßenhöhe nach draußen blickte. Vom Speiseraum aus waren nur die Schuhe und die Unterschenkel von Menschen auf der Straße zu sehen. Doch die Bahre

* *Sisi* für Schwester.

war niedrig genug, als die Sanitäter sich bereit machten, sie in den Krankenwagen zu hieven, sodass ich sehen konnte, wie sich Riana Richtung Boden bückte. Doreen sagte nun etwas zu ihr. Als sie fertig gesprochen hatte, nickte Riana und richtete sich wieder auf. Das Einzige, was ich sehen konnte, waren Rianas glatte, nackte Beine in der Nähe der weißen Kochhose, die Mario gehörte. Nun wandten sich seine Beine ab und sprinteten zur Tür. Instinktiv wich ich zurück und ging tiefer in den Speiseraum hinein.

15

Vom Treppenabsatz aus rief Mario ein Wort: *Gift!* Als er die Treppe hinunterstürzte, schrie er: »Gift! Gift! Gift!«

Ich ging weiter rückwärts, doch er kam mir immer näher.

»Du verbreitest hier überall Gift!«

Sein Gesicht war direkt vor meinem. Sein Atem mischte sich mit meinem Atem. Ich spürte die Tröpfchen seiner feuchten Aussprache.

Riana brüllte vom Treppenabsatz aus, doch ich konnte nicht verstehen, was sie sagte. Nur Worte, einzelne Worte und ihre kreischende Wut. Jetzt wusste ich, was sie sagte. Riana sagte, dass Doreen ihnen alles erzählt hatte, was ich in der Nische zu ihr gesagt hatte, kurz bevor sie ohnmächtig wurde.

Aus irgendeinem Grund hatte ich meine Sonnenbrille aufgesetzt, als Mario die Treppe heruntergesprintet war. Warum? Ich weiß es nicht. Jetzt setzte ich sie ab. Ich wollte nicht, dass Plastikscherben in mein Gesicht oder meine Augen eindrangen, falls Mario einen Schlag austeilte. Meine Arme waren sehr schwach. Es war, als wären die Knochen aus meinem Körper verschwunden. Ich hatte jedes Recht, Mario wegzustoßen. Riana schrie, dass das (was ich Doreen gesagt hatte) alles eine Lüge war. Sie würde mich wegen Verleumdung verklagen. Mario kam mir noch näher, auch wenn er bereits so dicht vor mir stand, dass das kaum möglich schien. Ich warf meine Sonnenbrille auf den Boden. Der Plastikrahmen zerknackte wie das Rückgrat einer Ratte.

Im Augenwinkel sah ich, wie die Küchentür aufschwang. Nicolas, der Chefkoch, und Sipho, der Souschef, schlängelten sich heraus; doch sie gingen nicht weiter als bis zum Eingang der Nische. Nun schlüpfte Fana durch die Tür, gefolgt von Sibongile und Liyana und zwei weiteren Küchenleuten. Ich versuchte, die stechende Panik in meiner Brust zu ignorieren, doch es gelang mir nicht. *Wenn sich die Zulus aus Solidarität mit Mario gegen mich wenden*, dachte ich, *bin ich tot*. Selbst in diesem Moment, da gebrochene Knochen, Verhaftung, Gefängnis, Deportation und Tod möglich waren, rügte mich der Kritiker in mir, weil ich mir das Wort *Zulu* erlaubt hatte. Das war bigott und falsch. Nicht alle Zulus sind Impimpis der Inkatha Freedom Party; meine innere Stimme ermahnte mich, dass es Zulus im ANC gab. Meine Panik führte einen Revierkampf gegen meine Schande.

Jeder Affront, den Mario durch mich empfunden hatte, seit ich hier arbeitete, platzte aus ihm heraus wie smaragdgrüne Kotze. Die Litanei der Misshandlungen, die er durch mich erlitten hatte, überraschte mich, nicht, weil ich nicht wusste, wovon er sprach oder weil ich dachte, dass er log, sondern weil ich immer davon ausgegangen war, dass nur seine Frau Riana die Fähigkeit besaß, Anspielung und Subtext zu verstehen. Ich hatte mich in ihm getäuscht. Er sprach in kurzen, mit Spucke gesprenkelten Ausbrüchen. Ein Schlachtfeld von Verben und Substantiven mit Präpositionen und Konjunktionen, die häufig ins Leere führten und verödeten. Er sagte, ich glaubte wohl, die Gäste, die hier speisten, seien *meine* Gäste und nicht seine Kunden. In verblüffenden Details beschrieb er, wie ich voller Stolz durch sein Restaurant scharwenzelte und *seine* Gäste mit meinem Elan verzauberte, »sogar die, die nicht mal in deinem Bereich sitzen! Du verhältst dich, als ist das hier dein *Haus!* Als steht dein Name an der Tür und nicht ›Mario‹.«

(Tatsächlich kamen einige von Marios Stammgästen ins Restaurant und fragten nach mir – an erster Stelle Nadine Gordimer. Sie und ich hatten uns am ersten Abend, als ich sie mit Reinhold traf, gleich gut verstanden. Bald kam sie allein zurück, und wir diskutierten über Literatur und südafrikanische Politik, während ich sie bediente. Sie hatte mich zum Nachmittagstee (bei dem es sich nicht um Tee, sondern um Wein handelte) in ihr Haus in Parktown eingeladen, wo sie mich gebeten hatte, dem mit dem ANC verbündeten Congress of South African Writers beizutreten. Sie und ich verbrachten anschließend mehrere Monate damit, eine Reihe szenischer Lesungen verschiedener Mitglieder des Congress of South African Writers, die in Townships lebten, zu planen, und jede dieser Lesungen fand an traditionell *weißen*, bourgeoisen Schauplätzen wie in Museen und Konzerthallen statt. Mario und Riana waren dem Charme und Charisma, mit dem ich den Raum bei Kerzenschein füllte, nicht gewachsen. Durch die jahrelange Beobachtung meiner Eltern bei Cocktailpartys hatte ich gelernt, wie man einen Raum unterhielt; wie man der Frau eines Weißen Komplimente machte, ohne dass einer von beiden glaubte, es sei irgendetwas Sexuelles dabei; ich hatte in Privatclubs gekellnert und wusste, wie ich beide Gäste am Tisch fragen konnte, ob ich so frei sein dürfe, für sie zu bestellen, gefolgt von der Garantie, dass das Essen umsonst wäre, falls irgendetwas von meiner Empfehlungen nicht zu ihrer Zufriedenheit wäre; ich wusste, wie ich einen Artikel über einen von Marios berühmten Gästen, den ich vielleicht in der Zeitung gelesen hatte, ins Gespräch einfließen lassen könnte, ohne wie ein Bittsteller oder ein Autogrammjäger rüberzukommen. Ich gab ihnen das Gefühl, als wäre es eine Ehre für sie, mit mir sprechen zu können. Ich gab ihnen ein Gefühl von Lebensfreude. Ich gab ihnen ein Gefühl von Sicherheit. Mario und Riana drückten mir den Stiefel der Apartheid auf den Hals. Doch der Absatz meines Egos war auf ihren Hals gedrückt. Ich glaubte nicht, dass dies die Waage ausbalancierte. Dennoch liebte ich es, einer Gruppe *seiner* Stammgäste eine dreiminütige Geschichte zu erzählen und zum Treppenabsatz hochzulinsen, wo sein Gesicht vor Wut kochte, als *seine* Gäste vor Freude auflachten. Ich spürte die Genugtuung eines Jungen, der im Schneidersitz auf dem Gras saß und den Fliegen die Flügel ausrupfte. *Erblass doch vor Neid, du Homunkulus!*)

Speichelspritzer flogen mir ins Gesicht, während er vor sich hin keifte. Er sagte, ich hätte Master und DeNight so viel Schmerz zugefügt, als ich Riana dazu drängte, sie am Pausentisch außerhalb der Küche essen zu lassen. (Auf diese Art verwandelte er die Rassentrennung der Apartheid in einen heilenden Balsam, den ich meinen afrikanischen Brüdern vorenthalten hatte.) Doch als er sagte, er wisse alles über die ANC-Literatur, von der ich glaubte, ich hätte sie äußerst diskret an Mitglieder des Küchenteams und an Master und DeNight weitergegeben, verwandelte sich mein Gefühl der Belustigung über seinen Erguss in Panik. Ich erlaubte mir, kurz von ihm wegzublicken, gerade lange genug, um kurz zu Nicolas und Sipho zu schauen und so viel ich konnte zu sehen. Ihrem Gebaren nach zu urteilen, wusste ich nicht, ob sich die beiden ins Getümmel stürzen würden.

Mario befahl mir, zurückzunehmen, was ich zu Doreen über Riana gesagt hatte: dass sie das Geld gestohlen habe, um Doreen etwas anzuhängen. Er verlangte von mir, allen im Speiseraum zu erzählen, dass ich gelogen hatte. Das Problem war folgendes: Niemand außer Mario und Riana wussten, was ich Doreen gesagt hatte, weil sie ihr Geständnis draußen abgelegt hatte, kurz bevor die Sanitäter die Bahre in den Krankenwagen schoben. Mein Schweigen brachte ihn gegen mich auf. Er sagte mir, es sei eine Sache, wenn ich ihn nicht respektierte, doch es sei eine ganz andere, wenn ich seine Frau nicht respektierte. Er gab mir noch eine Chance, mich zu entschuldigen. Stattdessen wandte ich mich zu Master, DeNight, Sibongile, Liyana, Fana, Nicolas und Sipho. Wie eine Schallplatte, die mit 78 Umdrehungen pro Minute dahindudelte, erzählte ich ihnen, so schnell ich konnte, dass Riana 200 Rand aus der Kasse gestohlen und das Geld in einem Umschlag unter der Kasse versteckt hatte. Dann habe Riana eine große Show abgezogen, Doreen bei einem Kassensturz zu helfen, und das abgekartete Spiel war perfekt.

In dem Moment verpasste Mario mir eine.

16

Vom Treppenabsatz aus schrie Riana aus Leibeskräften. Sie schrie Mario an, er solle aufhören, mich zu schlagen. Als ein Glas zerbrach oder ein Teller auf dem Boden landete, wurde sie noch lebhafter, gerade so, als ginge es um das Wohl des Geschirrs. »Was für ein Amerikaner bist du denn?« Wenn sie nur wüsste, dass ich keine Ahnung hatte. Wenn mir etwas so Umfassendes wie ein Gedanke überhaupt in den Sinn kam, während Mario wie ein Stier auf mich zustürmte und mir seinen Kopf in den Solarplexus rammte, dann wohl die Ironie dieser Frage. Wie Schrapnelle zerfetzten Rianas schrille Schreie die Luft. Mario stieß mir den Kopf in den Bauch und trieb mich zurück gegen das Geländer knapp unterhalb der Stelle, an der Riana stand.

Mario war kleiner als seine Frau Riana, die 1,73 große, ehemalige Schönheitskönigin eines *stofbak.** Ich war drei Zentimeter größer als sie. Ich hatte gedacht, dass es einfacher wäre, gegen einen kleinen Mann zu kämpfen als gegen einen großen. Ich hatte mich geirrt. Sein niedriger Schwerpunkt verschaffte ihm einen Vorteil, als er seine Stirn in meinen Rumpf bohrte und mich am Geländer festnagelte. Ich versetzte ihm einige seitliche Hiebe in die Rippen, doch er hielt sich weiterhin wacker. Er erwischte mich mit einem Aufwärtshaken am Kinn. Ich fühlte, wie die Zähne meines Unterkiefers in die Innenseite meiner Lippe schnitten. Blut perlte von meinem Kinn.

* *Stofbak*: Afrikaans für ein Trockengebiet.

Einer der Rumänen war in das Gerangel geraten. Er war ein dünner Kleiderbügel von Mensch, mit den Augen eines aufgeschreckten Eichhörnchens. Er packte meinen Arm und versuchte, mich von Mario wegzuzerren. Ich schleuderte ihn wie einen nassen Lappen zurück. Die Tischkante traf ihn im Rücken. Er verzog sein Gesicht zu einer Grimasse des Schmerzes und ging wie besoffen in die Nische, während er sich den Rücken hielt.

Mario zog mich von hinten zu Boden, und wir gingen zum Ringen über. In den Armen des anderen rollten wir auf dem Boden herum. Zwei Pandabären bei der Paarung. Unserer Schlägerei fehlten die bullenbetäubenden Faustschläge und fliegenden Stühle eines Actionfilms. Es gab keine Auflösung, wer dabei als Sieger hervorgegangen war.

17

Jetzt stehen wir beide wieder auf unseren Füßen. Sandro, nicht Mario, ist in Tränen aufgelöst und zwischen uns gekeilt. Riana erzählt mir, dass Schwarze aus den USA bei Mario's zu Abend gegessen hätten, und dass keiner von ihnen wie ich gewesen sei. Sie sind klug und zivilisiert, sagt sie. Von seiner Position hinter Sandros Rücken aus zeigt Mario mit dem Finger auf mein Gesicht und sagt mir, ich sei gefeuert. Ich antworte: Ich bin gefeuert, wenn ich es von dir schriftlich kriege.

Er sagt: »Fick dich, ich schreib dir keinen Scheiß!«

18

Unsere Wohnung lag auf der Ameshoff Street, Ecke Jan Smuts Avenue, fünf Gehminuten von Mario's entfernt. Rebone, Khanyas ältere Schwester, war gerade im Wohnzimmer, als ich hereinkam. Meine blutige Lippe, meine Knöchel, meine Rippen und mein Stolz waren zu geprellt, als dass ich die Bedeutung von Rebones Anwesenheit hätte verstehen können. Sie war in Jo'burg und nicht unter Hausarrest in Mmabatho, das fast 200 Meilen entfernt war. (Bedeutete dies, dass die Polizei Rebones Geliebten, den Aufständischen in der Azanian People's Liberation Army, festgenommen hatte?) Khanya saß neben ihr auf dem Sofa. Auf dem Tisch vor ihnen stand ein Tablett mit Tee und Scones.

Mein Hemd war zerrissen. Meine Fliege war Gott weiß wo. Ich schämte mich so sehr dafür, dass ich immer wieder weinen musste. Ich zitterte und schnaubte wie ein frierendes Pferd. Khanya und Rebone flehten mich an, ihnen zu erzählen, was geschehen war.

»Ich bin …« Ich konnte nicht sprechen. Etwas Großes und Leeres, wie der Rülpser eines Walrosses, platzte in meiner Brust. »Ich werde …« Wieder kam nichts als krampfhaftes Schluchzen aus mir heraus. Ich schaute an die Decke. »Ich werde diesen *weißen* Mann umbringen!«

Rebone rannte zu den Doppeltüren, die sich zum Balkon öffneten, und schloss sie. Ich wurde mir erst der Straßengeräusche unter uns bewusst, als ich sie nicht mehr hören konnte, als die Hupenschreie und das Gelächter in Stille gehüllt waren. Ich sagte es noch einmal. »Ich werde diesen *weißen* Mann umbringen.« Rebone tat etwas, was sie noch nie zuvor getan hatte. Sie schnipste mit den Fingern nach Khanya. Dann zeigte sie auf mich. So brach sie die Trance, in der Khanya sich befunden hatte; nun saß sie neben mir. Sie drückte ihre Handfläche auf meinen Mund, als ich versuchte, es noch einmal zu sagen. Ihre Hand umklammerte meinen Kiefer mit einer Kraft, die ich in den drei Jahren, die wir zusammen waren, nie von ihr gespürt hatte. Rebone verriegelte die Vordertür.

Im Schlafzimmer musste ich mich bei Khanya bis auf meine Unterwäsche ausziehen. Es war beinahe lustig, wie sie die Decke so hoch über mich zog, dass sie fast meinen Kopf verdeckte. Jetzt konnte ich reden, ohne zu weinen. Ich erzählte ihr alles. Sie hörte mir weder überrascht noch ungläubig zu. »Das ist Südafrika«, sagte sie. Dann schloss Khanya die Vorhänge, und der Raum fiel ins Dunkel. Sie nahm meine Kleidung, und beim Verlassen des Schlafzimmers sagte sie: »Du findest schon einen anderen Job.«

19

Als ich aufwachte, war der Raum so finster, dass ich glaubte, es sei mitten in der Nacht. Ich geriet in Panik. Der Wecker auf der Anrichte zeigte 3:53 Uhr, und ich fragte mich, was Khanya zu dieser Morgenstunde außerhalb des Bettes tat. Dann sah ich eine längliche Lichtblase, wo die Vorhänge sich schlossen. Ich ging zum Schrank und zog ein neues weißes Hemd mit Kragen und eine schwarze Hose an.

20

So werde ich nicht untergehen. Verdammt. Noch. Mal. Nicht.

21

Khanya flehte mich an, nicht wieder zur Arbeit zu gehen, um die Abendschicht bei Mario's abzuleisten. Rebones Stimme war eine Eisenfaust in einem Samthandschuh. Es war dieselbe Stimme, mit der sie ihrer jüngeren Schwester Anweisungen gegeben hatte, und nun sagte sie: »Das Gesetz hilft Leuten wie uns hier nicht. Hier verschwindest du einfach.«

22

Als ich durch die Eingangstür kam, flitzte Riana vor mir die Stufen runter und verschwand in der Küche. Sie kam mit ihrem Mann im Schlepptau heraus. Sie beobachteten mich von der Nische aus. Mein Magen wurde flau. In meiner Brust presste sich etwas zusammen. Ich versuchte, sie zu ignorieren, während ich die Tische deckte. Nun stand Mario vor mir.

»Habe ich dich nicht gefeuert?«

Riana eilte zum Treppenabsatz und wählte eine Nummer auf dem Telefon.

23

Marios älterer Bruder, Angelo, betrat das Restaurant und wurde von seiner Schwägerin und Mario feierlich willkommen geheißen.

Auf dem Treppenabsatz unterhielten sich die drei in gedämpften Tönen. Mit einer Stimme, die von ihnen gehört werden sollte, sagte Master, dass ich die Tische ganz falsch gedeckt hätte. Mit der Stimme eines Großvaters ermahnte er mich, während er so tat, als decke er meine Tische neu ein.

»Anti*pas*to. Suppe. Pasta. Hauptgericht. Und *dann* die Salatgabel«, sagte er, als er das Besteck anordnete.

Nun flüsterte er: »Er ist kein gewalttätiger Mann«, und bezog sich dabei auf Angelo. War meine Angst so offensichtlich?

Ich antwortete: »Sie werden mich nach hinten zerren und mich zu Tode prügeln.« Das Einzige, was ich nicht wusste, war, ob Nicolas und Sipho sich ihnen anschließen würden. Wären es zwei gegen einen oder vier gegen einen?

24

In Marios Büro lehnte ein Baseballschläger an einem schrammigen Aktenschrank. Es war ein beengter Hauswirtschaftsraum mit einem Schreibtisch, dem Aktenschrank und einem Kalender an der Wand, auf dessen Bildern nackte Frauen auf Autos lagen. Der erste Anflug einer Ahnung, dass es eigentlich Angelo war, der den Laden schmiss, kam mir, als ich Mario sah, wie er nicht hinter seinem eigenen Schreibtisch saß, sondern in einem der beiden Stühle, die für Besuch gedacht waren. Sein älterer Bruder Angelo saß hinter seinem Schreibtisch. Nun rollte Angelo Marios Stuhl hinter dem Schreibtisch hervor und setzte sich neben seinen Bruder. Die Stühle waren so angeordnet, dass sich beim Sitzen beinahe unsere Knie berührten. Im Gegensatz zu Mario erhob Angelo nie seine Stimme. Ohne eine einzige Regung im Gesicht ließ er Mario sein Mantra vom »Gift« herausschreien und all meine verbreiteten »Lügen« herunterleiern. Selbst als Mario sprach, sah Angelo mich an, und ich habe ihn kein einziges Mal blinzeln gesehen. Schließlich brachte er uns beide zum Schweigen, indem er die Hand hob.

»Sie sind mit einem sechsmonatigen Touristenvisum in dieses Land gekommen, habe ich recht«, sagte er.

Ich antwortete nicht.

»Sie hatten kein Geld, keine Arbeitserlaubnis. Frisch aus dem Boot. Glauben Sie, wir verstehen das nicht? Wir verstehen das. Das Gleiche galt doch für uns. Wir könnten Brüder sein.«

Der Gedanke, dass wir drei Brüder waren, schien Mario nicht ganz so gut zu gefallen, und er runzelte die Stirn.

Angelo nickte Mario zu. »Also, hier, Ihr Bruder heuert Sie direkt vom Boot aus an. Habe ich recht? Er hat nach Ihren Papieren gefragt? Nein. Er hat gesagt: ›Was haben Sie für Referenzen?‹ Nichts da. Sie kommen von der Straße rein. Mein Bruder macht keinen Unterschied zwischen Ihnen und jedem anderen *paisano* von der Straße, oder? *Aber er gibt Ihnen eine Arbeit*. Und wie revanchieren Sie sich bei ihm?« Er lehnte sich zurück und faltete die Hände über seinem Bauch, als wären wir gerade irgendwo anders als in einem schimmeligen Hauswirtschaftsraum mit einem Baseballschläger in der Ecke. Dann ließ er mich wissen, ich hätte Zwietracht gesät und Lügen verbreitet, hätte versucht, die Küche gegen seinen Bruder aufzubringen, und seine Schwägerin des Diebstahls beschuldigt, nur um eine Frau rauszuschmeißen, die *sie* doch selbst eingestellt habe.

»Wir sind mit unserem Latein am Ende, mein Freund«, informierte mich Angelo. »Sie werden gehen müssen. Nein, schütteln Sie nicht den Kopf. Nicht. Den. Kopf. Schütteln. Sie werden jetzt gehen, *paisano.*«

»Nein.«

»Angelo«, insistierte Mario, »wir öffnen in zwanzig Minuten. Wir müssen–«

Angelo sagte: »Sei still, Mario.«

»Er geht uns auf den Sack!«, weinte Mario. »Wir sind nicht den ganzen Weg von Neapel gekommen, um uns den Arsch aufreißen zu lassen von einem–«

Angelo unterbrach ihn mit einem scharfen Blick, bevor er das Wort sagen konnte. Allerdings hätte ich Angelos Todesblick nur zu gerne eingetauscht gegen die Erfahrung, von Mario mit dem N-Wort beschimpft zu werden. Jetzt änderte Angelo seinen Ton. Er sprach zu mir mit dem Tenor eines Menschen, der mir einen Job anbot, anstatt mir den Laufpass zu geben.

»Was braucht es? Hm? Sagen Sie es mir.«

»Ich will es schriftlich haben«, sagte ich. »Ich bestreite nicht Ihr Recht, mich zu entlassen, aber ich brauche es schriftlich. Sie müssen begründen, warum.«

Angelo lehnte sich so nah zu mir rüber, dass sich für einen Augenblick unsere Knie berührten. Ich hörte das schwache Geräusch der Luft, die in seine Nase strömte und wieder austrat. Er klopfte mit dem Finger auf mein Knie. Eine niedrige Spannung entlud sich vom Oberschenkel in Richtung meines Herzens. Ich hasste mich dafür, dass ich ihn nicht vermöbelt habe. Als Angelo auf meinem Knie herumklopfte, sagte er mit einem Flüstern: »Sie werden gehen, oder unsere Freunde in der Cosa Nostra werden Ihnen die Kniescheiben brechen.«

Als Angelo damit fertig war, mir zu sagen, wie lange ich mich im Krankenhaus in einem Streckverband befinden würde, nachdem die Mafia mit meinen Knien fertig wäre (sechs Wochen, bevor ich wieder stehen könnte, sechs Wochen Krankengymnastik, ein Humpeldasein, selbst nachdem ich wieder in der Lage wäre, zu laufen), sagte er: »Wie ist Ihre Entscheidung? Tür Nummer eins oder Tür Nummer zwei?«

Lauf, sagte eine Stimme in meinem Innern, *lauf davon*.

»Okay«, sagte ich.

Angelo lächelte und lehnte sich in seinem Stuhl zurück. Er streckte mir seine Hand entgegen und sagte: »Nichts für ungut?«

25

»Sie bringen die Mafia dazu, mir die Kniescheiben zu brechen, und ich bringe die Umkhonto we Sizwe dazu, Ihre und Marios Kniescheiben zu brechen.« Ich konnte spüren, wie der Schweiß mein Hemd in meinen Achselhöhlen festklebte. »Vielleicht sind wir ja im selben Krankenhaus, wenn es ein gemischtrassiges ist. Und ich werde die Zeit der Genesung nutzen, um Editorials für die Zeitung zu schreiben, wie verdammt rassistisch dieses Restaurant ist. Vielleicht lasse ich Montshiwa Moroke vom *Star* einen Artikel darüber verfassen. Kennen Sie seine Berichte? Was sag ich denn, natürlich kennen Sie die nicht, Sie lesen nicht.« Ich wollte mit meinem Zeigefinger auf seine Kniescheibe klopfen, doch meine Hände waren schweißnass; er hätte sofort gewusst, dass ich bluffte. Dann sagte ich: »Warten Sie, bis Ihre Stammgäste, wie Nadine Gordimer, das lesen. Wussten Sie, dass sie Mitglied des ANC ist? Nein, Sie wissen nicht einmal, wo Sie sind. *Das ist Südafrika.* Sie sind eingekesselt. 15 Millionen von Ihnen. 40 Millionen von uns. Sie sind eingekesselt. Warten Sie nur, bis es sich von Mario's Trattoria auf Ihre Friseursalons ausbreitet. Wie viele *weiße* Frauen aus Parktown werden sich durch eine Schar von demonstrierenden Afrikanerinnen und Afrikanern drängeln, nur um sich in Ihren Salons die Haare machen zu lassen? Wussten Sie, dass Nadine Gordimer in Parktown lebt? Nein, natürlich nicht. Sie wissen ja nicht mal, wer das ist.«

Nach einem Moment fragte ich, ob wir fertig seien. Angelo schnaubte. Ich ging, ohne ihnen den Rücken zuzuwenden. Im Flur hörte ich das Scharren der Arbeitsschuhe auf dem Betonboden. Als ich mich an der Ecke, wo die Nische war, umdrehte, sah ich das träge Zuschwingen der Küchentür. Jemand aus der Küche hatte vor Marios Büro gelauscht.

Im Speiseraum schauten mich die Rumänen und Riana an, als sähen sie die Wiederkunft der Mumie.

Riana schaltete die Außenbeleuchtung ein, entfernte das CLOSED-Schild und schloss die Eingangstür auf. Als sie mir den Rücken zudrehte, eilte ich auf die Herrentoilette. Ich wollte die am weitesten entfernte Kabine benutzen, falls ein erster Gast hereinkäme, doch so weit würde ich es nicht schaffen. Ich fiel auf die Knie, klammerte mich an die Klobrille, als wäre sie eine Rettungsweste, und ich würgte so heftig, dass es mir die Magenwände zerfetzte.

Ich wusch mir das Gesicht und fragte mich, wann der Spiegel aufhören würde, meine Lippen erzittern zu lassen.

»Nicht weinen«, sagte die verschrumpelte Pflaume im Spiegel. »Verdammt noch mal auf keinen Fall weinen.«

26

Die bei Mario's angestellten Schwarzen hatten in politischer Hinsicht wenig gemeinsam: Master und DeNight behielten ihre politische Einstellung für sich, so wie die meisten der 35 Millionen Schwarzen Südafrikas es handhabten, wenn sie bei der Arbeit waren; dies galt auch für Sibongile und Liyana. Nicolas und Sipho waren Mitglieder der Inkatha Freedom Party, eingeschworene Erzfeinde des ANC, der Kommunistischen Partei Südafrikas und des Südafrikanischen Gewerkschaftskongresses COSATU. Fana, der Tellerwäscher, war ein engagierter Genosse. All diese Unterschiede waren von *großer* Bedeutung, doch keiner von ihnen war bedeutend im *wesentlichen* Sinne. Paradigmatisch gesehen, waren alle gleich positioniert. Mit anderen Worten, wir waren alle das Gegenteil des Menschlichen. Wir waren alle Werkzeuge auf der Plantage von Mario und Riana.

Vom arabischen Sklavenhandel, der im Jahre 625 nach Christus begann, bis zu seiner europäischen Ausformung ab 1452 war das Leben einer jeden Person südlich der Sahara in irgendeiner Weise von Gefangenschaft berührt.[77] Auf einer globalen Abstraktionsebene lässt sich erkennen, wie Afrika vom Rest der Welt seit mehr als tausend Jahren gefängnishaft unterdrückt wurde. *Das Gesetz hilft Leuten wie uns hier nicht.* Gefangenschaft regierte die Bedingungen der Möglichkeit fürs Leben *aller* Menschen. Die Arten und Weisen, wie Menschen auf einem *gefängnishaften* Kontinent agierten, waren so unterschiedlich, wie die »Entscheidungen«, die wir bei Mario treffen konnten.

Einige flohen von der Küste und wanderten tiefer ins Landesinnere, um keine Aufmerksamkeit zu erregen und mit etwas Glück einer Inhaftierung aus dem Weg zu gehen – so wie sich DeNight immer eher in den Ecken des Restaurants aufhielt, wo die Wahrscheinlichkeit gering war, dass jemand mit ihm sprach, wenn er nicht gerade an seinen Tischen servierte. Einige machten sich (so lange es ging) unentbehrlich für die *weißen* Sklavenhändler, indem sie selbst zu Sklavenjägern wurden – so wie Nicolas und Sipho und die Impimpis von der Inkatha Freedom Party. Einige trugen ihre Tapferkeit und ihren Stolz am Revers und begehrten ohne Plan oder Voraussicht auf – so wie ich. Einige vertrauten sich der Herrin an, vielleicht in der Hoffnung, eine Art Zufluchtsort zu finden, oder aus Gründen, die sie selbst nicht verstanden – so wie Doreen. Der wesentliche Punkt des Afropessimismus liegt nicht in einem *moralischen Urteil* über die Entscheidungen, die sie getroffen haben, begründet, sondern in einer *ethischen Beurteilung* des gemeinsamen Dilemmas, das sie alle teilen – die Fragen, die versklavte Personen von ihren ersten Wachmomenten an heimsuchen: Was werden diese Weißen heute mit meinem Fleisch anstellen? Wie tief werden ihre Klingen schneiden?

Einige wurden gefangen genommen und weigerten sich, zu leben. Einige schickten ihre Kinder in einen anderen Tod, wie in Toni Morrisons *Menschenkind*. Die Träume all dieser verschiedenen Gefangenen ließen sich nicht in Einklang bringen, doch im Paradigma nahmen sie denselben Platz ein. Die Gefangenen erwachten jeden Morgen mit einer tieferen Angst als das Proletariat, die Menschen der Arbeiterklasse. Das Proletariat wacht am Morgen auf und fragt sich: Wie viel werde ich heute tun müssen, und wie lange werde ich es tun müssen? Ausbeutung und Entfremdung verwandelt in ein frühmorgendliches Geschwür. Wie viel wird mir der Kapitalismus abverlangen, und wie lange werde ich es tun müssen?

Noch einmal, die versklavte Person erwacht am Morgen und fragt sich: Was werden diese Menschen heute mit meinem Fleisch anstellen? Eine Hydraulik der Angst, die ganz anders funktioniert als Ausbeutung und Entfremdung.

Könnte eine Thunfischdose oder ein Eimer mit Nägeln sprechen, würden sich ihre wesentlichen Fragen nicht darum drehen, wie ihre Arbeitskraft ausgebeutet wird oder wie sie von dem

Wert, den sie produzieren, entfremdet werden. Ausbeutung und Entfremdung sind nicht die Grammatik ihres Leidens. (Wie kann man ein Werkzeug ausbeuten?) Und der Wert, den ein Werkzeug zu produzieren hilft, kommt niemals dem Werkzeug selbst zu. Für die versklavte Person, für das Werkzeug, werden Ausbeutung und Entfremdung durch Anhäufung und Austauschbarkeit übertrumpft. Die versklavte Person *an sich* wird ausgebeutet, nicht ihre Arbeitskraft. Sklav:innen sind Arbeitsgeräte, keine Arbeiter:innen. Was Marx »sprechende Werkzeuge« nannte: Mario und Rianas sprechende Werkzeuge. Unsere Antwort auf die Gefangenschaft war so vielfältig wie die unzähligen Entscheidungen, die unsere Vorfahren vor Hunderten von Jahren auf diesem Kontinent getroffen hatten. Doch die Frage war dieselbe: Was werden diese Weißen mit meinem Fleisch anstellen? Und auch die Antwort ist dieselbe: Was immer sie wollen.

Das Gesetz hilft Leuten wie uns hier nicht, warnte Rebone. Sie wusste nicht, wie recht sie hatte: Schwarzen hilft das Gesetz nicht, nirgends. Doreen wusste das besser als alle von uns. Sie verhandelte ihre Gefangenschaft durch Ohnmacht: ihr unbewusster Versuch, sich zu retten, indem sie sich über Bord warf. Als sie wieder zu sich kam, starrte sie ihren Herren und mir, einem Mitsklaven, ins Gesicht. Freiberufliche Sargträger brachten ihren Körper in den Krankenwagen. Sie würde leben, wenn sie auch vielleicht viel lieber dem Tod in die Freiheit gefolgt wäre, das Schiff verlassen hätte, bevor es vor Anker ging. Wer würde ihnen nicht sagen, was sie hören wollten? *Das Gesetz hilft Leuten wie uns hier nicht.* Doreen und der Rest von uns lebten (wenn *lebten* das richtige Wort ist) in einem Paradigma der Gewalt, das keine Analogie zu der Gewalt der Ausbeutung und Entfremdung aufwies, die Menschen der Arbeiterklasse erlitten.

Doreen war die erste Schwarze, die speziell angeheuert worden war, um das Geld mit ihren Schwarzen Händen zu berühren, die erste Schwarze, die offiziell dafür berufen worden war. Sie war von einem *weißen* südafrikanischen Paar angestellt worden, mit dem Zweck, ihre libidinösen Gesetze zu brechen – um die wichtigste Stütze ihres kollektiven Unbewussten zu beschädigen. Dann kam irgendein Trickser aus seiner Nische hervor und flüsterte ihr ins Ohr, was ihre Intuition ihr nie zu durchdenken erlaubt hatte: dass alles eine Falle war.

Die Schwarzen, die bei Mario's arbeiteten, unterschieden sich durch Alter, Ethnie und Geschlecht. Doch diese Unterschiede auf der Identitätsebene änderten nichts an unserer Gleichheit auf der Ebene unserer gesellschaftlichen Position. Man positioniert sich nicht in der Welt; man wird in einen Namen hineingeboren, der für einen auserwählt wurde. Vielleicht gab es einen Moment der Solidarität, der durch die gemeinsame Anerkennung unserer geteilten Position innerhalb des sozialen Todes ausgelöst wurde. Wenn es einen solchen Moment gab, dann war er zersplittert: Die strenge Art, wie Master mich in der Umkleide zurechtstutzte, und das Aufflackern von Freundlichkeit, die er mir in den angespanntesten Situationen zeigte, Gesten, die seine Frau und seine Kinder in Venda, denen er jeden Monat Geld heimschickte, in Gefahr brachten. Oder die Art, wie Nicolas und Sipho mich weder verletzten noch mir Schlimmeres zufügten, als sie die Chance dazu hatten, und wofür sie entlastet und belohnt worden wären.

27

Ende Juni kündigte ich schließlich bei Mario's; Anfang Winter, als es passieren konnte, dass man ganz unerwartet von einem Mittagsregen völlig durchnässt wurde. Ich verabschiedete mich herzlich von Master und DeNight. Riana blies den Rauch einer Gauloises aus ihren Mundwinkeln und wünschte mir alles Gute. Die Rumänen und Sandro nickten mir zu. Es überraschte mich, als Mario mir die Hand schüttelte. War ich wirklich fast sechs

Monate lang hier gewesen?, fragte ich mich. Draußen trommelte der Regen auf die Markise und belagerte die Eingangstür. Ich hatte meinen Regenschirm zu Hause vergessen. Ich wollte bei diesem Wetter keine Viertelmeile laufen, doch wäre es unbehaglich gewesen, noch im Restaurant zu bleiben, nachdem ich mich verabschiedet hatte.

Dann fiel mir ein, dass ich mich weder von Fana, dem Tellerwäscher, noch von Sibongile und Liyana, den beiden Frauen, die für die Salate und das warme Knoblauchbrot zuständig waren, verabschiedet hatte. *Die Höflichkeit gebietet es einfach*, dachte ich. Doch es bedeutete auch, Nicolas und Sipho, den beiden Inkatha-Anhängern, wenn nicht gar *Impimpis*, gegenüberzutreten. Mir lief ein kalter Schauer über den Rücken, als ich mich daran erinnerte, dass ich Nicolas und Sipho Pamphlete der Umkhonto we Sizwe in die Hand gedrückt hatte. Ein größerer Dummkopf müsste erst noch geboren werden. Ich sagte mir, dass ich Sibongile, Liyana und Fana keinen Abschied schuldig war. Wir waren nicht befreundet. Wir arbeiteten zusammen. Ich sollte aus der Tür gehen und diesen Ort vergessen. Doch ich wusste, dass ich mich selbst belog. Ich hatte einfach Angst davor, den beiden Zulus zu begegnen, vor denen ich mich immer noch fürchtete und vor denen ich mich vor allem unwissentlich zum Narren gemacht hatte. Ich sah auf die Uhr und begriff, dass es sicherlich kein Problem wäre, in die Küche zu gehen. Nicolas und Sipho wären längst weg. Sibongile, Liyana und Fana wären vielleicht dort und mit Aufräumen beschäftigt.

An der Tür hörte ich das Geräusch von Fleischermessern, die durch das Hammelfleisch schmolzen und auf den Holzblock schlugen. Es passte zum Klopfen meines Herzens. Fana, Sibongile und Liyana waren diejenigen, die verschwunden waren. Nicolas und Sipho standen mit dem Rücken zu mir. Ich machte kehrt, um wieder rauszugehen, bevor sie mich bemerkten.

»Frank!«

Zu spät.

Sie hatten Spuren von Hammelblut an ihren Händen und Schürzen. Sie standen zusammen am Metzgerblock, in den Händen noch die Messer. Mich durchschoss die Erinnerung an die Geschichte, die Master mir erzählt hatte, wie Nicolas Fana mit einem Messer durch diese Küche gejagt und zu Fana gesagt hatte, er könne was erleben, wenn er ihn mit weiteren von »Franks Flugblättern und Büchern« erwischte.

Nicolas legte sein Messer beiseite und wischte seine Hände an einem Handtuch ab. »Wir haben gehört, dass du gehst«, sagte er. Sipho schwieg.

»Ja ... ja ... die Mittagsschicht war meine letzte.«

»Und was machst du jetzt?«, drängte Nicolas.

»Nun ... ich ... ich lehre an der Wits. Deshalb bin ich an den Montagen nicht hier; und abends unterrichte ich dort kreatives Schreiben. Aber diese Jobs sind jetzt zu Ende, weil ich eine andere unbefristete Lehrtätigkeit habe.«

»Was unterrichtest du da?«

»Es ist ähnlich wie Englisch«, log ich.

Tatsächlich war ich als stellvertretender Leiter eines NGO-Projekts eingestellt worden, das mit Township-Organisationen (also genau den Leuten, die gegen die Inkatha kämpften) zusammenarbeitete. Ein Jahr lang würde ich Schulungsmaterialien schreiben und Workshops leiten für Vorstehende der Civics, der Bürgerratsversammlungen, aus den Schwarzen Townships in der Umgebung von Johannesburg. Die Workshops beschäftigten sich mit allem, von der strategischen Planung für soziale Basisbewegungen, der vom italienischen Kommunisten Antonio Gramsci ausgeformten Theorie der Zivilgesellschaft, dem politischen Organisieren über Büroarbeit und Arbeitsteilung bis hin zum Schreiben. Doch das konnte ich ihnen nicht sagen. Die Civics waren die Township-Version der Pariser Kommune – Organe der Volksmacht, die mit dem ANC verbunden waren.*

* Für ein besseres Verständnis der Civics und ihrer Rolle im sozialen

Nicolas' Augen funkelten. Sipho nickte ihm zu, als hätte er eine Wette gewonnen. »Deshalb sprichst du so perfekt Englisch«, sagte Nicolas.

»Leute, es gibt kein perfektes Englisch. Das ist ein rassistischer Mythos. Tatsächlich–«

»Du sprichst wie die Weißen«, sagte Sipho, als ob damit alles gesagt wäre.

»Du musst mich unterrichten, mein *China*«, flehte Nicolas mich an. »Ich frage Mario immer, darf ich Kellner sein. Er sagt, mein Englisch ist schlecht, die Kunden haben Angst vor mir. Er sagt, mein Kopf ist aus Holz.«

Während Nicolas sprach, wuchs mein Mitgefühl für ihn, was mich verunsicherte. *Dieser Mann ist ein Lakai des Staates; warum rede ich überhaupt mit ihm?*

»Ich will klug sein wie du. Aber ich kann nicht gut lesen.«

Vier Monate lang lag mein Leben in deinen Händen, ohne dass ich es ahnte; ich würde also sagen, dass du ziemlich clever bist.

Das Wesen dieser Begegnung stand derartig quer zu allem, was ich mir für einen Regennachmittag allein mit diesen beiden in einer kalten, kavernenhaften Küche hätte vorstellen können, dass mir die Worte fehlten. Ich schüttelte mir etwas Unverbindliches aus dem Ärmel, etwa: Wits hat eine Hochschule für Arbeiter, und dann ist da auch noch die Arbeiterbibliothek; und, klar, natürlich würde ich dich gerne unterrichten, aber wir müssten uns zusammensetzen und einen Termin und einen Ort finden, und natürlich könntest du jederzeit in meinem Büro vorbeikommen, und wir könnten schauen, ob – andererseits, ich bin selten in meinem Büro, ich bin mir aber sicher, dass wir eine Lösung finden. Ich kann mich an keine Begegnung erinnern, bei der ich so verblüfft, so verängstigt und so beschämt gewesen wäre.

Kampf siehe Mzwanele Mayekiso, Patrick Bond (Hrsg.), *Township Politics. Civic Struggles for a New South Africa*, New York 1996.

Nicolas legte die Hand mit gespreizten Fingern auf den Metzgerblock und sagte: »Ich werde dich vermissen, Frank.«

Über Monate hinweg hatte ich, seit der Information, dass er Mitglied der IFP ist, Hass gegen ihn und Sipho aufbringen wollen, Hass gegen sie wegen der Hunderten von Menschen die jeden Monat von ihren Kohorten und vielleicht von ihnen selbst zerhackt, erschossen und bei lebendigem Leib verbrannt wurden.

Behutsam ging ich zum Metzgerblock rüber und schüttelte ihnen beiden die Hände. »Ich werde euch beide auch vermissen«, dann drehte ich ihnen den Rücken zu, ohne die Furcht der vergangenen Tage zu empfinden.

Vom Treppenabsatz aus blickte ich auf den stillen Speiseraum zurück. Zum letzten Mal hatte ich den Blauwal des reinen Klangs aufsteigen hören, zum letzten Mal hatten all die kerzenbeleuchteten Gesichter »Volare« gesungen.

Epilog

Das neue Jahrhundert

Der Begriff »Nervenzusammenbruch« wird gelegentlich
zur Bezeichnung einer Stresssituation verwendet,
in der Menschen vorübergehend nicht in der Lage sind,
normal in ihrem Alltag zu funktionieren.
Sprechen Sie mit ihrem Hausarzt oder
ihrer Hausärztin über Ihre Anzeichen und Symptome,
oder suchen Sie Hilfe bei einer psychiatrischen Fachkraft.
Daniel K. Hall-Flavin, M. D.[78]

Sie sind unfähig, sich als Schwarze zu lieben, und gezwungen,
sich als Weiße zu hassen. [...]
Was tun mit einem Unbewussten,
das dich zu hassen scheint?
David Marriott[79]

I

An anderer Stelle habe ich über die Auflösung der Revolution in Südafrika geschrieben, nachdem Chris Hani, der Stabschef der Umkhonto we Sizwe, ermordet wurde;[80] wie die Gemäßigten unter Nelson Mandela ihre Macht festigten und den ANC von seinen prominentesten revolutionären Kräften wie Winnie Mandela reinigten; wie Khanya und ich uns trennten; wie Präsident Mandelas Geheimdienstzar meinen Namen auf eine Liste von »Ultralinken« setzte, die »neutralisiert« werden sollten. All das werde ich hier nicht wiederholen. Ende 1996 kehrte ich nach Amerika zurück, auf die Plantage meiner Geburt.

In Compton, wo ich als Aushilfslehrer in Grundschulen, Middle- und Highschools arbeitete, war ich fassungslos, als ich sah, wie die Polizei Taktiken gegen Schwarze Kinder einsetzte, von denen ich geglaubt hatte, dass ich sie in den Schulen von Soweto hinter mir gelassen hätte. Im darauffolgenden Jahr ging ich ins nordkalifornische Berkeley, um zu promovieren; und das Gleichgewicht schien in mein Leben zurückzukehren. Doch schließlich kam das Jahr 2000, und eines Tages brach ich zusammen. In den 19 Jahren seit meinem Kollaps ist es mir nicht gelungen, die Ursache dafür zu bestimmen. Gestern noch besuchte ich Seminare und politische Kundgebungen, am nächsten Tag stöhnte ich auf einer Trage in der psychiatrischen Abteilung des Universitätsklinikums. Das Fehlen einer Ursprungsgeschichte zermürbt mich bis heute.

* * *

Der Arzt und die Krankenschwester in der Klinik der UC Berkeley drängten auf Antworten. Wie kam es dazu? Wie war ich in die Klinik gekommen, und (falls sie mich entlassen würden) wie käme ich nach Hause? Sie schielten auf meine Autoschlüssel, die ich in der Hand hielt, als wären sie eine gefährliche Waffe in den Fingern eines

Kindes. Ich schüttelte den Kopf und sagte ihnen, ich hätte den Bus genommen.

Jetzt waren die Schmerzen nicht nur in meinem Herzen, sondern in meinem gesamten Brustkorb und meinen Armen zu spüren. *Wenn der Antagonismus nicht zwischen den Besitzenden und den Habenichtsen herrschte, wie Marx behauptet hatte, noch zwischen Mann und Frau, noch zwischen schwul und heterosexuell, wie ich in meinem Graduiertenseminar über Psychoanalyse gelernt hatte, und wenn der wesentliche Antagonismus stattdessen zwischen den Schwarzen und allen anderen bestand, dann bedeutete die Welt befreien, die Welt von mir zu befreien.*

zu Halloween wusch ich mein
Gesicht und zog meine
Schulkleidung an   ging von Tür zu
Tür als Alptraum.

for Halloween I washed my
face and wore my
school clothes   went door to
door as a nightmare.

Als ich meine Wohnung verließ, um ins Krankenhaus zu gelangen, hatte ich die sieben Stufen von meiner Tür zur Straße hinuntergeschaut, als starrte ich in eine Schlucht. Ich dachte, ich würde ohnmächtig. Mein Honda Civic döste am Bordstein wie eine blaue schlafende Eidechse. Meine Schlüssel hatten das gusseiserne Geländer zerkratzt, als ich die Stufen hinunterstolperte. Auf der Motorhaube meines Wagens kringelten sich Speichelfäden. »Kann mir bitte jemand helfen?«, stöhnte ich. Jedoch wollte ich in diesem Zustand nicht von meinen Nachbarinnen und Nachbarn gesehen werden, geschweige denn von ihnen Hilfe annehmen. Meine Nachbarinnen und Nachbarn in Berkeley waren, wie jene in

Kenwood, Weiße. Es bräuchte zehn Reinkarnationen, bis ich meine Schuld beglichen hätte. *Du solltest nicht in ihrer Schuld stehen*, hatte etwas in meinem tiefsten Innern gesagt. Doch wie könnte ich das alles diesem Arzt und dieser Krankenschwester erklären? Ich sagte ihnen die Wahrheit, dass ich den Bus genommen hatte. Doch ich sagte ihnen nicht, warum. *Sie sollen sich sicher fühlen.*

Sie entließen mich aus der Klinik der UC Berkeley mit Pillen nach Hause. SSRIs, was wie ein Zweig des Militärs klingt, obwohl sich hinter der Abkürzung »Selective Serotonin Reuptake Inhibitor« verbirgt, selektive Serotonin-Wiederaufnahmehemmer, Aufputschmittel gegen Depressionen. Dazu bekam ich noch Chlordiazepoxid, was, wie ich mit Erleichterung erfuhr, keine seltene Form der Lepra war, sondern ein Mittel gegen Panikattacken. Normalerweise verschreiben wir Antidepressiva nicht zusammen mit Antipanikmitteln, gestand der Arzt, als wollte er sein Gewissen vergolden, indem er mir die Wahrheit sagte.

Nachdem ich die Klinik verlassen hatte, suchte ich mehrere Wochen lang Schwarze Therapeutinnen und Therapeuten auf, weil ich mir sicher war, sie könnten mir am besten helfen. Sie waren geistig kaum gesünder als ich, was nicht heißt, dass sie auch wie ich zusammenbrachen. Die meisten dieser Therapeutinnen und Therapeuten erinnerten mich an meine Eltern, die beide Psychologie studiert hatten. Fuchsschlau. Sie kümmerten sich um mich, wie keiner der *weißen* Therapeutinnen und Therapeuten, bei denen ich versuchsweise war, sich gekümmert hatten. (Kümmern à la »Es ist furchtbar, seinen Verstand zu vergeuden.«*). Ohne es zu bemerken, arbeiteten wir gemeinsam hart daran, all die Probleme zu lösen, die ich *nicht* hatte, um mich aus der Schlucht der Verzweiflung zu führen und um mich davor zu bewahren, wieder verrückt zu werden. Doch ich war nicht verrückt *geworden*.

* Slogan aus der 1972 gestarteten Werbekampagne des United Negro College Fund.

Viele Menschen *werden* verrückt und viele von ihnen werden niemals geheilt, aber keiner von ihnen ist Schwarz. (Verrückt kann man nur werden, wenn man geistig gesund war. Keine versklavte Person hat die Zeit der geistigen Gesundheit jemals gekannt.) Oberflächlich betrachtet sieht ihr Wahnsinn aus wie meiner. Sie werden verrückt unter dem Druck von Rassismus, Sexismus, Homophobie und Kolonialherrschaft. Die äußeren Kräfte der Aggression werden übermächtig, und auch sie finden sich eines Tages auf einer Trage wieder und werden angegafft. Doch all ihre Spannungen münden in der Frage: Wie fühlt es sich an, ein Problem zu *haben*? Meine Spannungen (und die der Schwarzen Therapeutinnen und Therapeuten, die versucht haben, mich zu heilen) münden in der Frage: Wie fühlt es sich an, ein Problem zu *sein*? Es existiert keine Analogie zwischen haben und sein.

Jede Geschichte der Verzweiflung besteht aus einem Dreischritt. *Gleichgewicht*: der Zustand des Geistes frei von psychischen Traumata. *Ungleichgewicht*: das Eindringen eines verletzenden Traumas, das das Gleichgewicht fast vollständig zerstört. *Wiederhergestelltes, erneuertes oder reimaginiertes Gleichgewicht*: die therapeutische Heilung in der Psychologie oder das Ende der Analyse in der Psychoanalyse. Wenn der Verstand nun jedoch den ersten Schritt dieser Entwicklung niemals kannte, wenn der Wahnsinn (auch ein geringfügiger und noch nicht ausgedrückter Wahnsinn) dein Status quo ist, dann steht die Zeit still, denn es ist für dich unmöglich, dein eigenes Bild als dein Ich-Ideal zu besitzen. Du bist unfähig, dich als Schwarzen zu lieben, und *wirst dazu gezwungen*, dich als Weißen zu hassen.[81] Und es ist das Wort *gezwungen*, das Sand ins Getriebe der Heilung streut; denn dein Selbsthass ist nicht das Produkt deiner persönlichen Neurose, es ist das Produkt einer Gewalt, die so gigantisch ist, dass sie dein anderes, das menschliche Wesen, hervorbrachte. Wenn die Redekur ein Heilmittel für den Menschen ist, was ist dann dein Heilmittel? *Du bist nicht das Subjekt deiner eigenen Erlösung.* Du bist, wie Cecilio M.

Cooper erläutert, »ein Vektor, durch den andere sich selbst verwirklichen können.«

Du heiratest einen *weißen* Menschen. Es ändert sich nichts. Du änderst deinen Sklavennamen. Du drehst deinen *weißen* Jesus zur Wand. Es ändert sich nichts. Du heiratest eine Schwarzen Person. Es ändert sich *immer noch* nichts. Damit es aufhört, hätte es erst einmal beginnen müssen. Du gehst durchs Leben, ohne deine Wünsche von ihren unterscheiden zu können. Wie ein Mann, der gelyncht und gezwungen wird, seinen abgetrennten Penis zu verspeisen, während er den Lynchmördern, die über ihn richten, erzählt, wie gut es schmeckt, so siehst auch du dich selbst als ein phobisches Objekt, das der Selbstzerstörung für die Sicherheit eines anderen bedarf – dieser jemand bist du und bist du gleichzeitig nicht. Was tun mit einem Unbewussten, das dich zu hassen *scheint*?[82] Nach der Lektüre von David Marriotts *On Black Men* zerquetscht das Wort *scheint* meinen Schädel wie ein Elefantenfuß. An manchen Tagen hinderte mich die bleierne Schwere daran, aus dem Bett aufzustehen. An einem solchen Tag sackte ich auf dem Boden neben meinem Bett zusammen. Mein erstes Seminar hatte bereits begonnen. Doch dieses Wort *scheint* hatte seinen Fuß auf meinem Hals. Bedeutete es, dass mein Unbewusstes mich jedes Mal hasste, wenn es zum Vorschein kam? Dass ein Blick in mein Unbewusstes ein Blick auf den Wunsch nach meiner eigenen Zerstörung war? Oder deutete *scheint* auf einen Zweifel hin – als ob mein Unbewusstes nur *wirkte*, als hasste es mich? Die Zwickmühle machte es mir schwer, mich zu bewegen, vom Boden aufzustehen und mich für mein Seminar anzuziehen. Denn wenn Selbsthass ein konstitutives Element meines Unbewussten war, dann war die Redekur der Psychoanalyse (und ganz bestimmt der Psychotherapie) nicht mehr als hochpreisiger Humbug. Die Schwarze Person war eine statische Imago der Elendigkeit. Allerdings war diese Stasis für den Menschen produktiv: In Abgrenzung von der Schwarzen Elendigkeit konnten sich die Menschen als Agent:innen des Wandels erkennen und sich gleichzeitig ansehen als Agent:innen, die selbst zu Wandel fähig waren. Ein Marxist wie ich, so sagte ich mir damals, dürfe das nicht glauben. Doch in den frühen Monaten des 21. Jahrhunderts ließ mich ein Anwalt aus Sacramento, der die Proposition 21 mitverfasst hatte, wissen, dass ich mich geirrt hatte. Ich wachte morgens auf und hatte schon die Erinnerung an diesen Telefonanruf im Kopf.

Ich hatte mich in der Bay Area von San Francisco politisch engagiert, um die Menschen zu überzeugen, bei der Wahl gegen Proposition 21 zu stimmen. Ich hatte besagten Anwalt in Sacramento angerufen, der zum inneren Kreis der Anwälte in der Landeshauptstadt gehörte, die jene Proposition verfasst hatten. Unter Proposition 21 würden viele Kinder im Alter von 14 Jahren, die für Straftraten angeklagt würden, nicht mehr vor ein Jugendgericht gestellt werden, und die Staatsanwaltschaft könnte direkt vor einem Erwachsenengericht Anklage gegen Straftäter:innen aus dem Jugendstrafvollzug erheben, ohne die Erlaubnis des Jugendgerichts einholen zu müssen. Ich konnte nicht glauben, dass irgendein vernünftiger Mensch ein Kind an einen Ort wie San Quentin schicken wollte. Ich war der Meinung, ein Anwalt sei ein vernünftiges Wesen.

Als er antwortete, sagte ich ihm, mein Name sei Jay Walljasper (ein prominenter linker Aktivist und Journalist). Ein Test. Würde der Name ihm etwas sagen, wäre das Spiel aus. Doch der Name sagte ihm nichts. Also unterstrich ich meine Lüge und sagte, dass ich freiberuflicher Reporter für William F. Buckleys konservative *National Review* sei. Als Börsenmakler hatte ich gelernt, das Lächeln in den Stimmen von Leuten zu hören, die ich zur Kaltakquise anrief. Ich spürte, wie der Anwalt aus Sacramento von Ohr zu Ohr grinste. Ich gratulierte ihm und Leuten wie ihm im ganzen Land, die bei den staatlichen Wahlen für die Bekämpfung der Jugendkriminalität einstanden. Proposition 21, sagte ich strahlend, sei bahnbrechend. Ich sei überzeugt, dass die *National Review* meinen Artikel drucken würde, denn die Redaktion sei über die Kriminalitätswelle genauso empört wie er und seine Kollegen. Ich müsste mich allerdings wie ein guter Journalist verhalten und ihm einige schwierige Fragen stellen. Er sagte, das verstehe er.

Das Gesetz, falls es verabschiedet würde, so erinnerte ich ihn, würde Staatsanwälten und Richterinnen die Entscheidung überlassen, ob ein 14-jähriges Kind wegen einer Straftat als erwachsener Mensch vor Gericht gestellt werden könne.

»Für die meisten Menschen in Kalifornien ist das kein Problem«, fuhr ich fort, »aber die empfindlichen Liberalen der Bay Area werden sagen, dass die Richtlinien für die Anklage von Kindern vor einem Erwachsenengericht und die anschließende Inhaftierung in San Quentin oder Folsom nur verschleierte Strategien sind, um Staatsanwälte und Richter zu instruieren, wie man Schwarze von Nicht-Schwarzen trennt.«

Das Schweigen am anderen Ende der Leitung war zu lang. Für einen Moment glaubte ich, er war mir auf der Schliche – womit er mir gleich zwei Schritte voraus wäre, denn ich wusste selbst nicht ganz genau, was ich vorhatte. Doch als er sprach, fragte er mich, ob ich Kinder hätte. Das Spiel war also noch nicht aus; wir sprachen immer noch von *weiß* zu *weiß*. Meine Tochter ist 13 Jahre alt, gestand ich, ohne hinzuzufügen, dass sie ein wunderschönes südafrikanisches Mädchen mit leuchtender Onyxhaut, Mandelaugen und einem Hauch von Verwegenheit im Lächeln war.

Ich habe zwei Jungen, sagte er. Er fügte hinzu, dass er und ich beide etwas wüssten. Ich begann zu schwitzen: Ich wusste nicht, was es war, dass er und ich wussten. Wir wissen, unsere Kinder sind nicht diese Kinder. *Diese* Kinder sind »Tiere«. Wir schicken, so teilte er mir mit, kategorisch *keine* 14-jährigen Kinder nach San Quentin, wir schicken »Tiere« nach San Quentin. Ich war so benommen, dass ich nicht wusste, wen er meinte, als er sagte: »Es war mir ein Vergnügen, Mister Walljasper.« Ein neues Jahrhundert hatte begonnen, doch es hatte sich nichts Wesentliches geändert.

Ich saß auf dem Boden meiner Wohnung in Berkeley, und es fehlte mir der Wille, um mich zu bewegen. Ein Aufruhr von

Erinnerungen durchstürmte mein Gehirn: Von Celina Davenports Verhör (»Wie fühlt es sich an, ein *Negro* zu sein?«) über Sameer Bisharas Hirngespinste (»die Scham und die Demütigung ist noch viel schlimmer, wenn der israelische Soldat ein Jude aus Äthiopien ist«) bis hin zu Rianas Frage (»Was für ein Amerikaner bist du denn?«), bis hin zu dem Mann, mit dem ich gerade am Telefon gesprochen hatte und mit dem ich mein eigenes Kind verurteilt hatte (»Unsere Kinder sind nicht diese Kinder«).

|

2

Mom, du hast einmal zu mir gesagt, ich giere nach Bestrafung; du hast gesagt, ich würde lieber jemandes Faust mit meinem Gesicht verprügeln, als einen Weg zu finden, ein harmonisches Leben zu führen. Nun, hier bin ich, mein Fleisch ist zerfetzt. Mit meinen eigenen Waffen geschlagen. Der bedrückendste Aspekt meines Telefonats mit dem Anwalt ist, dass der Anwalt nicht nur über den »super predator«, das »Über-Raubtier« sprach, auf das Hillary Clinton angespielt hatte. Er sprach über die Frauen, die sie zur Welt bringen; die reproduktive Arbeit Schwarzer Frauen, die Wesen zur Welt bringen, die keine Menschen sind. Ich bin am Boden zerstört darüber, was er über *dich* gesagt hat. Wusste er nicht, wie *du* die Kinder von Kenwood aufgezogen hast, während ihre Mütter deine Kinder ausgeschlachtet haben?

Hättest du Elgar Davenport das angetan, was seine Mutter Celina Davenport mir angetan hat, hätten diese Mütter dir keine Gnade gezeigt. Mom, nicht nur, dass du ihre Kinder *nicht* als Kanonenfutter in einem Stellvertreterkrieg behandelt hast, nein, ihre Erinnerungen an dich sind auch zärtlichere Erinnerungen als die an die Frauen, die sie zur Welt gebracht haben. Frauen, die weniger als die Hälfte deiner Bildung besaßen; und keine Spur deines Mitgefühls. Verliebt-verlobt-verheiratet-Naivchen, die ihren Verstand in

Martinis marinierten. Frauen, die niemals Vorträge über die frühkindliche Entwicklung in China und Deutschland gehalten hatten, nur um dann in die Staaten zurückzukommen und im Kaufhaus Macy's »Mädel« genannt zu werden. Frauen, die sich nicht vorstellen konnten, welche Wege du zurückgelegt hast, wie damals, als du und Dad den Dschungel von Belize durchquerten, um ausländische Studierende auf Kaution freizubekommen, die in einem Urwald-Gefängnis festgehalten wurden. Frauen, die bis weit in ihre Vierziger frei, *weiß* und 21 blieben. Sie trugen Perlenketten, während sie Kreuzworträtsel lösten. Sie waren in der Lage, dich durch dein Kind zu verletzen. Doch alle ihre Kinder liebten dich.

Du hast Elgar Davenport gezeigt, dass die Liebe einer Mutter mehr ist als Celina Davenports Rauchringe und Spott. Die zusätzlichen Kugeln Eiscreme, die er zu Hause nie haben durfte; die Beruhigung, dass sein Übergewicht und sein umherirrendes Auge und die lupendicken Brillengläser ihn nicht zum Freak machten; »Du bist auf deine eigene Art besonders, Elgar, wie jedes Kind«, sagtest du zu ihm. All meine Freunde fühlten sich bei dir wie zu Hause. Bis ins Erwachsenenalter erinnerten sie sich daran, wie du am 4. Juli Malerhüte aus Zeitungspapier gefaltet hast, die du rot, weiß und blau bemaltest; und wie du sie angefeuert und ihre Wunderkerzen angezündet hast, als sie an unserem Haus vorbei den Hügel hinaufmarschierten. Du gabst ihnen das Gefühl, geliebt zu sein. Du ließt sie sich sicher fühlen, obwohl ihre eigenen Mütter dir die Knie schlottern ließen; während ein Haufen von Jurist:innen deine Kinder und Kindeskinder ins Strafgesetzbuch schrieben. Nenn mir nur einzigen guten Grund, Mom, warum ich deiner Meinung nach aufstehen und ins Seminar gehen sollte.

Ich habe in Südafrika Schlachten geschlagen und war nicht sicher, ob ich sie überleben würde. Doch wäre ich in Südafrika gestorben, wäre ich zumindest mit der Illusion gestorben, dass mich ein menschlicher Tod ereilt hätte, ein Arbeitertod; ein Tod von universeller Bedeutung. Mom, ich wünschte, ich wäre dort gestorben.

Wie kann ich ohne diese Illusion weitermachen? Es gibt nur einen Weg; doch es sind eine Million Meilen unwegsames Gelände vom Boden neben meinem Bett bis zum Medikamentenschrank mit den Tabletten, die ich brauche, um meinen Schmerz gefriertrocknen zu können.

Wenn ich mich als Junge niedergeschlagen fühlte, hast du mir keine psychotropen Medikamente gegeben. Stattdessen sagtest du mir: »Du kommst aus einer guten Familie aus Louisiana, und du besitzt einen starken Willen.« Gegen dieses Tonikum bin ich heute immun. Wann hat deine Weisheit aufgehört, bei mir zu wirken? Wann haben wir beide uns so sehr auseinandergelebt? Es muss im Jahr 1968 gewesen sein, als deine Mutter und ich den Plündernden im Fernsehen zujubelten, in den Tagen nach dem Mord an Martin Luther King. Es muss in jenem Sommer gewesen sein, als die Vögel wie eine Faustvoll Pfeffer im letzten gesunden Auge Gottes in die Sonne flogen und du dich durch eine Gruppe voller frecher, schmuddeliger, rüpelhafter Jungs gedrängelt hast, um Luke davon abzuhalten, Reg aufzuschlitzen. Erinnerst du dich an die bösen Blicke, die ich dir den ganzen Sommer über zuwarf, nachdem du das Leben dieses *weißen* Mannes gerettet hast? Bestimmt erinnerst du dich daran, wie ich mich gerächt habe, obwohl ich erst zwölf Jahre alt war.

3

Meine Mutter saß am Küchentisch und fertigte Karteikarten zum Lernen französischer Verben an. Dad stand am Herd und bereitete eine Mehlschwitze fürs Gumbo zu. Mit der Ehrfurcht eines Chorknaben betrat ich die Küche.

»Mom, ich will nach Vietnam gehen«, sagte ich so fromm, wie ich im Alter von zwölf Jahren nur sein konnte.

»Wozu das denn?«, fragte sie.

Mein Vater, der keine listige Faser im Herzen hatte, wusste

nicht, dass ich gesehen hatte, wie er mit Mom diesen *Einem-geschenkten-Gaul-schaut-man-nicht-ins-Maul*-Blick austauschte.

»Ich möchte meinen Teil beitragen«, sagte ich.

Sie war erfreut und besorgt zugleich. Sie mochte den Krieg nicht, doch sie war eine Patriotin, und sie wünschte sich, dass auch ich ein Patriot wäre.

Es war zu schön, um wahr zu sein. Ihr geliebter Junge war zu ihr zurückgekehrt, und das ganz ohne die Hilfe eines Exorzisten. Sie streichelte meine Wange, so wie sie es immer getan hatte, wenn ich in Minneapolis auf dem Wohnzimmerboden lag und die gregorianischen Gesänge ihres Chors in mich aufnahm. Sie sagte, der Krieg könne bis zu meinem 16. Geburtstag vorüber sein. Aber du kannst ja der Küstenwache beitreten, bot Vater an, während sich die Mehlschwitze andickte. Oder dem Friedenskorps, fügte sie hinzu. Anschließend erzählte sie mir, wie vor meiner Geburt bereits ihre Koffer gepackt waren und sie ihr Flugticket in der Hand hielt – sie hatte vor, nach Guam auszuwandern, um dort Englisch zu unterrichten, für ein Programm, das dem Friedenskorps nicht unähnlich ist –, als mein Vater um ihre Hand anhielt.

»Der Rest«, sagte Mom mit einem Lächeln, »ist Geschichte – der Rest bist *du*, mein Sohn.«

Ich ließ die beiden im Schein unserer Versöhnung schwelgen. Dann sagte ich: »Du versteht nicht. Ich meinte nicht die Armee des *weißen* Mannes, ich meinte den *Vietcong*.«

Und so begann es, unser jahrzehntelanges Geplänkel von Schlag und Gegenschlag, eine Mutter-Kind-Dyade, die keine Gefangenen machte.

»Hast du für Obama gestimmt?«, fragte sie mich vierzig Jahre später. »Du weißt, die Wahllokale in Kalifornien schließen jetzt.«

»Ich habe 1994 für Mandela gestimmt. Ein Hasenfuß-*Negro* reicht mir.«

»Wie wirst du es deiner Tochter, meiner Enkelin, erklären, wenn du diesen historischen Moment verpasst?«

»›Dein Daddy war kein Dummkopf.‹«

»Sarkasmus ist die letzte Zuflucht der Schwachen, mein Sohn.«

»Würdest du für den ersten Schwarzen, der eine Atombombe abwirft, eine Konfetti-Parade veranstalten?«

»Worauf willst du hinaus?«

»Was ist denn ein U.S.-Präsident? Darauf will ich hinaus.«

»Frank, wann wirst du endlich mal etwas Gutes über dieses Land sagen, anstatt es nur niederzureden?«

»Wenn es nicht mehr dieses Land ist.«

»Was ist aus deiner christlichen Vergebung geworden?«

»Ich bin Kommunist, Jesus schickt mir Schmähbriefe.«

Als ich in New York lebte und an der Columbia studierte, als ich in Südafrika lebte und gegen die Apartheid kämpfte, als ich nach Berkeley ging, um dort zu promovieren, und selbst als ich schließlich von dort wegging und in Südkalifornien Professor wurde, war ich immer froh, auf der anderen Seite der Welt oder des Kontinents sein zu können, wo ich frei war von deinem Patriotismus, deinen Debütantinnenbällen, der Gemeinde der »Lady's Auxiliary of the Knights of Columbus«, der du angehörtest, den elitären Jack-and-Jill-Konferenzen, an denen du teilnahmst, deinem Gott.* Mit 15 zog ich auf den Dachboden, wo ich unbemerkt Gras rauchen, Mao und Fanon lesen und mir einreden konnte, dass all die Kretins in den unteren Stockwerken nicht mit mir verwandt waren.

Nicht ein einziges Mal in vierzig Jahren habe ich gesagt: Ich liebe dich; und ich habe es auch niemals von dir gehört.

* Jack and Jill of America Inc. ist eine Vereinigung Schwarzer Mütter mit Kindern zwischen zwei und 19 Jahren, die sich der Förderung zukünftiger Schwarzer Führungspersönlichkeiten verschrieben haben, indem sie die Kinder durch Führungskräftetraining, Freiwilligendienst, Philanthropie und Schulungen zu Bürgerpflichten stärken.

Aber du hast mir das Leben gerettet, als ich in der fünften Klasse war. Die Kenwood Elementary School hatte meine Entschlossenheit zermalmt wie ein Amboss, der aus großer Höhe auf mich herabstürzte. Meine einzige Zuflucht war das kalte, klamme Bett, das ich in so vielen Nächten eingenässt hatte. Zuerst sprachst du mit mir, wie du mit deinen Patientinnen und Patienten in deiner Privatpraxis sprachst. Doch ich war zu deprimiert für Worte. Als man dir schließlich sagte, dass ich eine Klasse wiederholen müsste, hast du mir den Hintern versohlt. Aber Schmerz erreichte mich nicht mehr.

Schließlich bist du eines Morgens in mein Zimmer gekommen und hast mich aus dem Bett geworfen. Doch ging es mir nicht an den Kragen. In deinem Nachthemd von Macy's und deinem Bademantel warfst du dich auf den Boden und machtest Liegestütze auf Händen und Knien. Ich lachte und sagte: »Du machst ja Mädchen-Liegestütze.«

Während du zähltest, sagtest du: »Wenigstens kann *ich* überhaupt Liegestütze machen, Mister Defensive Lineman, der es nicht aus dem Bett schafft. Du bist ein Bübchen aus der Footballmannschaft der Miniliga, dessen Mutter mehr Liegestützen hinkriegt als er. Warte, bis die davon hören beim–«

Mehr musstest du nicht sagen. Schon lag ich neben dir auf dem Boden, allerdings nicht auf meinen Knien. Wir haben Liegestütze gemacht, zusammen, du und ich. Zwanzig. Anschließend machten wir Sit-ups.

»Bringt die Endorphine in Schwung«, hast du geschnauft und gehechelt. Dann hast du meine mit Urin befleckten Laken in den Wäscheabwurfschacht gestopft, bevor meine Geschwister aufwachten. Nachdem ich mich gewaschen und angezogen hatte, bücktest du dich zu mir runter und sahst mir in die Augen. »Du kommst aus einer guten Familie aus Louisiana und du besitzt einen starken Willen.« Während der Osterferien holte ich sechs Monate lang die fehlenden Mathe- und Leseaufgaben nach; und ich schaffte es in die sechste Klasse.

Selbst im Sommer meines Missvergnügens in Seattle hast du mich unterrichtet. Ich wurde Schriftsteller, indem ich dir beim Schreiben deiner Doktorarbeit zuschaute; und indem ich die langen, epischen Gedichte auswendig lernte, die ich für dich auswendig lernen musste. Du brachtest mich dazu, sie mit Karteikarten einzustudieren, so wie du Französisch und Statistik gelernt hast. Als du eine Zulassungsprüfung zur Promotion bestanden und du AAD (alles außer Dissertation) warst, fragte ich dich, ob du nun fertig seist. Du hast mich angelächelt und gesagt: »Nein, das ist erst der Anfang, als Nächstes kommt das Schreiben.«

»Und nach dem Schreiben?«, fragte ich dich.

»Nach dem Schreiben kommt das Umschreiben.«

Ich bewunderte die Art, wie du dich zusammengerissen hast, um deine Dissertation zu schreiben. Ich sah zu, wie du IBM-Lochkarten in die Schlünde von godzillagroßen Computern füttertest, die Rohdaten wie wiedergekäutes Futter bearbeiteten – von Ideen in deinem Kopf zu Löchern in Lochkarten; Magie in einen Sinn verwandelt; Sinn in Thesen gegossen; Thesen auf Seiten getippt; Seiten, die zu deinem schwarzgebundenen Buch wurden. Aus Stroh hast du Gold gesponnen. Am nächsten Tag nannte man dich »Frau Doktor«; für mich aber warst du eine Zauberin.

Ich fragte dich, ob auch ich jemals schreiben würde, und du sagtest, ja, das würde ich. Ich fragte dich, worüber ich schreiben sollte, und du sagtest mir, ich solle über das schreiben, was ich wisse. Also schrieb ich Horrorgeschichten, in denen einige meiner Lehrerinnen und Lehrer Unglück erlitten. Über diese Storys hast du die Stirn gerunzelt. Nichtsdestoweniger hätte ich es vielleicht niemals so weit gebracht, dass du deine Stirn über mein Schreiben runzeln könntest, wenn ich nicht neben dir auf dem Boden gelegen hätte, mit gräulichen Beinen in Pyjamas mit Pissflecken.

Als Kind dachte ich immer, dass das Leben im Jahr 2000 unendlich viel besser sein würde. Fliegende Autos, Telefonuhren wie von Dick

Tracy, der Jungbrunnen von Ponce de León in Pillenform und für alle erschwinglich, während Kenwood als archäologische Stätte beerdigt würde. Nie hätte ich mir erträumen lassen, dass Kenwood überall zu finden wäre, dass du und ich auch im neuen Jahrhundert noch »Tiere« wären. Als ich ein Kind war, war ich kein Afropessimist.

4

Mein Seminar über Lacan würde in zehn Minuten beginnen. Es war eine halbstündige Busfahrt zum Campus, und ich hatte mich noch nicht bewegt. *Was soll das bringen, Mom? Nenn mir nur einen einzigen guten Grund, warum ich aufstehen sollte.*

Ich drehte mich vom Rücken auf den Bauch. *Nur ein Liegestütz, Mom*, sagte ich mir. *Nur einen kriegst du.* Es nützte nichts. Meinen Muskeln war es egal. Ich sah Staubsilos unter meinem Bett. Ich wusste, was du gesagt hättest: Wie kannst du das Wahre, Schöne und Gute erreichen, wenn dein Schlafzimmer nicht mal sauber ist?

Aus einem Liegestütz wurden 100. Ich machte sogar ein paar Sit-ups. Ich ging ins Bad. Gerade genug aufgeputscht mit Endorphinen, um den Arzneischrank zu öffnen. Da waren sie, die selektiven Serotonin-Wiederaufnahmehemmer und das Chlordiazepoxid, meine beiden besten Freunde in orangebraunen Fläschchen. Ich spülte die Tabletten die Toilette runter.

Ich war entschlossen, den Wahnsinn zu meinem Zufluchtsort werden zu lassen; entschlossen, mich der Tatsache zu stellen, dass mein Tod die Welt zu einem anständigen Lebensort machen würde; entschlossen, meine Elendigkeit und den Antagonismus, der mich zum Gegenspieler der Menschheit machte, zu umarmen. Ich würde mein Zuhause im Laderaum des Schiffes einrichten und es von innen heraus niederbrennen.

Ich wusch mir das Gesicht und zog meine Schulkleidung an und ging zum Unterricht als Alptraum.

5

Neun Jahre später, im Jahr 2009, war ich 400 Meilen südlich als ordentlicher Professor an der UC Irvine in Orange County beschäftigt. Alice und ich wohnten in einer geräumigen Eigentumswohnung mit hohen Decken, direkt gegenüber vom Campus. Ich war gerade 53 geworden. Das aleatorische Geholper, das meinen Lebensweg geprägt hatte, machte mich merklich älter als die meisten Menschen im Rang eines außerordentlichen Professors. Im November würde Alice 75 Jahre alt werden. Sie hatte sich von ihrer Lehrtätigkeit in Santa Cruz zurückgezogen und war nach Orange County umgesiedelt. Wir sagten beide gern, dass wir in Orange County waren, Orange County aber nicht in uns. Bis zu meinem Umzug in die Gegend von Irvine-Newport Beach hatte ich in meinem Leben nur zweimal einen Rolls-Royce gesehen. Jetzt wohnten wir vier Meilen von einem Rolls-Royce-Händler entfernt, und wir sahen einen Rolls-Royce (im Einkaufszentrum, auf den Boulevards, an der Tankstelle, am Drive-In-Fenster von Starbucks) ungefähr drei bis vier Mal im Monat. Regelmäßige Sichtungen von einer halben Million Dollar auf Rädern an den banalsten und alltäglichsten Orten. Die Armutsgrenze der Gemeinde lag bei 80.000 Dollar pro Jahr. Dies war nicht Berkeley. Nur allmählich fanden Alice und ich Bekannte.

Bis zur Race-Rave-Konferenz 2001 an der UC Santa Cruz, als die Weißen in ihrer Gruppe Alice angriffen, weil sie darauf bestand, über sich in Bezug auf ihre gemeinsame strukturelle Position zu sprechen statt in Bezug auf ihre geschlechtsspezifischen Identitäten oder ihr kulturelles Erbe, hatten Alice und ich nicht nur den Antagonismus zwischen uns verkörpert (die unwiderrufliche Kluft zwischen den Spezies), nein, wir hatten ihn auch inszeniert. Das waren harte Jahre, in denen die Liebe mit Hass verschnitten war. In den zehn Jahren vor ihrer Pensionierung hatte sie jedoch begonnen, die Werke Schwarzer radikaler Denker:innen zu lehren, insbesondere jene, die ab 2009 mit dem Afropessimismus in Verbindung gebracht werden sollten. Und ihr intellektuelles Engagement hatte sie zum Handeln gebracht. Es war dieser Wille, ihren Körper gegen die Institutionen zu stemmen, die die Grundlage ihres ganzen Lebens und der Klebstoff, der ihre liebsten Beziehungen zusammenhielt, gewesen waren, der unsere Liebesbeziehung von einem Großteil ihres inneren Aufruhrs und ihrer Spannungen befreite.

Innerhalb von zwei Jahren bekämpfte sie an zwei Colleges in Santa Cruz, an denen wir unterrichteten, die anti-Schwarzen Rassist:innen; unter ihnen waren lebenslange Freundinnen und Freunde sowie ihre Tochter, die an einem der Colleges lehrte. Auch wenn ich sie liebe, bin ich zögerlich, sie zu loben für etwas, das sie längst hätte tun sollen, bevor wir uns überhaupt kennenlernten. Warum bin ich so verhalten mit meinem verschriftlichten Lob, wenn ich zu Hause nicht annähernd so geizig damit bin und viel wertschätzender? Weil ich das Gefühl der Erleichterung fürchte, das eine *weiße* Leserin durch solches Lob empfinden könnte, diesen Tautropfen der Hoffnung in ihrem liberalen Herzen, wenn sie ein verliebtes Schwarz-Weiß-Pärchen sieht. Tatsächlich gibt es Bande der Zuneigung – häufig tief und profund – zwischen einer Herrin und ihrem Sklaven, aber das macht es noch lange nicht zu einer Beziehung in struktureller Hinsicht. Strukturell gesehen gibt es keine Beziehung zwischen Schwarzen und menschlichen Liebenden. Doch es gibt auch keine Beziehung unter Schwarzen, auch wenn wir hier ebenfalls häufig tiefe, profunde Zuneigung vorfinden. Ein Gefangener, der den Menschen heiratet, der ihn gefangenen genommen hat, bleibt ein Gefangener. Das war die brutale Wahrheit dessen, was wir in Ermangelung eines anderen Wortes unsere *Liebe* nannten. So wie zwei Gefangene, die im selben Bett schlafen, unter dem Dach dessen, was sie mangels eines ehrlichen Wortes ihr *Zuhause* nennen, immer noch Gefangene sind – nicht Gefangene füreinander, sondern für ein Geflecht von Herren, von ihren *weißen* Nachbarinnen und Nachbarn bis zum FBI. Stella und ich lernten das 1980 auf die harte Tour, als wir flohen, zuerst aus unserem »Zuhause« und dann aus dem Bundesstaat Minnesota.

Der Gemeinplatz »die Liebe siegt über alles« bringt uns dazu, eine Gewalt zu verleugnen, von der die Liebe immer schon besiegt worden ist.

* * *

Eine Erlösung, die *interracial* wäre, existiert nicht. Eine afrozentrische Erlösung existiert nicht. Erlösung ist das narrative Erbe der Menschen. Der soziale Tod kann nicht aufgelöst werden.

Doch nun war Barack Obama vor drei Monaten vereidigt worden, und es schien in den akademischen Kreisen, in denen Alice und ich verkehrten, nur wenige offene Ohren für eine so ungetrübte Linse des Analytischen wie den Afropessimismus zu geben. Im Yogastudio auf dem Campus freute sich eine von Alices *weißen* Freundinnen, Henrietta, darüber, wie wunderbar und voller Hoffnung die Welt wieder einmal geworden war.

»Du und Frank müsst es spüren«, sagte Henrietta verschmitzt.

»Was spüren?«, fragte Alice. Alice wusste genau, was Henrietta meinte; dass, obwohl sie, Alice, weit über das gebärfähige Alter hinaus war und deshalb kein eigenes kleines Obama-Baby machen konnte, sie und ich als Paar in der Person des mächtigsten Mannes der Welt salonfähig gemacht worden waren. Durch den Misston in Alice' Stimme geriet Henrietta beinahe ins Stottern.

»Nun … nun … du weißt, was ich meine«, plädierte sie.

»Nein, was meinst du denn?«, fragte Alice.

»Warum in aller Welt *hast* du denn dann für Obama gestimmt?«

Die Tür zum Yogastudio öffnete sich. Alice stand auf, kramte ihre Nackenrolle und ihre Yogamatte zusammen.

»Habe ich nicht«, antwortete sie.

Henrietta war wutentbrannt. »Du hast *McCain* gewählt?«

»Ich wähle gar nicht, Henrietta. Ich habe vor einiger Zeit aufgehört, zu wählen. Wenn du mehr über dieses Land wüsstest, würdest du auch mit dem Wählen aufhören. Es gibt andere Arten, für Veränderung zu kämpfen.«

Statt zu fragen, was diese anderen Arten waren, schreckte Henrietta zurück, als hätte Alice gesagt: Ich wasche mich nicht, Henrietta. Ich wasche mich schon lange nicht mehr. Wenn du mehr über Hygiene wüsstest, würdest du auch mit dem Waschen aufhören. (Später erzählte Alice mir, dass sie die Bedeutung der Wahl für eine Schwarze Person niemals derart abtun würde. Henrietta war allerdings eine andere Geschichte.)

Die Wahl des ersten Schwarzen Präsidenten schien meinen Eltern in dem kalten Krieg, den wir seit meinem zwölften Lebensjahr geführt hatten, neuen Schwung zu verleihen. Mein Vater war 78 Jahre alt. Mom war 77. Sie waren beide im Ruhestand, und wie Alice mit ihren 75 Jahren hatten sie nun mehr Freizeit. Das bedeutete (zu meiner geäußerten Freude und meinem geheimen Entsetzen), dass sie öfter nach Kalifornien kommen konnten, um meinen Bruder in Los Angeles zu besuchen und anschließend bei Alice und mir vorbeizuschauen, fünfzig Meilen südlich den Küsten-Highway 1 entlang.

* * *

Wir trafen uns zum Essen im Freien auf einer Marmorterrasse mit hohen Terrakotta-Säulen auf einer Klippe mit Blick über das Meer vor Newport Beach. Moms Haare waren gut gestylt und wurden von einer Sonnenbrille zurückgehalten, die ihr einen coolen, *Gerade-erst-zurück-vom-Club-Med-für-Seniorinnen*-Touch verliehen. Dad war besser gekleidet als ich, selbst im Vergleich zu meinen Outfits der Zeit, als ich noch Börsenmakler gewesen war. Alice und ich trugen schwarz, als wären wir nicht zum Mittagessen auf einer Klippe über dem Meer gekommen, sondern um den beiden die Taschen zu tragen. Auf der Terrasse waren nur wenige Gäste. Es war Frühling. Die Touristenheere der Sommersaison waren noch nicht eingefallen. Eine Schar von Ohrenscharben belagerten einen Felsen etwa eine Meile vor dem Ufer, und wann immer das Gespräch abebbte, hörte man die selbstmörderischen Geräusche der Wellen, die unten an den Klippen gegen die Felsen schlugen. Bald lief auch das Gespräch auf Grund.

Alice und ich hatten ein wenig zu viel Enthusiasmus gezeigt, als wir ihnen erzählten, dass Highschool-Schülerinnen und Schüler uns manchmal während des Abendessens anriefen, um uns Fragen über Afropessimismus zu stellen. Ich glaube, Mom fand die Vorstellung unglaubwürdig, dass Schülerinnen und Schüler der Highschool diese Texte lasen. Doch wir erklärten ihnen, dass diese jungen Leute im Debattierclub der Highschool waren und als Teil ihrer Ausbildung auch kritische Theorie lesen mussten. Seitdem ein Schwarzes Debattenteam der Towson University in Maryland in einem nationalen Debattierwettstreit gegen Harvard gewonnen hatte, riefen auch die Coaches von College-Debattierclubs bei uns an, um Fragen zu stellen und uns für Seminare über Afropessimismus einzuladen. Ich erzählte, das Towson-Team habe gewonnen, indem es sich geweigert habe, die Frage des Wettbewerbs zu beantworten, anstatt Pro und Kontra innerhalb der Logik der Frage des Wettstreits zu argumentieren: Es ist unethisch, versklavte Personen zu zwingen, *innerhalb* der Logik einer Welt zu argumentieren, die sich in Opposition zu ihnen definiert. Also stellten sie die logische Vorannahme der Frage *infrage*. Schwarze Studierende stützten sich auf meine Behauptung, dass die Zivilgesellschaft für die versklavte Person einen mörderischen Moloch darstelle und kein Terrain der Zustimmung, das nur um das Mittel des Zwangs ergänzt sei;[83] und sie stützten sich auf Saidiya Hartmans Argument: »Die versklavte Person ist das Objekt oder der Boden, der die Existenz des bürgerlichen Subjekts ermöglicht und als Verneinung oder Gegensatz die Freiheit, die Staatsbürgerschaft und die Einfriedung des sozialen Körpers definiert.«[84]

Meine Eltern, vor allem meine Mutter, waren beeindruckt von der Erzählung der sozialen Reform Schwarzer Studierender, die das Team von Harvard in einem geistigen Wettstreit geschlagen hatten. Nichtsdestoweniger waren meine Eltern wenig begeistert von den Strategien, und sie waren, so vermutete ich, heimlich alarmiert, dass dies derzeit zu einem landesweiten Trend wurde.

Alice kicherte. »Es ist schon so weit gekommen, dass *weiße* Eltern Frank buchen wollen, um ihren *weißen* Kindern etwas über Afropessimismus beizubringen, damit sie in künftigen Wettbewerben Schwarze Gegner schlagen können.«

»Einige Professorinnen und Diskussionscoaches«, warf ich ein, »wollen eine Regel durchsetzen, die Studierende disqualifizieren würde, sobald sie die Frage selbst infrage stellen. Wir sind Zeuge eines *Blackening*, der *Schwärzung*, einer wichtigen ›College-Sportart‹, die zwischen den Unis ausgetragen wird.«

Mom seufzte. »Ich verstehe nicht, wie der Afropessimismus diesen Schwarzen Kindern dabei helfen kann, gute Bürgerinnen und Bürger zu werden. Was kann der Afropessimismus tun, um Schwarze von Punkt A nach Punkt B zu bringen«, meinte sie mit ihrer charakteristischen Logik, die nicht im Geringsten durch ihr Alter abgestumpft war.

Draußen auf dem Meer hüpfte ein großes Skiff zur Walbeobachtung übers Wasser und beunruhigte die Ohrenscharben. Wie Schrotkugeln verstreuten sie sich von ihrem Felsbrocken in alle Richtungen. Die Teller des Hauptgerichts wurden abgeräumt, und wir bestellten Kaffee und Dessert. Meine Mutter und ich redeten Tacheles.

Sie sagte: »Was nützt der Afropessimismus? Welchen *praktischen* Nutzen hat er?«

Ich sagte: »Er ist kein Traktor, er kann deinen Rasen nicht mähen, wenn du das meinst. Aber er macht uns unseres Leidens würdig.«

Sie sagte: »Wie soll das Leiden mich zu einer guten Bürgerin machen?«

Ich sagte: »Ich kann nicht glauben, dass du eine Schwarze Psychologin bist, die Fanon gelesen hat.«

Sie sagte: »Ich lese ja auch die Comics in der Zeitung, aber ich *zitiere* nicht aus ihnen.«

Ich sagte: »Mach dich nicht über mich lustig.«

Dad versuchte, das Thema zu wechseln, indem er anmerkte, wie üppig und grün die Landzunge aussehe. Alice sagte, in Kalifornien gebe es sieben Vegetationsperioden. Sie kauten auf dieser Kleinigkeit herum wie Wiederkäuer. Ich erzählte Mom, dass es den meisten Menschen für gewöhnlich vorkomme, als würden sie vom Afropessimismus überfallen. Das war ein kluger Schachzug meinerseits, denn ich wusste, wie sehr sie es hasste, sich selbst als Opfer zu sehen.

»Deshalb nehmen sich die meisten Menschen nicht die Zeit, ihn zu verstehen«, sagte ich. »Sie fürchten sich zu sehr.«

Sie höhnte: »Wovor?«

»Vor einem Problem, an dem jeder mitschuldig ist und über das kein Satz geschrieben werden kann, der erklären würde, wie es zu lösen ist. Mom, die meisten Menschen, selbst tiefsinnige Intellektuelle wie du und Dad und Alice und ich sind, wenn ich ganz ehrlich bin, emotional einfach nicht in der Lage, sich in einem Problem zu suhlen, für das es keine Lösung gibt. Schwarzes Leiden ist dieses Problem. Und ein Leiden ohne Lösung ist schwer in den Griff zu bekommen, vor allem, wenn dieses Leiden die psychische Gesundheit der übrigen Welt antreibt. Aber das ist es, was es bedeutet, ein Sklave zu sein, der Wirt dieses Parasiten zu sein, den man Mensch nennt.«

Mama stieg wieder ins Gespräch ein und sagte, dass sie niemandes Sklavin sei und dass selbst unsere Vorfahren, als sie versklavt waren, Menschen gewesen seien.

»Menschsein ist nichts, was man anstreben sollte«, sagte ich. »Frag nur Alice.«

Obwohl wir alle lachten, lag Unbehagen in unserem Lachen. Das war der Elefant im Raum: Meine Ehe mit Alice; ihre Anwesenheit und ihre Position innerhalb dessen, worauf das Gespräch hindeutete. Niemand bat mich, die kaum verhüllte Behauptung zu verteidigen, dass Alice sowohl meine Frau als auch meine Herrin sei. Doch alle, selbst ich, vor allem ich, waren peinlich berührt, als ich diesen Witz machte. Wir wussten alle, was ich meinte. Wir waren alle Akademikerinnen und Akademiker. Und *akademisch* sollte das Gespräch auch bleiben, wenn wir es schon führen mussten. *Sag, was du willst, aber mach es nicht zu greifbar.* Ich hatte diese unausgesprochene Regel gebrochen, doch erregte das die Aufmerksamkeit der beiden (ohne dass Obama einen Schuss vor den Bug bekommen hatte).

Jedes Mal, wenn Alice sprach, wurde ich Zeuge einer leichten Verzögerung des Verstehens in den Augen meiner Mutter – als ob jemand vor einer grünen Ampel anhielt –, als ob Alice' Worte nicht zu den Gesichtsausdrücken passten, die sie dazu machte. Gesichtsausdrücke, die meine Mutter Jahre zuvor in Kenwood gesehen hatte. Der Anblick der *weißen* Frauen, die Alice beim Sprechen sicher heraufbeschwor; ein Überschallknall von Gesichtsausdrücken aus der Vergangenheit. *Alle Herrinnen und Herren der Welt*, so muss meine Mutter gedacht haben, *vereint in der Frau meines Sohnes, während er von unserem Leid labert.*

Martin Luther King wurde ein Jahr, nachdem Celina Davenport meine Mom verletzt hatte, indem sie mich verletzte, erschossen; und im selben Jahr schlossen die *weißen* Hausfrauen aus Mom und Dads Workshops für faires Wohnen meine Mom aus und verbannten sie ins Marmorfoyer eines Herrenhauses. Sechs Tage, nachdem King niedergeschossen worden war, mussten meine Schwester und ich auf Moms Geheiß durch den Schneematsch eines winterberührten Frühlings stapfen und die Briefkästen dieser Frauen mit einem offenen Brief füllen, den Mom geschrieben hatte.

»Hier in Kenwood«, schrieb meine Mom, hat in den letzten Monaten ein scharfer Kampf für bessere menschliche Beziehungen in unserer Gemeinde und Stadt gewütet. Wenn Sie nichts davon gehört haben oder nicht von jemandem angerufen worden sind, der ihnen das Pro oder Kontra dieses Kampfes erläutern wollte, dann hören Sie sich einfach mal in Ihrer Nachbarschaft um.

Der garstigste Aspekt dieses Kampfes ist nicht, dass der eine oder der andere Plan in Erwägung gezogen oder nicht in Erwägung gezogen wurde, sondern dass so viele Menschen so engstirnig sind, so hinderlich für alles, was die »Einzigartigkeit« von Kenwood infrage stellt oder behutsam verändern möchte, ganz gleich, wie diese Veränderung aussähe. (Es ist eine Tatsache, dass es in Kenwood nur zwei Schwarze Haushalte* gibt und dass ihre Häuser trotz bewusster Behinderungen und ungeachtet ungebührlicher Schwierigkeiten gekauft worden sind. Ist das die Einzigartigkeit von Kenwood?[85])

Vielleicht war ich während unseres Gesprächs beim Mittagessen am Meer von der Erinnerung an jenen Tag, als wir ihren Brief »verschickten«, beeinflusst gewesen. Die Gedanken daran halfen mir zu verstehen, warum Mom so angespannt schien und so verschlossen wirkte, während Alice sprach. Alice gehörte nicht zu den Frauen aus ihrer Vergangenheit, *strukturell* gesehen war sie jedoch eine von ihnen. Das machte Mom zu einer Afropessimistin schlechthin. Doch um dies zu zeigen, müsste sie es *greifbar machen.*

* * *

Einige Wochen, bevor meine Eltern uns in Kalifornien besuchten, kam eine junge Schwarze Frau in meine Sprechstunde und teilte mir mit, sie wolle mein Seminar abbrechen. Sie sagte, sie habe Schwierigkeiten mit der Lektüre, und die Mühe damit belaste sie zu sehr. Ich konnte mir das nicht vorstellen, da ihre Zwischenprüfung und ihre Hausaufgabe meisterlich (unglückliches Wort!) gewesen waren. Ihr Umgang mit kritischer Theorie fand auf einem Niveau statt, das beispielhaft selbst für die fortgeschrittensten Doktorandinnen wäre, dabei war sie noch in den letzten Semestern vom College. Ich sagte ihr, dass das, was die meisten Studierenden davon

* Nach einigen Jahren des guten Zuredens überzeugten meine Eltern eine weitere Schwarze Familie, den Versuch zu unternehmen, in Kenwood ein Haus zu kaufen. 1968 kauften sie eines gegenüber von uns – es war nicht leicht.

abhielt, sich mit dem Afropessimismus auseinanderzusetzen, die Tatsache war, dass er ein strukturelles Problem beschrieb, ohne eine strukturelle Lösung für dieses Problem anzubieten.

»Zu leiden wie eine *weiße* Frau oder wie die Native Americans oder Menschen in postkolonialen Gesellschaften wäre für uns der Himmel, denn so bekäme das Leiden versklavter Personen einen menschlichen Zug. Und dieser menschliche Zug wäre sehr geeignet, um menschliche Antworten zu geben auf die Fragen: ›Was tun?‹ oder ›Wie sieht Freiheit aus?‹ Wir könnten gut organisierte Befreiungskampagnen starten. Doch das wäre verheerend für die Menschheit. Deshalb besitzt der Afropessimismus keine präskriptive Geste: Weil das Ende unseres Leidens das Ende des Menschen, das Ende der Welt signalisiert. Aber all das wissen Sie ja«, versicherte ich ihr. »Sie sollten Sprechstunden für mich abhalten!«

»Es ist nicht so, dass ich es nicht verstehe«, sagte sie. »Ihr Seminar hat mich zum Umdenken gebracht. Es hat mir Dinge erklärt, die ich vorher nur ganz nebenbei wahrgenommen habe.«

»Wo liegt dann das Problem?«, fragte ich.

»Es schmerzt mich«, sagte sie. »Es tut weh«, sagte sie. »Es tut so weh.«

Sie begann, zu weinen, erst leise und dann ohne Halt. Ich sagte ihr, dass ich vergessen hätte – nein, ich korrigierte mich, ich hatte *verdrängt* –, wie sehr es wehtue. Das brachte sie zum Lachen. Ich war froh, ihr Lächeln zu sehen, doch war ich nicht der Meinung, dass ich etwas Lustiges gesagt hatte.

»Ich glaube Ihnen nicht«, sagte sie. »Sie unterrichten mit einer solchen Gelassenheit, und Ihre Stimme zittert nie. Und hier bin ich und heule Ihnen ihr Büro voll.«

»Sie werden es mir vielleicht nicht glauben«, gestand ich, »aber erst vor neun Jahren hatte ich einen Nervenzusammenbruch. Ich promovierte damals gerade. Ein Nervenzusammenbruch vom Feinsten! Tränen und Rotz verschmierten mir das Gesicht, dass man sich was schämen sollte!«

Sie schüttelte den Kopf und lachte jetzt, als schaute sie dem Musiktheater des Chitlin Circuit zu.

»Mein Gott, es gab Morgen, an denen ich mich aus dem Bett auf den Boden gerollt habe und Wollmäuse zum Frühstück gegessen habe. Ich konnte stundenlang so liegen bleiben, so kaputt war ich.«

Sie lachte wieder und sagte, das sei nicht mein Ernst. Es war gut, mitanzusehen, wie sie wieder Fassung erlangte.

»Ist mein voller Ernst. Ich war ein sabbernder Dummkopf. Ein Doktorand in seinen Vierzigern, der in seinen Dreißigern Teil einer Revolution gewesen war. Was da alles auf dem Spiel stand, was das alles für meine Dissertation bedeutete. Was es für das Leben der Schwarzen bedeutete! Glauben Sie mir, die Psychopharmaka waren meine besten Freunde. Und meine Frau ist *weiß*, verstehen Sie? Afropessimismus ist nicht unbedingt ein Aphrodisiakum in einer *interracial love affair*. ›Hey, Babe, wie wär's, wenn wir ein bisschen strukturellen Antagonismus einwerfen, bevor wir ins Bett gehn?‹ Ach, Gott. Es ist ein Wunder, dass ich nicht wahnsinnig bin.«

Sie grinste über beide Ohren und sagte, es sei seltsam, über ihren Professor zu lachen. Dann fragte sie, ob sie *mir* auch etwas Persönliches erzählen dürfe. Ich nickte. Sie sagte, ihr Vater sei Schwarz und ihre Mutter *weiß*; und sie fügte hinzu, dass ihr Freund asiatisch-amerikanisch sei.

»Meine Mutter ist die Herrin meines Vaters, und sie ist meine Herrin, und mein Freund ist auch mein Herr«, fuhr sie fort. »Ich erkenne das jetzt ganz deutlich an den Symptomen unserer Beziehungen. Professor Wilderson, mir tut das weh. Es tut mir so weh, weil ich auch Dinge an mir erkenne, die *ich* verdrängt habe: die Art und Weise, wie ich meine Mutter liebe, sie aber gleichzeitig auch so unglaublich hasse. Die Art und Weise, wie ich meinen Freund liebe und ihn gleichzeitig hasse. Ich hasse sie nicht für das, was sie tun, denn sie sind beide liebevolle und nette Menschen. Ich hasse sie wegen dem, was sie tun *könnten*, wozu sie fähig wären. Und darüber wollen sie nicht reden.«

»Das, wozu Menschen fähig sind«, sagte ich mit einem Nicken. »Es ist das Erbe Ihrer Mutter, aber sie kann es weder an Sie noch an Ihren Vater weitergeben. Und wenn Sie und Ihr asiatischer Partner Kinder haben, werden sie Ihren Mangel erben und nicht seine Vollkommenheit. Es ist nicht leicht, das zu verarbeiten.«

»Es scheint so, als hätte ich sie immer schon geliebt und gehasst«, sagte sie.

Ich erzählte ihr, dass mein erstes Buch von genau diesem Problem handelte – einem Duell innerhalb des eigenen Herzens –, für das es keine Auflösung geben könne. Sie bestand jedoch hartnäckig darauf, das Seminar abzubrechen, weil es zu schmerzhaft sei, den sozialen Tod und das Leiden der Schwarzen in einem Seminarraum mit Menschen diverser Rassifizierungen zu diskutieren. An diesem Punkt verstand ich, dass ich die Art und Weise, wie ich mein Material in der Klasse präsentierte, anpassen musste. Der Suchscheinwerfer, gestand ich ein, war zu sehr auf uns gerichtet, und nicht genug auf sie, zu wenig auf die Art und Weise, wie sie sind, wer sie sind, weil wir die sind, zu denen sie uns *gemacht* haben; wie *Anti-Blackness* sie zu Menschen macht. Also schlug ich ihr einen Deal vor. Für den Rest des Quartals würde ich mich darauf konzentrieren, wie der Mensch als Parasit der versklavten Personen fungiere und gedeihe. Wir würden uns eingehend damit befassen, wie sich die menschlichen Fähigkeiten in bestimmten Geschlechtern und Kulturen manifestierten. Ich würde *erklären* und nicht nur behaupten, wie und warum ein menschliches Wesen unethisch sei, ganz gleich, ob Kommunistin und Feministin oder Faschist und Frauenfeind. Sie alle sind eine Verkörperung von Fähigkeit, und Fähigkeit ist ein Angriff. Ich fragte sie, ob sie mir zwei Wochen Unterricht gewähren könnte, um mein Versprechen einzulösen. Erneut musste sie lachen.

»Was ist jetzt so lustig?«

»Die nicht-Schwarzen Studierenden werden sich über Sie beschweren, und die Uni wird Sie rauswerfen.«

»Würde die Uni einen nicht-Schwarzen Professor entlassen, wenn sich die Schwarze Studentenunion beschweren würde?«, fragte ich. Sie schüttelte den Kopf. »Dann zur Hölle mit der Uni. Sie riskieren Ihren Verstand, wenn sie noch zwei Wochen in meinem Seminar bleiben. Das Mindeste, was ich tun kann, ist, meinen Job zu riskieren.«

6

Es war fast drei Uhr, und meine Eltern mussten vor dem Nachmittagsverkehr die Küste rauf zum Haus meines Bruders in Los Angeles fahren. Ich beglich die Rechnung, und wir vier, Alice, Mom, Dad und ich, verließen die Restaurantterrasse und machten uns auf den Weg durch den Innenraum des Lokals, wo ihr Fahrer auf sie wartete. Alice und Dad gingen voraus und unterhielten sich freundschaftlich. Mom und ich trotteten schweigend hinterher, dann blieb sie stehen. Sie ließ die beiden von uns weggleiten. Jetzt legte sie ihre Hand auf mein Herz.

»Ich will, dass du dir deine Zeit besser einteilst«, sagte sie.

Eine Abwehrhaltung strömte durch meine Adern. *Lass mich doch einfach in Ruhe.* Ich machte mich auf eine ihrer Kritiken gefasst. Als mein erstes Buch erschien, schrieb sie mir, um mir mitzuteilen: Mit Abschlüssen von Dartmouth, Columbia und der UC Berkeley hättest du Präsident werden können, wie Obama, aber du musstest *das* aus dir machen. Warum kannst du deine Talente nicht auf eine Weise einsetzen, die zur Reform Amerikas beiträgt, anstatt alles immer wieder niederzureißen? Seit ich zwölf war, endlosschleifte dieses Gerede in meinem Kopf herum wie Berieselungsmusik in einem Fahrstuhl, der zwischen den Stockwerken stecken geblieben war. *Fahr einfach nach L. A. und besuch meinen Bruder, der ist ein guter Bürger.*

»Aus unserem Gespräch am Tisch habe ich herausgehört«, sagte sie, »dass du noch zwei Bücher in dir hast. Übernimm nicht zu viele Verwaltungsaufgaben, und nicht jedes Seminar, das du lehrst, muss perfekt sein. Teile dir deine Zeit so ein, dass du diese Bücher schreiben kannst. Du hast einen klugen Kopf auf deinen Schultern.«

Ich lachte, aber nicht über sie, sondern vor Erleichterung. Von allem, was sie hätte sagen können, waren dass die Worte, die ich am wenigsten erwartet hatte.

»Warum lachst du?«

»›Du kommst aus einer guten Familie aus Louisiana und du besitzt einen starken Willen.‹«

»Ja, das auch. Das auch.«

»Ich mache immer noch Liegestütze.«

»Liegestütze?«

»Schon gut.« Wir lächelten. »Dad und Alice warten schon.«

»Schreib diese Bücher, hörst du?« Wieder berührte sie meine Brust. »Ich bin stolz auf dich, mein Sohn. Ich liebe dich.«

Es heißt, dass der Flügelschlag eines Schmetterlings am anderen Ende der Welt einen Monsun auslösen kann. Das war es, was geschah, als sie mein Herz berührte und sagte, was sie sagte. Vierzig Jahre Schlag und Gegenschlag, ein Zermürbungskrieg, den wir geführt hatten, seit sie Reg auf dem Parkplatz von Seattle das Leben gerettet hatte – nun war dieser Krieg zu einem Ende gekommen. Ich sagte ihr, dass auch ich stolz auf sie sei, und ich fügte hinzu, dass ich sie liebe.

In den nächsten zehn Jahren bemühten wir uns, uns diese Dinge gegenseitig zu sagen. Ich lobte sie für ihre Führungsrolle in Schwesternschaften und sozialen Clubs, sogar in Jack and Jill und den religiösen Orden, die ich bis dahin verachtet hatte. Ich lobte sie für all die Menschenleben, die sie in der gemeinsamen psychologischen Praxis mit meinem Vater geheilt hatte. Ich sagte ihr sogar, ich sei stolz darauf, was für eine gute Bürgerin sie sei. Ich sagte es, als meinte ich es ernst, und das tat ich auch. Und ihrerseits ermutigte sie mich immer wieder, zu schreiben, ohne meine politische

Einstellung zu verunglimpfen. Wann immer wir miteinander sprachen, ob am Telefon oder bei unseren seltenen persönlichen Begegnungen, verabschiedeten wir uns mit den Worten: »Ich liebe dich.« Wir hatten zehn gute Jahre vor ihrem Schlaganfall, ihrer Herzinsuffizienz, ihrer Demenz, bevor sie meinen Namen vergaß und starb.

Das letzte Mal, als ich sie sah, saß sie auf der Demenzstation, der geschlossenen Station eines Pflegeheims. Eine höfliche, aber nüchterne, deutsch aussehende Frau nannte sie Miss Ida, als sie die Bettwäsche glattstrich und eine Pflanze goss, die ich ihr geschickt hatte. Mom warf mir einen Blick voller Vorsicht mit einer hochgezogenen Augenbraue zu und flüsterte: »Wir nennen sie Il Duce.« Die Frau hatte Mom gehört, und ich erkannte an Mamas selbstgefälligem Auftreten, dass sie es auch hatte hören sollen. Ich entschuldigte mich ausgiebig im Namen meiner Mutter und fand heraus, dass sie in Wirklichkeit Angela hieß.

»Miss Ida, Sie sind der Brüller.«

»Eulen brüllen«, sagte Mama rundheraus und fügte hinzu: »Sie sollten weniger Dekolleté zeigen. Wo kommen Sie her?«

Angela sagte, sie werde nicht gehen, bevor Mama etwas von ihrer Mahlzeit gegessen habe, die sie nicht einmal angerührt habe.

»Der Faschismus lebt«, bemerkte meine Mom.

Die Arme, Handgelenke und Hände meiner Mutter ließen mich an Häftlinge in einem Konzentrationslager denken. Ihre Fingerfertigkeit war den einfachen Aufgaben, ihr Besteck zu halten, nicht gewachsen. Ich bot an, ihr zu helfen, doch Angela sagte, dass sie das könne, so schwierig es auch sei, gestern habe sie es auch geschafft, außerdem müsse sie ihre Kräfte zurückgewinnen. Die Gabel fiel zu Boden. Mama schob ihren Teller weg. »Ich habe ihr schon einmal gesagt«, meinte Mom, als ob sie mit sich selbst spräche, »das Essen interessiert mich nicht.« Dann fragte sie mich, ob ich gerade vom Washington Monument gekommen sei. Als ich Nein sagte, als ich sagte, wir seien in Minneapolis, nicht in D. C., meinte sie, ich hätte nie einen guten Orientierungssinn gehabt, kein Wunder, dass ich zu spät zur Aufführung meiner Schwester gekommen sei.

»Welcher Aufführung?«, wollte ich wissen. »Wo denn?«

Angelas Walkie-Talkie rief sie zu einem Notfall, und sie verließ den Raum. Als Angela außer Hörweite war, sagte Mom, sie sei sicher, dass Angela ihr Telefon abhörte. Ich sagte nichts dagegen und fragte stattdessen, wo das Konzert stattfände.

»Was meinst du mit *wo*? Auf dem *Jack-and-Jill*-Kongress am Ende des Flurs im Ballsaal, du Dummerchen.« Sie fragte mich, wann mein Vater und Dr. Johnson (ein langjähriger Psychologenkollege der beiden) zurückkämen, von wo auch immer sie waren. Ich wollte sie daran erinnern, dass Vater in einem Pflegeheim auf der anderen Seite der Stadt lebte, doch sie hielt ihren Zeigefinger hoch. »Hör mal zu. Deine Schwester spielt wunderschön.«

Der *Jack-and-Jill*-Kongress muss 1970 stattgefunden haben, meine Schwester hatte seit fast vierzig Jahren kein Klavier mehr gespielt. Doch ich saß bei meiner Mutter und hörte bis zum Ende des Concertos zu, oder vielleicht war es ja auch eine Etüde? Dann folgte eine Eiszeit der Stille, in der sie kein Wort sprach und nicht zu bemerken schien, dass ich bei ihr war. Schneepflüge ächzten auf der Straße unter ihrem Fenster. Die Äste der Bäume waren kahl und mit Frost besternt. Wo war die Frau, die in Strümpfen nachts mit meinem Vater im Wohnzimmer tanzte – Johnny Hartman aus der Stereoanlage und vollkommen sorgenfrei? Die Frau, die sagte, ich käme aus einer guten Familie und besäße einen starken Willen. Wo war sie, die Frau, die mich dazu gebracht hatte, schreiben zu wollen?

Ihr Haar war so weiß und dünn wie Löwenzahnwölkchen. Doch es besaß eine natürliche Schönheit, die ich als Kind nicht gesehen hatte. Damals hatte sie ihr Haar geglättet. Eidechsenspuren säumten ihr Gesicht, das so eingefallen war, wie ihre Handgelenke dünn waren, dünn wie die letzte Stange der Gartenskulptur. Jetzt summte sie. Sie hatte eine Weile lang nichts gesagt. Dann, als hätte sie meine Post durchgelesen, saß sie aufrecht wie ein Waschbrett. Ihre knochigen Hände umklammerten die Lehnen ihres Rollstuhls. Wie Harriet Tubman, die in einen Gewehrlauf starrte, sah sie mich an. »Habe ich dir nicht gesagt, Junge, dass Menschen sterben müssen? Ich weiß, dass ich dir das gesagt habe.«

Dann verschwand sie wieder hinter ihren Augen.

Ich ging in den Flur, damit sie mich nicht weinen sah. Als ich ins Zimmer zurückkam, fragte sie mich, wer ich sei.

* * *

Sie starb während eines Polarwirbels. In Minneapolis waren es zehn Grad unter dem Gefrierpunkt. Schneepyramiden belagerten die Ränder der Autobahn vom Flughafen zum Bestattungsinstitut. Der Wind fegte Schneestürme von den Hügeln entlang der Autobahn. Ich sah den Wirbel noch kommen, doch es war schon zu spät. Ich fuhr zu schnell. Er stieg auf wie ein Zyklon und senkte sich plötzlich über den Wagen: eine massive weiße Mauer, die sich über der Autobahn errichtete. Der Mietwagen stürzte mit 100 km/h in diese weiße Wand hinein. Das Auto geriet ins Schleudern und glitt unkontrolliert dahin, während ich verzweifelt auf die Bremse drückte. Ich fragte mich: Würde ich töten oder getötet werden, wenn ich ein anderes Auto von hinten rammte? *In Schützengräben gibt es keine Atheisten*, pflegte meine Mom immer zu sagen. Für einen Augenblick hatte sie recht.

Dann, ohne Vorwarnung, lüftete sich das Weiß; die Straße war meilenweit frei, und ich war noch am Leben. Es war vier Uhr dreißig, und die Sonne war hinter den Horizont gesunken. Ich hatte 15 Minuten, um zum Bestattungsinstitut zu kommen, doch ich musste langsamer fahren.

Der Abschiedsraum des Bestattungsinstituts war bereits für die Nacht geschlossen, doch der Bestatter war so freundlich, Mom in einen Hauswirtschaftsraum zu schieben. Die Flure waren mit Bildern von Martin Luther King und Malcolm X geschmückt. Wir waren hier in der »Estes Funeral Chapel« im Norden der Stadt. Sie wollte nicht in Kenwood beerdigt werden.

Eine lange Zeit trugen mich meine Beine nicht zu der Seite des Raumes, wo sie lag. Ich stand nur schluchzend im Raum und flehte sie an, aufzuwachen.

Du darfst nicht sterben, sagte ich zu ihr. Ich fragte sie, wie sie mich zurücklassen könne, ohne sich von mir zu verabschieden; warum hatte sie nicht auf mich gewartet? Der Bestatter war ein Bruder, der dreißig Jahre jünger war als ich, doch er führte mich zu ihrem Leichnam, als wäre ich ein Baby, das gerade laufen lernte. Ich küsste Mamas harte, kalte Wange. Ich flehte sie an, aufzuwachen, bis ich heiser war. Ich sagte ihr, dass ich der gute Bürger sein wolle, den sie sich immer gewünscht hatte. Ich würde alles tun, was sie immer von mir wollte.

Bei einer Zusammenkunft von Familie und Freunden, die nach ihrer Beerdigung stattfand, erzählte ich die Geschichte dessen, was sie getan hatte, als wir aus dem Restaurant an den Klippen in Kalifornien gingen, wie sie ihre Hand auf mein Herz gelegt hatte und sagte, sie sei stolz auf mich; wie das unsere Beziehung in einer Weise veränderte, wie ich es mir nie hätte vorstellen können. Wie wir zum ersten Mal seit vierzig Jahren zueinander sagten: »Ich liebe dich.« Dann las ich ein Gedicht vor, das ich für sie geschrieben hatte.

BÜRGERRECHTE

Mutter sprach niemals von Sklaverei
noch von Ärzten aus New Orleans, die ohne Schmerz
mittel das Geschlecht von Sklavinnen beschnitten in ihrer
Verrückte-Hutmacher-
Suche nach Heilung von Inkontinenz
Nicht von Peitschenhieben flussaufwärts

Doch als sie Dr. Martin Luther King ermordeten schrieb sie jedem
blauhaarigen Blondinenauge
einen Brief

Wie jeder antwortlose Frühling
ließ der Winter sich Zeit mit seinem Verschwinden, und ihr einziges
Porto waren wir
meine Schwester und ich die wir bis ans Ende gingen

stapfend durch Schneematsch und das Drängen
des Windes
niemand tupfte ein kristalliges Auge ab, denn
sie duldete keine Tränen

CIVIL RIGHTS

Mother never spoke of slavery
Not New Orleans doctors who cut without pain
killers the privates of female slaves in their Mad Hatter
quests to cure incontinence
Not the lash of whips upriver

But when they killed Dr. Martin Luther Kind she wrote every
blue hair blonde eye
a letter

Like any spring of no reply
winter was late in leaving and we were her
only postage
my sister and I walking to the end

through the seep of slush and the push
of wind
no one dabbed the crystalled eye for
she would have no crying

Auf dem Weg zum Flughafen, um meinen Rückflug nach Hause zu erwischen, kaufte ich eine leere Grußkarte, ich weiß nicht, warum. Den gesamten Flug über lag sie aufgeklappt auf dem Tisch vor mir. Ich wusste nicht, was ich schreiben sollte. Wer kauft schon eine Grußkarte für die Toten? Die Küste von Newport Beach, wo wir unter freiem Himmel zusammen gegessen hatten, schob sich langsam in mein Blickfeld, als ich aus dem Fenster sah. Ich schaute auf die Karte runter. Das Papier war tränennass. Nun sagte mir die Flugbegleiterin – ein weiteres Mal –, ich solle doch bitte meinen Tisch hochklappen. Als sich das Flugzeug dem Sog der Erde hingab, schrieb ich, solange ich noch Zeit hatte.

Liebe Mom,

ich weiß nicht, ob Du mit Deinem Jesus im Himmel bist, ob Du mit Shango durch den Kosmos segelst oder ob Deine Seele in den makellosen Händen talentierter Musikerinnen ihre Ruhe fand. Doch wo auch immer Du bist, warte dort bitte auf mich, auf dass wir die Ewigkeit so miteinander verbringen können, wie wir die letzten zehn Jahre verbracht haben. Ich vermisse Dich über alles.

Mit all meiner Liebe
Dein Sohn Frank

Bremen, Hudson, Irvine, 2014–2019

DANKSAGUNG

Von 2013 bis 2014 verbrachte ich mithilfe eines Alexander von Humboldt-Forschungsstipendiums für erfahrene Wissenschaftlerinnen und Wissenschaftler elf Monate an der Universität Bremen in Deutschland. Dort begann ich mit der Arbeit an einer wissenschaftlichen Monografie, die darlegen sollte, wie und warum menschliche Fähigkeit (die Fähigkeit, ein relationales Subjekt zu sein) auf solch gewaltsam parasitäre Weise von Schwarzem Fleisch zehrt; warum Orlando Pattersons brillante Darstellung der Sklaverei auf eine Weise abstrahiert werden müsste, die zeigte, dass der Mensch keine organische Einheit ist, sondern ein Konstrukt; ein Konstrukt, das einen anderen, ein Gegenüber, benötigt, um lesbar zu sein; und warum dieser andere Mensch Schwarz ist. Ich war und bin den Arbeiten einiger Schlüsseldenkerinnen und -denker zu tiefstem Dank verpflichtet, die ebenfalls mit dieser höchst kontroversen Behauptung gerungen haben: Saidiya Hartman, Zakiyyah Iman Jackson, Joy James, David Marriott, Jared Sexton, Hortense Spillers und Sylvia Wynter. Ich nahm sie nach Deutschland mit, wie ein religiöser Eiferer seine Bibel auf Reisen bei sich hat. Gegen Ende meines Aufenthalts in Bremen kam mir die Idee für ein Buch, das eine Kreuzung darstellen würde aus kreativer Non-Fiction und kritischer Theorie. Acht Monate waren meine Mühen hin- und hergerissen zwischen einem Roman, an dem ich arbeitete, und einer Monografie, für die ich meine Förderung erhalten hatte. Ohne die Freiheit von Lehr- und Administrationstätigkeiten, verbunden mit den Bibliotheksressourcen, dem Austausch mit Intellektuellen, Aktivist:innen und Künstler:innen wäre ich vielleicht niemals auf die Idee gekommen, ein Buch in Angriff zu nehmen, in dem das abstrakte Denken kritischer Theorie mit dem Fleisch und Blut von Geschichten wahrhaftig gelebten Lebens verwoben wird: die hybride Saat dessen, was Sie in Händen halten. Zusätzlich erhielt ich vom Humanitites Commons der University of California at Irvine ein Stipendium zur Förderung von Buchprojekten, das auf der Zielgeraden eine enorme Hilfe darstellte.

Bob Weil, der Cheflektor und Programmleiter von Liveright, ist ein Mensch mit tiefer Kenntnis der Schwarzen literarischen Tradition, da er eine Reihe der einflussreichsten Schwarzen Schreibenden des 20. und 21. Jahrhunderts lektoriert hat. Er brachte nicht allein Humor und Freundschaft in unsere Begegnungen, nein, er bereicherte sie mit einer einzigartigen improvisatorischen, literarischen Vision, die nötig gewesen war, um einige gegensätzliche Wesensmerkmale von Theorie und Erzählen in Einklang zu bringen – ein Unterfangen, das viele andere Lektorinnen und Lektoren vielleicht eingeschüchtert hätte. Bobs Lektoratsassistent Gabriel S. Kachuck ist ein Tausendsassa, dem kein Problem unterkommt, das er nicht zu lösen wüsste. Mein Dank gilt auch Amy Medeiros und Dave Cole für ihr genaues Korrektorat. Peter Miller, Leiter der Öffentlichkeitsarbeit bei Liveright, und Liverights Werbeleiterin Cordelia Calvert arbeiteten unermüdlich mit Liz Cole von Evil Twin Booking und Gretchen Crary von February Media zusammen, um eine beeindruckende Medien- und Lesungskampagne für das Buch ins Leben zu rufen.

Meine Agentin Charlotte Gusay und ihre Praktikantinnen und Praktikanten Sophie Gu, Julia Murray und Richie Stone leisteten unersetzliche Hilfe, während ich das Exposé erarbeitete und mit dem Projekt an Verlage herantrat.

Besonderer Dank gilt Jocelyn Burrell, Adam Fitzgerald, Fred Moten, Claudia Rankine und Alexei Setian, deren Freundschaft, Ermutigung, Unterstützung und Kritik weit über das hinausgehen, was ich hier benennen kann. Darüber hinaus gibt es viele Aktivistinnen und Aktivisten, Wissenschaftlerinnen und Wissenschaftler, Künstlerinnen und Künstler sowie traditionelle Heilerinnen und Heiler, die mich ebenfalls während der gesamten Schreibarbeit an diesem Buch unterstützt und bestärkt haben: Alexis Hernandez Abreu, Babalawo Raudemar Hernandez Abreu, Babalawo Noël

Amherd, Sampada Aranke, Franco Barchiesi, Jed Bickman, James Bliss, Heinrich Böhmke, Wellington Bowler, Sebastiaan Boersma, Nicholas Brady, Sabine Broeck, Gregory L. Caldwell, LaShonda Carter, Christopher Chamberlin, Matthieu Chapman, Bridget Cooks, Cecilio M. Cooper, Huey Copeland, Ben Crossan, Jerome Dent, Patrice Douglass, Paula von Gleich, Che Gossett, Venus Green, Sora Han, Zakia Henderson-Brown, Athi Mongezeleli Joja, Carsten Junker, Peter Kent-Stoll, Ellen Louis, Prathna Lor, die Gruppe Marronage aus Dänemark (besonders Mikas Lang und Yannick Nehemiah), Danae Martinez, Kerstin Mertens, Andile Mngxitama, Jalil Abdul Muntaqim, David Mura, John Murillo, Athinangamso Esther Nkopo, Linette Park, Rajagopalan Radhakrishnan, Omar Ricks, Myriam Sauer, Hannibal Shakur, Sara-Maria Sorentino, Samira Spatzek, Kai Thomas, Selamawit D. Terrefe, João Costa Vargas, Parisa Vaziri, Carol Vaubel, Kassian Vaubel, Sebastian Weier, Jaye Austin Williams, Wind Dell Woods sowie Mlondi Zondi.

Zu guter Letzt und mit Liebe und Wertschätzung danke ich meiner Frau Anita Wilkins, die mir während der frustrierenden Momente des Schreibens, wenn scheinbar unüberwindliche Hürden meinen Fortschritt heimsuchten, riet: »Mache das Problem zu deinem Thema.« Mehr als das: Sie begleitete meinen intellektuellen Weg in nächtlichen Gesprächen über die Herausforderungen, die der Afropessimismus ans Erzählen stellt, wenn der Erzähler ein Sklave ist.

ANMERKUNGEN*

TEIL EINS

1 Frantz Fanon, *Schwarze Haut, weiße Masken*, Wien 2013, S. 93.

2 Cecilio M. Cooper u. Frank B. Wilderson III, »Incommensurabilities. The Limits of Redress, Intramural Indemnity, and Extramural Auditorship,« in: Hunter u. a. (Hg.), »*Co-presence with the Camera*«, Spezialausgabe, *Performance Matters* (April 2020).

KAPITEL EINS: ZU HALLOWEEN WUSCH ICH MEIN GESICHT

3 Vgl. David Marriott, *Haunted Life. Visual Culture and Black Modernity*, New Brunswick, NJ, 2007.

4 Vgl. David Marriott, *On Black Men*, New York 2000.

5 Fanon, *Schwarze Haut, weiße Masken*, S. 141.

6 Saidiya V. Hartman, *Scenes of Subject. Terror, Slavery, and Self-Making in Nineteenth-Century America*, New York 1997, S. 65.

7 William Harmon, *A Handbook to Literature*, Upper Saddle River, NJ, 2011, S. 65.

8 Jared Sexton, »Unbearable Blackness«, *Cultural Critique* 90, Nr. 1 (Frühjahr 2015), S. 168.

9 Vgl. Orlando Patterson, *Slavery and Social Death. A Comparative Study*, Cambridge, MA, 1982.

10 James Baldwin, *Nobody Knows My Name. More Notes of a Native Son*, New York 1993, S. 172.

KAPITEL ZWEI: SAFT AUS EINEM HALSKNOCHEN

11 Frantz Fanon, *Die Verdammten dieser Erde*, Frankfurt am Main 1966, S. 38.

* Zitate wurden, wenn nicht anders angegeben, vom Übersetzer übersetzt.

12 David Marriott, *Whither Fanon? Studies in the Blackness of Being*, Stanford, CA, 2018, S. 63.

13 Jared Sexton, »Afro-Pessimism: the Unclear Word«, *Rhizomes. Cultural Studies in Emerging Knowledge*, Nr. 29 (2016), (https://doi.org/10.20415/rhiz/029.e02.).

14 Marriott, *On Black Men*, S. 11.

15 Ebd., S. 11 f.

16 Hortense J. Spillers, »Mama's Baby, Papa's Maybe. An American Grammar Book«, in: dies., *Black, White, and in Color. Essays on American Literature and Culture*, Chicago 2003, S. 203.

KAPITEL DREI: HATTIE MCDANIEL IST TOT

17 Federal Bureau of Investigation, NW#: 60158/DocId: 34295707, 12. Juli 1976.

18 Webseite des FBI, »International Operations«, {fbi.gov/ about/ leadership-and-structure/international-operations}, abgerufen am 20. März 2019.

19 Ira Berlin, *Remembering Slavery. African Americans Talk About Their Personal Experiences of Slavery and Emancipation* New York 2000, S. xxv.

20 Solomon Northup, *12 Years a Slave. Die wahre Geschichte*, München 2014, S. 216. Hvh. d. A.

21 Vgl. Comer Vann Woodward (Hg.), *Mary Chesnut's Civil War*, New Haven 1981. Die Arbeiten von Hortense Spillers und Thavolia Glymph bieten Einblicke in die Begierde und die sexuelle Gewalt *weißer* Sklavenhalterinnen und Schwarzer Sklavinnen. Mit Dank an Ellen Louis für ihre hilfreichen Kenntnisse.

22 Northup, *12 Years a Slave*, S. 220.

23 Ebd.

24 Ebd., S. 154.

25 Marriott, *On Black Men*, S. 11.

26 Für mehr Informationen über die versklavte Person als das »Wesen der Starre oder eines undynamischen menschlichen Status« siehe Hortense Spillers, »Mama's Baby, Papa's Maybe. An American Grammar Book«, *Diacritics* 17, Nr. 2 (Sommer 1987), S. 78.

27 Vgl. Howell Meadows Henry, »The Police Control of the Slave in South Carolina« (Dissertation, Vanderbilt University, 1914), S. 79–85; Frank B. Wilderson III, *Red, White & Black. Cinema and the Structure of U.S. Antagonisms*, Durham, NC, 2010, S. 109–116.

28 Joy James (Hg.), *Imprisoned Intellectuals. America's Political Prisoners Write on Life, Liberation, and Rebellion*, Lanham, MD, 2003, S. 109.

29 Jared Sexton, »Racial Profiling and the Societies of Control«, in: Joy James (Hg.), *Warfare in the American Homeland. Policing and Prison in a Penal Democracy*, Durham, NC, 2007, S. 201.

KAPITEL VIER: STRAFPARK

30 Martin Gruberg, »McCarran Internal Security Act of 1950 (1950)«, in: *The First Amendment Encyclopedia* (Middle Tennessee State University), {mtsu.edu/first-amendment/article/1047/mccarran-act-of-1950}, abgerufen am 13. März 2019.

31 Fanon, *Schwarze Haut, weiße Masken*, S. 94.

32 Peter Miller u. Nikolas Rose, »On Therapeutic Authority. Psychoanalytic Expertise Under Advanced Liberalism«, *History of the Human Sciences* 7, Nr. 3 (1994), S. 31.

33 Fanon, *Schwarze Haut, weiße Masken*, S. 123.

34 Spillers, »Mama's Baby, Papa's Maybe, S. 67.

35 Vgl. Marriott, *On Black Men*.

36 Jonathan Lee, *Jacques Lacan*, Amherst, MA, 1990, S. 92.

37 Patterson, *Slavery and Social Death*, S. 98.

38 Jared Sexton, »Race, Sexuality, and Political Struggle: Reading *Soul on Ice*«, *Social Justice* 30, Nr. 2 (2003), S. 36.

39 Fanon, *Schwarze Haut, weiße Masken*, S. 83.

40 Vgl. Frank B. Wilderson III, »Gramsci's Black Marx. Whither the Slave in Civil Society?«, *Social Identities. Journal for the Study of Race, Nation and Culture* 9, Nr. 2 (2003).

41 James Baldwin, »The Black Boy Looks at the White Boy Norman Mailer«, in: ders., *Nobody Knows My Name*, New York 1993, S. 174.

42 Ebd., S. 175.

43 Ebd., S. 172.

44 Fanon, *Schwarze Haut, weiße Masken*, S. 208.
45 Sexton, »Afro-Pessimism: The Unclear Word«.

TEIL ZWEI

46 Hartman, *Scenes of Subjection*, S. 62.

KAPITEL FÜNF: DAS PROBLEM MIT MENSCHEN

47 Saidiya V. Hartman, »The Position of the Unthought. An Interview with Saidiya V. Hartman Conducted by Frank B. Wilderson III«, *Qui Parle* 13, Nr. 2 (Frühjahr/Sommer 2003), S. 188.
48 Fanon, *Schwarze Haut, weiße Masken*, S. 93.
49 *Homeland*, Staffel 4, Folge 5, »Dunkle Wolken«, Regie: Charlotte Sieling, Erstsendedatum 24. Oktober 2014.
50 Sexton, »Race, Sexuality, and Political Struggle«, S. 36. Hvh. d. A.
51 Hartman, *Scenes of Subjection*, S. 81.
52 Marriott, *On Black Men*, S. 11.
53 Zitat aus einem Workshop, den Sexton und ich im Jahr 2000 für eine Schwarze Studierendenorganisation an der UC Berkeley durchführten.
54 George L. Jackson, *Blood in My Eye*, Baltimore 1990, S. 72.
55 Aus Lee Ballingers Rezension von *The American Slave Coast*; Lee Ballinger, »Slavery is the Root of all Evil«, *CounterPunch* 22, Nr. 10 (2015).
56 David Eltis, »Europeans and the Rise and Fall of African Slavery in the Americas. An Interpretation«, *The American Historical Review* 98, Nr. 5 (Dezember 1993), S. 1423.
57 Allen Feldman, *Formations of Violence. The Narrative of the Body and Political Terror in Northern Ireland*, Chicago 1991.
58 Hartman, »The Position of the Unthought«, S. 188.
59 Patterson, *Slavery and Social Death*, S. 3. Hvh. d. A.
60 Vgl. Achille Mbembe, *Postkolonie. Zur politischen Vorstellungskraft im gegenwärtigen Afrika*, Wien 2000; S. E. Anderson, *The Black Holocaust for Beginners*, Danbury, CT, 1995; Bernard Lewis, *Race and*

Slavery in the Middle East. An Historical Enquiry, New York 1990; Patterson, *Slavery and Social Death*.

61 Wilderson III, *Red, White & Black*, S. 339 f.

62 Ebd., S. 339.

63 Vgl. H. Porter Abbott, *The Cambridge Introduction to Narrative*, New York 2008.

KAPITEL SECHS: BITTE VORSICHT AM BAHNSTEIG

64 Fanon, *Die Verdammten dieser Erde*, S. 34, 37.

65 Ebd., S. 37.

66 Fernsehinterview mit Bill Moyers, verschriftlicht in: Toni Morrison, *Conversations with Toni Morrison*, Jackson, MS, 1994, S. 272.

67 Vgl. Akinyele Umoja, »Repression Breeds Resistance. The Black Liberation Army and the Radical Legacy of the Black Panther Party«, *New Political Science* 21, Nr. 2 (1999).

68 Vgl. Wilderson III, *Red, White & Black*; ders., »Gramsci's Black Marx. Whither the Slave in Civil Society?«; sowie ders., »Biko and the Problematic of Presence«, in: Andile Mngxitama, Amanda Alexander u. Nigel C. Gibson (Hg.), *Biko Lives!*, New York 2008.

69 Marriott, *Haunted Life*, S. 219.

70 Ebd., S. 211.

71 Ebd., S. 212.

72 Fanon, *Schwarze Haut, weiße Masken*, S. 99.

73 Ebd., S. 139 [Übersetzung angepasst].

74 Jared Sexton, *Amalgamation Schemes. Antiblackness and the Critique of Multiracialism*, Minneapolis 2008.

75 Vgl. Fanon, *Schwarze Haut, weiße Masken*, S. 130.

76 Marriott, *Haunted Life*, S. 426.

KAPITEL SIEBEN: MARIO'S

77 Vgl. Mbembe, *Postkolonie*.

78 Daniel K. Hall-Flavin, »Nervous breakdown: What does it mean?«, *Mayo Clinic Patient Care and Health Info* (26. Oktober 2016), {mayoclinic.org/diseases-conditions/depression/expert-answers/nervous-breakdown/faq-20057830}, abgerufen am 15. August 2019.

79 Marriot, *Haunted Life*, S. 215, sowie *On Black Men*, S. 79.

80 Vgl. Wilderson III, *Incognegro.*

81 Vgl. Marriott, *Haunted Life.*

82 Vgl. Marriott, *On Black Men.*

83 Vgl. Wilderson III, *Red, White & Black.*

84 Hartman, *Scenes of Subjection*, S. 62.

85 »Open Letter: Closed Minds in Kenwood?«, *Minneapolis StarTribune*, 10. April 1968.

NACHWORT DES ÜBERSETZERS

Habt den Mut, Wilderson zu lesen!

Die Bedeutung der in *Afropessimismus* enthaltenen Gedanken und Anregungen wurde mir klar, als ich Frank B. Wildersons Buch erstmals im Kontext der Proteste nach dem Mord an George Floyd im Mai 2020 las.

Afropessimismus ist dabei kein topisches Buch in dem Sinn, dass es als Reaktion auf diesen konkreten Fall der Polizeigewalt an einem Schwarzen in den USA in der Zeit des Spätkapitalismus geschrieben wäre. Das Buch erschien vielmehr zufällig beinahe zeitgleich mit dem Mord an Floyd. Doch es schildert den Status quo des Lebens Schwarzer in den USA im späten 20. und frühen 21. Jahrhundert, in dem Polizeigewalt und Rassismus eben nicht singulär sind, sondern strukturell.

Im spätkapitalistischen Gesellschaftsmodell der USA profitieren Schwarze auch über 60 Jahre nach der Bürgerrechtsbewegung in weit geringerem Maße als Weiße vom Wohlstand des Landes. Wie Mehrsa Baradaran zeigt, ist die Schwarze Population der USA auch beinahe 160 Jahre nach Ende der Sklaverei und der »Emancipation Proclamation« von 1863 statistisch gesehen in kaum höherem Maß am Reichtum der USA beteiligt und durch nachhaltige, wenngleich weniger offenkundige Segregation in vielen Fällen vom sogenannten freien Markt ausgeschlossen.[1] Einer jüngeren Erhebung der Brookings Institution zufolge lag das Durchschnittseinkommen einer *weißen* Familie der USA 2016 bei $ 171.000 und somit ums Zehnfache höher als das durchschnittliche Einkommen einer Schwarzen Familie.[2] Die Sklaverei wurde in der US-amerikanischen Gesellschaft beendet, doch der Staat steckt fest in verkrusteten Strukturen, die Schwarze sowie People of Color nach wie vor benachteiligen.

Zur Beschreibung des ökonomischen Istzustands des »racial wealth gap«, also der ökonomischen Kluft zwischen unterschiedlich rassifizierten Gruppen und Ethnien, verwenden die Autor:innen der Denkfabrik der Brookings Institutions eine Wirtschaftsmetapher, die auf die grundlegenden systematischen Missstände der Gesellschaft hinweisen; die ökonomische Schieflage sei das Ergebnis von »accumulated inequality and discrimination« – *angehäufter Ungleichheit und Diskriminierung.*

Die Statistiken bieten allen Grund zum Pessimismus. Wie diese Anhäufungen von Ungleichheit bis in die kleinsten Bereiche des Lebens eines Menschen auswuchern können, schildert Wildersons *Afropessimismus.* Dabei ist das Buch jedoch nicht interessiert an statistischem Empirismus und nicht an einer ausschließlich ökonomischen Perspektive. Wilderson deutet zwar an, dass die kapitalistischen Gesellschaften entweder auf Versklavung gründen – was für die USA und ihre Systematisierung des Baumwollhandels mit Händen zu greifen ist,[3] aber auf die meisten Kolonialstaaten zutrifft[4] – oder bis heute Nutznießer der Folgen von Versklavung sind. Doch es stellt sich vielmehr die entscheidende Frage, *wieso* diese Ungleichheit trotz aller historischen Erfolge von Sklavenaufständen über den Abolitionismus bis zur Bürgerrechtsbewegung und einem ersten Schwarzen US-Präsidenten bis heute scheinbar fast unverändert fortwirkt.

Afropessimismus ist eine Melange aus kritischer Theorie und lyrischem Memoir und nutzt diesen Doppelblick geschickt, um die Anhäufung von Ungleichheit und Diskriminierung lesbar und verständlich zu machen, zu kontextualisieren und zu historisieren. Dabei ist es Wildersons Ziel, über eine Historisierung hinaus die der Geschichte zugrunde liegenden Strukturen offenzulegen.

Erstens erzählt Wilderson darin Teile seines Lebens: wie er als Kind die Riots in den US-amerikanischen Großstädten gebannt verfolgte und als Jugendlicher die Black Panthers bewunderte; wie er als junger Mann nach Südafrika auswanderte, als dort noch das segregierte Unterdrückungsregime der Apartheid herrschte, und sich dem African National Congress anschloss; wie er in New York bei Edward Said studierte; und wie er schließlich Professor wurde und spät im Leben auf berührende Weise eine innige Beziehung zu seinen Eltern aufbaute, zu denen lange Zeit große Distanz geherrscht hatte. Immer sind diese Teile des Buches gezeichnet von erlebter Diskriminierung und Ungleichheit in Wildersons Begegnung mit Weißen sowie mit strukturellem Rassismus. Zweitens – aus diesen autobiografischen Passagen hervorgehend und sie zugleich erklärend – beschreibt das Buch den Kern der Ideen, auf die der Titel verweist.

Aufbauend auf den Arbeiten von Frantz Fanon, Orlando Patterson und Hortense Spillers und zusammen mit Denker:innen wie Saidiya Hartman, Patrice Douglass, Selamawit D. Terrefe und anderen gilt Frank B. Wilderson III als eine:r der Mitbegründer:innen der kritischen Denkrichtung des *afropessimism*, des Afropessimismus.

Stark vergröbert stellt Afropessimismus ein historisch informiertes und radikales Gedankenexperiment dar, demnach Schwarze Personen nachhaltig – also auch *nach* Ende des US-amerikanischen »Sündenfalls«, der staatlich sanktionierten Sklaverei – als Sklav:innen betrachtet werden. Die Irritation dieses Gedankenspiels liegt speziell darin, dass die entmenschlichenden Auswirkungen der Sklaverei auf Schwarze in den heutigen Gesellschaften beschrieben werden, ohne unmittelbar Lösungsvorschläge anzubieten, wie diese Auswirkungen einfach beseitigt oder geheilt werden können. Statt Licht am Ende des Tunnels aufflimmern zu lassen, führt der Afropessimismus dunkelwärts in die pessimistische Beschreibung des bedrückenden Gegenwartszustands.

Die theoretischen Grundpfeiler des Afropessimismus sind in den Arbeiten des französischen Schriftstellers, Psychiaters und postkolonialen Theoretikers Frantz Fanon (1925–1961) zu suchen, darüber hinaus in den Theorien der Psychoanalyse sowie im Marxismus, deren universelle Erklärungsansprüche er damit zugleich herausfordert. Sie sind, so zeigt Wilderson, nicht in der Lage, die Kontinuität Schwarzen Leids zu erklären. Erneut verallgemeinernd gesagt, versucht der Afropessimismus unter die Oberflächen von gesellschaftlichem und persönlichen Bewusstsein zu bohren und zu blicken und infolge herauszuarbeiten, welche Triebkräfte und welche Triebe die entmenschlichenden Zustände Schwarzen Lebens und Schwarzen Leidens verursachen.

Der Afropessimismus ist somit eine interpretative Linse, die in Wildersons Worten veranschaulicht »wie und warum menschliche Fähigkeit (die Fähigkeit, ein relationales Subjekt zu sein) auf solch gewaltsam parasitäre Weise von Schwarzem Fleisch zehrt«. Der Nervenkern des Afropessimismus ist mithin die ungeheuerlich anmutende These, dass Schwarze in sozialer, ökonomischer, historischer, kultureller und sogar emotionaler Hinsicht keine Menschen sind. Menschen sind *Weiße* und all jene, die Wilderson provokant »Juniorpartner:innen« nennt – Menschen, die häufig selbst unter der Herrschaft *weißer* Heteronormativität leiden, von einer unvereinbaren Differenz zwischen Schwarz/Mensch jedoch profitieren, weil erst sie ihnen Zugang zu den Möglichkeiten von Entwicklung, Geschichte und Befreiung ermöglicht. Wilderson schreibt: »Ich, als Schwarze Person (falls *Person*, *Subjekt*, *Wesen* geeignete Begriffe sind, denn *Mensch* ist nicht geeignet), bin vom Ausgang der gesellschaftlichen und geschichtlichen Erlösung ausgeschlossen, und *werde gleichzeitig dafür gebraucht*, dass Erlösung irgendeine Form von Kohärenz erlangen kann.« Die gesamte Zivilisation, ja die gesamte Menschheit befindet sich in einer dialektischen Abhängigkeit von Schwarzen und fußt auf ihrem Ausschlus: »Menschliches Leben ist abhängig vom Schwarzen Tod, um seine Existenz und seine konzeptuelle Kohärenz zu gewährleisten. Es gibt keine Welt ohne Schwarze, und doch gibt es keine Schwarzen, die in der Welt sind.«

Sogenannte westliche oder verwestlichte Gesellschaften kreieren, so der Afropessimismus, ihr Selbstverständnis und ihr Dasein durch die Abgrenzung zu Schwarzen, ähnlich wie es nach der Theorie von Edward Saids Orientalismus die europäischen Nationalstaaten taten: Die eigene Identität konstituiert sich erst durch die Konstruktion und Abwertung eines anderen. In einer der erzählerischen Passagen zieht Wilderson diese binaristische Idee als Kern des Afropessimismus ins Persönliche zurück: »Ich war die Kontrastfigur zur Menschheit. Die Menschheit blickte auf mich, wenn sie sich über sich selbst im Unklaren war.«

Die Thesen des Afropessimismus verlieren einen Teil ihrer irritierenden Wirkung durch eine informierte Kenntnis der historischen und kulturellen Kontexte Schwarzen Leidens, obschon Kritiker:innen des Afropessimismus die apodiktische Radikalität ablehnen. Die Denkrichtung des Afropessimismus als Interpretationslinse und das Buch *Afropessimismus* als bis dato zugänglichstes Werk über die theoretischen Beweggründe und Voraussetzungen dieses Denkens bringen das Unbekannte oder Unbedachte ins Gespräch.

Wilderson höhlt jeglichen Optimismus von einer progressiven Entwicklung hin zu einer postrassistischen menschlichen Gemeinschaft aus, indem er die Nützlichkeit dieses Optimismus infrage stellt und impliziert, dass Optimismus immer Gefahr läuft, zu einem Klischee oder Fetisch zu gerinnen, der beispielsweise tief in den Grundzügen des US-amerikanischen Mythos von der Verbesserbarkeit von Mensch und Gesellschaft feststeckt, ohne das Leben *aller* Menschen der Gesellschaft *de facto* zu verbessern.

Das Projekt des Aushöhlens, des Enthüllens, des Infragestellens, des Bedenkens, an dem sich Wilderson abarbeitet, verfolgt er in *Afropessimismus* auf eine strukturell und stilistisch dialogische Weise. Einerseits bedient er sich der kühlen, distanzierten und objektiven Beobachtung und Beschreibung von Theorie und wissenschaftlichem Schreiben; so definiert er die Ideen des Afropessimismus und historisiert die verheerenden Auswirkungen der Sklaverei sowohl in seiner Heimat der USA als auch in seiner früheren

Wahlheimat Südafrika während der letzten Jahre der Apartheid und während Nelson Mandelas utopischem Weg zu einer »Regenbogennation«. Andererseits bringt Wilderson diese bewusst irritierend und bisweilen opak wirkenden Theoretisierungen ins Gespräch mit den Erzählungen aus seinem persönlichen Leben: als Jugendlicher in einem *weißen* Vorort von Minneapolis, als junger Anhänger revolutionärer Bewegungen um »Black Power«, als Doktorand unter Said in New York, als Bekannter von Nadine Gordimer in Johannesburg, als Filmwissenschaftler und Professor sowie als Sohn gebildeter Schwarzer in einer *weißen* Mittelschicht. Hier schildert er die Unsicherheiten und Unwägbarkeiten eines Schwarzen Lebens in einem Staat und einer Welt, die sich dem Ideal der Gleichheit und dem Prinzip der *Color-Blindness* verschrieben zu haben behaupten und sich dabei doch nach wie vor parasitär von Schwarzem Leben, von Schwarzer Arbeit ernähren und von ihnen zehren – ohne dies eingestehen zu müssen.

Wildersons *Afropessimismus* ist somit nicht nur ein stilistisch innovatives Unterfangen, sondern auch ein theoretisch revolutionäres Gedankengeflecht, das – so ist zu wünschen – auch im deutschsprachigen Raum Diskurs und Diskussion anstoßen wird. In Zeiten des Aufruhrs ist *Afropessimismus* gerade aufgrund seiner pessimistischen Sicht auf gesellschaftliche und kulturelle Systeme ein notwendiges Werk, das nicht etwa Heilung durch einfache Lösungen verspricht, sondern durch exakte Beschreibung des Status quo zum (Um-)Denken und Handeln anregt.

Handlung ist zwar nicht die unmittelbar engagierte Forderung an Lesende. Im Text ist sie jedoch angedeutet, wenn auch ohne vorgekaute Lösungsvorschläge. Eine Kritik, die am Afropessimismus geäußert wurde, ist, dass die Linse der Betrachtung einem apodiktischen Urteil gleichkomme, infolgedessen keinerlei Kommunikation und keine Hoffnung mehr möglich seien. Diese Kritik stellt die Tatsachen jedoch auf den Kopf. Alle, die *Afropessimismus* aufmerksam gelesen haben, werden Wildersons Darlegung verstehen, dass die

Hoffnungslosigkeit und der Kommunikationszusammenbruch kein Ergebnis des Afropessimismus sind, sondern dass der Afropessimismus ein theoretischer Reflex auf eine Sackgassenzeit darstellt, in der wir gegenwärtig zu häufig gegen die Wand der immer gleichen Probleme anrennen.

Während eines Workshops in Dänemark wird Wilderson in *Afropessimismus* einmal von einer dänischen Zuhörerin mit asiatischer Herkunft gefragt, wie in multiethnischen Koalitionen Solidarität geschmiedet werden könne, wo Wilderson doch darauf beharre, dass das Leid Schwarzer sich oft dezidiert unterscheide vom Leid anderer People of Color. Wilderson antwortet darauf sachlich: »›Was wir in diesem Workshop machen, ist eine Form von Solidarität‹, antwortete ich in Kopenhagen. ›Das Wichtigste, was wir verstehen müssen, ist die Art und Weise, wie nicht-Schwarze People of Color Diskussionen über eine Schwarze Grammatik des Leidens verdrängen können, indem sie darauf bestehen, dass sich die Koalition auf das konzentrieren muss, was wir alle gemeinsam haben. [...] Solidarität heißt, Diskussionen über den sozialen Tod der Schwarzen nicht zu verdrängen, nur weil keine kohärente Form der Wiedergutmachung in Sicht ist. Ich meine, heute haben wir genau das getan. Ihre Teilnahme an diesem Workshop mit den Schwarzen in [der aktivistischen Gruppe] Marronage ist ein Akt der Solidarität.‹«

Lesen ist gleicherweise ein Akt von Solidarität, wie es auch Zuhören sein kann – Zuhören, das zum Denken führt. Das Lesen dieses Buches ist ein solidarischer Akt nicht in der hippen, aber humpelnden New-Age-Lüge von Solidarität, die sich in Berieselung und anschließendem Schulterklopfen erschöpft, weil man so schön gelauscht hat, bevor man ungerührt und gedankenlos in die alten Strukturen seines Lebens zurückkehrt. Aber das Lesen von *Afropessimismus* ist dann ein Akt von Solidarität, wenn die darin aufgeworfenen Thesen diskursiv ernst genommen werden und zu Diskussion, Kritik, Handeln anregen, wenn der komplexen Mischung aus Radikalität und Gelassenheit, aus Hoffnungslosigkeit und Veränderungsbegehren aufrichtig begegnet wird.

Darin liegt ein anderes Stück der Hoffnung, die allen Lesenden des Buches zugänglich ist. Negativität als theoretischer Zugriff, die den Afropessimismus kennzeichnet, lässt sich mit anderen Denktraditionen in Verbindung bringen, beispielsweise mit der Kritischen Theorie, dem Antihumanismus, ganz sicher mit den Ideen von Fanon oder Malcolm X. Der Afropessimismus radikalisiert dabei die Zurückweisung von jeglichem Optimismus, auf dem moderne Gesellschaftsmodelle aufgebaut sind. Wildersons Insistenz, reflexiv aus der Spur des Strebens nach einer historisch vorgegebenen Richtung herauszutreten, erfolgt in *Afropessimismus* jedoch nicht nur durch den Inhalt, sondern auch durch die Form.

Der Filmwissenschaftler Wilderson ist ein besonnener Dramaturg, der längst kulturell eingeschliffene Erzählkonventionen von »Anfang« und »Ende« sowie von »Konflikt« und »Auflösung«, wie sie in erster Linie das klassische Drama, der realistische Roman und der populäre Film verfolgen, einfach beiseite wischt. *Afropessimismus* versucht – bei allen Anleihen an gegenwärtig etablierte Genres von Autofiktion und Memoir – ein neues Erzählen, das auch binarische Narrative aufbricht. Der für mich faszinierendste Aspekt der Ästhetik des Buches liegt darin, was Wilderson im Gespräch mit mir einmal als »aleatorisch« beschrieb. *Afropessimismus* durchbricht die Strukturen des binaristischen Denkens sowie die Strukturen einer Art konventionell aristotelischer (oder Hollywod'scher) Erzählweise. Und es setzt ganz bewusst auf Sprödigkeit und versucht, eine Normalisierung akademischen Schreibens in der Durchmischung von Theorie mit memoirischem Schreibverfahren, ohne Komplexitätsreduktion. So ist Wildersons Ästhetik untrennbar mit seinen Ideen, seinen Gedankenexperimenten verklebt.

Das Lesen und Übersetzen von *Afropessimismus* regte mich immer wieder zu einem eigenen Gedankenspiel an: Gelänge es, uns davon zu lösen, immerzu in tradierten narrativen Begriffen und

Strukturen zu denken, gelänge es, die Phänomene der Welt und ihre Menschen nicht beständig in die Rahmen einer klaren Auflösung oder Lösung zu drängen, gelänge es uns, den Gedanken hinter uns zu lassen, dass Hoffnung der einzige Weg zu einem solidarischen Ziel ist – ja, wenn wir sogar für den Moment das Beharren auf unmittelbarer Veränderung hinter uns ließen, dann wäre vielleicht eine andere Form des Erzählens und eine andere Form des Wandels und eine andere Form des Denkens möglich.

Die vielen Wiederholungen des Textes, seine narrativen und zeitlichen Hakenschläge, die szenische Zerstückelung verbunden mit ausschweifender Narration eignen durchgehend zur produktiven Irritation. All diese Aspekte des Buches laden auch über seine Ideen hinaus ein, die festgefahrenen Spuren des eigenen Denkens abzuklopfen und zu erschüttern; das Buch stößt an, zu reflektieren, dass das eigene Denken durch kapitalistische Kulturen und ihre Segregations- wie Unterdrückungsmechanismen geprägt wurde oder sogar nur mithilfe ihrer Systeme entstanden ist.

Diese Einladung nahm ich auch beim Übertragen des Textes an und ernst und versuchte, die kaskadenhaften Satzschlangen Wildersons, seine Einschübe wie auch seine Ellipsen zu konservieren oder nachzubilden. Wildersons Hang zu unreinen Metaphern kam mir sehr gelegen, da ich weder ästhetisch noch sonst in irgendeiner Weise Reinheit suche. Die naturgemäß durchgehend aufkommenden rassistischen Bemerkungen und Begriffe, derer sich der Autor für seine Beschreibungen bedient, sind so konserviert worden, dass sie in erster Linie dem Originaltext dienen und respektvoll das wiedergeben, was der Autor intendierte. Miriam Mandelkow hat dazu im Rahmen ihrer Übersetzungen von James Baldwin prägnant gesagt: »Aber mit Tabus kommen wir beim Übersetzen nicht weiter – entscheidend ist immer auch der Kontext.«[5]

Verschiedene Variationen des N-Worts sind – in seiner Rahmung durch einen theoretischen und narrativen Text – deshalb auch in *Afropessimismus* wiedergegeben; beispielsweise wird das

Wort »negro« auch im Deutschen als *Negro* ausgewiesen, ohne auf die früher übliche Übersetzung des Wortes zurückzugreifen.

Eine Hauptschwierigkeit der Übersetzung gründete im fehlenden deutschen Vokabular des Afropessimismus, da das Korpus des afropessimistischen Denkens größtenteils in der englischen Sprache vorliegt und in ihr verfasst wurde. Obschon durch die psychoanalytischen und marxistischen Ebenen von Wildersons Denken Verweismöglichkeiten bestehen, müssen die afropessimistischen Ideen für die deutsche Sprache erst neu gedacht und entwickelt werden. Lesenden von *Afropessimismus* bietet das Buch in seiner Übersetzung somit einführende Gedanken, die zum Fortdenken und Weiterlesen einladen und anleiten; im Nachverfolgen der Bezugsräume besteht für interessierte Leser:innen im Nachgang der Lektüre von Wildersons Buch die Möglichkeit, dieses Denken in seinen unterschiedlichen Spielarten und sprachlichen Registern kennenzulernen.

Aus den genannten Gründen bot sich für die Übersetzung die Gelegenheit, eine Reihe von Wildersons Wortschöpfungen ins Deutsche zu überführen. Einige dieser Prägungen implizieren im Englischen Sachlichkeit, kennen auf Deutsch jedoch keine unmittelbare Entsprechung. So stehen Worte wie »Slaveness« oder »Blackness« auch im Deutschen Text teilweise auf Englisch, nicht nur, weil ihr englischsprachiger Kontext und seine Kultur entscheidend für die sinntragenden Worte sind, sondern weil sie mittlerweile auch in deutschsprachigen Kontexten verständlich sind oder an anderer Stelle im Text glossiert werden. So entsteht auch begrifflich vereinzelt eine Form des Umzirkelns, des Einkreisens eines Wortes oder eines Konzeptes, das dem aleatorischen Prinzip der Komposition durch den Autor bescheiden nachzukommen versucht.

Die Form steckt im Inhalt und der Inhalt in der Form. Scheitert das Buch *Afropessimismus* an der Vermittlung der irritierenden und neuen Ideen seines Autors und des Afropessimismus, geben Sie dem Übersetzer die Schuld, nicht dem Autor und seinem Buch.

Gelingt das Gedankenexperiment, gewinnt die Linse auch im Deutschen an der nötigen Schärfe beim Lesen und beim Denken, bewahren Sie alles Lob für den Autor allein. Vor allem aber gilt für Frank B. Wilderson III, was Jean-Paul Sartre einst über den gedanklichen Vorreiter des Afropessimismus, Frantz Fanon, schrieb: »Habt den Mut, ihn zu lesen, aus diesem ersten Grund, daß er euch beschämen wird, und weil die Schande, wie Marx gesagt hat, ein revolutionäres Empfinden ist.«[6]

Jan Wilm, Juli 2021

1 Mehrsa Beradaran, *The Color of Money. Black Banks and the Racial Wealth Gap*, Cambridge, MA, 2017.

2 Kriston McIntosh, Emily Moss, Ryan Nunn, Jay Shambaugh, »Examining the Black-white wealth gap«, in: *Brookings Institution*, 27. Februar 2020, {brookings.edu/blog/up-front/2020/02/27/examining-the-black-white-wealth-gap/}, abgerufen am 07.07. 2020.

3 Siehe zum Beispiel Sven Beckert, *King Cotton. Eine Globalgeschichte des Kapitalismus,* München 2015.

4 Siehe zum Beispiel das erstmals 1944 erschienene Werk von Eric Williams, *Capitalism and Slavery*, Chapel Hill, NC, 1994.

5 Miriam Mandelkow, »Das N-Wort und seine Übersetzung«, in: James Baldwin, *Nach der Flut das Feuer. The Fire Next Time*, München 2019, S. 116.

6 Jean-Paul Sartre, »Vorwort«, in: Frantz Fanon, *Die Verdammten dieser Erde*, Frankfurt am Main 1981, S. 13.

Die Namen sowie weitere potenziell identifizierbare Charakteristika einiger Personen in diesem Buch wurden geändert. Manche der dargestellten Figuren wurden aus verschiedenen Personen der Wirklichkeit zusammengesetzt.

Der Übersetzer dankt Jonathan Leuschner und Annika Eisenberg für hilfreiche Anmerkungen.

Die Arbeit des Übersetzers am vorliegenden Text wurde im Rahmen des Programms NEUSTART KULTUR aus Mitteln der Beauftragten der Bundesregierung für Kultur und Medien vom Deutschen Übersetzerfonds gefördert.

Erste Auflage Berlin 2021

MSB Matthes & Seitz Berlin Verlagsgesellschaft mbH
Göhrener Str. 7 | 10437 Berlin
info@matthes-seitz-berlin.de

Umschlaggestaltung: Dirk Lebahn, Berlin
Layout und Satz: Monika Grucza-Nápoles, Berlin
Druck und Bindung: GGP Media GmbH, Pößneck
Printed in Germany
ISBN 978-3-7518-0333-5
www.matthes-seitz-berlin.de